서울의 기원
경성의 탄생

서울의 기원
경성의 탄생

초판 1쇄 발행 | 2016년 11월 30일
초판 3쇄 발행 | 2023년 1월 9일

지은이 | 염복규

펴낸이 | 한성근
펴낸곳 | 이데아
출판등록 | 2014년 10월 15일 제2015-000133호
주소 | 서울 마포구 월드컵로 28길 6, 3층 (성산동)
전자우편 | idea_book@naver.com
전화번호 | 070-4208-7212
팩스 | 050-5320-7212

© 염복규, 2016

ISBN 979-11-956501-3-2 03910

이 책의 국립중앙도서관 출판사도서목록(CIP)은 e-CIP(http://www.nl.go.kr/ecip)와
국가자료공동목록시스템(http://www.nl.go.kr/kolisnet)에서 이용하실 수 있습니다.
(CIP 제어번호: CIP2016027587)

• 책값은 뒤 표지에 있습니다. • 잘못된 책은 구입하신 곳에서 바꿔드립니다.
* 이 도서는 '한국출판문화산업진흥원 2016년 우수출판콘텐츠 제작 지원 사업' 선정작입니다.

서울의 기원
경성의 탄생

1910 - 1945
도시계획으로 본
경성의 역사

염복규 지음

이데아

지금, 이곳, 우리에게 식민지 시기란 무엇인가? 쉬운 듯하지만 어려운 질문이다. 그러나 피해갈 수 없는 질문이기도 하다. 한국 근대사 연구자인 저자에게는 더욱 그러하다. '식민지 시기'란 과연 무엇이었을까? 1910년 8월 병합에서 1945년 8·15에 이르는 시기 식민지 수도 경성(京城)*의 변화상을 살피고자 하는 이 책은 이 질문에서 출발한다.

1990년대 중반 이래 문제 제기가 시작되어 이제는 자명해진 바이지만 일제 식민통치는 물리적 강제와 억압으로만 유지되지 않았다. 일제는 조선을 '개발'했으며, 다양한 제도와 질서를 '근대'와 '문명'의 이름으로 이식했다. 물론 그것은 식민통치의 임계(臨界)를 넘어서는 것은 아

• 식민지 시기 서울의 공식 명칭은 '경성(부)(京城[府])'이며, 그 공간적 범위는 조선시대 한성부(漢城府[漢陽])와 다르고 8·15 이후 서울과도 다르다. 이 책에서는 '경성' 혹은 '경성지역'을 주로 쓰되 문맥에 따라 '서울', '한성', '한양' 등을 혼용했다. 또 '경성부'는 지역이 아니라 행정관서를 가리키는 경우도 있음에 유의하기 바란다.

니었다. 그러나 한편 그것은 19세기 후반 이래 한국인 자신의 탈중세의 열망과 맞물려 있었다. 그리하여 식민통치자가 이식한 질서는 그들의 것이 아니라 보편적인 것으로 받아들여지기도 했다. 그렇기 때문에 그 중 얼마간, 실은 아주 많은 부분은 오늘날까지 우리 사회 안에서 생생하게 살아 움직이고 있다. 쉽게 이야기하듯이 사라져야 할 것으로서 잔재가 아니라 원하든 원하지 않았든 물려받은 것으로서 유산으로 존재하고 있다는 뜻이다.

이 책은 이런 문제의식에서 구체적으로 식민지 도시계획을 다루고자 한다. 왜 도시이며, 도시계획인가? 도시는 고대부터 존재한 것으로 근대의 고유한 산물은 아니다. 그러나 도시를 가리켜 "근대성의 산실이자 임상실험실이며 도서관"이라고 한 표현이 말해주듯이 도시는 근대를 대표하는 현상이다. 그리고 이런 도시를 만드는 지침이 바로 도시계획이다. "도시의 계획적인 정비" 혹은 "도시의 중요한 물리적 요소를 계획하는 기술이자 과학"이라는 도시계획학 교과서의 표현처럼 도시계획은 '인간에 의한 자연의 개조'라는 근대성의 적나라한 표현 양식이다. "신은 자연을 만들었고, 인간은 도시를 만들었다"라는 서구 속담은 이 점을 함축적으로 보여준다.

도시계획은 가시적이고 물리적인 변화를 일으키는 행위이다. 도시계획적 행위의 결과는 시간이 흘러가고, 권력이 바뀌어도 완전한 '무(無)'의 상태로 돌아가지 않는다. 그리하여 주체의 변화에 따라 서로 다른 도시계획적 실천의 결과는 도시공간에 변화의 지층을 남긴다. 식민지 시기 도시계획은 현대 한국 도시 발달의 전제가 되었으며, 오늘날 많은 도시에서 식민지 도시계획의 '지층'이 발굴된다. 이 점은 비단 공간의 물리적 형상에 그치지 않는다. 제도와 지침은 또 어떠한가? 조금 과장해서 말하자면 오늘날 날마다 목도하게 되는 도시계획의 기본적인 아이디어를 식민지 시기에서 찾는 일은 조금도 어렵지 않다. 그러므로 우리는 식민지 도시계획의 전개 양상을 복기함으로써 식민지 시기에 처음 대면한 근대의 실체, 그리고 그 유산의 현존이 무엇을 의미하는지 성찰할 출발점에 설 수 있다.

식민지 시기 경성은 수도로서 특별한 지위를 잃고 공식적으로는 제국 일본의 일개 지방도시, 구체적으로는 제국 일본의 '외지'인 식민지 조선, 거기에서도 한 지방인 경기도 도청 소재지가 되었다. 그러나 조선시대 500여 년간 수도였던 서울의 '역사성'은 조선인뿐 아니라 식민지 권력도 의식하는 것이었다. 또한 경성은 조선총독부를 비롯한 식민통치의 핵심 기구가 밀집한 도시로서 식민지 시기 내내 공식적 지위와는 별개로 식민지 '수도' 역할을 의연히 수행했다. 이런 가운데 식민지 권력은 경성의 도시공간을 개조하기 위해 여러 시도를 지속했다. 이를 둘러싼 다양한 갈등의 편폭, 결괴의 방대함은 다른 도시와 비교하기 어려울 징도다. 그러나 이런 경성의 '예외성'은 단지 예외성에 그치지 않는다. 적어도 20세기 한국에서 도시의 발달은 전국 도시의 '서울화'였다고 해도 과언이 아니다. 그러므로 식민지 시기 경성의 변화는 8·15 이후 서울의 변화로만 연결되는 것이 아니며, 그것을 넘어서 현대 한국 도시 일반의 변화를 '선행적'으로 보여주었다는 점에서 더 큰 의미를 찾을 수 있다.

한편 식민지 시기 경성 도시계획은 서구와 대비되는 일제 식민지 도시 건설의 특징을 잘 드러낸다. 일반적으로 서구 제국주의의 식민지 도시는 식민통치 유형의 다양성에도 불구하고 '식민자의 도시'와 '식민지민의 도시'를 인위적으로 분리한 공통점이 있다. 이런 '분리'는 아시아, 아프리카 곳곳에 건설된 서구 식민지 도시에서 발견된다. 그러나 일제는 식민지 도시 건설에서 가시적인 인위적 분리를 명확하게 시도하지 않았다. 물론 도시 내부에서 식민자와 식민지민의 거주와 활동 영역이 자연스럽게 나뉘는 경향은 있었지만, 적어도 식민지 권력이 그것을 공식적으로 강제하지는 않았다. 그리하여 일제 식민지 도시는 기본적으로 잡거와 혼종의 도시였다.

또 일제 식민지 도시의 외관과 내면은 일본의 전통적인 무엇과 일본이 서구에서 도입한 무엇이 뒤섞여 있었는데, 둘 중에서도 결정적인 것은 후자였다. 이는 비단 도시뿐 아니라 일제 식민통치의 고유한 특징이라고 할 수 있다. '제국 일본'은 제국주의를 자처했지만 그 내실은 '일본이 도입한 서구' 혹은 '일본을 경유한 서구'였던 것이다. 그러므로 한국적 근대의 비밀은 서구와 직접 대면하지 못하고 일본을 경유한 서구와 대면했던 사정을 전제할 때 비로소 풀린다.

식민자가 주도한 다양한 개발이 전개된 경성의 도시 건설과 변용, 그에 대한 도시사회의 대응과 변화는 일제 식민통치의 특징, 그리고 이 과정에서 내면화된 한국적 근대의 심연을 들여다볼 수 있는 하나의 시각을 제공해줄 것이다. 이 책에서는 식민지 시기 경성 도시계획을 가상의 공간에서 행해진 도상(圖上) 연습이 아니라 식민통치의 여러 국면에 조응하여 그 일환으로 시행되었거나 또는 식민통치라는 제약 속에서 굴절을 거듭한 '역사적 과정'으로 그려보고자 한다. 따라서 이 책은 식민지 권력이 시도한 일련의 공간 개조 프로젝트와 함께 이런 시도의 목적이거나 결과인 공간구조의 변화 양상, 그것이 주민 생활에 미친 영향을 폭넓게 아우른다. 본론에 앞서 각 장의 내용을 간략하게 소개하면 다음과 같다.

1장에서는 식민지 시기 경성 도시계획의 첫 단계인 경성시구개수(京城市區改修)의 기본 구상과 시구개수가 가장 뚜렷한 결과를 남긴 1910년대 전반의 전개와 의미를, 2장에서는 1920년대의 가장 중요한 시구개수 사업으로서 식민지 도시에서 전통적 상징과 근대적 도시 개발의 충돌이 두드러진 종묘관통선의 부설 과정을 살펴보았다. 3장에서는 역시 1920년대 시구개수의 재원 마련을 위한 수익세 제정 논의를 통해 단순한 이분법으로 환원되지 않는 식민지 도시의 개발을 둘러싼 여러 주체들의 갈등 양상을 살펴보았다.

3장까지가 주로 1910~20년대의 이야기라면 4장부터는 '법정' 도시계획이 시행된 1930년대 이후로 넘어간다. 4장에서는 경성시가지계획의 기본 구상과 세부 계획안이 '형성'되는 과정 및 특징을 살펴보고 시가지계획이 전제가 되는 도시계획 법령의 제정 과정을 분석했다. 5장에서는 '전시(戰時)' 상황과 겹쳐 만난(萬難)이 교차한 경성시가지계획의 실제 전개 '과정'을 가능한 한 상세하게 정리했다. 이를 통해 확정된 '계획안'이나 '계획의 물리적 결과'를 평면적으로 제시하는 수준을 넘어서고자 했다. 이에 덧붙여 식민지 초기부터 지속적으로 문제가 되다가 마침내 시가지계획 시기에 첫발을 뗀 청계천 정비 문제도 살펴보았다. 6장에서는 경성시가지계획의 가장 특징적인 국면으로서 근대적 교외(suburb) 주택지 개발을 다각도로 조명한 뒤 시가지계획과 연결됨과 동시에 별개인 조선주택영단의 주택건설사업이 지닌 의미를 살펴보았다. 7장에서는 경성시가지계획 시기 빈민주거의 박탈과 대책을 '식민지 권력의 사업'이라는 선입견을 배제하고 근대 도시계획의 고유한 빛과 그늘로서 살펴보았다. 마지막 8장에서는 경성의 공간적 범위를 넘어서, 경성에서 경인(京仁)으로 확장되어가는 도시계획의 궤적을 그려보았다. 이를 통해 우리는 오늘날까지 연장되는 '수도권 탄생'의 기원과 의미를 찾아볼 수 있을 것이다.

차례

1장

제국의 문명,
도성을 해체하다

1

조선총독부의 경성 도심부 공간구조 재편 구상

경성을
격자형 도시로 만들어라

서울은 1910년 8월 병합과 함께 '조선왕조의 왕도(王都)' 그리고 '대한제국의 황도(皇都)'에서 경기도청 소재지 경성으로 격하됐다. 그러나 일제가 경성을 단지 하나의 식민지 도시로 취급한 것은 아니었다. 수백 년 세월이 쌓인 수도의 역사성을 거스르기 어려웠을 뿐 아니라 총독부를 비롯하여 식민통치의 핵심 기관이 밀집해 있는 도시였기 때문이다. 그리하여 일제는 경성에 대해 다른 도시와 비교하기 어려운 다양한 도시개발을 지속적으로 시도했다. 이런 시도의 첫 단계는 전통적 도심부(구도성舊都城)의 간선도로망을 정비하여 공간구조를 재편하려고 한 경성시구개수(京城市區改修)였다.

1911년 6월 개최한 토목회의°에서 통감부 시기 개시한 시가정리사업의 계승, 완성을 천명한 총독부는 그 목적을 달성하기 위해 전국 간선도

• '조선총독부 토목회의'는 총독부 토목사업의 최고 정책 심의 기구로 1930년대 초까지 존속했다. 현재 정확하게는 알 수 없지만, 연 1~2회 정도 부정기적으로 회의를 개최한 것으로 알려져 있다.

로 공사인 제1기 치도(治道)공사(1911~16) 사업비 중 일부를 "경성시가선 (京城市街線) 도로 개수"에 전용하기로 공식 결정했다.[1] 1910년대 전반 총 독부가 전국 간선도로망 부설에 심혈을 기울였음을 감안하면, 그 사업비 중 일부를 전용했다는 것은 총독부가 경성 도심부 정비에 상당한 힘을 들였다는 말이 된다.● 그리하여 총독부가 당장 "경성시가에서 급속한 개 량을 요하는 가로"로 선정한 것은 '서울의 현관'인 남대문정거장에서 도 심부로 진입하는 시발점인 남대문–남대문정거장 구간과 1910년 전후 경 성의 새로운 일본인 상업 중심지로 부상한 황금정통(黃金町通: 현재 을지 로)이었다.[2]

그로부터 1년여가 지난 1912년 11월 총독부는 '경성시구개수예정계 획노선'(이하 '1912년 시구개수안') 29개 노선을 발표했다.[3] 이에 대해 총독 부 토목국장 모치지 로쿠사부로(持地六三郎)는 1912년 시구개수안은 "그 동안 기밀에 부쳤던 예정 노선을 전부 발표"하는 것이라고 했다.[4] 여기 서 1912년 시구개수안의 대강은 발표 시점보다 앞서서 결정되었을 것 이라는 점, 그리고 어떤 사정 때문에 그동안 비공개로 진행하던 사업을 1912년 말이 되어서야 공개한 것이라는 점을 알 수 있다. 1912년 시구개 수안이 이미 공사를 시작한 남대문–남대문정거장 구간과 황금정통(20쪽 [표 1-1]의 제2번, 제8번 노선)을 포함한 것에서도 이를 짐작할 수 있다. 최

• 《조선총독부통계연보》 각 연도 판을 합산해 간단히 계산해보면 1910~42년 부설한 전국 도로의 총연장은 2만 6,989km인데 그중 약 57%인 1만 5,411km를 1910년대에 부설했으며 다시 그중 약 77%인 1만 1,829km를 1916년까지 부설했다. 1910~1930년대 총독부 토목 관료로 재임한 혼 마 토쿠오(本間德雄)도 조선에서 도로 건설은 "테라우치 총독 통치 시기에 열성적으로 이루어져" 서 이미 1915년경에는 전국 간선도로의 대강을 완성했다고 회고했다(本間德雄, 〈朝鮮の土木事業 について〉, 《朝鮮の國土開發事業》, 友邦協會, 1967, 61~62쪽).

소한 1911년 6월 토목회의 개최 전후에는 1912년 시구개수안이 대략 결정되었을 것으로 추정할 수 있다. 이런 과정을 거쳐 발표된 1912년 시구개수안의 내용은 다음 쪽의 [표 1–1]과 [그림 1–1]과 같다.

그렇다면 이런 과정을 거쳐 성립한 1912년 시구개수안의 특징은 무엇일까? 앞선 몇몇 연구들은 시각적으로 두드러지는 황금정 3정목(현재 을지로 3가) '광장' 중심의 방사상 도로망([그림 1-1]의 ○형)에 주목했다. 이 공간이 당시 총독부(병합 이전 통감부) 청사, 총독 관저, 헌병대 사령부 등 식민통치의 핵심 기구([그림 1-1]의 ▢형)에서 내려다보이는 전면부라는 것에 착안했다. 그래서 1912년 시구개수안을 경성의 공간적 중심을 대한제국의 정궁인 경운궁 앞 광장에서 총독부 전면 광장으로 대체하려는 것, 즉 일제의 권력 탈취의 공간적 구현으로 이해했다.[5] 또는 이것이 총독부 의지의 산물이라기보다 본정(本町: 현재 충무로)에서 출발해 1910년 전후 꾸준히 북쪽으로 세력을 넓혀가던 재경성 일본 상인 세력이 경성의 중심을 종로에서 황금정통으로 끌어내리려고 한 의지가 반영되었다고 보는 견해도 있다.[6]

이와 같은 해석들은 강조하려는 초점은 조금씩 다르나 공통적으로 황금정 광장 중심의 방사상 도로망을 1912년 시구개수안의 핵심으로 이해하고 있다. 이는 자명해 보이지만 의외로 과연 그러한지 의심스럽다. 당장 총독부가 병합 후 채 1년도 지나지 않은 1911년 5월 청사 신축 부지를 확보하기 위해 이왕직(李王職: 식민지 시기 옛 황실 관련 사무를 담당하던 기구)에게서 경복궁 전체에 대한 관리권을 인도받았음을 염두에 둘 필요가 있다.[7] 이 사실은 총독부가 1912년 시구개수안을 발표하기 전부터 경복궁에 신청사를 신축하려는 구상을 하고 있었음을 보여준다. 그

노선번호	구간	너비(間)
제1	광화문-황토현광장	30
제2	남대문-남대문정거장	19
제3	황토현광장-대한문앞 광장-남대문	15
제4	동대문-종로-경희궁앞	15
제5	남대문-조선은행앞-종로	15
제6	광화문앞-대안동광장-돈화문통 횡단- 총독부의원의 남부 관통-중앙시험소 부근	12
제7	종로-북부 대안동광장	12
제8	대한문앞 광장-황금정 직통-광희문밖	12
제9	돈화문앞-황금정광장-본정6정목 횡단-대화정	12
제10	중앙시험소 부근-(남을 향해)-황금정통 횡단-본정	12
제11	식물원앞-총독부의원통을 직통-본정9정목 횡단-대화정	10
제12	혜화문-중앙시험소 부근	10
제13	조선은행앞 광장-본정 직통-광희문밖	10
제14	대한문앞 광장-조선은행앞 광장	10
제15	경희궁앞-서대문-독립문통	10
제16	광화문앞-서부 은부동(銀杏洞)	8
제17	북문 부근 청풍계동-경희궁앞	8
제18	대한문앞 광장-서소문통-독립문통	8
제19	독립문통4정목-마포가도	8
제20	남대문-(마포를 향해)-철도 건널목	8
제21	마포가도-남대문정거장	8
제22	조선은행앞 광장-욱정1정목-남묘앞-길야정	8
제23	경복궁 서부 은부동-황토현광장- (비스듬히)-남대문통과 황금정통의 교차점	8
제24	대안동 광장-북부 화개동(花開洞)	8
제25	대안동 광장-(비스듬히)-탑공원	8
제26	탑공원앞 광장-(비스듬히)-황금정광장-본정8정목	8
제27	탑공원앞 광장-황금정 횡단-영락정1정목-본정5정목	8
제28	본정5정목 부근-황금정광장-(비스듬히)-동대문통	8
제29	식물원 부근-(동으로)-혜화문통 횡단-상백동(上栢洞) 부근	8

[표 1-1] 1912년 11월 경성시구개수예정계획노선

* 1間 = 1.818m(이하 본문과 표 모두 동일)

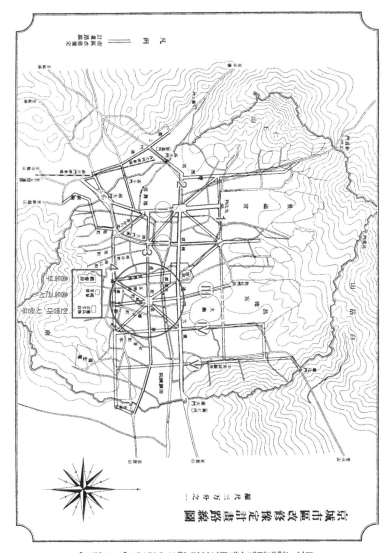

[그림 1-1] 1912년 11월 경성시구개수예정계획노선도

① 동서 노선 1: 제6호선(광화문앞－중앙시험소부근, 율곡로),
　　　　　2: 종로, 3: 황금정통(을지로), 4: 본정통(충무로)
② 남북 노선 I: 태평통(태평로), II: 남대문통(남대문로), III: 돈화문통(돈화문로),
　　　　　IV: 의원통(창경궁로), V: 혜화문통(대학로＋훈련원로)
③ O: 황금정 광장 중심 방사상 도로망

1장 제국의 문명, 도성을 해체하다

렇다면 임시로 사용할 뿐인 구 통감부 청사 전면을 대대적으로 정비할 이유가 과연 있었을까? 더구나 이 방사상 도로망의 대각선 노선은 개수의 우선순위에도 들어 있지 않았고 공사를 시도한 흔적도 찾을 수 없다. 말 그대로 '무단통치기' 총독부가 의지만 있다면 충분히 개수를 시도할 수 있었을 것이다. 이런 점에서 황금정 광장 중심 방사상 도로망은 초기 총독부의 시구개수 구상의 핵심이 아니었다고 봐야 하지 않을까? 그렇다면 이것은 어떻게 해서 1912년 시구개수안에 포함되었을까? 이 사정을 알 수 있는 사료는 현재 발견되지 않는다. 다만 직관적으로 1912년 시구개수안의 격자형과 방사상 공간구조가 상호 유기적 연관성 없이 배치되어 있다는 견해[8]에 따른다면, 1912년 시구개수안에는 연원이 서로 다른 두 개의 공간 구상이 동시에 반영되었을 가능성을 생각할 수 있다. 그렇다면 방사상 도로망의 황금정 광장을 조성하려는 계획을 이끌어낸 힘의 배경은 이 지역에 특별한 이해관계를 가지고 있는 재경성 일본인 세력이라고 보는 편이 좀 더 타당하다. 물론 이는 어디까지나 추정일 뿐이며 의문은 계속 남는다.

다시 돌아와, 황금정 중심의 방사상 도로망을 걷어내면 1912년 시구개수안에 남는 것은 무엇일까? 노선도를 보면 그것은 다름 아닌 경성 도심부의 격자형 정비이다. 이것이 완성되면 경성의 전통적 중심부인 북부와 일본인의 신개척지인 남부가 연결될 것이었으며 정도 이래 대한제국기까지 형성된 서울의 상징적 공간구조가 해체될 것이었다. 더 자세히 살펴보면 격자형 공간구조는 [그림 1-1]에서 볼 수 있듯이, 네 개의 동서 노선과 다섯 개의 남북 노선으로 구성되어 있다. 먼저 동서 노선으로는 종로(2번), 황금정통(3번), 본정통(4번) 외에 새로운 도로로 제6호선(광화문 앞–중앙시험소 부근, 1번)이 추가되었다. 제6호선은 경복궁(나중에는 총독부 신청사) 앞을 통과하며 창덕궁과 종묘 사이를 관통하는 등 조선왕조의 전통적 공간 요소를 파괴해 격자형 공간구조를 완성하는, 즉 시구개수의 목표를 달성하는 의미를 가진 도로였다.

다음으로 남북 노선은 서쪽에서 동쪽으로 태평통(I번)에서 남대문통(II번), 돈화문통(III번), 의원통(IV번: 총독부 의원 앞길), 혜화문통(V번)까지를 열거할 수 있다. 대부분 종로 북쪽으로는 원래 골목길이 있는 곳이었기 때문에 남북 노선 공사의 핵심은 이 길을 넓히고 이를 남쪽으로 연장하는 것이었다. 그런데 노선도를 통한 시각적 추정 이외에 1912년 시구개수안의 초점이 도심부 격자형 공간구조 형성에 맞추어져 있음을 보여주는 공식 문헌 자료는 거의 없지만 다음 《매일신보》의 사설은 의미심장한 문구를 담고 있다.

어떠한 나라를 막론하고 우선 도로를 시찰하여 정정유조(井井有條)하면 그 나라의 풍화(風化)와 정치는 가히 문명으로 판단할지며 (중략) 이번에 당국에서 각지 시구를 개량키로 계획한 중에 우선 경성의 도로를 직선으로 사통오달(四通五達)하여 정정유조케 하여 일대 모범을 보인다 하니 이는 총독이 조선을 계발하는 노심노력(勞心勞力)에서 나옴이라.[9]

경성시구개수의 목표가 도심부를 "직선으로" "사통오달" "정정유조"하게 하는 것이라는 표현은 1912년 시구개수안의 초점을 간명하게 보여준다. 특히 정연한 구획을 표현하기 위해 군이 '우물 정(井)'자를 쓴 고사 성어를 끄집어낸 것이 이채롭다. 억측일지 모르겠으나, 바로 저

글자가 '격자형 공간구조'를 적나라하게 보여주는 것은 아닐까? 일찍이 한 연구자는 이 시기 실측 지형도와 시구개수계획을 교차 분석하여 1912년 시구개수안의 동서, 남북 노선의 각 도로 사이의 간격이 일정하게 맞추어져 있음을 밝혔다.[10] 말 그대로 '정(井)'이다. 즉, 이것이야말로 "총독이 조선을 계발하는 노심노력"의 목표 중 하나였던 것이다.

이런 도심부 격자형 정비는 사실상 일제가 경성에서, 더 넓게는 제국주의가 식민지 도시에서 시행한 사업이 아니라 19세기 오스만(G. E. Haussmann)의 파리 개조 계획 이래 서구 근대 도시계획의 '보편적인' 기법이었다. 1848년의 파리의 노동자 봉기를 진압하고 공화정을 전복한 나폴레옹 3세는 남작 오스만에게 파리 개조를 명령했다. 나폴레옹 3세가 원한 것은 사통팔달하여 반란 세력을 진압하기 용이한 도시, 이른바 '바리케이드를 칠 수 없는 도시'였다. 강력한 군주의 의지를 반영해 20년 가까이 추진된 오스만의 파리 개조의 출발점이자 기본은 도로 너비의 확장, 직선화를 통해 도시의 남북과 동서를 체계적으로 소통시킨 것이었다. 이를 통해 위생, 청결, 위험 예방 등을 획기적으로 개선할 수 있으므로 오스만의 계획은 정당화되었다. 그러나 이렇게 도시의 여러 지점에 원활한 연결망이 구축된다는 것은 권력이 도시의 구석구석을 원활하게 감시하고 통제할 수 있음을 의미하는 것이기도 했다.[11] 그렇기 때문에 오스만의 파리 개조 계획은 일본의 초기 도시계획, 시구개수에 큰 영향을 미쳤을 뿐만 아니라 경성시구개수에도 적용되었던 것이다. 다시 말해 경성시구개수의 기본 성격은 일본적인 것의 이식이 아니라 일본이 도입한 서구 근대(도시계획)의 이식이라는 맥락에서 명징하게 드러난다. 이 점을 각 개별 노선의 개수 과정을 추적하면서 확인해보자.

2

1910년대 전반 경성시구개수 주요 노선의 부설 과정

수도의 정비,
식민통치 5주년의 '치적'

경성시구개수는 1912년 시구개수안이 공식적으로 발표되기 전 남대문–남대문정거장 구간의 공사로 시작되었다. 이 공사는 실질적으로 경성시구개수의 출발점이었다. 그런데 총독부는 이렇게 시작한 초기 시구개수를 대략 1915년경까지 일단락한다. 1915년이 하나의 결절점이 되었던 이유는 그해 가을 총독부가 이른바 시정오년기념조선물산공진회(始政五年紀念朝鮮物産共進會: 이하 '공진회')라는 박람회를 개최했기 때문이다. 공진회는 총독부가 식민통치 5주년을 기념해 그동안의 '치적'을 내외에 과시하는, 중요한 선전의 의미를 지닌 행사였다. 따라서 총독부는 경성 도심부 정비인 시구개수에서도 공진회가 개최되기 전까지 상당한 가시적 성과를 내려고 했다.

남대문–남대문정거장 구간은 경성의 현관인 남대문정거장과 도심부를 연결한다는 상징적 의미가 큰 구간으로, 총독부는 치도공사비 중 16만 원의 거액을 전용하여 예산을 조달하는 한편 병합 직후 1910년 9월부터 도로 부지를 매수하기 위한 교섭을 시작했다.[12] 그런데 부지 매수 교섭은 토지 소유자들과의 가격 절충이 원활하지 않아 총독부의 의지대로 진전되지 못하다가 이듬해 4월 제정한 '토지수용령'을 적용할 의사를 보인 뒤부터 속도를 내기 시작했다. 다음 기사는 이런 정황을 잘 보여준다.

> 남대문에서 정차장에 이르는 도로 확장에 관해 이 도로 소유주 중 다수는 교섭에 승낙한 지 오래인데 그중 일부는 아직 부당한 고가를 창도(唱導)하여 매매가 성립치 못했음으로 자연 공사 착수가 지연되었는데 당국도 비상히 곤란을 느껴 부득이 토지수용령을 적용코자 했는데 이를 들은 각 지주 등은 다시 원만한 진행을 신청하는 고로 당국도 이 법을 실제 적용함은 아니로되 일, 이의 완미자(頑迷者: 사리에 어두운 자)로 인해 확장 공사를 중지케 됨으로 부득이 이를 적용코자 함인 즉 금후에는 결코 시일을 천연(遷延: 지체)치 않고 일을 결정하리라더라.[13]

1911년 6월 초까지 대략 부지 매수 교섭을 완료한 총독부는 7월 중에는 가옥을 철거하고 8월부터는 기초 공사에 착수할 예정이었다. 그런데 총독부는 일정을 지킬 수 없었다. 일본인 하마오카(濱岡良槌)라는 자가 끝까지 매수 교섭에 불응했기 때문이다.[14] 아마 위 기사에서 언급한 "일, 이의 완미자"란 바로 하마오카 같은 사람이었을 것이다. 결국 하마오카의 소유 토지에 대해서는 1911년 말까지 토지수용 절차가 진행되었다.[15] 이것으로 하마오카의 소유지는 "경성에서 토지수용령 적용의 효시"가 되었다.[16] 이처럼 도로 부지 취득에 의외로 많은 시일이 소요되었지만 공사는 이듬해 봄을 기다리지 않고 즉시 착공하는 등 신속하게

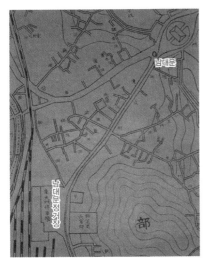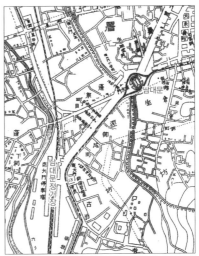

[그림 1-2] 남대문 - 남대문정거장 구간의 개수 현황

진행되었다. 차도 양측에 가로수와 가로등을 배치해 보도와 차도를 구분하고 양쪽 모두 노면에 견고한 전석(磚石: 벽돌)을 까는 등 노선의 위상에 어울리게 "호화로운 편"이었다. 공사는 이듬해 4월 준공했으며 6월에는 가로등 점등까지 완료했다.[17] 위의 [그림 1-2]는 개수 전 소로에 불과했던 남대문 - 남대문정거장 구간의 노폭이 넓어지고 직선화한 것을 확연하게 보여준다.

총독부는 남대문 - 남대문정거장 구간에 이어 1911년 1월부터는 황금정통 개수를 위한 부지 매수 교섭을 시작했다. 늦어도 봄까지 매수 교섭을 마치고 착공할 예정이었지만 연말까지도 매수 교섭을 완료하지 못했다. 매수 교섭이 지연된 이유는 공사 설계 자체가 종로 및 본정통과 '일정한 간격'을 유지하는 직선도로 부설에 맞추어져 있어서 황금정 3정목-광희문 구간에서 매수해야 할 토지가 예상보다 많았으며, 대부분 일

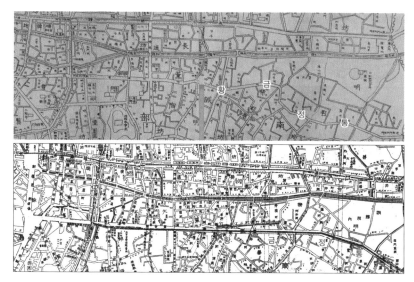

[그림 1-3] 황금정통 개수 현황

본인인 토지 소유자들의 태도도 비협조적이었기 때문이었다. 매수해야 할 도로 부지의 소유자는 모두 82명이었는데 그중 19명은 매수를 시작한 지 1년여가 지난 1912년 3월까지도 매수 교섭을 거부할 정도였다.[18] 이들 중 마지막으로 매수 교섭에 불응한 마츠모리(末森富良)의 소유 토지에 대한 수용이 이루어진 것은 6월 말경이었다.[19] 이렇게 황금정통은 도로 부지 매수에만 1년 6개월 정도가 걸렸지만 공사는 신속하게 진행되어 1913년 2월에는 거의 완료되었다.[20] 위의 [그림 1-3]에서 구불구불하고 복잡한 소로들(위)이 명확하게 직선 도로(아래)로 바뀐 모습을 볼 수 있다.

한편 1912년 4월 남대문-남대문정거장 구간을 준공한 총독부는 남대문에서 분기하여 도심부로 진입하는 두 노선인 태평통과 남대문통 개수에 착수했다. 먼저 5월부터 태평통(황토현광장[현재 광화문 네거리]-남대문)

[그림 1-4] 황금정통 개수 풍경

공사를 시작했다. 태평통은 남대문-남대문정거장 구간의 연장이었으므로 그에 맞추어 차도와 보도를 구분할 예정이었다. 더욱이 태평통은 남대문을 통과하여 조선왕조의 상징적 핵심부이면서 앞으로 총독부 청사가 들어서게 될 경복궁으로 향하는 중요한 도로였기 때문에 "총독의 주의에 의해 미관을 더할 터"였다. 태평통 공사는 1912년 10월경 착공하여 이듬해 8월 보도에 인조석을 까는 작업까지 모든 공사를 완료했다.[21]

1913년 들어 남대문통 개수도 시작했다. 연초부터 남대문통에 건물의 신축, 개축을 제한하기 시작한 총독부는 5월부터 노선의 남쪽인 남대문-조선은행 앞 구간의 도로 폭을 넓히기 위해 부지 매수를 시작했다.[22] 그런데 남대문통은 앞의 경우보다 사정이 더 복잡했다. 1880년대부터 청나라 상인이 자리를 잡고 활동을 시작한 데다 뒤이어 일본인이 진출해 1895년 내부령(內部令) 제9호, 이른바 '가가금령(假家禁令: 대로인 종로, 남대문통 도로에 임시가옥[가가]의 건축을 금지한 명령)'으로 정착의 안정성까지 확보한 지역이었기 때문이다.

처음 중국 상인 세력이 강했던 남대문통으로 일본 상인이 대거 진출한 것은 1894년 청일전쟁 '승전' 이후부터였다. 일본 상인들은 먼저 진고개(본정통)와 남대문을 연결하는 지역에서 세력을 확장하기 시작했는데 결과적으로 이를 도운 것이 조선 정부의 '가가금령'이었다. '가가금령'을 원칙적으로 적용하면 도로를 침범한 모든 '불법 건축물'을 철거해야 하지만 실질적으로 쉽지 않은 일이었다. 이 때문에 우선 도로를 깊숙이 침범한 건축물부터 철거하고 그 이면 건축물은 도로 부지의 임시 사용권을 인정해주었다. 그런데 당시 도로 안쪽으로 깊숙이 들어와 있던 건축물은 주로 오래된 조선인 가옥이었고, 이면 건축물은 새로 지은 일본인 가옥이 다수였다.

이렇게 해서 '가가금령'으로 전면의 가옥이 철거되자 자연히 이면의 일본인 가옥이 도로 전면을 차지하게 되었던 것이다.[23] 여기에 10년 동안의 사용권을 인정한 '가가금령'은 1905년 연장된 바 있으며 1911년 5월에도 다시 잠정적으로 효력이 인정된 상태였다.[24] 따라서 도로 부지 매수를 둘러싼 총독부와 토지 소유자 간의 충돌 가능성이 다른 어떤 지역보다 높았다.

총독부는 남대문통에서 도로 부지 매수는 정확하게는 사유지의 '매수'가 아니라 1895년 '가가금령'에 따라 임시로 인정해주었던 국유지 사용권을 '보상 회수'하는 것이라는 입장을 취했다. 그러나 이미 20년 가까이 사유지처럼 인식되면서 "연도의 토지 연고자가 일선인(日鮮人) 및 독

[그림 1-5] 1910년대 후반 '센킨마에' 광장
왼쪽 건물: 조선은행(현재 한국은행 화폐박물관), 오른쪽 건물: 경성중앙우편국(현재 서울중앙우체국)

미인(獨米人) 등 백여 명에 달할" 정도로 토지의 소유−사용 관계가 복잡한 상황에서 이런 총독부의 입장은 강한 반발에 부딪칠 수밖에 없었다. 8월까지도 매수 교섭에 응하지 않는 "내지인이 이십여 명에 달"했다. 9월로 접어들자 총독부 토목과에서 개별 토지 소유자를 소환하여 '토지수용령' 적용을 통첩하면서 비로소 매수 교섭은 진척을 보이기 시작했다. 10월까지 겨우 부지 취득을 마친 총독부는 연말까지 건물 철거 등을 완료하고, 1914년 봄부터 9월 준공을 목표로 공사를 진행할 수 있었다.[25] 남대문통 남쪽 구간 공사는 이른바 '센킨마에(선은전鮮銀前: 조선은행 앞) 광장' 조성으로 대략 마무리되었다. 센킨마에는 본정통과 남대문통의 교차점으로 1897년 일본영사관, 일본인 거류민단, 상업회의소 등이 자리를 잡으면서 재경성 일본인 중심지의 랜드마크가 되었다. 이후 1907년

11월 제일은행 경성지점 건축 공사가 시작되었는데 이는 1912년 1월 조선은행 사옥(현재 한국은행 화폐박물관)으로 준공되었다. 1915년에는 경성우편국(현재 서울중앙우체국)도 준공되었으며, 1930년대 미츠코시백화점, 조선저축은행(현재 신세계백화점, 한국스탠다드차타드은행) 등이 신축되었다. 조선은행 신축 이후 통칭 센킨마에라고 불린 이 광장은 경성의 경제적 부를 상징하는 공간으로서 오늘날까지도 그 위상이 지속되고 있다.

남대문통 남쪽 구간 공사를 대략 마무리한 총독부는 그 북쪽 구간 공사에 앞서 먼저 도심부의 두 주요 광장인 센킨마에와 대한문 앞의 연결 노선, 장곡천정통(長谷川町通: 현재 소공로) 정비 공사를 진행했다.[26] 그리고 바로 이어서 남대문통의 조선은행 앞−종로 구간 공사를 착공할 예정이었으나 재원 부족으로 해를 넘긴 1915년 봄에야 비로소 착공할 수 있었다. 사실 경성시구개수는 별도의 예산 확보 없이 제1기 치도공사비를 전용해서 시작했기 때문에 예산상 안정성에 문제가 있었다. 지방 간선 도로 공사에 쓰여야 할 치도공사비를 계속 전용할 수 없다고 판단한 총독부는 1913년부터 경성부내 관유재산(官有財産: 시내 요지에 입지한 구황실 토지와 건물 등)을 매각해 시구개수 재원에 충당하기로 계획했다. 이 무렵 《경기도보》, 《매일신보》 등을 보면 수차례 관유재산 매각 공고가 실린 것을 볼 수 있다.

그러나 관유재산 매각은 1913년 한 해는 어느 정도 성공했으나 이듬해에는 경제 공황의 영향으로 크게 실패했다. 이에 따라 1914년 하반기에는 시구개수 재정이 크게 불안한 상태가 되었다. 총독부는 1915년부터 비로소 정규 예산에 경성시구개수비를 편성하기 시작했다. 이처럼 센킨마에에서 종로로 향하는 남대문통 북쪽 구간 공사는 부족한 예산에도 불

서울의 기원, 경성의 탄생

구하고 가을 공진회 개최 시점까지 일단락하기 위해 가공사만 하기로 계획됐다. 6월까지는 부지 매수와 건물 철거 등을 마무리하고 실제 공사는 8월부터 시작할 예정이었다.[27] 그런데 8월은 공진회 개최까지 한 달 정도밖에 남아 있지 않은 시점이었다. 그리고 이 짧은 공기 내에 총독부는 남대문통의 외관을 내외에 과시할 수 있을 정도로 완성하려고 했다. 다음 기사는 이런 목표를 달성하기 위해 말 그대로 밤낮을 가리지 않고 공사를 강행하는 '난리법석'의 모습을 잘 보여준다.

이, 삼 개월 전부터 착수한 남대문통 시구개정공사는 조선은행 앞으로부터 종로 십자가까지 약 오백간의 대로간인데 공진회 절박한 금일에 황금정으로부터 종로까지 그 사이는 완연히 전장이나 다름없는 소동이라. 남대문통의 노폭은 십오 간 도로로 확장함으로 가옥의 이전 건축도 쉬운 일이 아니나 이는 목하 태(殆)히 완료햇고 석조연와건축(石造煉瓦建築: '연와'는 벽돌을 의미)의 당당한 점포와 지나인의 대연와옥(大煉瓦屋), 조선식의 점포 등이 양측에 병립하여 종전에 비교하면 전연(全然)히 면목을 일신햇더라. 이렇게 가옥은 정돈된 모양이나 도로공사는 와사관(瓦斯管: 가스관), 수도관, 전신, 전화의 지하선도 잇으며 전차궤도의 개축도 잇으며 또 대광교(大廣橋), 소광교(小廣橋)의 가교공사도 잇어 대혼잡을 이루는데 근일 황금정으로부터 종로까지 남대문통을 행보하여 좌우를 완찰하면 가로에는 돌덩이가 산재하고 석공은 돌을 자르며 대목은 재목을 깍고 연와는 산같이 적치하고 전차궤도가 횡재(橫在)하여 그 혼잡한 상황은 형상하기 어려운데 (중략) 인차의 왕래가 번잡함으로 공사의 진척상 방해가 적지 않으나 공진회가 절박햇스므로 금일은 주야겸행(晝夜兼行)의 상황으로 (후략)[28]

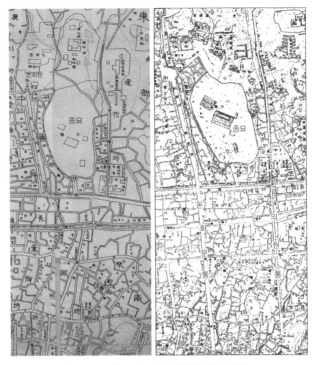

[그림 1-6] 돈화문통과 의원통 개수 현황

　　1914년에는 태평통, 남대문통에 이어 돈화문통(돈화문 앞-대화정[현재
중구 필동])과 의원통(창경원 식물원 앞-대화정) 개수도 시작했다. 이것으로
1912년 시구개수안의 5개 남북 노선 중 네 번째 노선까지 공사를 시작
한 셈이었다. 두 공사의 핵심은 위의 [그림 1-6]에서 잘 볼 수 있듯이 식
민지 시기 이전까지 도로가 형성되지 않은 종로-청계천 남쪽의 신도로
부설이었다. 다시 말해 이 두 노선의 개수는 종로 북쪽의 전통적 도심부
도로를 남부 일본인 중심지로 연장하는 공사였던 셈이다. 그러나 이 공
사도 남대문통 북쪽 구간과 마찬가지로 예산 문제에 부딪쳐 1914년에는

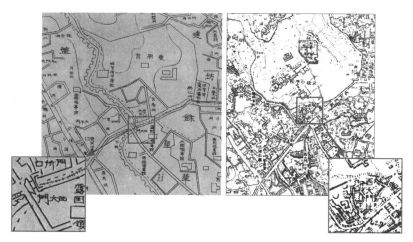

[그림 1-7] 서대문통 개수 현황
서대문통의 직선화 과정을 통해 철거된 서대문(왼쪽, 오른쪽 그림 비교)

개수 예정선 측량에 그치고 실제 공사는 진행되지 못했다. 1915년이 되어서도 공사는 7월에야 시작되어 공진회 전까지 의원통의 종로 남쪽 구간 가공사만 준공할 예정이었으며, 북쪽 구간은 도로 부지 수용만 완료하고 개수는 이듬해 진행되었다. 돈화문통은 1915년에는 공사를 진행하지 못하고 청계천 북쪽 부지만 매수하여 이듬해 가을 준공됐으며 청계천 남쪽은 1917년 봄에야 공사가 완료됐다.[29]

총독부는 또 1914년 7월 일명 서대문통이라고 불린 제15호선 경희궁 앞-독립문통(현재 의주로) 구간도 착공했다. 이 노선은 도심부 격자형을 형성하는 것은 아니지만 서부 외곽 주요 간선인 독립문통과 도심부를 연결하는 노선으로 이듬해로 다가온 공진회 개최나 장차 총독부의 이전을 염두에 두면 중요한 노선이 아닐 수 없었다. 이 노선도 1914년에는 연말까지 개수 예정선 측량만 완료하고 이듬해 초부터 부지 매수 교섭을 시작했는데 공진회 개최 일정에 맞추어 8월 말까지 가공사만 완료할 예정이었다.[30] 앞쪽 [그림 1-7]에서 경희궁 앞 흥화문(興化門)에서 독립문통에 이르는 서대문통의 직선화 과정과 그로 인해 철거된 서대문 자리(西大門址)를 확인할 수 있다. 1914년 말 서대문경찰서장의 보고에 따르면 "서대문의 존치를 바라는 선인(鮮人)의 여론도 없지 않았"지만, 이를 그대로 두고 도로를 내는 것은 비용이 너무 많이 든다는 이유로 철거가 결정되었다.[31] 서대문 철거가 완료된 것은 1915년 6월의 일이다.[32]

이처럼 총독부가 남대문―남대문정거장 구간 공사에서 시작한 1910년대 전반 시구개수에 대해 여러 어려움을 무릅쓰고 1915년 공진회 개최에 맞춰 일단락하고자 총력을 기울였음을 확인할 수 있다. 한눈에 무리해 보이는 공사 일정을 강행한 이유는 식민통치 5주년의 성과를 과시하는 자리인 공진회에서 총독부가 과시하려는 '치적' 중에 경성 도심부의 "정정유조"한 정비가 중요한 자리를 차지했기 때문이다. 물론 이런 의도를 직접적으로 뒷받침해주는 총독부의 공식 언명은 찾을 수 없지만, 앞에서 살펴보았듯이 개별 노선의 공사 과정에서 그 의도를 추정하는 것은 충분히 가능하다. 1917년에 발표된 한 '소설'은 이런 정황을 잘 보여준다.

차가 동대문에 도착하니, 좌우 성벽을 허러, 광활한 도로를 개통하고, 마차, 자동차, 인력거가 복잡하게 왕래하는 광경은 이승지(李承旨) 고루한 안목에, 실로 별유천지비인간(別有天地非人間)이라, 이승지는 정신이 황홀하야, 사면을 두리번 두리번 도라보다가, 놀난 눈을, 둥구럿케 뜨고 (중략) 금일갓치, 문명한 시대에는, 무용의 성곽을 둘 필요가 업나니, 차랄히, 평탄한 도로를 여러 인마의 복잡한 폐를 제하난 것이 좃치 아니함닛가 (후략)[33]

[그림 1-8] 1914년(위)과 1930년(아래) 서대문 부근 비교

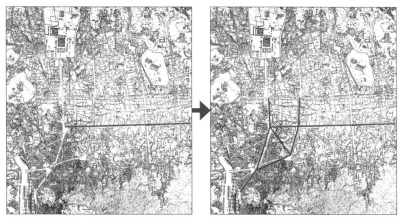

[그림 1-9] 1910년대 전반 시구개수와 도심부 간선도로망의 형성 과정
* 지도 위의 선은 필자가 가필함. 오른쪽으로 이어짐

　갑오개혁 이후 함경도에 은거해 있다가 20여 년 만에 상경한 인물이 경성 시내를 관광하는 내용의 소설에서 주인공 이승지는 전에 보지 못했던 "평탄한 도로" 혹은 "광활한 도로"를 보고 "정신이 황홀"해질 정도로 감탄한다. 이것이야말로 당시 일제가 내외에 내보이려고 한 "문명한 시대"의 가시적 징표였던 것이다.

　지금까지 살펴본 1910년대 전반 시구개수에 따른 경성 도심부 간선도로망의 형성 과정은 대략 3단계로 정리할 수 있다. 위의 그림 [1-9]에서 보여지듯이 1910년대 전반 시구개수의 핵심은 도심부 남북 연결 노선의 부설이었다. 물론 남북 노선 외에도 남대문-남대문정거장 구간, 장곡천정통, 황금정통, 서대문통 등을 부설했지만 경성 도심부 전체의 연결과 소통이란 관점에서 총독부가 동서 노선보다 남북 노선의 부설을 시급하게 여겼음을 추정할 수 있다.

　그런데 동서 노선 중 본정통의 미개수는 다른 노선과는 조금 다른

　　　　　　　　　　　　　서울의 기원, 경성의 탄생

특별한 의미를 갖는다. 조선시대부터 이미 대로이면서 조선인 중심지로 시구개수를 요구하는 목소리가 들리지 않았던 종로, 창덕궁과 종묘를 관통하는 난공사를 포함한 제6호선은 쉽사리 공사를 시작할 수 없었다. 반면, 본정통은 누구나 인정하는 일본인의 서울 정주의 상징으로서 개수를 요구하는 목소리가 일찍부터 나오고 있었기 때문이다. 그러나 총독부는 처음부터 본정통은 시구개수의 후순위로 미뤄두고 있었으며, 시구개수가 가장 큰 규모로 진행된 1910년대 전반에도 개수를 전혀 시도하지 않았다. 이 문제를 둘러싸고 총독부와 재경성 일본인은 갈등을 빚을 수밖에 없었다. 이것은 무엇을 의미할까?

백작 민영린 토지 사기를 당하다

시구개수 공사가 진행되면서 도로 연변의 지가가 오르는 현상은 드문 일은 아니었다. 특히 새롭게 개발되는 곳일수록 이런 현상은 더 뚜렷했다. 태평통의 경우가 전형적인 사례이다. 착공 직후의 한 사기 사건은 이런 세태의 단면을 잘 보여준다.

경성 중부 농포동(현재 종로구 권농동, 와룡동 일대) 사는 전 조선총독부 속(屬: 하급관료의 일종) 설기하는 나이 지금 30세인데 명치44년(1911년) 5월 총독부 속이 되는 동시에 토목과 근무가 되었는데 본년(1912년) 3월경에 구리개길(을지로) 개축에 당해 그 길에 들어가는 가옥을 훼철케 하라는 임무를 받은 바 초전골(현재 중구 초동 부근) 등지에 있는 백작 민영린 씨 집이 그 길에 들어가는 고로 이것을 훼철하라고 독촉하기 위해 동대문 밖 민영린 씨 집에 가서 민백작에게 가옥 훼철을 독촉할 때에 민백작은 피고 설모에게 그 집은 이익을 볼 작정으로 매수했는데 다 도로에 편입되어 낭패가 적지 않은 즉 그대가 요행히 토목과에 있으니 이후 시구를 개정할 때에 예정선을 미리 알 터이니 그것을 좀 알려 달라. 그러면 그 토지를 매수하여 이익을 분배할 터이라는 부탁을 받고 기회를 기다리다가 본년 5월 남대문에서 광화문까지 시구개정(태평로 공사)의 예정이 됨으로써 이 기회를 잃지 말라 하고 민백작에게 통기하여 태평통 부근 토지를 매수하라고 권했으나 민백작은 매수 자본금을 변통치 못해 시기를 잃어버렸는데 피고는 본년 8월에 민백작을 방문하고 이왕 말하던 계획을 실행하느냐 안하느냐 질문하니 민백작은 돈을 변통치 못해 약조대로 실행치 못했노라고 하고 이후에나 계획을 해볼 터이니 이 것을 비밀로 해달라고 부탁하는 것을 기화로 알고 민백작에게 금전을 편취할 계획으로 민백작에게 말하기를 이 계획은 토목국 공무과 내지인 기수에게 어떻게 안하면 형편이 좋지 못하다고 거짓말을 하여 돈 내기를 권함에 백은 그러면 그 내지인에게 상당한 사례금을 주리라 하니 피고는 이왕부터 친히 알던 내지인 모에게 말하여 민백작이 경영하는 종로 공다옥에서 사례금으로 150원을 편취한 일이 총감부에 입렴되어 경성지방법원 양각(兩角: 료카쿠) 검사가 심사하는 중인 바 지난 7일 사기 취재(取財)로 기소되었다더라(〈시구개정市區改正으로 사기취재詐欺取材〉, 《매일신보》, 1912년 11월 10일).

토지 투기에서 출발하여 사기로 확대된 사건의 전말을 다룬 기사이다. 총독부 토목과의 설기하는 하급관료로서 얻은 혹은 얻었을 것으로 추측되는 정보를 내세워 토지 소유자의 투기를 부추기고, 나아가 적극적으로 사기까지 친다. 그리고 백작 민영린(민씨 척족의 한 사람, 병합 이후 〈조선귀족령〉에 의해 백작 작위 받음, 1917년 아편흡입 혐의로 작위 박탈)은 서울 시내 곳곳에 토지를 소유하고 있으

며, 시구개수에 따른 지가 상승을 기회로 득을 보려고 동분서주
한다. 이익에 눈이 멀다 보니, 일본인 실권자와의 안면을 과시하
는 설기하에게 청탁을 넣고, 이를 계기로 결국 사기를 당한다. 이
사건은 식민지 수도의 새로운 외관을 만드는 과정에서 대대적인
공사판이 된 경성, 그리고 그 속에서 벌어지는 욕망의 아사리판
의 민낯을 적나라하게 보여준다.

서울의 기원, 경성의 탄생

3

총독부 시구개수의 지향과 재경성 일본인 사익 추구의 충돌

식민지 권력의 '문명',
식민자의 '사익'

보통의 역사 상식에서 시구개수를 비롯한 일제의 도시 개발·정비 사업은 일본인 중심지에 우선해 일본인에게 유리하게 진행되었다. 그렇기 때문에 총독부의 시구개수가 가장 많은 성과를 남긴 1910년대 전반 경성의 일본인 중심지 중에서도 핵심에 해당하는 본정통에 대한 개수가 전혀 이루어지지 않았다는 점은 상당히 이례적이다. 사실 본정통은 1880년대 도로라고 할 만한 것이 없는 진고개에서 연원한 데다가 일제 침략과 연동하여 인구가 지속적으로 증가함에 따라 1910년 병합 전후 시기에 이르면 도로의 너비나 상태가 '본정'이라는 이름값을 못하는 상황이었다.

그리하여 1910년대 초 일본인 거류민단은 이른바 '본정통 개수 운동'을 활발하게 전개했다. 1911년 2월 총독부에 '본정 개수 건의안'을 제출했으며 1912년 말에 또다시 진정서를 제출했다. 1913년에는 "본정 도로에 직접 이해관계가 있는 유지들"이 본정도로취확기성동맹회(本町道路

取擴期成同盟會: 본정 도로 확장 추진 단체)를 조직해 활동하기도 했다.[34] 그러나 문제는 총독부의 의지와 계획이었다. 총독부는 처음부터 다수의 토지 소유자와 거주자의 이해관계가 얽혀 있어 "다대한 경비를 요할 뿐 아니라 기설 가옥 및 건축물을 다수 훼철"해야 하는 본정통 개수에 열의를 보이지 않았다.[35] 그보다 더 중요한 것은 총독부가 본정통 개수에 대한 재경성 일본인의 청원 운동에도 비판적 시선을 갖고 있었다는 사실이다.

> 경성시구개정에 관한 각종 희망은 민단 및 상업회의소에서도 총독부에 대해 속속 청원햇거니와 총독부의 방침은 경성시구의 정리는 단지 내지인 거주의 분포에만 의해 결정할 뿐이 아니며 경성 재주민의 청원에 관해서는 이해를 함(含)한 것이 적지 않은 고로 쉽게 그 원의(願意)를 수용하기 불능하고 환(還)히 예산의 허락하는 범위에서 조선가(朝鮮街)의 종횡관통의 대도로를 정비하고 그 다음에 각관청과 이 대도로를 연락케 하고 또 그 다음에 점차 기타에 미치리라더라.[36]

이 기사는 총독부가 재경성 일본인의 본정통 개수 청원을 그들의 "이해를 함한 것"으로 보고 있음을 말해준다. 또 시구개수의 우선순위는 "조선가의 종횡관통의 대도로를 정비하는 것"이라는 언급이 의미심장하다. "조선가"란 '전통적 도심부'라는 의미인데, 식민지 권력의 시구개수 목표가 서울의 전통적 공간구조에서 주변부에 해당하는 일본인의 새로운 정착지를 정비하는 것이 아니라 전통적 도심부 정비와 재편이었음을 다시 한 번 확인할 수 있다. 사실 이것은 총독부가 병합 직후 이미 청사의 경복궁 이전을 결정했음을 상기하면 당연한 것이었다. 그렇기 때문에 재경성 일본인의 강력한 희망에도 불구하고 본정통은 1910년대 전반 경성시구개수의 우선순위에 들어갈 수 없었던 것이다. 본정통 개수를 둘러싼 논의 양상은 시구개수의 목표 또는 우선순위에서 총독부와 재경성 일본인의 지향점이 일치하지 않았으며 오히려 갈등 관계였음을 보여준다. 앞에서 살펴본 시구개수를 위한 도로 부지 취득 과정에서 총독부와 재경성 일본인의 갈등 역시 마찬가지다. 물론 이때의 대립은 총독부가 적극적으로 개수를 추진하면서 발생한 것으로 본정통 개수 문제와는 반대되는 내용이기도 하지만, '총독부 시구개수의 지향'과 '재경성 일본인의 사익 추구'가 충돌했다는 점에서는 같은 맥락이다.

남대문—남대문정거장 구간과 황금정통은 공통적으로 공사 자체보다 도로 부지를 취득하는 데 많은 시간이 소요되었다. 최종적인 이유는 총독부의 매수 교섭에 완강하게 반발하는 일본인 토지 소유자 하마오카와 마츠모리 때문이었다. 두 사람은 거의 무명에 가까운 인사로 하마오카에 대해서는 현재 찾아볼 수 있는 자료가 없으나 마츠모리는 러일전쟁 참전 군인 출신으로 제대후 다시 조선으로 건너와 1910년대에 주로 대가업(貸家業), 토지 신탁업 등에 종사한 인물이었다.[37] 두 사람 모두 넓은 의미에서 이른바 '모험적 도한자(渡韓者)' 범주에 속하는 인물로 볼 수 있다. 1880년대부터 1910년 전후까지 조선으로 건너온 일본인 중에는 일본에서 사회적 지위가 낮고 경제력도 빈한하여 조선에서 한몫을 보려는 자들이 많았다. 이들은 재산 축적에서 수단, 방법을 가리지 않았음은 물론 불법도 서슴지 않았다. 따라서 통감부나 총독부에게서 "제국의 위신을 실추시킨다"는 비난을 듣는 경우도 많았다. '모험적 도한자'란 이

런 초기 재조선 일본인을 일컫는 말이다.[38] 남대문–남대문정거장 구간
이나 황금정통은 이런 일본인들의 정착 연원이 깊은 곳이었기 때문에
자신의 사익(토지 소유권)만을 중시하는 이들의 태도와 경성 도심부를 권
력의 의지에 따라 정비하려는 총독부의 시구개수가 충돌할 수밖에 없었
던 것이다. 다음 기사들을 보자.

① 남대문외 도로 확장에 대해 이 방면 토지 소유자가 관헌의 매수에 불응하
는 자가 잇슴으로 부득이 토지수용령을 시행하기로 햇는데 그 인원은 조선
인 박선호(朴宣浩), 윤정석(尹晶錫) 및 내지인 빈강양철(濱岡良哲: 하마오카)
의 삼명인데 박, 윤 양씨는 당국의 간유(懇諭)에 의해 마침내 그 매수에 응햇
스나 빈강(濱岡)은 단연 불응함으로 부득이 이 토지를 수용하기로 일반에게
공시햇다는데 상당한 상식과 자력(資力)이 있는 내지인으로 이와 같이 몰상
식한 일을 하는 가악(可惡)할 자라 하더라.[39]

② 대저 시황(時況)은 도로의 평이(平易)를 좇아 번영을 촉하니 동서를 막론
하고 도회로 자처하는 곳은 반드시 도로를 평이케 하여 (중략) 현금 당국에
서 시구의 모범으로 우선 경성내 도로를 확장하여 원래 대선이 잇던 곳도 일
층 개축하려니와 다시 동에서 서와 남에서 북의 기개선(幾個線)의 대선을 기
정(棋井)과 같이 직통할 계획인 즉 자연 인민의 가옥과 토지를 사용하지 않지
못할지라. (중략) 그러한 즉 일반 인민은 마땅히 이를 환영하여 그 준공을 기
대하거늘 우매한 자들은 국가의 원대한 계획을 알지 못하고 오해를 품어 인
민의 가옥을 제압으로 훼(毁)하고 인민의 토지를 제압으로 사용한다고 하니
(중략) 막중대사의 시행을 무기케 하여 불가불 토지수용령을 시행하여 인민

의 불매코저 해도 어쩔 수 없으니 이를 제압이라고 하는 것인가.[40]

남대문–남대문정거장 구간 공사의 부지 취득 과정을 보도한 ①번 기사에서 총독부의 입장을 대변한다고 할 수 있는 《매일신보》는 마지막까지 매수 교섭에 불응하여 토지수용령을 적용한 하마오카에 대해 "상당한 상식과 자력이 있는 내지인으로 이와 같이 몰상식한 일을 하는 가악할 자"라고 비난하고 있다. ②번 기사는 시구개수가 "동에서 서와 남에서 북의 기개선의 대선을 기정(棋井: 바둑판)과 같이 직통할 계획인 즉 자연 인민의 가옥과 토지를 사용"해야 하는데도 "국가의 원대한 계획을 알지 못하고" 총독부의 매수 교섭에 응하지 않아 "막중대사의 시행을 무기케" 하는 "우매한 자들"을 비난하는 사설이다. 비난의 대상은 명확하다. 이 사설이 게재된 1912년 11월은 태평통 개수가 한창인 시점으로 그때까지 시구개수 관련 도로 부지 취득에 반발한 부류는 재경성 일본인뿐이었다. 태평통에 이어 공사를 시작한 남대문통에서도 이런 문제는 예외 없이 계속되었다. 오히려 앞에서 언급했듯이 남대문통은 총독부의 매수 교섭에 불응하는 일본인이 20여 명이나 되는 등 문제의 정도가 더 심각했다. 명확하게 "내지인"을 지목하여 비난하는 《매일신보》의 다음 사설이 당시의 상황을 잘 보여준다.

> 근래 경성 내 각도(各道)를 개수함에 따라 자연 인민의 가옥을 범하는 곳이 많은지라. (중략) 인민된 자는 반드시 공익을 생각하여 당국의 지휘를 따를 뿐이어늘 혹 완거(頑拒)하는 자도 있으며 혹 가격을 과호(過呼)하는 자도 있어 (중략) 목하 조선인은 이를 깨달아 완거하는 자도 거의 없으며 가격을 과

호하는 자도 역시 없어 도로의 확장에 조금의 민원(民怨)이 없을진대, 내지인은 무슨 능력을 가졌는지 오히려 완거하는 자도 많으며 가격을 과호하는 자도 많으니 저 문명의 선진으로 자부하는 자가 엇지 이린 치우친 마음을 가졌느뇨?[41]

남대문통에서 토지 소유자들의 반발이 상당했음은 위 사설에 이어 1913년 9~11월 비슷한 내용의 사설이 《매일신보》에 매달 한 편씩 게재된 것에서도 잘 알 수 있다.[42] 기실 도로 부지의 저가 매수나 수용에 대한 토지 소유자의 반발은 사익 추구, 재산권 행사 차원에서 어쩌면 당연한 것이다. 그런데 이에 대해 《매일신보》는 "문명의 선진으로 자부하는 자가 엇지 이린 치우친 마음을 가졌"냐고 비판한다. 《매일신보》의 논리에 따르면 시구개수는 '문명화'의 일환이며 사익을 추구하여 이를 방해하는 일본인은 식민통치의 대의인 조선의 '문명화'에 방해가 되는, 비난받아 마땅한 존재인 것이었다.

그렇다면 조선인의 경우는 어땠을까? 위 사설에서 조선인은 "완거하는 자"도, "가격을 과호하는 자"도, "도로의 확장에 조금의 민원"도 없다고 전한다. 실제로 시구개수 전 기간에 걸쳐 조선인이 도로 부지 매수에 저항한 사례는 전혀 찾아볼 수 없다. 과연 조선인 토지 소유자는 불만이 없었을까? 후일의 한 회고는 "초대 사내(寺內) 총독은 취임과 더불어 경성부의 대개수를 뜻하여" "경성부 제1기 시구개수에 착수"하자, "당시 내선인(內鮮人)들은 '도로는 만들어 무엇을 하나?'라고 하며 그것은 무익한 광기의 사태(沙汰)라고 조소했다"고 전한다.[43] 굳이 이런 회고를 들지 않더라도 상식적으로 생각해보면 조선인 토지 소유자도 토지

서울의 기원, 경성의 탄생

수용에 대한 불만은 일본인과 다를 바 없었을 것이다. 그럼에도 불구하고 조선인의 반발을 찾아볼 수 없는 것은 역설적으로 조선인의 경우 일본인과 같은 저항이 원천적으로 불가능했기 때문이지 않았을까? 시구개수뿐만 아니라 전반적으로 이 시기 '무단적' 통치 방식에 대한 재조선 일본인의 불만은 민간 저널리스트의 언론 활동 등을 통해 일부 표출되기도 했다. 그러나 조선인은 불만을 표출할 길이 거의 없었다. 시구개수를 위한 도로 부지 취득 과정에서 일본인의 반발, 조선인에 견준 일본인에 대한 비난 등은 역설적으로 무단통치의 한 단면을 드러내준다.

병합 전후 총독부는 조선 건국 이래 형성된 한양 도성의 공간구조를 해체하고, 식민지 권력의 입장에서 경성 도심부의 간선도로망을 정비하기 위해 경성시구개수를 시행했다. 공식적으로는 1930년대 초까지 지속된 시구개수 전 기간 중 가장 뚜렷한 결과를 남긴 1910년대 전반의 사업은 일제의 입장에서 조선에 이식한 이른바 '문명'을 내외에 과시하기 위해 개최한 정치 선전 이벤트인 1915년 공진회를 계기로 대략 일단락되었다. 시구개수에 의한 도심부 공간구조 정비도 일제가 말하는 '문명'의 중요한 표지였던 것이다.

이 시기 시구개수 구상의 핵심은 서구 근대 도시계획에서 표준으로 정립된 격자형 공간구조 정비였다. 이는 일제가 내세운 이른바 조선의 '문명화'의 주된 내용이 일본이 도입한 서구 근대의 이식이라는 점과 짝을 이루고 있다. 여기서 특기할 점은 시구개수 시행 과정에서 총독부와 두드러지게 충돌한 부류가 재경성 일본인이었다는 사실이다. 일본인은 시구개수를 위한 도로 부지 취득 과정에서 강하게 반발했다. 또 일본인의 끈질긴 개수 청원에도 불구하고 총독부는 그들에겐 서울 정주의 상징인 본정통 시구개수를 우선순위에 두지 않았다. 식민지 권력이 상정한 식민통치의 목표와 개별 식민자의 이익이 일치하지 않았던 것이다. 그러므로 일제의 식민지 도시 개발은 일본인을 '위해' 이루어졌다거나 일본인에게 '유리'하게 이루어졌다는 인식, 서울의 경우 일제는 남촌의 일본인 중심지 개발에 치중했으며 북촌의 조선인 중심지는 버려두었다는 인식은 지나치게 일면적인 것임을 알 수 있다. 물론 식민지 도시 개발의 여러 경우를 보면 그런 측면이 없는 것은 아니었다. 그러나 적어도 1910년대 전반 시구개수 과정에서 식민지 권력은 조선인은 물론 일본인의 사익과도 대립하는 목표를 추구했으며 그것을 '문명'이라는 이름으로 정당화했다.

'무단통치기'라는 표현이 말해주듯이 1910년대 식민통치의 특징은 흔히 가시적인 폭력성으로 나타났다. 그러나 그와 더불어, 아니 오히려 그보다 더 중요한 점은 가시적인 폭력성 이면에서 서구 근대 표준의 일방적 이식을 '문명'이라는 이름으로 추구한 것이 아닐까? 이것은 그들의 '독자적 내용'이 아니라 자신들이 수용한 '서구 근대'의 이식을 통해 식민통치의 이데올로기적 헤게모니를 구축할 수밖에 없었던 '후발 제국주의' 일제의 식민통치 방식에서 비롯된다. 병합 초기에 더욱 두드러졌던 이 방식은 식민지 수도 핵심부의 공간구조 재편을 위한 경성시구개수 과정에서 뚜렷하게 나타난다.

2장

종묘관통선,
전통/근대/식민의 교차로

1

총독부, 종묘를 헐어
길을 내려고 하다

1910년대 전반 가장 활발하게 진행된 경성시구개수의 핵심 목표는 경성 도심부를 격자형 가로망으로 정비하는 것이었다. 그런데 이 목표에서 중요한 지위를 차지하고 있는 노선 하나는 1920년대에 비로소 공사가 시작되었다. 시구개수 제6호선이 바로 그것이다. 이 노선은 단지 여러 개의 시구개수 노선 중 하나가 아니라 경성시구개수의 전반적 취지, 이를 둘러싸고 전개된 복합적인 갈등과 관련하여 특별히 주목할 필요가 있다.

　"광화문 앞에서 대안동(大安洞: 현재 안국동) 광장을 경유, 돈화문통을 횡단, 총독부의원 남부를 관통하여 중앙시험소(현재 동숭동 방통대 역사관) 부근에 이르는" 너비 12간의 도로인 경성시구개수 제6호선, 현재의 율곡로는 각별한 문제가 있는 도로이다. 왜냐하면 시구개수 노선의 대부분은 기존 도로를 넓히고, 직선화하는 것인데 반해 제6호선은 병합 이전까지 '도로가 아니었던 곳', 더 정확하게는 '도로여서는 안 되었던 곳'을 포함하고 있었기 때문이다. 그곳은 다름 아니라 조선왕조의 핵심적 상징공간이면서, 사실상 하나의 권역으로 인식되었던 창덕궁, 창경궁과 종묘 사이를 통과하는 구간이었다. 따라서 이 구간을 관통하는 도로 부설은 외래 식민지 권력의 도시 개발이 구왕조의 상징을 노골적으로 파괴하는 결과를 낳을 수밖에 없었다. 그만큼 도로의 부설 과정은 지난했으며, 많은 논란이 일어날 수밖에 없었다.

제6호선은 1912년 시구개수안의 동서 간선도로 중 하나였으나, 식민지 권력은 당장 이 도로 부설을 시도하지 않았다. 아마도 1910년대 시구개수의 초점이 경성 도심부의 남북을 연결하는 노선의 부설이었으며, 동서 노선 중에서도 최북단인 제6호선의 부설은 시급한 과제가 아니기 때문이었을 것이다. 그러나 1920년대 들어 상황이 바뀌었다. 총독부 신청사의 경복궁 신축, 이전이 임박한 것이다. 이에 따라 광화문 앞=총독부 청사 앞 기점의 제6호선 부설도 현실적 과제로 부상했다. 이와 관련해 1921년 도심부 도로망 구축에 대한 마스터플랜을 밝힌 다음 기사가 눈에 띈다.

경성부 조사과에서는 총독부 신청사가 낙성되기 전에 먼저 그 청사를 중심으로 한동복을 꼬여 뚫을 일대 도로를 신설할 계획이므로 지금 준비 착수 중인데 (중략) 대체는 사직단에서 경복궁을 직통케 하여 종로 큰 길과 마찬가지로 하겠고 경복궁 앞에서 창덕궁 앞까지 직통케 하여 아주 환한 큰 신작로를 만들 계획이며 창덕궁에서 총독부 의원 앞까지 역시 환하게 신작로를 만들어 아주 통활이 되게 하고 또 총독부 의원 앞에서 중앙시험소, 공업전문학교 근처까지 뚫어가지고 또 직통으로 동대문까지 바로 꼬여 뚫을 작정인 즉 불원한 장래에 경성시가는 전에 못 보던 이상하고도 매우 좋은 길이 되는 동시에 경성사람도 엇던 곳이 엇던 곳인지 잘 분간을 못하게 될 대신작로가 되리라더라.[1]

기사에서 총독부 신청사 앞을 기점으로 경성 도심부를 "한동복을 꼬여 뚤을(문맥상 '막힘없이 꿰뚫을')", 즉 순환하는 도로망 계획이 수립되었음을 알 수 있다. 그런데 이런 도심부 순환 계획은 새삼스러운 것이 아니며, 이미 1910년대 말 공식화된 것이었다. 1919년 6월의 경성시구개수 수정안이 그것이다. 1919년 시구개수안은 1912년 시구개수안의 31개 노선 중 3개를 삭제, 6개를 수정하고 15개를 추가한 것으로 그때까지 공사를 진행한 부분을 제외하면 거의 새로운 안을 수립하다시피 한 것이었다.[2]

두 안의 중요한 차이 중 하나는 1912년 시구개수안의 핵심이 도심부를 거의 완전한 격자형 공간구조로 만드는 것인 반면, 1919년 시구개수안의 핵심은 총독부 신청사 앞을 기점으로 한 도심부 순환이었다는 점이다. 그런데 '순환'을 최종적으로 완성하려면 제6호선은 반드시 완공되어야 했다. 그렇지 않으면 도심부의 막힘없는 순환은 원천적으로 불가능하기 때문이다. 그리하여 1920년대 초 제6호선 부설은 시구개수의 주요 과제로 부상할 수밖에 없었다.

과연 총독부 토목부는 이듬해부터 실제 활동을 개시했다. 1922년 7월 종묘 경내의 도로 예정선을 측량하고 이를 표시하는 침목을 설치한 것이다. 그런데 설치한 침목이 종묘 영녕전(永寧殿)과 약 20여 간밖에 떨어져 있지 않은 것이 큰 문제로 불거졌다.[3] 순종이 "원래부터 효성이 지극하신 터에 크게 놀래시며" "차라리 창덕궁 땅을 더 범하도록 하고 영녕

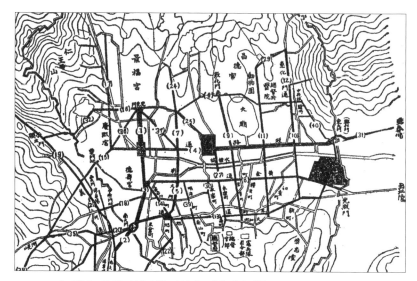

[그림 2-1] 1919년 6월 경성시구개수예정계획노선도의 도심부 부분

전에는 가깝지 아니하도록 주선하라시는 처분"을 내리는 등 제6호선의
종묘 경내 통과에 대해 반대 의사를 분명히 한 것이다.[4]

　1907년 즉위 이래 순종이 통감부나 총독부의 사업에 이렇게까지 공
개적으로 반대 의사를 표명한 것은 매우 이례적인 일이었다. 그러나 왕
실의 정통성을 상징하는 장소로서 종묘의 의미를 고려한다면 순종의 태
도는 이해할 만하다. 역대 국왕의 신위를 모신 종묘는 국왕이 선대에 효
를 행함으로써 그 효를 백성이 본받아 충을 이끌어낸다는 의미를 가진
동아시아 왕조국가 수도의 가장 중요한 상징공간이었기 때문이다. 더구
나 즉위 때부터 실제 권력 행사와 거리가 멀었던 순종에게는 병합 이후
종묘가 유일한 '국왕'으로서의 활동 공간이었다.

　식민지 시기 순종의 행적은 방문자 면담을 제외하면 정기·부정기 종묘 참배가 거의 전부였다. 《고종순종실록》에서는 1911~26년 25회의 참배 기록을 찾을 수 있다. 또한 "정기적으로 종묘의 제사를 모셨고, 때때로 성 밖에 있는 역대 왕릉을 성묘하시는 일 외에 궁문 밖으로 나오시는 경우는" 총독 관저 방문이 전부였다고 한 이왕직 사무관 콘도 시로스케(權藤四郎介), "덕수궁으로 나들이를 하시는 외에 창덕궁 밖으로 행차를 하시는 것은 종묘에서 제사를 지내거나 선왕들의 능에 참배하실 때"라고 한 창덕궁 상공 김명길 등의 회고도 거의 비슷한 내용을 전한다.[5] 사정이 이러한데 종묘 경내를 통과하는 도로 예정선의 침목이 설치되었을 때 순종이 얼마나 큰 거부감을 가졌을지 짐작할 수 있다. 그렇다면 이런 순종의 반대에 대해 총독부는 어떤 반응을 보였을까?

> 총독부 토목부장 원정웅(原靜雄)씨는 말하되 (중략) 그 길(제6호선)은 내년에도 예산이 서지 아니하고 지금 현상으로는 대정(大正) 15년(1926년) 이후라야 혹 공사가 실시될는지 모르는 장래의 일이외다. 여하간 대정 원년(1912년)에 발표된 예정선인 즉 나는 그때의 사실은 자세히 알 수 없으나 그 당시에도 이왕직과 상당한 협의가 있는 후에 결정되었을 것이외다. 예정선이 그와 같이 종묘 뒤로 나아가게 된 것은 지금 다시 변경키는 어려운 일이외다. 물론 시구 개정이라는 것은 도시 발전과 일반 공중의 교통을 편리케 하자는 목적이므로 장래에는 그 길을 내어야 북촌의 발전이 속히 될 터이나 예정선대로 실행하면 종묘 뒤를 끊게 되는 까닭에 이후에 실행을 한다 하야도 물론 이왕직과 협의하여 될 수 있는 대로 종묘 중지의 존엄은 범치 아니하도록 할 터이외다.[6]

토목부장 하라 시즈오(原靜雄)의 발언은 첫째, 제6호선의 예정선은 이미 1912년 시구개수안에서 결정된 것이다, 둘째, 제6호선은 교통의 편의와 도시의 발전을 위해 반드시 부설해야 한다, 셋째, 지금은 측량만 한 것이고 실제 공사는 언제 시작할지 모른다, 넷째, 되도록 종묘의 존엄을 존중하여 공사하겠다 등으로 요약할 수 있다. 이를 통해 순종의 반대를 존중하는 듯하면서도 제6호선 부설을 포기할 수 없다는 총독부 토목부의 입장을 엿볼 수 있다. 또 제6호선 부설을 즉시 개시할 계획이 아니라는 것도 알 수 있다. 그런데 이 발언에서 가장 주목해야 할 부분은 사실 첫째이다. 왜냐하면 이것이야말로 제6호선의 예정선은 이미 1912년에 결정된 것이기 때문에 지금 와서 수정할 수 없다는, 즉 제6호선은 종묘 경내를 통과해야 한다는 논리의 출발점이기 때문이다. 과연 이것이 사실일까? 1장에서 보았던 1912년 시구개수안으로 돌아가 보자.

오른쪽 [그림 2-2]는 실측도가 아니기 때문에 이것만으로는 제6호선이 종묘 경내를 통과하도록 한 것인지 아닌지 판단하기 어렵다. 단순히 그림만 보면 제6호선은 종묘와 창덕궁·창경궁 사이를 통과하는 것처럼 보인다. 그러나 이 그림에서 제6호선이 직선임을 감안할 필요가 있다. 당시 경성의 실제 지도를 보면 광화문 앞을 지나는 직선 도로는 종묘 경내를 통과할 수밖에 없다. 또 시구개수의 개시 단계에서부터 이미 총독부가 도심부의 완벽한 격자형 공간구조 형성을 위해 시구개수 노선의 직선 부설을 원칙으로 한 것도 상기할 필요가 있다. 이런 점들을 고려하면 총독부의 최선의 목표는 제6호선을 종묘 경내를 통과하는 직선 도로로 부설하는 것으로 짐작해볼 수도 있다. 그런데도 노선도에 마치 종묘 경내를 통과하지 않는 것처럼 그린 까닭은 무엇일까? 게다가 다른 부분과 달리 이 구간은 왜 점선으로 그린 것일까? 이런 의문에 직접 해답을

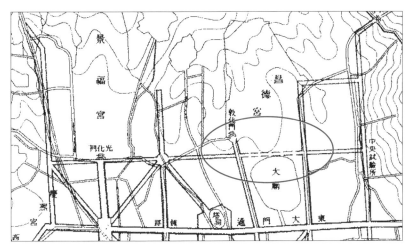

[그림 2-2] 1912년 시구개수안 중 제6호선의 종묘 부근

주는 사료를 구하는 것은 불가능하지만, 시구개수 노선이 표시된 다른 지도인 다음 쪽 [그림 2-3]에서 해답의 실마리를 얻을 수 있다.

1913년 7월 지도([그림 2-3] 위의 지도에서 붉은색 점선)에서 제6호선은 종묘 경내를 통과하는 것을 피해 창덕궁·창경궁 쪽으로 휘어져 있다. 그런데 아래 1914년 지도에는 아예 이 구간이 표시되어 있지 않다. 이것은 무엇을 의미할까? 혹시 1912년 시구개수안 단계까지 총독부는 이 구간의 도로를 어떻게 부설할지, 즉 종묘 경내를 통과할지 아니면 그 외곽으로 돌아야 할지를 명확하게 결정하지 못한 것은 아닐까? 위의 [그림 2-2]에서처럼 1912년 시구개수안 노선도에 이 구간만 점선으로 표시한 것은 이런 상황을 반영한 것은 아닐까? 아니면 처음에는 총독부가 제6호선의 직선 부설을 염두에 두고 있었으나 곧 종묘 경내를 통과하지 않는 방향으로 수정한 것은 아닐까? 여러 가지 의문이 꼬리를 문다.

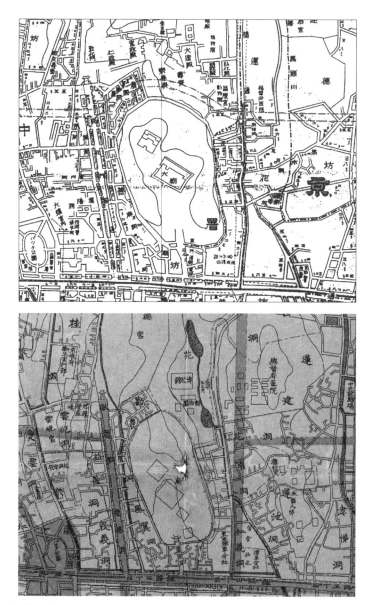

[그림 2-3] 1913, 14년 지도의 창덕궁·창경궁과 종묘 사이 통과 구간 도로 예정선

서울의 기원, 경성의 탄생

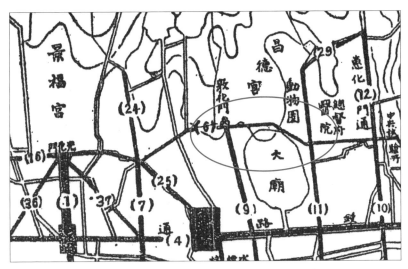

[그림 2-4] 1919년 시구개수 수정안 중 '제6호선'

　그런데 위의 [그림 2-4]에서 볼 수 있듯이 1919년 시구개수 수정안 단계에서 이 구간은 분명히 종묘 경내를 통과하지 않는 방향으로 수정되었다. 게다가 1926년 6월 창덕궁·창경궁과 종묘 사이 통과 구간 부설 문제가 다시 대두했을 때 내무국장 이쿠타 세이자부로(生田淸三郎)는 "문제가 되는 북부 신작로의 노선은 이미 대정 원년에 총독부 고시로 경성시구개수 예정계획노선을 발표할 때에 종묘는 다치지 않게 하기로 결정"한 것이라고 했는데, 이는 토목부장 하라의 발언과 정면으로 배치되는 언급이었다.[7] 이런 근거들을 토대로 제6호선의 창덕궁·창경궁과 종묘 사이 통과 구간이 처음에는 직선 부설을 위해 종묘 경내를 통과하는 방향으로 계획되었으나, 완전한 직선 부설을 포기하더라도 되도록 경내를 통과하지 않고 그 뒤편으로 돌아가는 방향으로 수정되었다고 추정해볼 수 있다. 즉 하라의 발언은 사실과 다르다고 보는 게 합리적이다. 오히려 1922년 7월 종묘 경내 측량과 침목 설치는 종묘 경내 통과를 피하는 방향으로 수정됐던 이 구간의 예정선을 다시 최초 시구개수의 '이상적 목표'인 직선 부설로 되돌린 것이었다. 바로 이 점 때문에 순종의 반대에 부딪쳤던 것이다.

순종뿐 아니라 1920년대 초에는 이왕직도 총독부의 시도에 협조적이지 않았던 것 같다. 1922년 당시 이왕직 장관이었던 종친 이재극(李載克)은 "일이 그렇게 되면 비단 너만 열성조(列聖祖)에 득죄(得罪)를 할 뿐 아니라 나까지 득죄를 하게 하니 그럴 수가 있느냐"는 순종의 꾸중을 듣고 나서 "종묘를 헐고 그곳으로 길을 내인다 함은 열성조에 대하여 황송한 일이라 하고 재삼 총독부와 협의"하려고 했다. 종친 출신 관료로서 병합에 이르는 중요 국면에서 줄곧 일본 측에 협조한, 그래서 이왕직 장관에 오른 이재극이었지만, 최소한 이 문제에서는 순종과 왕가의 일원으로서 자의식을 나누고 있음을 짐작할 수 있다.[8] 이렇게 '불리한' 상황에서 총독부가 당장 제6호선 부설을 실행할 계획은 아니었기 때문에 파문은 더 이상 확산되지 않았다.

하지만 순종의 반응은 앞으로 총독부가 이 도로를 부설할 때 어떤 갈등이 생길 것이라는 점을 미리 보여주는 것이었다. 물론 이 문제에 대한 순종의 의사 표시는 더 이상 찾아볼 수 없다. 왜냐하면 순종 생전에 총독부는 제6호선 부설을 실행에 옮기지 않았기 때문이다. '우연하게도' 총독부가 제6호선 부설을 다시 개시한 것은 순종이 사망한 직후인 1926년 5월이었다.

증명된 적도, 증명할 수도 없는 풍수단맥설

지금까지 제6호선 부설 과정에 대한 연구는 거의 없었다. 그동안 이 문제에 대해서는 '연구'와는 무관하게 하나의 '통설'이 굳게 자리 잡고 있었다(오히려 '통설'이 연구의 장애 요인이 되었던 것 같다). 그 것은 제6호선은 일제가 "풍수지리상 북한산−창덕궁·창경궁−종묘로 이어지는 북한산의 맥을 끊기 위해" 혹은 "민족혼 말살정책의 하나로 창경궁과 종묘를 끊어놓기 위해" 부설했다는 이른바 '풍수단맥설(風水斷脈說)'로서 제6호선 부설의 경위를 설명할 때 빠짐없이 등장해왔다. '풍수단맥설'이란 일제의 다양한 도시 개발 사업의 목적을 조선의 지맥을 의도적으로 절단하고 훼손하기 위한 것으로 해석하는 견해를 뜻한다. 앞의 두 인용은 모두 2009년 초 서울시가 율곡로를 지하화하고 일제가 '훼손'한 창덕궁·창경궁과 종묘 사이 통과 구간을 원형대로 '복원'하겠다는 계획을 발표한 기사의 한 구절이다.[1] 이 구간의 복원 계획은 이미 1986년에도 입안된 바 있었다. 당시 사업 명분도 "창경궁과 종묘의 단일권역화는 우리 민족의 맥을 잇는 또 다른 시작"이었다.[2] 2009년과 다르지 않았던 것이다. 1986년 당시 이 사업은 고궁의 원형을 훼손할 우려가 있다는 문화재관리국의 반대로 진척되지 못하다가 1988년 말 최종 백지화되었으나, 2009년 다시 시작되어 현재 거의 완공 단계에 있다.

그런데 강력한 환기력을 가진 풍수단맥설은 정도(定都) 당시 한양 도성의 조영 원리를 풍수라는 단일한 변수로 설명하는 낡은 전제에 근거하고 있을 뿐 아니라, 실은 증명된 적도 없으며 실증적으로 증명할 길도 없는 주장이다. 풍수단맥설을 주장한 대표적 연구자는 요시다 미츠오(吉田光男)인데, 그는 한양을 "풍수천년의 도"라고 한 식민지 시기 민속학자 무라야마 지준(村山智順)의 인식을 계승하여 한양의 정도와 조영 원리를 철저하게 풍수라는 단일 변수로 설명했다. 그는 "일본에 의한 도시 개조로 지맥이 단절되어 한양의 풍수적 완결성이 파괴되었"다는 주장으로까지 나아갔다.[3] 그러나 최근 연구에 따르면 실제 한양 도성의 조영에는 조선 초기 정치 과정의 역동적 전개로 다양한 변수가 작용했으며 풍수는 그중 하나에 불과했다.[4] 물론 초기에 조영한 종묘의 경우 풍수적 의미에서 지맥(地脈)의 연속선상에 놓이는 것은 사실이다. 그러나 문제는 한양의 조영 원리가 오로지 풍수뿐이라고 전제한 뒤 일제의 도시 개발 목적이 풍수의 맥을 절단하기 위한 것이었으며 조선인 일반도 그렇게 받아들였다는 인식이다. 이런 인식을 받아들인다면 제6호선 부설을 둘러싼 논란의 실체를 분석할 길은 막히고 만다.

　　물론 풍수단맥설에 의문을 제기한 사람이 없는 것은 아니다. 코토 야스시(五島寧)의 연구는 제6호선 부설의 목적을 풍수단맥설로 설명하는 방식에 처음으로 문제를 제기했으며, 김백영의 연구는 이를 수용하고 다른 사례로 분석을 확장하여 풍수단맥설 전반에 문제를 제기했다.[5] 김백영은 제6호선 부설은 "피식민 대중의 정서에 반하는 식민권력의 근대주의적 실천이 식민주의적으로 오인된 대표적 사례"라고 규정했다. 이런 규정은 통설을 합리적으로 정정하는 데 중요한 첫걸음을 내딛고 있다. 그럼에도 여전히 문제는 남아 있다. 이 연구는 "식민주의적으로 오인"한 주체를 "피식민 대중" 일반으로 전제하고 있는데, 과연 그럴까? "피식민 대중"은 하나의 인식을 공유하고 있었을까? 혹시 그중에서 식민지 권력의 "근대주의적 실천"에 공명한 흐름은 없었을까? 이 연구는 이런 부분을 충분히 '의심'하지 않음으로써 통설의 문제점에 정당한 의문을 제기하면서도, 여전히 또 다른 의미에서 "피식민 대중" 일반의 정서라는 전제에서 벗어나지 못했다.

---

1 〈일제때 끊긴 창경궁–종묘 녹지로 연결〉, 《한겨레》, 2009년 2월 17일; 〈2011년까지 창경궁–종묘 숲길로 잇는다〉, 《조선일보》, 2009년 2월 18일.

2 〈기자메모: 창경궁·종묘의 결합〉, 《경향신문》, 1986년 10월 25일.

3 吉田光男, 〈漢城の都市空間−近世ソウル論序說〉, 《朝鮮史研究會論文集》 30, 1992(《近世ソウル都市社會研究》, 草風館, 2009 재수록).

4 고동환, 《조선시대 서울도시사》, 태학사, 2007.

5 五島寧, 《日本統治下'京城'の都市計劃に關する歷史的研究》, 東京工業大學 博士學位論文, 1999; 김백영, 《지배와 공간: 식민지 도시 경성과 제국 일본》, 문학과지성사, 2009.

2
순종의 사망과 종묘관통선의 '완성'

10년의 공사,
10년의 갈등

총독부는 1920년대 전반 제6호선 부설을 더 이상 실행에 옮기지 않았지만 순종 사망 직후 "근년까지 창덕궁과 교섭이 여러 번 거듭되었다"는 언급에서 알 수 있듯이 창덕궁·창경궁과 종묘 사이 통과 구간의 예정선을 두고 이왕직과 협의를 지속한 듯하다. 그러나 협의가 원만했는지는 의문이다. 총독부가 하필 1926년 4월 25일 순종이 사망한 지 한 달 만에 이 문제를 들고 나온 데서 이를 짐작할 수 있다. 다음 기사를 보자.

> 그렁저렁 실시를 하지 못하고(창덕궁·창경궁과 종묘 사이 통과 구간의 측량과 공사를 진척하지 못하고) 지금에 이르렀는데 토목부에서는 일간 약 30만 원 한도로 입찰을 시켜 안국동 별궁에서 창덕궁 돈화문 앞까지의 제2기 공사는 이후로 미루고 순서를 바꾸어 제3기 공사가 2기 공사로 되어 수삭 이내에 공사를 시작하게 되었다고 한다. 이 길이 새로 나기만 하면 교통을 위해서는 비상히 편리할 터이나 대궐로서는 종묘와 연하였던 길이 끊어지고 종묘 중

앙부가 끊기어 도저히 옛날의 엄숙을 유지할 수가 없음으로 차라리 다른 적당한 장소를 택하여 이봉하는 것만 같지 못하다 하여 그런 이전설이 생긴 것이라더라.[9]

이 기사는 총독부가 제6호선의 제2기 안국동—돈화문 구간 공사를 연기하고 대신 제3기 창덕궁·창경궁—종묘 통과 구간 공사를 먼저 하기로 계획을 바꾸었다는 것, 이와 관련하여 종묘를 이전한다는 소문이 돌고 있음을 알려준다. 총독부는 왜 1926년 5월에 와서야 이런 움직임에 나선 것일까? 증거는 없지만 순종의 사망과 무관하다고 보기 어렵다. 이는 앞에서 언급한 총독부와 이왕직의 협의 과정에서 순종의 반대가 계속되었으며 총독부가 이를 '극복'하지 못한 것을 간접적으로나마 증명해주는 것은 아닐까? 그렇다고 하더라도 "선황제(先皇帝: 순종)께옵서 승하하시자 며칠이 못 되어 종묘 안으로 길을 내일 계획으로 측량을 하고 말뚝을 박"은 것은 "보는 사람이 의아한", 즉 무리한 시도가 아닐 수 없었다. 따라서 반발도 상당히 격렬했다. 반발의 주체는 전주 이씨 종중이었다. 전주 이씨 종약소(全州李氏宗約所)는 이틀 연달아 임시 총회를 개최하고 총독부와 이왕직에 탄원서를 제출하는 한편 일본 궁내성에도 건백서를 제출하기로 결의했다.[10] 이렇게 종중의 반발이 거세짐에 따라 비난의 초점이 된 인물들이 있었다. 1926년 당시 이왕직 장관 민영기(閔泳綺)와 예식과장(禮式課長) 이항구(李恒九)가 그들이었다. 문제의 발단은 이항구가 총독부 측량 기사들의 종묘 출입을 허가하고 도로 예정선 측량에 협조했다는 것이었다. 또 민영기는 이항구에게 책임을 미루고 스스로 책임을 지려 하지 않는다는 것이었다.

종약소 모씨의 말을 들은 즉 원래 효황제(순종) 재세하신 당시에 이런 문제가 발생하였었으나 위에서 절대 불긍하신 결과 유야무야의 속에 문제는 매장되었었습니다. 그런데 효황제 승하하시자마자 다시 이 문제를 일으키어 지존숭모할 대묘 경내에 이 사람 저 사람이 함부로 드나들며 더구나 말뚝을 여기 저기 박어 그 불경함이 과연 지극한 곳에 이르렀은 즉 우리는 오직 산연한 눈물이 흐름을 금할 수 없는 터이올시다. 하여간 이 문제는 그대로 간과할 수 없는 바이므로 철저히 반대하여서 대묘의 존엄을 굳게 지키고자 하는 터이며 일층 괴상한 것은 통로 문제에 대한 처판(處辦)을 자기네가 도장까지 찍어서 결재하고도 오히려 장관은 예식과장에게 밀고 예식과장은 장관에게 미는 것이올시다.[11]

민영기와 이항구 두 사람에 대한 전주 이씨 종중의 반감이 확연하게 느껴진다. 두 사람은 넓은 의미에서 왕가의 일원인 전임 이왕직 장관 이재극에 비해 총독부의 시도에 순응적이었다는 사실도 분명해 보인다. 이는 두 사람의 '정치적 배경'에서도 짐작할 수 있는 문제이다. 민영기는 전임 이재극이 홍릉의 고종 비석 뒷면에 다이쇼(大正) 연호를 새기는 것에 반대하여 사임하자 순종의 반대에도 불구하고 이완용의 적극적인 추천으로 이왕직 장관에 임명되었다. 그는 1924년 순종이 전주 이씨 종약소에 하사하는 친용금 지급을 거부하고 전주 이씨 족보 편찬을 위한 종약소원의 종묘 출입을 금지하는 등의 문제로 전주 이씨 종중과 수차례 마찰을 빚기도 했다.[12] 이런 점들로 미루어 보아 민영기는 이른바 '이완용계'의 인물로 순종을 비롯한 이왕가, 전주 이씨 종중과 껄끄러운 관계임을 알 수 있다.

이항구의 경우는 이완용의 차남으로 그 배경은 더 이상 말할 필요가 없는 인물인데, 그 역시 2년 전 종묘 어보(御寶: 왕실의 권위를 상징하는 의례용 도장) 도난 사건 당시 불경한 태도를 취하여 전주 이씨 종중의 큰 미움을 사기도 했다. 이것은 1924년 4월 10일 종묘에 도둑이 들어 덕종, 예종 신위 앞의 어보를 도난당한 사건이다. 이에 순종은 잠을 이루지 못하고 걱정을 했고, 종묘에서 위안제를 거행했다. 그런데 이 와중에 이왕직 차관 시노다 치사쿠(篠田治策)와 예식과장 이항구가 11일 아침부터 효창원에서 골프를 쳐서 세간의 비난을 받았다.[13]

게다가 이항구는 단지 "말뚝 박으러 오는 토목과원에게 문을 열어준" 것뿐만 아니라 "종묘 이전설을 역설한다 하야 종약소측의 비난이 자자"했다.[14] 총독부의 측량에 협조한 데에서 한 걸음 더 나아가 이른바 '종묘 이전설'의 발설자로 지목되고 있었던 것이다. 물론 이항구가 종묘의 이전을 주장했다는 진위를 확인할 증거는 없다. 이항구가 종묘 이전설을 퍼뜨린다는 종약소의 주장은 그에 대한 전주 이씨 종중의 반감이 반영된 것이므로 사실이 아닐 수도 있다. 그러나 종묘 이전 자체는 창덕궁·창경궁─종묘 통과 구간의 도로 부설 문제와 연동하여 식민지 권력 일각에서 비슷한 구상을 가지고 있었을 가능성이 있다. 종묘를 의도적으로 훼손하려는 생각을 하지 않더라도 종묘 경내를 통과하거나 바로 그 뒤편을 지나는 도로가 개통되었을 때 종묘를 예전처럼 유지하기 어려울 것이라는 짐작은 상식적으로도 할 수 있기 때문이다. 이와 관련하여 마침 순종이 서거한 지 4일 후 《매일신보》에 게재된 다음 기사는 예사롭지 않다.

인구조화밀도가 극도에 달함에 감(鑑)하야 유보지(遊步地)나 혹은 아동유희장이 업슬 수 업스며 또는 공원을 안이하고는 타(他)도리가 업는 지대가 잇는 관계로 전일에 술(述)함과 갓치 공원을 2배나 확장하기로 한 것이다. 연(然)하면 공원은 어하히 확장될까? (중략) 장차 신설할 공원은 종묘이다. 종묘로 운(云)하면 현금 불경의 염려가 유하야 임의 출입을 금하는 터이나 기실로 운하면 중인(衆人)이 그 안에 드러가서 배관(拜觀)을 자조 할사록 숭경하는 심도가 더할 터임으로 공원으로 개방하는 것이 하(何)방면으로 관하야도 무관할 것이다. 연(然)이나 차(此)는 부당국의 결심이 확정되얏다고 할지라도 이왕직의 양해가 업스면 불능함으로 지금 단언을 할수는 업스나 물론 이왕직에서도 아마 그 필요를 감(感)하게 될 것으로 신(信)하는 바이며 (후략)[15]

종묘를 경성 도심부의 유력한 공원 후보지로 지목한 《매일신보》의 위 기사는 단지 일회성 기사가 아니라 1920년대 전반 경성 도시계획 논의와 깊이 관련된 연재 기사의 일부로서 《경성도시계획 구역설정서(京城都市計劃區域設定書)》의 내용을 '해설'한 것이다.[16] 위 기사에서 "부당국의 결심이 확정"되었다고 했듯이 적어도 경성부는 종묘 공원화 문제에 대해 상당한 계획을 가지고 있었던 것으로 보인다. 그렇다면 공식 도시계획안인 《경성도시계획 구역설정서》에 종묘에 대한 어떤 계획이 있는지 살펴볼 필요가 있다. 여기에는 공원계획에 대한 서술은 없다. 그러나 1926년 현재 경성의 용도지역 구분과 앞으로의 예정을 표시한 지도가 첨부되어 있는데, 이를 보면 종묘를 기존의 '특별지역'(오른쪽 [그림 2-5] 위의 지도 붉은색 원), 즉 궁궐에서 분리하여 공원화(오른쪽 [그림 2-5] 아래 지도 붉은색 원)할 예정임을 분명히 알 수 있다. 종묘를 공원화하는

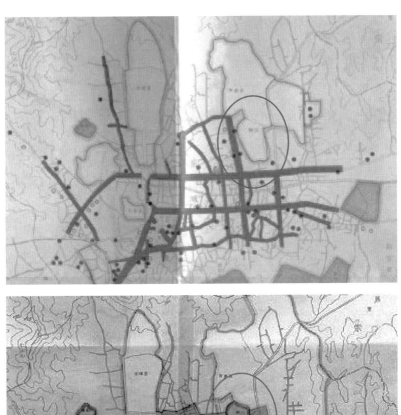

[그림 2-5] 1926년 《경성도시계획구역설정서》의 종묘 공원화 계획

것과 이 구간의 도로 통과가 무관하지 않다는 점을 파악할 수 있는 것이다. 더 나아가 창덕궁·창경궁–종묘 통과 구간의 도로 부설과 종묘의 공원화는 긴밀하게 연관된 의제였다고 볼 수 있다. 또한 이른바 종묘 이전설도 여기에서 파생된 것으로 짐작할 수 있으며, '도시계획적 과제'를 추진하려는 주체가 이를 매우 서둘렀던 것으로 보인다. 1926년 5월이라는 적당하지 않은 시점에 종묘 경내를 측량하려는 무리한 시도는 "근자에 이르러 총독부 측에서 매우 급히 굴"은 결과였던 것이다.[17]

그런데 며칠간 세간을 떠들썩하게 했던 파문은 의외로 간단하게 정리되었다. 총독부 수뇌부에서 토목부의 활동에 제동을 걸고 나선 것이다. 정무총감 유아사 쿠라헤이(湯淺倉平)가 직접 "길이 반드시 종묘 안으로 난다는 것도 아닌 즉 국장(國葬: 순종의 장의) 전에는 누구던지 떠들지 않도록 삼가함이 옳을 줄로 안다"고 언급하고, 전주 이씨 종약소가 이를 총독부의 공사 중단 의사로 수용함으로써 문제는 일단락되었다.[18] 총독부 수뇌부가 문제를 이렇게 결정지은 것은 물론 순종의 장의를 코앞에 둔 시점에서 부담스러운 문제를 일으키지 않으려는 것이었다. 그러나 더 근본적으로는 '시끄러운' 문제를 일으키면서까지 이 도로를 부설하려는 의지가 부족한 탓이었다고 할 수 있다. 총독부 수뇌부의 이런 태도는 '도시계획적 견지'에서 이 도로를 반드시 부설하려는 실무 관료들의 생각과는 다른 것이었다. 그리하여 이 문제는 다음과 같이 공식 결정되었다.

본년도(1926년)에 공사비 예산 34만 106원으로 시행할 예정이었던 경성시구 개정공사 중 돈화문–중앙시험소 앞 구간은 이왕직 소관의 대묘(大廟: 종묘)

[그림 2-6] 종묘관통선의 출발점, 총독부 신청사 앞 공사
신청사가 거의 준공된 것으로 보아 1925년 이후의 상황으로 추정됨

와 창경원의 경계를 통과하는 계획으로 대묘 및 창덕궁과 본노선과의 관계를 특히 신중히 고구(考究)할 필요가 있고 또한 지장물건의 이전도 상당한 일자를 요하는 관계상 급속히 시행하기 어려운 사정이며 한편 동노선 중 일부인 안국동 이서(以西)의 도로는 이미 개수가 마무리 단계이므로 차제에 전기한 계획을 변경하여 안국동-돈화문 구간을 개수하는 것이 시급함.[19]

총독부가 1926년 창덕궁·창경궁-종묘 통과 구간의 공사를 감행하려던 계획을 뒤로 돌리고 원래 순서대로 안국동-돈화문 구간을 개수하기로 결정한 것이다. 그리하여 창덕궁·창경궁과 종묘 사이를 통과하는 도로 부설의 두 번째 시도도 결국 며칠간의 에피소드로 끝나고 말았다. 그

러나 여전히 이 도로를 완공할 것인지, 완공한다면 노선은 종묘 경내를 통과할 것인지 말 것인지, 도로를 부설하면 종묘의 위상은 어떻게 변할 것인지 등의 문제는 "신중히 고구"해야 할 미해결 과제로 남게 되었다. 그러므로 이 문제는 언젠가 또 불거질 것이었다.

미해결 상태로 남아 있던 창덕궁·창경궁–종묘 통과 구간의 관통 문제가 다시 대두한 것은 1928년 중반경이었다. 창덕궁·창경궁–종묘 통과 구간의 동·서측 공사가 거의 마무리되어 이제 양편을 연결하는 일만 남았기 때문이다. 전주 이씨 종약소는 여전히 "종묘는 신성하니 불가침"이라는 견해를 굽히지 않았다. 이번에는 이왕직 차관 시노다(篠田治策)⁕가 나섰다. 그는 도로가 "종묘 후원"을 통과하는 문제는 이미 "선왕 전하께서 재세하실 때에 그때의 장관 이재극 씨의 손을 거쳐 재결을 받"은 문제, 즉 순종의 허락을 받은 문제라고 주장했다.[20] 그러나 이는 도저히 사실이라고 믿기 어렵다. 창덕궁 경찰서장이 작성한 보고서에 따르면 이 기사가 게재된 며칠 후 종묘 영녕전에서 거행한 한 예식에서 종친의 주요 인사인 박영효(朴泳孝: 철종의 사위로서 갑신정변 주도자 중한 사람, 병합 이후 후작 작위를 받음)가 시노다에게 이 문제를 거론하며 "그당시 장관(이재극)이 전하의 친재를 청하자 전하는 크게 노하시며 궁궐내로 도로가 통과하는 것도 종묘를 통과하는 것도 모두 불가하다고 하셨다. 그러므로 본 기사는 정정해야만 한다"고 항의하는 일까지 있었기

⁕ 도쿄제대 출신으로 통감부 시기 간도 파출소장으로 조선에 와서 병합 이후 평안남도지사까지 오른 시노다는 대개 식민지 관료군의 주류 인맥과 거리가 있던 다른 이왕직 일본인 관료와 달리 정무총감 아리요시 주이치(有吉忠一)가 총독부와 이왕직의 원활한 협조를 위해 특별히 발탁한 인물이었다.

때문이다. 창덕궁 경찰서장은 박영효가 일부러 공개 석상에서 시노다에게 이런 '항의'를 한 이유는 "전주 이씨들에게 자기가 이 문제를 감당할 만한 힘이 있음을 과시하기 위한 것"이라고 분석했다. 분석의 유효성 여부를 떠나 박영효가 강하게 항의할 수 있었던 배경은 시노다 역시 순종의 재결을 주장하기는 하지만 그 증거를 제시하기는 어려운 상황에 있었음을 반증하는 것이 아닐까.[21]

그럼에도 불구하고 이제 제6호선 전 구간에서 창덕궁·창경궁−종묘 통과 구간을 제외하면 거의 공사가 마무리된 점, 그리고 이왕직 차관까지 이 문제에 대해 적극 나선 점 등으로 볼 때 공사가 다시 연기될 가능성은 상대적으로 낮았다고 할 수 있다. 1928년 당시 경성토목출장소장으로 공사 실무 책임자였던 혼마 토쿠오(本間德雄)는 후일 이 구간 공사에 대해 전주 이씨 종중의 반대가 심하자 총독 사이토(齋藤實)는 "몇 번 씩 기다리라고 지시"하는 등 상당히 주저한데 반해 자신은 이 공사를 "단연 해낼 작정으로 이왕직의 시노다 차관과 여러 가지 상담을 했"으며 시노다는 "상관 말고 하면 된다고 했다"고 회고했다. 이런 사실만 보더라도 시노다가 이 공사에 상당한 의지를 가지고 총독부 실무 관료들에 호응하고 있었음을 알 수 있다.[22]

그렇다면 1928년 중반 이후 공사는 어떻게 전개되었을까? 1928년 8월 경성부가 제1기, 제2기로 나누어 입안한 경성시구개수안을 연말 총독부가 승인하여 경성시구개수를 이관하면서 창덕궁·창경궁−종묘 통과 구간의 공사 시행 일정은 공식화되었다(총독부 직할 사업으로 시작된 경성시구개수는 1920년대 후반 경성부로 이관되었는데, 이 과정에서 발생한 여러 주체 간의 갈등과 의미는 3장에서 더 자세히 살펴볼 것이다). 이 구간의 공사도 제1기 사

[그림 2-7] 1928년 경성부 시구개수안 제1기 사업 노선도
점선이 공사 예정 노선임. 붉은색 원 안이 창덕궁·창경궁과 종묘 사이 통과 구간이다.

업에 포함되어 있었다. 이 과정에서 도로 예정선도 "종묘 담을 조금 무너버리고 나아가서 동물원 수금사(獸禽舍) 편을 싸고 돌아 대학병원 문 앞으로 대일 모양", 즉 되도록 종묘와 궁궐의 경계를 통과하는 방향으로 결정된 것으로 보인다.[23] 경성부는 이관받은 시구개수의 제1기 사업 중에서도 제6호선을 가장 먼저 1929년 중에 준공할 계획이었다. 40여만 원의 예산은 총독부의 우선적인 국고보조와 수익세로 충당할 예정이었다. 그러나 공사는 예상보다 크게 지연되었다. 여론의 반발을 의식한 총독부가 경성부의 수익세 조례를 인가해주지 않은 데다가 때마침 밀어닥친 대공황의 여파로 국고보조금 역시 크게 감액되었기 때문이다. 그리하여

[그림 2-8] 창덕궁·창경궁과 종묘 사이 통과 구간의 전경
창덕궁·창경궁과 종묘를 연결하던 사진의 다리는
현재 '창덕궁·창경궁—종묘 연결 사업'으로 철거됐다.

경성부는 1930년 7월이 되어서야 창덕궁·창경궁—종묘 통과 구간 공사를 가까스로 기공했으며, 그나마 도로 예정선에 있는 토지와 가옥 매수를 마치고 실제 공사에 착수한 것은 이듬해 5월부터였다. 이 구간의 공사는 그로부터 1년여가 지난 1932년 4월 창덕궁·창경궁과 종묘 사이를 연결하는 다리 공사까지 마치고 드디어 준공했다.[24] 1922년 최초의 종묘 경내 측량 시점에서 무려 10년의 시간이 걸린 셈이다. 이 10년의 시간은 단지 도로를 부설하는 데 소요된 물리적 시간만은 아니었다. 그 시간을 무엇이라고 불러야 할까?

3

종묘관통선을 바라보는 조선어 언론의 다면적 시각

'종묘의 존엄'인가,
'시민의 편의'인가

다시 한 번 상기해보자. 단발성 에피소드로 끝난 1922년 최초의 종묘 경내 측량 시도에서부터 1932년 4월 준공에 이르기까지 '종묘관통선' 부설을 둘러싼 논란의 주된 대립 구도는 '넓은 의미의 구 왕가(전주 이씨 종중) 대 총독부 실무자(도시계획·토목 관료)'였다. 총독부 수뇌부나 이왕직은 때때로 태도를 달리 했지만 대체로 양측의 중간 지대에 있었다. 그렇다면 조선인 일반의 여론은 어땠을까? 이를 직접적으로 보여주는 사료는 없지만 이 시기 언론의 논조를 통해 간접적으로 생각해볼 수는 있다. 제6호선 부설에 대한 조선어 언론의 태도는 1928년 중반 경성부 시구개수가 개시되어 제6호선의 준공이 기정사실화되면서 어느 정도 드러나기 시작한다. 그런데 이에 앞서 1927년 초 크게 문제가 된 경성부의 수익세조례 제정 논란에서도 간접적이나마 이 문제에 대한 여론을 엿볼 수 있다(수익세조례 제정 논란에 대한 내용은 3장에서 살펴보겠다). 1920년대 경성부는 시구개수의 이관, 나아가 그 이상의 도시계획 시행을 목표로 수익세(수익자부담금) 제도의 입안을 추진했다. 사실 독자적인 사업 재원이 거의 없는 경성부 입장에서 수익세 제도의 시행은 시구개수든 도시계획이든 사업의 성패를 결정짓는 것이었다. 그런데 이 문제에 대한 조선인 일반의 여론은 부정적이었다. 직접적인 이유는 경성부가 상정한 도로 부설 우선 대상 지역이 대부분 조선인 중심지로서 결국 수익세 징수의 대상은 조선인이었기 때문이다. 이에 대한 다음 기사의 뉘앙스는 주목할 만하다.

> 문제 많던 수익자부담세는 필경 30일 개최된 도시계획연구위원회를 경유하여 동일의 총회 석상에서 통과되고 말았다. (중략) 누보한 바와 같이 동세안은 경성 주민 중에서도 북부 주민에게 가장 고통을 줄 것일 뿐더러 경성부 당국의 균형을 잃은 시정방침으로 거주민으로 하여금 많은 불평을 가지게 한 것만큼 (중략) 오늘까지 북부 시설에 대하여 등한히 한 것을 스스로 느끼고 양심에 부끄러운 점은 비록 그들의 심사일지나 그 괴로움을 억제치 못하였음인지 필경에는 본보에 솔선 보도한 바와 같이 국비로서 계속으로 공사 중이던 예정선과 하수도 공사, 즉 북부간선도로와 또 재원이 확정된 기정(既定) 계획선에만은 동 세금을 부과치 않기로 하였고 (후략)[25]

경성부가 제출한 수익세안을 자문한 경성도시계획연구회(경성도시계획연구회는 1921년 재경성 일본인 유산층을 중심으로 조직한 도시계획 연구 단체이다. 이에 대한 자세한 내용은 3장에서 살펴보겠다.) 총회를 보도한 위 기사는 일본인 회원의 주도로 수익세안을 통과시켰으나 조선인 회원의 반대를 감안하여 기존 국비 시구개수 공사에는 이를 부과하지 않는다는 부대 조건을 붙였다는 내용을 전하고 있다. 그런데 흥미로운 점은 위 기사가 수익세안을 통과시킨 결정에는 매우 부정적이지만, "북부간선도로", 즉 제6호선 등에 수익세를 부과하지 않기로 한 부대 조건에는 긍정적이라는 사실이다. 게다가 "본보에 솔선 보도한 바"라고 쓰고 있는데, 그 내용은 제6호선 부설은 수익세를 징수하지 말고 국비로 해야 한다는 주장이라고 해석할 수 있다. 여기서 중요한 사실은 이런 주장에는 공사비 재원 문제와는 별개로 제6호선 부설 자체는 긍정적으로 보는 시각이 전제되어 있다는 점이다.

이와 비슷한 논란은 1928년 중반 이후에도 되풀이되었다. 문제는 경성부가 시구개수를 이관받기 위해 제1기, 제2기로 나누어 입안한 시구개수안에 제6호선의 창덕궁·창경궁−종묘 통과 구간 공사가 포함되어 있다는 이유로 촉발했다.

이것이 왜 문제가 됐을까? 처음 경성부는 전반적인 경성 도시계획 논의와 병행하여 그 실행안의 하나로 1926~27년 독자적 시구개수안을 입안했다. 여기에 제6호선은 포함되어 있지 않았다. 이 도로는 이미 총독부의 국비 시구개수로 부설 중인 도로였기 때문이다. 그런데 1928년 총독부의 공식 승인을 받은 시구개수안에 이전과 달리 제6호선의 일부 구간이 포함되어 있었던 것이다. 그렇게 된 이유는 곧 밝혀졌다. 총독부가 경성부로 시구개수를 이관하고 국고보조, 수익세조례 인가도 하는 대신 총독부 시구개수의 미개수분을 경성부 시구개수안에 포함시키라고 요구했으며 이를 경성부가 수용한 것이었다. 그중에서도 제6호선의 창덕궁·창경궁−종묘 통과 구간은 총독부가 가장 우선적으로 부설할 것을 요구한 도로였다.[26]

서울의 기원, 경성의 탄생

이상과 같은 총독부와 경성부의 시구개수 이관 '협상'의 내용은 앞에서 살펴본 1927년 경성도시계획연구회의 결정 사항과도 다른 것이었다. 이에 대해 조선어 언론은 "돈화문에서 대학병원 앞까지는 총독부 예산으로 기정 북부간선이라 하야 일반에서 수익세를 받지 않아도 된다는 것이 겨우 돈화문앞까지 고쳐놓고는 돈이 없다는 핑계로 1천만원 계획(1928년 경성부 시구개수안)에 넣어버린 것"이라고 하며 이는 "결국 조선인의 부담만 늘어가는 셈이라"고 비판했다.[27] 여기에서도 비판의 초점은 주로 조선인 측에 많은 수익세를 징수하는 문제이지 "북부간선"을 부설하느냐 마느냐 하는 문제, 즉 종묘의 훼손 여부가 문제는 아니었다. 이런 점은 다음의 두 기사에서 확인할 수 있다.

① 금년도 실행 선로로 보아도 (1)강기정(岡崎町: 갈월동)-원정(元町: 원효로)2정목(丁目), 1,564m (2)욱정(旭町: 회현동)1정목선 (3)종로4정목-동대문선, 1천m (4)돈화문-경성대학(경성제국대학) 앞 선, 673m (5)연건동-혜화문선, 1천m (6)광화문도로 (7)내자동-효자동선, 955m 중 1, 2를 제하면 거의 조선인 거주의 지대라서 그 2/3를 부담함이 가할지 모르나 그중 4, 5, 6 같은 것은 조선인 및 일본인 통용도로이며 순 조선인 거주지대는 3, 7이니 어찌 조선인만 수익한다 하여 2/3를 부담케 하리오.[28]

② 북부간선도로의 창덕궁 앞으로부터 대학병원 앞까지 이르는 도로는 종묘 관통 문제로 인하여 종친종약소 대 이왕직 간, 이왕직 대 경성부 간에 여러 가지 지장이 생기어 그 간선도로 전부가 개통한 오늘까지 중간의 일부인 전기 각선만 개통되지 못하여 불편도 적지 않았거니와 경성부에서도 측량을

몇 번씩 고쳐하느라고 심상치 않은 고생을 하던 바 필경은 예정대로 종묘 후
원을 관통하기로 되어 금년내에 공사를 완료하리라는데 (후략)[29]

경성부가 시구개수를 공평하게 시행할 것을 촉구하는 사설인 ①의
기사에서 '공평'의 요지는 재정 부담의 '공평'이다. 그러면서 사설은
제6호선의 공사 구간은 "조선인 및 일본인 통용도로"이므로 도로변의
토지 소유자가 조선인이 많다고 해서 그 비율에 따라 조선인에게 수익
세를 많이 징수하는 것은 '불공평'하다고 주장하고 있다. 이를 역으로
보면 교통의 측면에서 제6호선의 유용함을 인정하고 있는 셈이다. 이
사설의 논리는 조선인이나 일본인 모두에게 유용한 도로의 개수에 대해
수익세를 조선인에게만 많이 부과하는 것은 부당하다는 것이다. 한편
②의 기사는 더 직접적으로 제6호선의 다른 구간은 다 개통했는데 "창
덕궁 앞으로부터 대학병원 앞까지"만 개통을 못하여 "불편도 적지 않
았"다고 하고 있다.

제6호선의 준공을 지향하는 조선어 언론의 시각은 실제 이 구간 공
사가 재정 문제로 지지부진하다가 가까스로 본궤도에 오르기 시작하는
1931년 봄 "경성부의 예정 계획이란 것은 이와 같이 지연만 거듭되는
바 경성부 당로자(當路者: 관료)들이 천연(遷延)하는 것은 일반 부민을 기
만하는 것이라고 일부에서 여론이 고조된다"거나, "동 공사의 준공을
따라 북부간선도로는 거의 완성이 되다시피 되어 북부 일대의 교통은
전보다 편리하게 되리라 한다"는 기사 등에서도 명확하게 알 수 있다.[30]
그렇다면 이런 논리는 "우리야 그 길이 있든지 없든지 조금도 불편이
없고 도리어 길을 내지 않아 창덕궁과 종묘의 통행을 마음대로 하는 것

이 좋겠지오마는 다수 시민의 고통을 생각할 때에는 아무래도 길을 뚫는 것이 좋지 않겠"냐는 시노다[31]에 가깝지, "공사에 착수되어 종묘 안에 '곡괭이'만 대히면 좌우간 종회를 열어서 어떻게든지 작정을 하겟"다며 반발을 그치지 않는 전주 이씨종약소[32]에 가깝다고 보기는 어렵다.

뿐만 아니라 교통의 편리를 위해 창덕궁·창경궁과 종묘 사이 통과 구간에 도로가 놓여야 한다는 논리와 짝을 이뤄 '왕조의 상징으로서 종묘의 존엄'의 절대성을 부정하는 시각이 시일이 흐를수록 더 많이 보이는 점도 주목된다. 이를테면 "시대가 여론으로 하여금 종묘 원내를 침범하여도 관계 않다고 인식케 하였"다던가 "불란서 거울방(베르사유 궁전)이 강화회의 장으로 되는 오늘에 조선의 종묘도 옛 모양과 옛 위의를 못가지는 것이 그다지 민중의 서러울 바이 아닌 듯 하"다는 등의 표현은 이를 잘 보여준다.[33] 1929년 6월 이제 창덕궁·창경궁−종묘 통과 구간 공사가 경성부 주관으로 막 시작하려는 시점의 《동아일보》 사설은 이런 시각을 간접적이지만 더 노골적으로 보여준다.

> 혹자는 말하리라. 종묘는 지존한 곳이니 일반민중을 위하야 지대를 개방함은 그 숭엄을 범함이라고. (중략) 그러나 이것도 시세의 문제이다. 종묘사직이 계견불문처(鷄犬不聞處: 개나 닭이 짖는 소리가 들리지 않는 곳)에서만 그 숭엄을 보장한다는 것은 시대착오이다. 민중을 갓가이 함으로써 민중과 요(搖)할 기회가 만흠으로써 종묘의 존재가 더욱 의의가 잇슬 것이니 일반이 존숭의 적(的)이 되고 회고의 정을 새롭게 할 것이다. (중략) 어대까지든지 종묘의 존엄만을 주장하야 시민의 신고(辛苦)를 그대로 시약불견(視若不見)한다는 것은 열성조의 성덕에 위반되는 일이라 아니할 수 업다. (중략) 사직지

대가 사직공원이 되고 장충단이 장충단공원이 된 금일에 바늘 꼽기도 어려운 인구 조밀한 북부에 광활한 지역을 점한 종묘지대는 경성부민의 보건과 도시미를 위하야 한걸음 더 나아가서 민중의 존숭심을 다시 환기키 위하야 공원으로 공개될 것은 금후의 조선정세가 여하히 변할지라도 필연히 닥처올 운명이라고 아니 볼 수 업다.[34]

이 사설의 주장은 간단하게 말하면 종묘를 공원화하자는 것이다. 이는 앞에서 보았던 1926년 4월 《매일신보》 기사와 거의 동일한 논리이다. "종묘의 존엄"만 중시하여 "시민의 신고"를 그대로 두고 보는 것은 옳지 않다는 것이며, 또 종묘를 폐쇄해야만 존엄이 지켜진다는 주장은 "시대착오"라는 것이다. 그러므로 "경성부민의 보건과 도시미를 위하야" 종묘를 개방해야 한다는 것이다. 더 나아가 종묘를 개방하는 것은 "금후의 조선정세가 여하히 변할지라도 필연히 닥처올 운명"이라고까지 했다. 모호한 듯하지만 이 표현이 뜻하는 바는 분명하다. 어쩌면 이 사설은 앞으로 조선이 독립을 하더라도 종묘가 과거와 같이 왕실의 존엄을 상징하는 공간으로만 남을 수 없다고 주장하는 것으로 볼 수 있지 않을까? 이렇게 1920년대 중반 이후부터 조금씩 찾아볼 수 있는 제6호선의 준공, 창덕궁·창경궁—종묘 통과 구간의 도로 부설에 대한 조선어 언론의 시각은 적어도 종묘의 전통적 위상을 의심 없이 받아들이는 정서는 아니었다. 오히려 '교통의 편리'라는 '근대적 기준'을 식민지 권력과 공유하고 있었다고도 할 수 있다. 그리고 그 기준에 따라 도로 부설이라는 '근대적 개발'에서 식민지민을 차별한 식민지 권력을 비판하고 있었던 것이다.

식민지 권력의 도시 개발, 특히 오랜 전통을 가진 역사 도시의 새로운 개발은 어떤 갈등을 일으켰을까? 근대 초기 '근대적 기준'에 의한 도시 개발은 전통과 충돌을 일으키기 마련이다. 그런데 이런 현상은 식민지에서는 좀 더 복잡한 양상을 보일 것이다. 식민지에서 근대적 도시 개발의 주체는 식민지 권력이며 전통은 그냥 전통이 아니라 식민지민의 전통이기 때문이다. 그리하여 도시 개발에 뒤따르는 갈등은 식민지 권력의 근대적 도시 개발 대 식민지민의 전통 옹호라는 '민족적 갈등' 구도로 현상되었다. 이런 갈등 구도는 지금껏 별다른 의심을 받지 않았다. 그러나 실제 다양한 사료를 검토해보면 이런 구도로 설명하기 어려운 지점을 많이 발견할 수 있다. 종묘관통선 부설의 지난한 과정이 그 뚜렷한 증거이다.

　과연 일제의 도시 개발은 당시 조선인 사회·여론과 어떤 지점에서 길항하거나 교차했을까? 또한 그 양상을 단선적인 '민족적 갈등'으로 정리할 수 있는 것일까? '민족적 갈등'과 '근대와 전통의 충돌'이 중첩된 지점은 없었을까? 광화문 앞에서 오늘날 동숭동 대학로에 이르는 제6호선 부설은 구 왕조의 핵심적 상징공간인 종묘 훼손 문제에 부딪쳐 10여 년의 굴곡을 거쳤다. 이 과정에서 식민지 권력과 식민지민의 갈등은 통설과 달리 다면적이었다. 식민지 권력 쪽에는 도시계획적 취지에 입각해 제6호선을 계획대로 부설하려는 흐름이 있는 반면에 정치적 부담을 훨씬 더 고려하는 흐름도 있었다. 한편 식민지민 쪽에도 전주 이씨 종중처럼 격렬하게 반발한 측이 있는가 하면 일반의 여론을 통해 마침내 '종묘의 공원화' 같은 일견 '불경한' 주장이 조선어 민간지의 사설로 게재되는 단계까지 나아가기도 했다. 따라서 합리적 근거 없는 통설은 적어도 이 문제에 관한 한 사실과 다른 단일한 민족적 정서의 실재를 '상상'한 것이라고 할 수 있다. 그리고 이런 '상상'의 정서는 여전히 지속적인 영향력을 가지고 현재까지도 전도된 역사상을 생산하는 데 일조하고 있다. 이렇게 과거의 현실을 직시하는 것이 아니라 현재의 시점을 과거에 투사한 '상상'의 정서는 식민지 경험과 그로부터 오늘날 우리에게 남겨진 식민지 유산의 실체를 정확하게 인식하는 데, 그리고 일상에서 분열되어 있는 식민지민이 '민족적 결집'을 이루는 각각의 계기를 구체적으로 파악하는 데 오히려 장애가 되고 있는 것은 아닐까?

3장

도시계획을 둘러싼
갈등과 '정치'

1

'경성 도시계획', 새로운 갈등의 시작

총독부가 직할 시행하는 시구개수가 계속되는 가운데 1920년대 경성에서는 지역 개발과 관련하여 '도시계획'이라는 새로운 의제가 등장했다. 이것은 내용적으로는 도로망 정비 이상의 도시 개발, 공간적으로는 기존 행정구역의 확장·재편을 의미하는 것이었다. 1921년 초 "경성부청내 모씨"의 다음과 같은 발언은 이런 의제가 등장했음을 상징적으로 보여준다.

경성 도시계획은 아직 가견(可見)은 할 것 없고 조선 유일의 대도시의 체면으로는 심히 불만족한 바 있도다. 지금 대도시의 시구개정, 설비 충실 등의 도시계획은 동경(東京), 대판(大阪), 기타에서도 당면의 문제로 하여 중요시 되며 각각 거액을 지출하여 이에 충당하며 일류의 전문가로 실행에 당케 하는 바이다. 우리 경성을 보건대 대도시로 현재의 번영을 조장하고 장래의 발전을 희망코자 함에는 심히 불만족한 점이 많도다. (중략) 도시개선사업이라는 것은 이를 근본적 기초공사부터 시행하지 않을 수 없으니 부분적 또는 응급적 개선은 기년(幾年)을 반복할지라도 여간해서는 이상에 도달키 어렵고 개선의 실을 얻기 어려울 터이며 기초적 개선을 대영단으로 단행한 후라야 비로서 경성부 도시계획의 신을 얻을 수 있을 터이며 이 도시계획은 일부이사자(一府理事者: 일개 도시의 관료의 의미)로써 할진대 도저히 이상적 계획 수립이 곤란하니 마땅히 나라와 시민과 부이사자(府理事者)의 삼대 힘을 합일하여 계획을 고려하지 않을 수 없을 것이라.[1]

위와 같은 발언을 한 "경성부청내 모씨"는 경성의 도시계획을 자연스럽게 언급하고 있다. 그런데 당시 조선에서 도시계획이란 매우 낯선 의제였다. 이런 의제가 어떤 배경에서 '갑자기' 등장한 것일까?

먼저 1919년 '도시계획법'을 제정한 일본의 영향을 들 수 있다. 일본에서 도시계획법 제정을 위한 움직임은 나중에 '일본 도시계획의 아버지'라고 불리게 되는 내무대신 고토 신페이(後藤新平)와 그를 따르는 내무성 관료들의 주도로 시작됐다. 이들은 1918년 내무성 안에 도시계획조사회를 조직하여 강습회를 개최하거나 회지 《도시공론》을 간행하는 등 도시계획법 제정을 목표로 여론을 환기해나갔다. 그러나 당시 일본 정부 내에서 이들 '도시계획파'는 내무성 관료 일부에 불과했다. 오히려 도시계획은 일부 도시 상공업자의 이익을 위해 국가 재정을 소비하는 사업이라는 것이 다수 견해였다. 더욱이 불리한 조건은 다수 견해를 대표하는 것이 재정의 주무 부처인 대장성(大藏省)이라는 점이었다. 이런 대립이 계속되는 가운데 일본 도시계획법은 국고 보조 없이 지방단체의 일반 재원과 수익자부담금을 재원으로 삼는다는 제한 사항을 둔 채 간신히 제정되었다. 1920년대 일본의 여러 도시에서 수익자부담금

조례를 제정한 데에는 이러한 이유가 있었다.[2] 이렇게 당시 일본에서도 도시계획이란 익숙한 의제가 아니었지만, 일본 도시계획법 제정은 곧장 조선에도 영향을 미쳤다. 1919년 8월 총독 사이토와 함께 부임한 정무총감 미즈노 렌타로(水野鍊太郎)가 그 중심에 있었는데, 그는 고토 신페이 인맥의 거물 내무관료로서 조선에 부임하기 전 내무대신으로 직접 도시계획법 제정을 주도한 인물이었다. 따라서 미즈노의 부임은 조선에서 도시계획 논의가 활성화하는 데 큰 계기가 되었다. 당장 경성부는 1921년 5월 "도시계획 조사를 위한" 새로운 기구로 '조사계'를 설치하고 활동을 시작했다.[3]

관변측의 움직임과 더불어 민간측의 움직임도 거의 비슷한 시기에 시작되었다. 같은 해 8월 경성도시계획연구회(이하 '도계연')라는 단체가 조직된 것이다.[4] "관민일치에 의해 건전한 도시계획을 촉진할" 목적으로 조직된 도계연은 "내선(內鮮) 관민 유지" 약 200여 명으로 조직되었다. 회장이 늘 공석인 가운데 부회장은 관례적으로 경성부윤이 맡았으며, 고문과 상담 역에는 정무총감, 총독부 각 국장, 경기도지사를 위촉했다. 도계연의 위상을 짐작할 수 있는 대목이다. 20명의 간사와 50명의 평의원은 주로 경성의 주요한 경제계 인사들을 망라했는데, 1925년 현재 기록에 의하면 일본인 54명, 조선인 16명이었다.[5] 이런 구성은 도계연이 명칭과 달리 전문가들의 연구 조직이라기보다 도시계획이라는 의제를 매개로 식민지 권력 수뇌부를 상대하는 일종의 로비 조직이었음을 보여준다. 그리고 그 중심은 물론 재경성 일본인 유력자였으며, 여기에 일부 조선인 친일 유력자들이 결합하고 있었던 것이다.

이렇게 1920년대 초 관변과 민간 양측에서 거의 동시에 경성 도시계획을 둘러싼 논의의 분위기가 조성되었다. 실제 활동을 먼저 시작한 것은 경성부였다. 경성부는 이미 1921년부터 도시계획의 전제로서 행정구역 확장을 추진하기 시작했다. 이듬해 서무계에 도시계획 사무를 임시로 할당하고 작업을 진행한 결과, 1925년 말까지 교통·인구 등의 조사를 완료하고 도시계획안까지 거의 완성하여 1926년 4월 《경성도시계획 구역설정서》를 간행했다. 《경성도시계획 구역설정서》는 제목에서도 알 수 있듯이 도시계획 '구역'의 설정에 초점을 맞춘 계획안이었다. 그러나 내용을 보면 이 외에도 도로망, 구획정리, (용도)지역제 등 도시계획의 기본적인 내용을 모두 포함하고 있었다. 비록 법령이나 재원 등 도시계획의 실질적 진척에 필요한 사항은 포함하고 있지 않았으나 적어도 1920년대 전반 경성 도시계획 관련 논의를 집약한 책자라고 할 수 있다. 그중에서도 도로망 계획은 도로를 너비에 따라 9종류로 나누고 합계 360선(총연장 371km)을 설정한 방대한 규모였다.[6]

그런데 《경성도시계획 구역설정서》의 계획안은 실현 전망이 밝지 않았다. 1926년 8월 도계연을 대표하여 아루가 미츠토요(有賀光豊), 와타나베 사다이치로(渡邊定一郎), 쿠기모토 토지로(釘本藤次郎), 한상룡(韓相龍) 등 4명이 정무총감 유아사를 방문해 경성 도시계획에 대한 국고보조를 청원했다. 이에 정무총감은 "희망대로 거액은 도저히 불가능하다고 생각되나 될 수 있는 데까지 힘써 보겠다"고 답변했다. 당시 경성을 넘어서 식민지 조선을 대표하는 경제계 인사인 방문자들의 면면으로 보아 이 정도의 답변은 경성 도시계획에 대해 완곡하지만 분명한 거부 의사를 밝힌 것이었다.[7] 이는 어느 정도 예상되는 것이었다. 이 시기 일본 정부에서도 도시계획파는 소수에 불과했으며, 이런 사정은 총독부라고 해서 크게 다르지 않았다. 그렇다면 경성부는 이에 대해 어떤 대비책을 가지고 있었을까? 여기에서 경성부가 도시계획안과 거의 동시에 시구개수안을 입안한 사실이 주목된다. 경성부가 도시계획안을 입안하면서 별도로 도로망 정비에 한정된 시구개수안을 입안한 이유는 무엇일까?

경성부의 시구개수안 초안은 대략 1925년 중반 완성되었는데, 경성부는 다시 1년여가 지난 1926년 6월 "대경성계획과 관련하여" 최종 수정한 시구개수안을 비로소 발표했다(이하 '1926년 시구개수안').[8] "대경성계획"이란 그해에 간행한 《경성도시계획 구역설정서》를 가리키는 것으로 보인다. 그렇다면 경성부는 도시계획안을 발표하면서 그와 공식적으로는 별개이면서 긴밀하게 관련된 시구개수안을 동시에 발표한 것이 된다. 그렇다면 1926년 시구개수안은 《경성도시계획 구역설정서》로 구체화한 도시계획안의 실행이 불가능할 것에 대비한 것으로 볼 수 있지 않을까? 이는 다음 쪽 [표 2-1] 1926년 시구개수안의 내용에서도 추정해볼 수 있다.

1926년 시구개수안은 29개 노선, 총연장 29km로 사업 기간은 1927년부터 12개년 계속사업이며, 예산은 총액 1,750만 원 중 1,100만 원은 연액 93만 원씩 국고보조를 받고 나머지 650만 원은 부비로 충당할 계획이었다.[9] 내용적으로 1926년 시구개수안은 시내노선과 교외노선으로 나누어지는 점이 주목된다. 시내노선 25개는 경성부가 새롭게 입안한 것이 아니라 1910년대 발표된 총독부 시구개수 중 아직 공사가 시작되지 않은 노선이었다. 노선 번호도 그대로 일치한다. 따라서 어떻게 보면 1926년 시구개수안은 총독부 시구개수를 경성부가 다시 계획을 정비하여 실행하겠다는 것으로 해석할 수 있다.

구분	번호	기점	종점	길이(間)	너비((間)
시내노선	1	광화문	황토현광장	330	30
	4	종로4정목	동대문	550	15
	42	小早川橋	한강통종점	1,100	15
	6의1	대안동광장	돈화문앞	350	12
	6의2	원남동	연건동	230	12
	40	연건동	동대문	500	12
	25	대안동광장	탑공원	370	8
	27	탑공원	영락정	250	8
	13	선은전광장	서사헌정	1,300	12
	43	강기정	원정4정목	960	12
	32	내자동	교북동	630	12
	10	연건동	병목정	820	12
	12	연건동	혜화동	560	12
	21	마포가도교점	경성역전	650	12
	19	교북동	마포가도교점	550	12
	17	서대문1정목	신교동	940	10
	29	창경원앞	혜화동	340	10
	48	봉래정3정목—蛤洞	의주통1정목	210	10
	38의1	죽첨정3정목	아현리	400	12
	38의2	아현리	마포	1,800	12
	35	봉래정2정목	아현리	400	8
	47	서대문1정목	남대문	620	8
	24	청운동—팔판동	대안동	900	6
	22	삼판통	선은전	600	6
	3	황토현광장	남대문	600	15
교외노선	49	동대문	청량리역		
	50	황금정7정목	왕십리		
	51	왕십리가도	용산삼각지		
	52	장충단	신당리		

[표 2-1] 1926년 시구개수안 예정 노선

* 번호는 시구개수노선 번호

서울의 기원, 경성의 탄생

그러나 더 주목해야 할 점은 처음 등장한 4개 교외노선의 존재이다. 노선도가 없기 때문에 정확하게는 알 수 없으나 이 4개 노선은 기점과 종점으로 추정하건대 당시 경성의 행정구역 밖인 동부 및 동남부의 외곽 지역(청량리, 왕십리, 삼각지, 신당리 등)을 향하는 것이었다. 왼쪽 [표 2-1]의 제49호선, 제50호선은 도심부와 동부 외곽 지역의 주요 지점(청량리, 왕십리)을 연결하는 교통로의 뼈대이다. 또 제51호선은 남산 남록을 주회하는 도로, 이른바 '남산주회도로'이며, 제52호선도 그에 접속하는 노선이다. 남산주회도로는 1920년대 초부터 도계연이 연도의 주택지 개발을 포함하여 주요 사업으로 주장하던 것이기도 했다(남산주회도로에 대해서는 6장에서 상세하게 살펴보겠다). 총독부 시구개수의 범위에 포함되어 있지 않은, 그러니까 경성부가 '독자적'으로 입안했다고 볼 수 있는 교외노선은 무엇을 뜻하는 것일까? 그것은 1926년 시구개수안이 궁극적으로 총독부 시구개수의 단순 승계가 아니라 행정구역 확장을 전제로 한 도시계획의 실행을 의도한 것이 아니었을까? 다시 말해 1926년 시구개수안은 실행 전망이 밝지 않은 도시계획안에 대비한 우회적인 실행 계획의 일부였던 것이다. 이런 시구개수안의 입안은 경성부의 도시계획에 대한 의지를 보여주는 것으로 해석할 수 있다. 그러나 재원 확보 문제가 여전히 남아 있었다. 현실적으로 큰 문제는 경성부가 스스로 해결하겠다고 계획한 것, 즉 부비 650만 원의 마련책이었다. 이를 위해 경성부가 구상한 것이 바로 '수익세'(1921년 처음 등장한 일본의 수익자부담금 제도는 조선에는 대개 수익세라는 명칭으로 소개되었다. 따라서 이하 '수익세'라는 용어를 주로 사용하겠다.) 제정이었던 것이다.

2
경성부의 수익세 제정 시도와 찬반 논란

'친일파'가
'조선인'을 대변하는 역설

경성부가 도시계획안, 시구개수안의 입안과 더불어 수익세 제정을 준비하고 있다는 사실이 처음 시중에 알려진 것은 대략 1925년 중반경이었다.[10] 그런데 이 사실이 알려지자 즉각 조선인 측의 반대 여론이 일어났다.

> 시구개정에 따라 교통이 편리하게 되는 것은 누구나 다 좋아하는 바이며 그 연변 주민들이 입는 이익도 적지 않을 것이나 이로 말미암아 공사비의 약 반분을 연변 주민에게 증수한다면 (중략) 결국은 세금을 내야 되겠고 돈은 없어 결국 집을 팔아서 물어야 되겠스니 그 자리에는 경제력이 풍부한 일본인이 사고 들게 될 터인 즉 이 때문에 경제력이 빈약한 조선인은 차차 시외로 구축 (驅逐)되어야 되겠고 큰길 거리마다 일본인의 것이 되고야 말 터이니 (후략)[11]

위의 1925년 《동아일보》 기사는 '개발' 자체는 찬성하면서도, 재원 마련을 위한 수익세 제정에는 반대하는 조선어 언론의 논리를 간명하게 보여준다. 즉 수익세 부담이 불가능한 도로변 토지 소유자는 세금을 납부하기 위해 소유 토지를 방매할 수밖에 없고, 그러면 결국 그 자리는 수익세 납부가 가능한 사람이 차지할 것인데, 이런 토지 소유자의 교체는 조선인에서 일본인으로 될 것이라는 예상이다. 이런 여론은 단지 앞으로 그렇게 될지 모른다는 추측에 그치지 않았다. 이 무렵 총독부가 시행 중이던 종로 시구개수의 경과와 맞물려 반향을 일으켰다.

종로는 조선시대까지 도심부를 동서로 관통하는 유일한 대로로서 병합 이후 조선인의 경제·사회 활동의 실질적·상징적 중심지로 기능했다. 총독부는 경복궁 신청사 준공이 눈앞에 다가온 1925년 들어 비로소 종로의 시구개수를 시작했다. 종로 시구개수는 청사 이전·신축 일정에 맞추느라 예산이 부족한 상태에서 시작되었기 때문에 일단 도로 예정선보다 넓은 면적을 수용하여 준공한 다음 수용했던 토지를 다시 매각하여 공사비 결제에 충당할 예정이었다. 그런데 원래 노변에 점포를 가진 조선인 상인은 이를 매수할 재력이 없는 경우가 많은데 반해 "연고가 없는 내지인들은 사려고 야단들"이었다. 총독부도 처음에는 이 토지를 연고자, 즉 토지를 수용당한 노변의 상인들에게 매각할 계획이었으나 그것이 불가능하면 "일반 유지자(有志者)에게라도 팔 수밖에 없다"는 태도를 취했다.[12] 이렇게 되면 원래 조선인 점포가 자리 잡고 있던 도로에 접한 토지는 자연스럽게 일본인 소유가 되고, 조선인은 이면의 지가가 낮은 토지를 매수하여 다시 점포를 개설할 수밖에 없었다. 도로변 토지의 지가 상승을 전제로 수익자에게 부담을 지운 결과, 재력이 풍부한 일본인 상인의 종로 진출과 전통적인 조선인 상권의 위축을 가져왔던 것이다. 이렇게 '현금 동원 능력'의 차이 때문에 토지 소유자가 교체되는 종

[그림 3-1] 1915, 1930년 종로의 변화 그리고 시구개수의 '성과'
동대문에서 서대문 쪽을 바라본 풍경이다.

서울의 기원, 경성의 탄생

로 시구개수의 결과가 적나라하게 보이는 상황에서 시구개수 전반에 대
규모로 적용될 수익세의 '효과'는 충분히 예상할 수 있는 일이었다. 게
다가 이 같은 수익세의 효과를 경성부가 직접 설명함으로써 반대 여론
은 더욱 증폭되었다. 1926년 시구개수안의 구체안이 완성되자 그 재원
조달 계획에 대해 경성부 재무과장은 다음과 같이 언급했다.

총경비 1,750만 원으로 내년도부터 15년간 계속 사업을 할 경비 출처에 대해
경성부 계획을 보면 (중략) 나머지 650만 원을 경성부에서 판출(辦出)해야 하
는데, 이 650만 원이 본지가 솔선 보도해오던 수익자부담금이다. 이에 대해
경성부 고교(高橋) 재무과장은 "조선인 부민이 들으면 이상한 감정이 날런지
모르겠습니다마는 이 제도 밑에서 생존경쟁에 패배를 하는 사람은 시외로
자연히 나갈 수밖에 없겠지요. 일본으로 말하더라도 유신(1867년 메이지유
신) 당시까지는 덕천(德川: 막부의 쇼군 도쿠가와 가문) 장군의 8만 부하가 동
경을 차지했으나 막부 몰락 후에는 동경 생활을 할 수 업어 각 읍 지방으로
사산하고, 지방 유력자들이 대신 동경 주인이 되었습니다. 그러니 경제의 대
세에는 어쩔 수 없는 일로 장차 발전할 가능성을 가진 경성을 그대로 둘 수
는 없고 장래를 위해 설비를 해야 되겠으니 자력(資力)이 없는 조선인 부민이
지방으로 옮아가는 것은 무가내(無可奈: 할 수 없는)한 일일 줄 압니다.[13]

위 기사는 수익세 납부 문제로 토지 소유자가 교체되는 것은 경제적
생존경쟁의 결과일 뿐 민족 차별과는 관계가 없다는 뉘앙스를 강하게
풍긴다. 논리적으로는 그렇다. 다만 식민지 조선에서 경제력의 차이는
상당 부분 민족별 차이와 겹치는 점이 문제인 것이다. 그런데 경성부 재

무과장은 식민 당국으로서 어떤 식으로든 '포장'해야 할 이 사실을 오히려 직설적으로 뱉어버렸던 것이다. 즉 수익세를 납부할 능력이 없는 "조선인 부민이 지방으로 옮아가는 것은" 어떻게 할 수 없다는, 관료로서 말실수에 가까운 이 언급은 역설적으로 수익세 제정에 대한 경성부의 '의지'를 솔직하게 보여주는 것이기도 했다. 즉 어디까지나 "(시구개수로) 현저히 이익을 받는 사람에게 특별한 부담을 하게 하는 것이 가장 공평한 처치"라는 것이었기 때문이다.

과연 경성부는 당장 9월부터 일본의 사례를 수집하는 등 초안 입안에 착수하여 1927년 1월에 완성한 수익세안을 공개했다. 경성부는 확정한 초안을 도계연의 자문에 부쳤다. 그 내용은 당시 일본에서 시행하는 제도와 대동소이한 것으로 다음과 같다.[14]

〈경성부 수익세 개요안〉

* 부과사업 종류: 도로 및 광장의 신설, 확축(擴築), 노면개량, 도랑(側溝: 도로변의 배수로), 하수

* 납세 의무자: 수익구역 내에 있는 과세 대상지(有稅地)의 소유자, 질권자(質權者), 저당권자, 10년 이상 지상권자, 영소작권(永小作權: 20~50년 존속 기간으로 설정하는 소작권)이 있는 임차인

* 부과 원칙(도로의 경우): 도로 폭 단위로 도로로부터의 거리 및 면적에 비례하여 부과

* 부과액: 공사비의 1/4~1/2

자문안까지 제출한 경성부는 수익세 제도를 반드시 시행하겠다는 입

장이 확고했다. 도시계획계장 사카이 켄지로(酒井謙治郎)의 언급이 이를 잘 보여준다.

> 반대하는 소리가 있거나 없거나 도시계획을 한다면 반드시 수익세를 받아야 한다는 표준이 서 있다. (중략) 도시 건설로 가장 이익을 보는 토지 소유자가 하등의 노력을 하지 않고 오직 국고나 부세(府稅)의 힘을 빌며 불로소득을 하는 것은 극히 불합리한 일이다.[15]

그런데 도계연의 자문안 심의과정에서 예기치 않게 큰 논란이 일어났다. 논란은 2월 23일 도계연 총회에 앞서 개최된 경성부와 도계연 사이의 상담회에서 시작되었다. 상담회에는 도계연에서도 주요 간부인 간사급 이상만 출석했는데, 일본인 출석자들은 모두 찬성한 데 반해 유일한 조선인 출석자 원덕상(元悳常)이 절대 반대의 태도를 보였던 것이다.

> 일본에서도 도시계획이라는 것이 대정 8년도(일본 도시계획법을 제정한 1919년)부터 비로소 시작된 것으로 현재의 경성 주민의 실력은 대정 8년도 일본의 그것과는 많은 차이가 있을 뿐더러 또 그 수익자부담세라는 것은 그 대부분은 조선 사람이 입게 되겠으니 현재의 조선 사람의 현상은 그 소유의 대부분이 식산은행과 동척에 저당이 되는 있는 형편인 즉 만일에 그 부담세를 과부키로 되면 필경에는 세금도 받지 못하고 그 소유권은 결국 채권자의 손에 들고 말겠음으로 아직 시기가 이르다는 말로 (후략)[16]

원덕상의 발언은 앞에서 살펴보았던 1925년 6월 《동아일보》 기사와 동일한 논리이다. 즉 대부분의 조선인 토지 소유자는 수익세를 부담할 현금 동원 능력이 없으며, 이것을 납부하려면 결국 소유 토지를 방매할 수밖에 없다는 것이었다. 그렇다면 원덕상의 발언은 어느 정도 현실적 근거가 있는 것일까? 정확한 통계를 찾기는 어렵지만 "대경성 건설을 해나감에 있어서 경성의 7만여 호 중 조선인 4만5천여 호는 세민(細民)계급으로 소유 토지와 건물은 거의 담보로 잡혀 있는 상황"을 고려해야 한다는 지적은 비단 조선어 언론뿐 아니라 일본인 건축·토목 관계자의 입에서까지 나오는 실정이었다.[17] 3일 뒤 개최된 총회에서 논란은 더욱 거세졌다. 출석자 100여 명 중 20여 명의 조선인 회원은 "시종 긴장된 태도와 비분한 기색"으로 그중 방규환(方奎煥)이 먼저 발언에 나섰다.

> 감정을 떠나서 사실을 볼지라도 종래 경성부의 모든 시설이 조선 사람이 많이 사는 북쪽보다 내지인 많이 사는 남촌을 중심으로 하여 남촌에서 먼저 시작했으니 북촌은 학대를 받았다 하겠는데 이제 수익세를 다만 내지의 선례에 의해 시작한다 하면 모든 시설이 늦어진 북촌 조선 사람에게는 더욱 가혹하게 될 것이니 이런 부과는 당초부터 당치도 못하고 또 공평한 것이 아니니 (후략)[18]

방규환이 반대 논리를 개진하자 김사연(金思演), 송달섭(宋達燮) 등이 연이어 찬성 발언을 했다. 이 같이 자문안에 대한 반발이 계속되자 총회의 좌장 아루가(有賀光豊)는 이 문제를 심의하기 위한 특별위원회를 조직하고 심의가 끝나면 3월 5일 다시 총회를 소집하기로 결론을 내렸다. 논란을 일단 미봉할 수밖에 없었던 것이다. 총회가 끝난 후 수익세에 대한

성명	생몰	주요 이력
원덕상	1883~1961	1912 일본 치바(千葉)의학전문학교 졸업, 1913 의원 개업, 1920~23 경성부협의회원, 1920~45 경기도평의회원·경기도회의원, 1924~33 동민회(同民會) 이사·평의·감사, 1925 도계연 간사, 1927~45 중추원 참의(경기도 대표), 1932 경성상공회의소 부회두, 1936 조선산업경제조사회 위원, 1938 국민정신총동원조선연맹 이사, 1940~44 국민총력조선연맹 평의원
방규환	1889~?	1908~ 오사카-경성 약재 무역, 1920~29 경성부협의회원, 1921~31 조선방직주식회사 대주주, 1924~33 동민회 이사·평의원, 1925 도계연 평의원, 1944 조선비행기공업주식회사 상무
김사연	1896~1950	1918~24 한일은행 부지배인, 1925 도계연 회원, 1926~35 경성부협의회원·경성부회의원, 1933~45 경기도회의원, 1934~37 시중회(時中會) 이사, 1934~45 중추원 참의, 1938 국민정신총동원조선연맹 이사, 1940~44 국민총력조선연맹 평의원
송달섭	1887~?	관립농상공학교 졸업, 1925 도계연 회원, 1926~29 경성부협의회원

[표 3-1] 1927년 수익세 제정 반대 도계연 조선인 회원
* 색깔 글씨는 도계연 관련 약력

반대 여론은 더욱 확산되었다. 예컨대 종로 상인의 연합단체인 중앙번영회(中央繁榮會)는 일본인이 다수인 도계연에서 자문안을 통과시킨다면 조선인정동총대연합회(朝鮮人町洞總代聯合會: 정·동의 민간인 대표인 총대 중 조선인 연합 단체)와 연대하여 "시민대회를 개최해서라도 철저한 반대운동을" 하겠다고 공언했다.[19] 이 같은 여론의 출발점에는 도계연 조선인 회원들의 수익세 제정 반대 주장이 있었다고 할 수 있다. 그런데 위에서 본 반대 주장을 주도한 인물들은 당시 경성 지역사회에서 전통적으로 명망있는 인사들은 아니었다. 이들의 간략한 이력은 위의 [표 3-1]과 같다.

이들은 개인 별로 차이는 있으나, 대략 1927년 당시 30~40대 초반의 연령으로 1910년대 이래 경제 분야에서 성장하여 1920년대 부협의회·도평의회 활동 등을 기반으로 입신했으며 이후에도 관변단체의 임원으로 비교적 일관되게 활동한 인사들이었다. 또 도계연에서 간사와 평의원을 맡고 있는 원덕상과 방규환은 재조선 일본인과 조선인 친일 유력

자의 대표적 협력 단체인 동민회(同民會)에도 적극 참여하고 있었다. 이렇게 볼 때, 이들은 1920년대 문화통치와 더불어 등장한 '신흥 친일 유력자'라고 볼 수 있을 것이다. '도시 개발'을 모토로 한 도계연에 재경성 일본인과 함께 참여하여 적극 활동하는 자체가 이런 특징을 보여준다고 할 수 있다. 그런 이들이 경성부가 적극 추진하는 수익세 제정에 강력한 반대자로 등장했던 것이다.

또 하나 주목되는 점은 수익세 제정을 둘러싸고 경성부·재경성 일본인 유력자 대 조선인 친일 유력자의 대립 구도가 형성된 가운데 총독부 기관지인 《매일신보》가 거듭하여 수익세에 대한 반대 의사를 표한 사실이다. 3월 1일자 사설에서는 "본지 기자도 반대측의 1인"이라고 태도를 명확히 하면서 "경성부 수익세는 민도에 적합치 않"고 "시기상조"이니 "부당국도 이 점을 고려해야" 한다고 했다.[20] 나아가 도계연의 내부 사정에 대해서는 조선인 회원이 조선인의 입장을 대변하지 않고 "내지인측과 부당국의 호감을 사려고 속마음으로는 반대하면서도 오히려 양심을 속이고 찬성하는 분이 없지 않은 모양"이라며 수익세에 찬성 의사를 표한 조선인 회원을 비판하고 반대를 '선동'하는 듯한 태도를 취하기까지 했다.[21]

《매일신보》의 태도는 수익세에 대한 총독부의 입장과 무관하지 않은 것으로 보인다. 1920년대 총독부는 시구개수를 확장하려는 경성부의 도시 개발 시도에 대체로 부정적이었다. 경성부가 조선인의 반대 여론을 무릅쓰고 수익세까지 도입하여 시구개수를 확장하려는 데에도 부정적이었던 것으로 보인다. 더욱 주목해야 할 점은 바로 이런 총독부의 입장이 원덕상과 같은 조선인 친일 유력자가 수익세 문제에서 경성부나 재경성 일본인 유력자들과 대립각을 세울 수 있는 배경이 되었다는 사실이다. 원덕상은 2월 23일 도계연 상담회를 마친 후 《조선일보》 기자에게 "동(同) 세금 문제가 일어나던 즉시 모 일본인 공직자와 함께 정무총감의 의견을 들었던 바 총감도 극력히 반대한 일이 잇으므로 설혹 동성안(同成案)이 자문에 통과된다 하더라도 총독부에서 인가치 않을 것은 능히 짐작할 일"이라고 자신있게 언급했다.[22] 당시 정무총감 유아사는 도시계획에 재원을 소비하는 데 부정적이었다. 원덕상은 수익세 문제가 대두하자마자 정무총감의 의중을 파악하고 이를 근거로 경성부의 구상이 무산될 것이라고 자신했던 것이다. 요컨대 1927년 시점에서 원덕상은 총독부 수뇌부와 접촉할 만한 친일 유력자로서 정치적 자원을 확보하고 있었다. 30대였던 1921년 이래 8·15까지 경기도평의회(도회) 의원을 7차례 연달아 지내고, 1927년 이래 경기도 대표로 중추원 참의를 계속 지낸 그의 경력은 친일 유력자로서 그와 식민지 권력 수뇌부 사이의 '거리'를 짐작하게 해준다. 《조선공로자명감(朝鮮功勞者名鑑)》에 실린 인물평에 의하면 원덕상은 "경성의 명사 중의 명사로 의사 출신으로 생각되지 않을 정도로 사업계에 탁월한 식견과 수완을 가진 사람"이었다. 그런데 이런 '친일의 정도'가 '조선인의 입장'을 대변하는 행보의 현실적 기반이 되었다는 점이 역설적이다.*

---

* 나미키 마사히토(竝木眞人)는 조선인 친일 유력자와 식민지 권력 수뇌부의 접촉에 대해 이를 '야합'으로 이해하기보다 "피통치자를 주체로 생각해보면, 이것은 합법적인 정치 과정 가운데에서 총독부를 상대로 일종의 '근접전'을 시도하는 전술이었다"고, "이런 채널에 관해서도, 피통치자와 통치자 사이의 바기닝(bargaining=거래)이라는 관점에서 재해석할 필요가 있"다고 주장했다. 이 경우에 비추어 음미해볼 만한 주장이다(나미키 마사히토, 〈식민지기 조선에서의 '공공성' 검토〉, 《식민지 공공성, 실체와 은유의 거리》, 책과함께, 2010).

그러면 다시 도계연의 논의 과정으로 돌아가 보자. 3월 5일, 도계연 특별위원회와 총회가 개최되었다. 일본인 14명, 조선인 5명으로 구성된 특별위원회에서는 "장내 공기 매우 험악"한 가운데 4시간이나 논전이 계속되었으나 결론을 내리지 못했다. 이어서 열린 총회에는 일본인 40여 명, 조선인 10여 명이 출석했는데, 역시 격론 끝에 3월 말에 총회를 다시 연다는 일정만 정하고 유회되었다. 찬반 양쪽 모두 당장의 논의는 무의미하다고 느꼈기 때문이었다. 일본인이 절대 다수인 특별위원회나 총회에서 결론이 나지 않은 정황은 조선인 참석자들의 반발이 상당했음을 보여준다. 그러나 유회 직후 김사연은 "우리는 조선 사람이므로 우리의 반대가 무엇이 그리 유동(誘動)할 것이랴. 수익세는 필경 통과케 될 운명에 잇든 것을 다행히 유회가 되어 다음 총회로 연기되엇스나 부당국에서 한 번 설정한 것인 이상 필경 실시케 될 것인 줄 안다"는 냉소적인 반응을 보였다. 반발이 거세서 한 번은 넘어갔으나, 다음 총회 때는 수적으로 우세한 일본인 회원의 주도로 경성부 수익세 개요안을 통과시킬 것이라는 예상이었다.[23]

결국 수익세 개요안은 3월 30일 개최된 도계연 총회에서 이미 시행 중인 시구개수 제6호선 개수 공사 등에는 수익세를 징수하지 않는다는 "북부에 유리한", 즉 조선인 측을 배려한 조건을 붙여 통과되었다. 우선 경성부의 원안 그대로가 아니라 조건부로 통과시킨 데에서 반대파의 기세가 총회 분위기에 상당한 영향을 미쳤음을 알 수 있다. 1927년 시점에서 제6호선 개수 공사에 수익세를 징수하지 않는다는 조건은 직지 않은 의미를 가진다. 이 무렵 대규모 시구개수가 실제 진행 중이어서 당장 조선인 토지 소유자들에게 수익세가 부과될 가능성이 높은 노선이 제6호선이었기 때문이다. 통과에 이른 당시 사정을 자세히는 알 수 없으나, 30일 총회 출석자의 대표격으로 아루가, 코죠 칸도우(古城管堂: 1886년 인천 최초 개업의, 재경성 일본인 사회 최고 원로 중 한 사람), 장헌식(張憲植: 충북·전남도지사를 지낸 고위 관료 출신), 한상룡 등이 별도로 모여 논의했다는 것으로 보아 일본인과 조선인 회원을 대표하는 좌장급이 통과를 전제로 부대 조건을 절충한 것으로 보인다. 그럼에도 불구하고 결정 과정에서 "조선 사람 6, 7인 위원은 함구 무언했다." 당연하지만 조선인 측의 불만은 완전히 해소되지 않았으며, 논란의 불씨는 여전히 남아 있었던 것이다.[24]

3

경성부의 시구개수안 조정과 시구개수 이관

갈등의 봉합,
식민통치의 임계

앞에서 살펴본 것처럼 1927년 2~3월 수익세 개요안 심의 과정은 도계연
창립 이후 조선인, 일본인 회원 사이에 내부 논쟁이 전개된 전무후무한
사안이었다. 이 과정에서 수익세에 대한 반대 여론이 만만치 않다는 것
과 총독부도 수익세 제정에 대해 부정적이라는 사실을 새삼 확인한 경
성부는 시구개수안의 조정 작업에 착수하여 1927년 7월 새로운 시구개
수안(이하 '1927년 시구개수안')을 발표했다. 이것은 1926년 시구개수안을
크게 축소한 것으로 23개 노선, 총예산 1천만 원, 10개년 계속사업의 규
모였다. 예산의 내역은 국고보조 500만 원, 기채 250만 원, 수익세 250만
원으로 경성부윤 우마노 세이치(馬野精一)는 여론을 의식하여 "수익세는
총공비의 1/4에 불과"함을 강조하기도 했다.[25]

먼저 1926년 시구개수안과 비교하여 교외 노선을 모두 삭제한 점이
주목된다. 이것은 경성부가 시구개수와 그 이상의 도시계획을 연계하려
는 구상을 포기했음을 알려준다. 시내 노선도 총연장 20.7km로 1926년

노선	길이 (間)	너비 (間)	차보도 구별	포장의 종별	공사비
종로4정목 교점–동대문	550	15	유	다–마카담	555,564
연병정–한강통 18은행앞	755	15	유	다–마카담	221,210
한강통 18은행앞–한강통 종점	560	15	유	쇄석	169,620
연건동–동대문	408	12	유	사리	261,954
대안동 광장–탑공원	375	8	무	다–마카담	230,820
탑공원–영락정	240	8	무	다–마카담	328,990
조선은행앞 광장–대화정 정무총감관저앞	600	12	유	사리	1,745,460
대화정 정무총감관저앞–서사헌정	645	12	유	사리	1,443,400
강기정–원정3정목	860	12	유	사리	619,300
내자동–사직동	175	12	유	사리	247,800
연건동–병목정	830	12	유	사리	908,800
연건동–혜화동	567	12	무	사리	139,620
마포가도 교점–경성역전	583	12	유	사리	348,890
마포가도 교점–교북동	420	12	유	사리	301,030
내자동–신교동	610	8	무	사리	503,880
의주통–蛤동	65	10	무	사리	13,060
죽첨정2정목–아현리	480	12	무	사리	366,650
봉래정–아현리	400	8	무	사리	260,020
청운동–팔판동	510	6	무	사리	146,960
팔판동–대안동	550	6	무	사리	328,790
욱정2정목–어성정(참궁도로)	350	6	무	사리	348,110
어성정(참궁도로)–삼판통	360	6	무	사리	205,510
창경원–혜화동	500	10	무	사리	104,500
계					1천만 원

[표 3-2] 1927년 시구개수안 예정 노선
* 다–마카담: 아스팔트 포장의 한 방법, 쇄석(碎石): 잘게 깬 돌, 사리(砂利): 자갈

시구개수안에 비해 2/3 정도로 축소되었다. 그러나 노선의 기점, 종점, 연장, 노폭만 나와 있는 1926년 시구개수안에 비해 보도와 차도의 구별 유무, 포장의 종류, 각 노선별 공사비까지 책정되어 있는, 다시 말해서 '실행 계획'에 더 가까운 안임을 알 수 있다. 즉 1927년 시구개수안은 1926년 시구개수안의 단순한 축소가 아니라 축소와 더불어 구체적인 계획안이었다. 그리고 이 안의 발표와 함께 경성부는 비로소 총독부에 공

식적으로 시구개수 이관을 신청했다. 그러나 1927년에도 시구개수 이관은 성사되지 않았다. 일차적인 이유는 여전히 재원이 마련되지 않았기 때문이다.[26]

경성부는 8월 임시부협회의를 개최하고 도계연의 자문을 통과한 수익세안을 의제로 올렸으나, 조선인 의원들의 반대에 부딪혀 제정에 성공하지 못했다. 1927년 현재 부협의회는 일본인 18명, 조선인 12명으로 구성되어 있었는데, 수익세안에 대한 논의 과정에서 제정 찬성 발언은 코에즈카 쇼타(肥塚正太) 1명에 그친 반면, 제정 반대 발언에는 방규환, 이승우(李升雨), 한만희(韓萬熙) 등이 연속해 나섰다. 변호사 이승우, 한성은행(漢城銀行) 부지배인 출신 한만희 등은 1920~30년대 모두 네 차례씩 경성부(협의)회 의원을 지낸 자들이었다. 이들이 적극적으로 발언에 나섰다는 것은 제정 반대파의 의지가 더 강력했음을 보여준다. 게다가 총독부도 국고보조 500만 원은 불가능하다는 뜻을 통지했다. 이것으로 1927년 시구개수안도 실패로 돌아갔다. 결국 경성부는 시구개수안을 다시 수정해야 했다.[27]

1년여의 작업을 마친 경성부는 1928년 8월 다시 임시 부협의회를 개최하고 재수정한 시구개수안을 제출했다. 이 안은 연초부터 총독부와 지속적으로 협의하여 내락을 받은 안으로 1927년 시구개수안을 기본으로 하되, 이를 두 기로 나누어 먼저 제1기 개수를 시행하며, 그 결과를 보고 제2기 개수안을 다시 입안한다는 것이었다. 제1기 예산 500만 원은 국고보조, 기채, 수익세가 각각 1/3씩 책정되었다.[28] 그동안 경성부 시구개수안에 대한 총독부의 부정적 태도를 감안하여 경성부가 총독부와의 의견 조율에 많은 신경을 쓰고 시구개수의 규모도 '현실적인' 수준으로 조정했음을 알 수 있다.

그런데 이 안을 두고 부협의회에서 다시 논란이 벌어졌다. 그 이유는 먼저 예산 계획이 원래 1927년 시구개수안에 비해 국고보조는 감액되고 (1/2 → 1/3), 기채와 수익세는 증액된(1/4 → 1/3), 경성부에 불리한 안이라는 것이었다.[29] 게다가 부협의회 석상에서 경성부가 국고보조를 받는 조건으로 이듬해 가을로 예정된 조선박람회 개최 전까지 제6호선의 창덕궁·창경궁–종묘 통과 구간 등 지정 노선을 우선 개수하라는 총독부의 요구를 비밀리에 수용한 사실이 알려졌다. 이로써 부협의회는 시구개수 이관을 중지하자는 '중지파', 그 내용을 다시 논의하자는 '수정파', 그대로 시구개수 이관을 진행하자는 '원안 찬성파' 등 3파로 나뉘어 논란은 더욱 커졌다. 중지파는 이승우 등 6명, 수정파는 방규환 등 5명, 원안 찬성파는 코에즈카 등 3명이었다. 각 파의 다른 면면은 알 수 없으나, 대략 중지파와 수정파는 조선인 중심, 원안 찬성파는 일본인 중심이었음을 짐작할 수 있다. 또 수적으로 보나 논란의 내용으로 보나 적극적으로 의견을 개진한 것은 중지파와 수정파 쪽임을 알 수 있다. 그러나 부협의회는 의결권이 없으며 간신히 받게 된 국고보조를 포기할 수 없다는 현실론이 득세하면서 경성부의 수정안은 결국 가결되었다.[30] 수년간 논란을 거듭했던 시구개수의 경성부 이관 문제가 드디어 일단락된 것이다.

수정안 가결 후 경성부는 11월 말 최종안을 완성하여 총독부에 제출했다. 그리고 연말 최종안이 반영되어 시구개수 국고보조가 일본 각의를 통과함으로써, 경성시구개수는 공식적으로 경성부로 이관되었다. 수정안의 최종 내용은 12개년 계속사업으로 6개년씩 두 기로 나누어 23개 노선을 개수하며, 총 예산은 1,010만 원에 연액은 85만 원씩으로 국고보조 35만 원, 부비 50만 원으로 한다는 것이었다. 1928년 8월 부협의회에 제출되었던 것보다 사업 기간이 연장되고, 국고보조액의 비율도 조금 높아진 것이었다. 이제 경성부가 우선 해결해야 할 괴제는 그동안 실패를 거듭한 수익세 제정을 성사시키는 일이었다. 매년 50만 원으로 책정된 부비 중 1/2인 25만 원을 수익세로 조달할 예정이었기 때문이다. 경성부는 이전에 일차 완성한 안을 기초로 하면서도, 지난 수년 동안 경험한 반대 여론을 고려해 기존 안을 재검토, 완성한 새로운 수익세안을 1929년 3월 부협의회에 제출했다.[31]

경성부가 반대 여론에 상당히 신경 썼음은 사업 첫해, 즉 1929년에 착공할 구간 중 수익세 징수를 예정한 구간이 내자동-효자동 및 강기정-원정 3정목(현재 갈월동-원효로 3가)인 데에서 짐작할 수 있다. 이 두 구간은 그냥 결정된 것이 아니라 "경성부가 애써 남, 북에 각 한 개 노선씩 안배한" 것, 즉 전형적인 조선인 중심지와 일본인 중심지에 한 개 노선씩 안배한 것이었다. 그러나 경성부가 "신중을 기하여" 완성한 안은 이번에도 조선인 의원들의 반대로 부협의회에서 보류되고 말았다. 게다가 후속 논의를 위해 구성한 부협의회 전원위원회는 전 부윤 우마노의 비리 의혹 사건이 폭로되면서 활동이 정지되었다.* 경성부는 의혹 사건이 일단락된 8월 부협의회에 다시 수익세안을 제출했다. "(수익세는) 부민의 정도로 보아 결코 부담할 수 없는 것이라고 단언"하는 "한만희 등 원안 보류파"의 반발은 여전히 그치지 않았으나, 부협의회는 경성부 제출안을 가결 확정했다.[32] 수년간 끌어오던 수익세안을 총독부에 간신히 보고할 수 있게 된 것이다.

그런데 이번에는 총독부의 태도가 다시 문제되었다. 수익세안이 확

서울의 기원, 경성의 탄생

정된 시점, 즉 1929년 8월경은 1928~29년 일시적으로 활발하던 경성 도시계획 논의가 중단되고 총독부가 다시 시구개수나 도시계획에 대해 부정적 태도로 돌아선 시점이었기 때문이다. 이 사정을 좀 더 상세히 살펴보면, 정무총감 미즈노가 물러난 후 일관되게 경성 도시계획 논의에 부정적이던 총독부 수뇌부의 태도는 1927년 12월 총독 야마나시 한조(山梨半造)와 함께 이케가미 시로(池上四郎)가 정무총감으로 부임하면서 일시적으로 전환되었다. 이케가미는 1913~23년 오사카 시장 재임 시 후일 '근대도시 오사카를 만든 인물'로 평가되는 도시계획가 세키 하지메(關一)를 부시장격으로 발탁해 정력적으로 도시 개발 사업을 전개한 바 있었다. 이 시기는 일본에서 자본주의적 도시화의 모순에 다양한 도시사회 정책으로 대응하는 전문 도시관료의 행정 활동이 형성, 정착된 시기로 평가된다.[33]

이케가미가 부임하자 그동안 위축되었던 도계연은 총독부에 도시계획 법령 제정을 청원하는 등 다시 활발한 활동을 재개했다. 그러나 이런 분위기는 1929년 4월 이케가미가 갑자기 사망하고, 그도 연루되었을 것

• 전 부윤 우마노가 뇌물을 받고 시마 토쿠조(島德藏)라는 인물에게 신당리의 경성부 소유 부유지를 상식 이하의 저가로 불하해주었다는 의혹이 제기된 사건. 이 문제로 경성부를 공격하던 부협의원 9명이 의원직을 일시 사퇴하기도 했다. 사건의 주인공인 시마는 오사카의 부호로 당시 정무총감 이케가미 시로와 친교가 있던 자였으며, 매수한 부유지를 동양척식주식회사에 매각하여 큰 차익을 남겼다. 이 사건은 뒤늦게 문제가 되어 1929년에는 이미 함경남도지사로 영전한 우마노가 경성부협의회에 출석, 사과하기까지 했다. 연말에는 일단락된 듯했으나, 이듬해 다시 논란이 재연되는 등 1년여 동안 계속되었다. 이 사건에 직접 관련된 관료는 우마노였으나 세간에서는 정무총감 이케가미, 나아가서는 총독 야마나시의 연루 가능성을 의심하기도 했다. 사건의 내용과 의미는 손정목, 《일제강점기 도시사회상 연구》, 일지사, 1992; 기유정, 〈1920년대 경성의 '유지정치'와 경성부협의회〉, 《서울학연구》 28, 2007; 김동명, 〈식민지 조선에서의 부협의회의 정치적 전개−1929년 경성부 '신당리 토지문제'를 중심으로〉, 《한일관계사연구》 43, 2012 참고.

으로 의심되는 신당리 부유지 관련 비리 의혹 사건이 폭로되는 등의 과정을 거치며 급속히 냉각됐다. 게다가 8월 총독 야마나시마저 부산미두취인소 설립 관련 의혹 사건[•]으로 불명에 퇴진히면시 분위기가 완선히 바뀌었던 것이다. 야마나시·이케가미의 뒤를 이어 부임한 사이토 마코토·코다마 히데오(兒玉秀雄) 체제의 총독부는 이 무렵 대공황의 영향 등으로 긴축 재정을 천명하고 도시계획을 비롯한 지역사회 개발 사업에 철저히 부정적인 입장을 견지했다. 이런 당시 사정은 당연히 시구개수 이관 및 수익세 제정 문제에도 영향을 미쳤다. 이미 부협의회 가결 직후부터 총독부가 경성부의 수익세 제정을 인가하지 않을 것이라는 예상이 제기되고 있었다. 총독부는 1930년 예산안을 입안해야 할 10월 말까지도 이에 대한 판정을 미루고 있었는데, 이는 실질적으로 수익세 제정을 인가하지 않은 것이나 다름없었다. 물론 경성부는 이듬해에도 다시 한 번 수익세안 인가를 상신했다. 그러나 총독부는 "민도에 비추어 부담이 과중하여 민심의 동요를 일으킬 염려가 있다"는 이유로 인가하지 않았으며, 경성부가 세율을 낮추어 다시 신청한 안에 대해서도 정무총감 코다마 명의로 불허 통첩을 하달했다.[34] 이것으로 수익세 제정의 불가능함이 최종적으로 명확해진 것이었다.

그렇다면 1928년 말 경성부로 이관된 시구개수는 어떻게 전개되었을까? 경성부가 핵심 재원으로 상정한 수익세 징수가 불가능한 상황에서 시구개수의 진척은 원활하기 어려웠다. 여기에 연액 35만 원으로 예정되었던 총독부의 국고보조액도 긴축 재정에 따라 당장 1929년부터 11만

• 1929년 부산미두취인소 설립 허가를 둘러싸고 총독 야마나시가 5만 엔의 뇌물을 받았다는 의혹이 제기된 사건. 야마나시는 이 사건으로 총독 사직 후 결국 검찰에 소환되기까지 했다.

원으로 대폭 삭감되었으며, 1930년에도 약간 증액된 17만 원에 불과했다.[35] 따라서 이 무렵 시구개수의 진척은 거의 준공을 앞둔 제6호선 부설과 종로 노면 정비 정도에 불과했다. 결국 경성부로 이관된 시구개수는 1920년대 총독부가 진행한 양대 동서 간선도로 정비를 마무리하는 선에서 마감을 고하게 되었던 것이다.

이번 장에서는 1920년대 도시 개발의 재원으로 수익세라는 거액의 준조세를 새롭게 제정하는 문제가 대두하면서 총독부, 경성부, 재경성 일본인 유력자, 조선인 친일 유력자 등 여러 주체가 뒤얽힌 다면적인 갈등과 타협의 '정치 과정'을 살펴보았다. 식민지에서 이런 과정은 '식민지 권력(일제) 대 식민지민(조선인)'과 상당 부분 중첩되면서 동시에 그보다 다중적인 대립 구도를 보인다. 그 이유는 상당한 부분 '식민지 권력의 협력자'이자 '지역민의 대표자'인 조선인 유력자의 이중적 존재양태에 있다. 물론 이런 정치 과정의 방향은 식민지 권력 최상층부의 의지에 따라 귀결되었으며, 이를 거스를 수 있는 다른 힘은 없었다. 따라서 식민지 지역정치의 의미를 찾는 작업에는 근원적으로 제한성을 갖는다. 그럼에도 불구하고 식민지 시기 지역 현안을 둘러싸고 전개된 정치의 과정을 추적하는 작업은 친일/반일의 이분법을 넘어서 식민지 지역사회의 실체에 접근하는 하나의 유효한 길임에는 틀림없다.

4장

'대경성' 마스터플랜의 형성

1

마침내
'대경성'이 되다

'조선시가지계획령'이 정식으로 제정되면서 조선에서 비로소 법정 도시계획의 실현이 가능해졌다. 이에 경성부도 다시 도시계획 시행을 위한 준비를 시작했다. 그 첫 단계는 행정구역 확장이었다. 조선시가지계획령의 취지가 도시 확장을 전제로 외곽에 대한 집중적 개발에 있기도 했거니와, 도시계획에서 행정구역 확장의 범위와 내용은 단지 '행정적' 문제가 아니라 도시계획의 성격을 규정하는 문제였기 때문이다. 그런데 도시계획을 전제로 행정구역을 확장하는 문제는 앞에서 살펴본 바와 같이 갑자기 불거진 문제가 아니라 이미 1920년대 초부터 제기된 것이었다. 도시계획 논의의 발단이 이촌향도에 따른 경성부의 인구 증가, 그리고 증가한 인구에 따른 외곽 지역의 자연발생적 도시화를 어떻게 통제하느냐에 있었기 때문이다.

대경성을 장차 건설할 것도 지금을 당(當)해 점차로 익어가서 얼마 안 있으면 실현하게 되어 착수하기에 새로 베풀어 놓은 경성부 조사과(조사계의 오기)에 목촌정웅(木村靜雄)을 방문한 즉, 목촌(木村)은 경성의 큰 지도를 손으로 가리켜 가며 도시계획에 대해 말했는데 그 계획의 일보(一步)로 복하 조사를 진행하는 것은 경성시가의 확장에 관한 것으로 아직 구체적으로 설명할 수는 없으나 한번 시험으로 볼진대 경성부의 중심부로부터 일대 '콤파스'를 돌게 하려면 동쪽은 숭인면을 출발점으로 하고 점차 남쪽을 향해 여의도 근처를 끼고 그 다음 고양군 노고산의 서쪽 지형이나 용강면, 연희면 일대의 땅을 돌아 가지고 여기에 한 바퀴 둥글게 일주를 하게 되어 (중략) 이상의 범위 안이 장래 경성부의 범위가 되겠고 지금 시계는 약 2배나 넘게 확대될 터이라.[1]

1921년 6월의 《매일신보》 기사이다. 경성부의 "목촌정웅"(1921년 당시 경성부 조사계 서기 기무라 시즈오)은 기자에게 경성부 행정구역 확장의 대강을 설명하며 "대경성"을 건설할 "계획의 일보"라고 언급하고 있다. 이때는 경성부가 1921년 5월 도시계획 준비를 위해 조사계를 신설한 지 한 달여 정도 지난 시점으로 기무라의 발언은 실제 조사에 기초한 것이라기보다 상식에 근거한 대체적 구상이라고 할 수 있다. 그러나 이것만 보아도 1920년대 초부터 경성부가 도심부를 중심으로 "일대 '콤파스'를 돌"려 대략 서쪽의 연희면·용강면(현재 마포구·서대문구 일대)에서 동쪽으로 숭인면(현재 동대문구·성북구 일대)에 이르는 한강 이북 지역을 포괄하는 확장의 범위를 구상하고 있음을 알 수 있다. 경성부 조사계는 이듬해부터 확장이 예상되는 인접 지역의 호수와 인구 등을 구체적으로 조사하기 시작했다.[2] 한편 경성부의 작업과 더불어 이 무렵 민간에서도 행정구역 확장에 대한 여러 논의가 보인다.

① 경성시의 위치로 보면 북편은 산이 들니고 앞에는 남산이 있고 그 밖에는 큰 강이 있으니 자연 남면으로 발전이 되어야 가장 좋은 도시가 될 터이며 주택지는 남산을 전후 사방으로 뭉기어 내리어 그 주위를 주택지로 하고 한강 연안에는 일대의 공업지로 하야 한강의 좋은 물을 이용하고 신용산의 넓은 곳을 상업의 중심지로 하면 얼마든지 크게 확장을 할 수가 있으며 또 가장 이상의 도시가 될 터이다.[3]

② 경성 도시계획에 대해 일언하고자 한다. 경성은 사면에 산을 두르고 그 중앙 분지인 현재의 부내는 인가로 조밀되어 운신하지 못할 현상으로 시정 외로 발전해야 한다. (중략) 장래 경성은 남산을 중심으로 동남으로 발전해야 한다. 즉 남산을 자연의 공원이 되게 하고 그 주위 및 사위로 일반 거주지역으로 하며 현재 상업지역은 구훈병장(舊訓兵場: 옛 훈련원터, 현재 을지로 6가 훈련원공원) 부근까지 연장해야 할 것이다. (중략) 시가의 범위가 작정되면 그다음에는 공업지역의 확정이니 그것이 과연 득의할지 아닐지는 바로 도시의 소장(少長: 발전과 쇠퇴의 의미)에 관한 것임으로 신중히 고구(考究)해야 한다. 따라서 나는 용산의 한강 건너편 대안을 향해 이를 설정해야 할 것으로 생각한다.[4]

③ 대세에 따라 경성의 범위를 확대하고 그 설비를 완성해야 하는데 첫째 그 방향을 논하면 제일안은 남으로 한강을 향해 발전하는 것이며, 제이안은 동서로 청량리, 왕십리와 마포 등지로 발전하는 것이다. 제일안은 물론 상공업지로 대경성을 계획함에 필요한 발전 여지이나 상당한 시설 경영과 시일이 필요하다. 제이안은 더욱 조선인의 형편에서 주택지, 생활구역으로 가장 필

요한 발전 여지이다. 조선인이 동으로 청량리, 왕십리며 서로 마포 등지에 그 주택과 생활구역을 구하지 아니하면 과연 어느 방면에 그 발전의 여지를 구할 것인가. 한강 방면, 용산 일대는 이미 일본인에게 점령하여 장래 상공업이 발전되면 될수록 이 방면으로 조선인의 진출은 바랄 수 없는 즉 불가불 동서 방면으로 발전할 수밖에 없다.[5]

1921~22년에 나온 세 가지 주장 중 앞쪽의 인용 ①은 도계연 창립 기념 초빙 강연회에서 일본 건축학계의 권위자로서 '도시계획법', '시가지건축물법' 제정에도 관여한 도쿄제대 교수 사노 토시가타(佐野利器)의 강연 내용이며, ②는 도계연의 '이론가' 사이토 오토사쿠(齋藤音作)[•]의 글이고, ③은 전차요금 2구역제 철폐를 주장한 《동아일보》의 사설이

• 사이토 오토사쿠(1866~1936)는 도쿄제대 임학과 출신으로 대만총독부를 거쳐 1910년 1월 대한제국 산림국 기사로 도한한 이래 총독부 산림과장, 영림창장 등을 지냈으며, 1918년 퇴관한 이후에도 조선 임업계에서 줄곧 활동한 인물이다. 도계연 공원부장으로서 1921년 《동아일보》에 〈都市計劃과 工業資源涵養〉을 8회, 《매일신보》에는 〈現代 都市計劃의 理想〉을 7회 연재하는 등 활발한 문필 활동을 했다. 4월 5일을 식목일로 제정하는 데 결정적인 역할을 한 사람으로 알려져 있으며, 1936년 조선에서 사망하여 현재 망우리 묘지에 그의 묘가 있다(고태우, 〈식민지 산림 보호와 개발의 불협화음-사이토 오토사쿠(齋藤音作)를 중심으로〉, 《역사와 현실》 102, 2016 게재 예정 참고).

•• 식민지 시기 경성전기가 독점 운영한 전차의 요금 체계는 2구역제로 도심부에서 교외 구역으로 넘어가면 추가 요금을 받았다. 이는 외곽에 많이 거주하는 조선인 승객의 큰 불만 사항이었다. 게다가 1921년 외곽 구역 중 용산이 도심부 구역에 포함되면서 마포, 왕십리, 청량리 등의 추가 요금도 폐지해달라는 요구가 거세게 일어났다. 용산이 자타가 공인하는 일본인 중심지인 반면 마포, 왕십리, 청량리 등은 경성 교외의 대표적인 조선인 중심지였으므로 이 요구는 민족 차별에 대한 문제 제기의 의미를 가질 수밖에 없었다. 나아가 용산이 도심부 구역에 포함된 공식적 명분이 경성부 행정구역이라는 것이었으므로 전차 요금 구역제 철폐 요구는 자연히 나머지 지역으로의 행정구역 확장 요구로 나아갔다(김제정, 〈일제 식민지기 경성부 교외 지역의 전차 문제와 지역운동〉, 《서울학연구》 29, 2007 참고).

다.** 대략 보아도 ①, ②는 비슷한 주장이며 ③과 뚜렷하게 대비됨을 알 수 있다. 전자의 주장 핵심은 앞으로 경성부의 중심은 남산으로 그 주위가 주거지역이 되고, 용산은 상업지역, 한강 이남의 강변은 공업지역이 되어야 한다는 것이다. 이는 도계연 조직의 기반인 재경성 일본인 유산층의 입장을 전형적으로 보여준다. 한편《동아일보》사설은 행정구역 확장 방향은 ①, ②의 주장과 같은 남쪽으로의 확장과 마포, 왕십리, 청량리 등 동서로의 확장 두 가지가 있다고 하면서 "물론 상공업지로 대경성을 계획함에 필요한 발전 여지"는 전자이나, "조선인의 형편에서 주택지, 생활구역으로 가장 필요한 발전 여지"는 후자라고 했다. 이른바 도시계획적 견지에서는 ①, ②의 행정구역 확장이 맞으나, 이는 '일본인을 위한 도시계획'이므로 "조선인의 형편"에 맞는 것은 ③이라는 주장으로 이해할 수 있다.

그렇다면 이런 상반된 주장에 비추어 살펴본 경성부의 구상은 두 가지 주장이 뒤섞여 있다고 볼 수 있다. 초기 도시계획 논의에서 경성부가 일본인이든 조선인이든 민간 측의 어떤 주장에도 특별히 공명하지 않았음을 알 수 있다. 경성부는 처음 제기한 구상에 기초해 실무적인 작업을 지속했다. 1922년 말 공덕리, 왕십리, 청량리 부근을 조사할 계획을 수립하고, 실지 답사까지 시행했으며, 이를 기초로 1923년 초에는 행정구역 확장안과 교외도로망의 초안을 작성했다.[6] 작업이 행정구역 확장에서 도시계획으로 나아가고 있음을 알 수 있다. 다시 1925년 초 부내 지역과 둑도(纛島: 뚝섬), 숭인, 연희, 용강, 은평, 한지면 등 인접 지역의 인구 증가 추이 분석까지 마친 경성부는 1926년 3월 예산 부협의회에서 이상의 작업 결과를 발표했다.[7] 임시 도시계획장 나가이 켄지로(酒井謙治

郎)의 글에 나타난 그 대강은 다음과 같다.

도시계획은 하루가 늦어지면 그 하루만큼 손해이다. 또한 그것은 도시계획
계만의 일이 아니라 부민 전체의 일이다. 도시계획계는 부민의 공복으로서
밤낮으로 대사업의 완성에 노력중인데, 그 항목은 구역, 지역, 교통 및 운수,
구획정리, 위생, 보안, 건축, 사회시설, 재원, 부영화할 공영사업, 관계법규
등이다. 내무성의 표준이 장래 30년이기 때문에 경성부도 그에 맞추어 진행
중이다. (중략) 경성부의 현재 인구는 33만명인데 과거의 경향과 수학적 방법
을 쓰면 30년 후는 약 46만으로 추정된다. 그런데 경성부의 현재 주거 가능
면적은 전 부역의 4할 정도이기 때문에 밀집, 포화 생활을 할 수밖에 없다.
그렇다면 어디를 편입할 것인가? 북은 북한산, 남은 한강으로 막혀서 동서
를 편입할 수밖에 없다. 편입 예정지는 남산을 중심으로 동서에 걸쳐 한강을
바라보게 할 계획으로 용강면, 연희면, 한지면, 은평면, 숭인면, 북면 내의
50개 리에 이른다. 대경성의 장래의 중심은 경성부 신청사(1926년 신축한 서
울시 구청사)의 동편이며, 이 중심에서 60분 내에 도달하는 지점은 동은 숭인
면 휘경리의 북단, 서는 연희면 연희리 철도 교차점, 남은 북면사무소, 북은
북한산으로 (중략) 이 지역은 평균 8할이 상공업, 기타 직업 종사자로 농촌을
벗어나 도회화가 역연하므로 장래 경성과 공존공영해야 할 지역이다. 이렇
게 장래 대경성의 구역을 정하는 것이 경성 도시계획에서 최급선무이다.[8]

이 글에서 경성부가 1925년까지 교통, 인구 등의 조사를 완료했으며,
이를 기초로 도시계획안을 거의 완성했음을 알 수 있다. 이때 완성된 도
시계획안이 바로 《경성도시계획 구역설정서》이다. 1920년대 도시계획

[그림 4-1] 《경성도시계획구역설정서》의 행정구역 확장 예정도

논의가 시작된 이래 처음 완성된 이 계획안은 제목에서 알 수 있듯이 무엇보다 도시계획의 구역을 정하는 데 초점을 맞춘 계획안이었다. 여기에는 행정구역 확장 예정도(위의 [그림 4-1])가 포함되어 있었다. 그 대강을 보면 구체적인 경성부 편입 대상 지역은 고양군 숭인면 11개 리, 둔지리를 제외한 한지면 전체, 용강면 전체, 연희면 6개 리, 은평면 4개 리, 시흥군 북면 3개 리 등 6개 면 56개 리였다. 이를 1921~22년에 제기되었던 주장에 비추어 보면 대략 숭인면, 용강면, 연희면 등 동서 외곽 지역

은 《동아일보》 사설의 주장에 가까운 지역이고, 한지면의 남산록 일부, 한강 이남의 시흥군 북면 등은 도계연의 주장에 가까운 지역이었다고 할 수 있다.

이를 통해 1926년 《경성도시계획 구역설정서》에 나타난 행정구역 확장 구상은 기본적으로 동서 방향+동남부 확장이 중심이고 한강 이남으로의 확장은 일부에 그쳐, "경성부의 중심부로부터 일대 '콤파스'를 돌게" 하려고 한 애초의 구상이 관철된 것임을 알 수 있다. 반대로 말하면 한강 이남 지역으로의 확장을 중시한 주장은 충분히 반영되지 않은 셈이다.

1926년 완성된 도시계획안은 앞에서 살펴보았듯이 몇 차례의 굴곡이 있었지만 끝내 실현되지 못했다. 그러나 1931년 들어 경기도가 경성부 행정구역 확장을 전제로 경성에서 동·서·남으로 향하는 4대 교외 간선 도로, 한강인도교－영등포, 죽첨정(竹添町: 현재 충정로)－마포, 광희문－왕십리, 동대문－청량리 구간을 부설하기로 결정하면서 새로운 전기를 맞이했다. 경성부는 즉시 교외 간선이 준공될 예정인 1933년을 행정구역 확장 시기로 예정하고, 5월 6개 면 34개 리 편입 계획을 발표했다.

9월에는 여기에 9개 리를 추가한 "제2안"을 완성하여 경기도와 총독부에 보고했으며, 연말에는 5월과 9월에 발표했던 안을 재검토해 각각 33개 리, 55개 리를 편입 대상 지역으로 하는 두 개의 안을 총독부에 보고했다. 매우 활발한 움직임이었다. 총독부가 도시계획 법령안 수정 작업을 완료한 1932년 7월부터 경성부는 행정구역 확장 준비에 더 박차를 가해 "편입 대상 55개 리"에 대한 실지 조사를 개시했다.[9] 경성부가 1931년 말 총독부에 보고한 두 개의 안 중 대규모 확장안이 채택되었음을 알 수 있다.

1933년 들어 정식으로 행정구역확장위원회를 설치한 경성부는 곧이어 총독부 기사 야마오카 케이스케(山岡敬介) 등의 자문을 받아 이를 도시계획조사위원회로 개편하고 9월 1개 읍, 8개 면, 68개 리의 행정구역 확장안을 완성했다. 이전의 여러 확장안들과 비교할 때 편입 읍면의 규모가 더 커진 것이었다. 좀 더 구체적으로 보면 홍제내리 정도를 빼고 은평면 지역을 모두 편입 대상에서 제외한 반면, 북면 번대방리·신길리·도림리, 영등포읍, 양동면 양화리·염창리 등 넓은 의미의 '영등포 일대'를 모두 포함하는 것이 특징이었다. 그동안 행정구역 확장안에 들어 있지 않았던 영등포 지역을 포함한 것은 야마오카 등으로 대변되는 총독부의 의중이었다.[10]

경성부 도시계획조사위원회는 1933년 말까지 편입 대상 지역에 대한 조사를 완료하고, 1934년 8월까지는 심의도 완료하여 9월 초 그 결과를 총독부에 보고했다. 이와 함께 편입 대상 지역에 송부할 '편입 협의안'도 완성했다. 10월 초에는 경기도지사, 경성부윤 및 경성부 주요 관료 전원, 편입 대상 지역의 군수, 읍·면장 등이 참석한 협의회가 개최되었다. 결론적으로 협의회에서는 경성부가 제출한 협의안을 가결했지만 "여러 가지 강경한 의견도 오가 자못 심각한 공기가 돌기도" 하는 등 경성부의 행정구역 확장에 대한 찬반 논란도 적지 않았다. 연말 경기도가 경성부 행정구역 확장안의 최종 심의를 시작하자 군 내에서 "쪽제비 꽁지 같은 긴요한 곳", 즉 번화하고 발달한 지역을 경성부로 편입하게 된 고양군과 시흥군은 이듬해 초 반대 의견서를 제출하기도 했으며, 반대로 비슷한 시기 경성부회는 〈행정구역 확장 급속 실시에 관한 의견서〉를 제출했다.[11]

이렇게 분란의 불씨가 살아 있는 가운데 경성부는 1935년 4월부터 편입 대상 지역에 대한 정밀 측량을 시작했다. 6월에는 경기도가 편입 대상 지역의 읍·면 당국, 읍회, 면협의회에 비공식적으로 편입 찬반 의견을 물었다. 그런데 영등포읍회가 반대 의견을 표명했다. 그 이유는 영등포읍은 굳이 경성부에 편입되지 않아도 공업지역으로 발전할 가능성이 충분하며, 부채(府債)가 90만 원에 이를 정도로 재정이 취약한 경성부에 편입되면 오히려 부담만 늘어날 뿐이라는 것이었다. 이와 더불어 언론은 영등포읍회의 경성 편입 반대 이유로 읍회의 의석수가 현재 10석 이상인데, 편입 후 영등포에 배당될 부회 의석수는 3, 4석에 불과할 것이라는 점을 들었다. 마침 1935년 6월 말은 읍회 선거 직후였다. 따라서 행정구역 확장으로 의원직을 잃을지 모른다는 지역 유력자들의 '정치적 불안감'이 표나게 편입 반대운동에 나선 이유 중 하나였다.[12]

영등포읍회의 편입 반대 의견이 확인된 가운데 8월 말 총독부는 편입 대상 지역의 읍회와 면협의회에 공식적으로 경성부 편입에 대한 자문안을 송부했다. 9월 초 답신안 작성을 위해 경성부회, 각 읍회, 면협의회가 소집되었다. 총독부 자문안의 경성부 편입 대상 지역은 1개 읍, 8개 면, 76개 리였다. 이것은 1933년 9월 경성부 보고안에 누락되었던 연희면, 은평면 지역이 거의 추가된 반면 둑도면이 삭제된 것이었다. 경성부회에서는 이 점이 쟁점되었다. 양재창(梁在昶) 의원 등이 중소공업 지역으로 유망한 둑도면을 누락시킨 이유를 따지자, 경성부 토목과장은 경성부와 둑도면 사이에는 중랑천이 가로놓여 있어 교통이 불편하며 둑도면을 경성부에 편입하면 고양군의 재정에 심각한 타격이 있어 부득이 제외했다고 해명했다. 정확한 사정은 알 수 없으나 고양군 측의 강한 요청이 있었음을 짐작할 수 있다. 경성부회는 논란 끝에 둑도면 편입 의견서를 부기하여 원안 찬성 답신안을 송부했다. 답신 내용이 확인되는 면 지역을 보면 대략 약간의 조건을 부기하여 원안에 찬성했음을 알 수 있다. 면의 일부가 편입되는 은평면과 숭인면협의회는 편입후 남는 리만으로는 면 재정 유지가 어려우니, 전부 경성부에 편입해주거나 아니면 면 재산 1/2의 권리를 인정해달라는 답신안을 송부했다. 북면협의회는 "여러 시설의 고려를 희망"한다는 상투적인 조건으로 편입에 찬성했으며, 상도리만 편입되는 동면협의회는 경성부에 편입되지 않는 북면 지역을 동면으로 통합한다는 조치를 환영한다는 답신안을 송부했다.[13]

그러나 면 지역과 달리 읍회가 이미 경성부 편입에 반대 의견을 표명한 바 있는 영등포에서는 이를 둘러싸고 큰 논란이 벌어졌다. 9월 9일 소집된 첫 회의에서부터 '조건부 찬성론'과 '무조건 반대론'이 팽팽하게 맞섰다. 찬성론의 대표격인 김태집(金泰潗)[•]은 대국적 견지에서 영등포읍의 경성부 편입에는 찬성하나, 이해득실을 생각할 때 무조건 찬성할 수는 없으니 영등포에 부회 의원을 많이 배당해줄 것, 경성부로 편입되는 영등포읍 재산의 대가로 간선도로를 우선 부설해줄 것, 기타 학교 등 여러 설비 증설에 우선권을 줄 것 등의 조건을 부기하자고 주장했다. 이에 대해 편입 반대론을 주도한 테가 토코고로(手賀常五郎: 전직 영등포경찰서장)는 행정구역 확장은 경성부의 "지방적 이해관계"에 불과한 것으로 이대로 편입을 결정하면 후일 화근이 될 것이니 편입의 이유를 근본

• 와세다 대학 출신으로 1920년대 이래 영등포 지역 여러 회사의 중역으로 재임하며, 영등포면협 의회·읍회·경성부회·경기도회 의원을 20년 가까이 지내고, 1942년 경기도 '대표'로 중추원 참의 에까지 오름.

적으로 따져 보아야 한다고 주장했다. 그러자 다시 김태집은 어차피 행정구역 변경은 총독의 권한으로 읍회가 반대한다고 안 될 일이 아니니 유리한 조건을 붙여서 찬성하는 것이 득책이라고 주장했다. 여기에 강경옥(姜景玉: 신문 지국 기자 출신)과 이마니시 카쿠오(今西覺郞: 영등포 소재 기업 중역)가 각각 찬성론과 반대론을 거드는 등 "영등포읍회 공전절후(空前絕後: 전에 없었고 앞으로도 없을)의 갑론을박"이 계속된 끝에 당일 답신안을 작성하지 못하고 11일 읍회를 다시 소집하기로 결정했다.[14]

　흥미로운 점은 대략 찬성론은 조선인 의원, 반대론은 일본인 의원이었다는 사실이다. 다시 말해서 경성부 편입이라는 문제를 두고 일본인 유력자들이 이른바 영등포 '지역의 이해관계'를 강경하게 대변하는 것처럼 보이는데 반해 조선인 유력자들은 현실론에 입각한 주장을 하고 있다. 영등포의 사례만 가지고 단언할 수는 없지만 이것은 지역적 이해관계가 걸린 문제에서 유력자들의 민족별 행동 양태의 차이를 보여준다고 할 수 있다. 특히 다소 급이 떨어지는 다른 인물과 달리 김태집의 경우 영등포 지역을 대표하는 조선인 유력자로서 행정구역 변경 같은 사안에서 행정적 권한의 귀속, 그리고 그 속에서 읍회 자문 절차의 의미와 한계를 정확하게 적시하고 있었다. 상대적으로 큰 정보력을 기반으로 철저히 현실론에 입각해 지역사회의 이익을 추구하는 친일 유력자의 전형이라고 할 만하다.[15]

　다시 영등포읍회 상황으로 돌아가 보자. 11일 속개된 회의에서는 영등포읍장이 먼저 나서서 '경성부 편입 자체는 이미 결정되어 있는 것이나 다름없으니 시가지계획을 우선 시행해줄 것 같은 조건을 붙여서 답신안을 작성하자'고 제안하고, 김태집이 찬성 발언을 했다. 이에 테가는 여전히 영등포에 시가지계획을 시행하더라도 그것은 어디까지나 영등포의 독자적 시가지계획이 되어야 하며, 영등포와 같은 자치단체를 다른 자치단체와 경솔하게 합병하는 것은 "자치의 정신을 몰각한 것"이라는 '원칙론'을 개진했다. 그러나 회의의 대세는 "당국에 대해 반항적 태도를 보이는 것은 불가능하다"는 '현실론'이었다. 그리하여 11일 회의에서는 영등포읍을 경성부에 편입하는 것은 반대하나, 영등포읍에 조선시가지계획령을 적용하는 것, 즉 영등포 시가지계획을 시행하는 것은 찬성하며 그 결과 경성부에 편입하지 않을 수 없으므로 그에 찬성한다는 답신안을 채택하기로 결론내렸다. '복잡하면서도 궁색한' 느낌이 완연하다. 이어서 찬반 양쪽의 주도자인 김태집, 강경옥, 테가, 이마니시 등 4명을 답신안 기초위원으로 결정했다. 이들이 작성한 영등포의 답신안에는 김태집이 제안한 선거제도 개정, 교육기관 확충, 간선도로 우선부설 등과 테가가 제안한 영등포역 지하도 개설, 위생시설 완비, 소방기구 확충, 구제(區制) 시행과 영등포구역소 설치 등의 희망조건을 부기했다. 기초위원 선정이나 답신안의 내용이나 철저하게 찬반 양쪽을 절충한 셈이다. 영등포읍회의 경성부 편입 찬반 논란은 12일 마지막으로 개최된 회의에서 기초위원이 작성한 답신안을 검토하고 만장일치로 가결함으로써 일단락되었다.[16]

이렇게 읍회, 면협의회 자문 절차를 완료한 총독부는 경성부에 행정구역 확장안에 대한 최종 심의와 도로망 계획 수립을 위한 정밀 측량을 지시했다. 이에 경성부 도시계획계에서는 측량반을 증원하여 1935년 연말까지 도로 부지 조사를 계속했다. 경성부 행정구역 확장은 1936년 1월 13일 개최된 제1회 시가지계획위원회에서 4월 1일부로 시행하는 것으

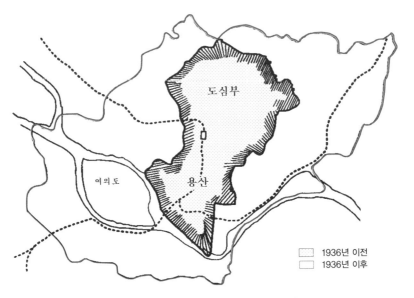

[그림 4-2] 1936년 4월 경성부 행정구역 확장

로 최종 결정되었다.[17] 결론적으로 최종 결정된 경성부 행정구역 확장안을 논의 초기 구상과 비교해보면 중심점에서 반경 약 6km 범위라는 기준에 영등포 지역을 예외적으로 추가한 것이었다. 행정구역 확장 범위의 최종 결정 권한이 총독부에 있음을 감안하면 1936년 경성부 행정구역 확장은 주요 공업지역인 영등포를 경성부에 편입시켜 일원적으로 통제하고자 하는 총독부의 의지가 관철된 것이었다.

서울의 기원, 경성의 탄생

2
경성시가지계획의 기본 구상

용도별 구획과
계층별 위계의 형성

경성부는 행정구역 확장이 일단락되자 1936년 5월 도시계획조사위원회를 개편하고 구체적인 시가지계획안 입안에 들어갔다. 개편된 위원회의 특징은 총독부 토목 분야의 주요 관료들이 참여했다는 점이다. 조선시가지계획령 제정과 행정구역 확장 과정에서 중요한 역할을 한 토목사무관 사카모토 요시카즈(坂本嘉一), 기사 야마오카 케이스케•를 비롯하여 임정과장(林政課長: 총독부 산림 업무 주무 과장) 카바 테이요시(掛場定吉), 경성토목출장소장 카와자와 쇼우요시(川澤章明) 등 고위 관료들이 정식 위원으로 위촉되었다. 예상대로 "중요한 계획의 결정은 일일이 이들의

• 사카모토와 야마오카는 1920~30년대 도시계획 관련 사안에 가장 많이 등장하는 인물들이다. 사카모토는 변변한 학력 없이 하급관료인 판임관으로 출발해 고등관으로 승진한 실무에 정통한 관료이다. 저서로는 조선의 각종 토목 관련 법령을 해설한 《조선토목행정법(朝鮮土木行政法)》(1939)이 있다. 반면에 야마오카는 1922년 도쿄제대 공대를 졸업하고 총독부에 고등관으로 부임한 이래 1930년대에는 내무국과 경무국 기사를 겸임하며 시가지계획위원회 간사를 지냈다. 요컨대 두 사람은 조선 도시계획 행정에 관계한 주요 관료의 두 계통(실무/학력)을 대표하는 인물이다.

손에 의해" 이루어졌다. 대원칙은 원래 경성부 행정구역, 즉 도심부는 "현상 유지"에 그치고, 새로 편입한 행정구역, 즉 외곽 지역을 집중적으로 개발한다는 것이었디.[18] 그렇다면 외곽 지역의 기본적인 개발 구상은 어땠을까? 이를 경성시가지계획의 공식 계획안인 《경성시가지계획 결정이유서(京城市街地計劃決定理由書)》의 내용을 통해 살펴보자. 여기에서는 새롭게 편입한 행정구역을 크게 동부지역, 한강 이남지역, 서부지역 셋으로 나누고, 다시 그것을 여덟 개 소지역으로 나누었다.[19]

먼저 동부지역은 다시 청량리, 왕십리, 한강리 부근의 세 지역으로 나누었다. 청량리 부근은 종암리, 제기리, 신설리, 용두리 등을 포함하는데 경원선 청량리역을 중심으로 남쪽으로는 청계천, 동쪽으로는 중랑천을 경계로 하는 대체로 평탄한 지형으로 장래 주거지역 및 일부 공업지역으로 예정했다. 왕십리 부근은 신당리, 상왕십리, 하왕십리, 행당리 등을 포함하는데 지형상 약간의 기복은 있으나 역시 대체로 평탄하여 주거지역 및 일부 중소공업지역으로 예정했다. 이 두 지역의 중요한 공통점은 비교적 전차 노선이 일찍 놓이는 등 도심부와 접근성이 강하여 도시빈민층이 많이 거주하고 있었다는 점이다. 이는 이후 시가지계획의 시행에서 제일 문제가 될 것이었다.[20] 한편 같은 동부지역으로 분류했으나 한강리 부근은 성격이 다른 지역이었다. 한강리 부근은 동쪽으로 왕십리에 접하며 서쪽으로 용산의 군용지에 접하는 지역으로 배후에 남산을 등지고 전면은 한강에 접한 "적호(適好)의 주택지대"라고 하여 일반 주거지역과는 구분되는 고급 주거지역으로 상정했다.

다음으로 한강 이남지역은 영등포와 노량진 방면 두 지역으로 나누었다. 영등포 방면은 경부·경인선의 분기점이자 안양천·한강의 수운도

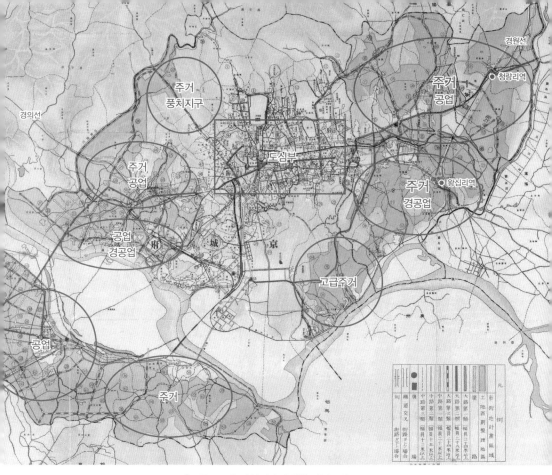

[그림 4-3] 경성시가지계획 기본구상도
*《경성시가지계획결정이유서》의 설명에 따라 원도에 가필함

연결되어 교통이 편리하며, 공업용수 공급이 용이하고 한강 이남에 위치해 있어 오염된 공기의 도심부 유입 위험이 적은 점 등 공업지역으로 최적의 입지조건을 가지고 있다고 했다. 노량진 방면은 한강에 면한 흑석리, 본동리, 노량진리, 상도리 등을 포함하는데 조선시가지계획령 제정 직전 《매일신보》 연재 기사에서는 이 지역이 장래 공업지역이 크게 확대되었을 때 그 배후 주택지로 적당하다고 언급한 바 있었다.[21]

마지막으로 서부지역은 마포와 용강면, 연희면과 신촌리, 은평면 방면의 세 지역으로 나누었다. 마포와 용강면 방면은 서부의 한강 북안 일대로서 영등포와 비슷한 조건으로 장래 공업 내지는 중소공업지역으로 예정되었다. 이 점도 《매일신보》 연재 기사에서 지적된 바 있다.[22] 연희면과 신촌리 방면은 경의선 신촌역 부근에서 홍제천 연안에 이르는 지역으로 대부분 주거지역, 일부는 공업지역으로 예정되었다. 은평면 방면은 홍제리, 세검정 등을 포함한 풍치(風致)가 좋은 지역으로 기본적으로는 주거지역으로 예정했으나 그중 상당 부분은 '풍치지구'로 지정하여 개발을 제한할 계획이었다.

이 내용을 그림으로 표시해보면 앞쪽 [그림 4-3]과 같다. 이처럼 경성시가지계획의 기본 구상의 핵심은 철도와 연계되는 영등포 및 마포 일부, 청량리 및 왕십리를 대공업지역 혹은 중소공업지역으로 개발하고 기타 지역을 주거지역화하는 것이었다. 여기에 주거지역 중 일부를 고급 주거지역으로 설정했다. 이런 구상이 실현되면 확장된 경성의 도시공간에는 용도별 구획뿐 아니라 계층별 위계도 형성될 것이었다. 실현의 구체적인 방법은 가로망, 토지구획정리, (용도)지역제 등 각 '시가지계획사업'이었다. 다음에서 초기에 결정된 각 시가지계획사업의 세부 계획안을 살펴보자.

3

가로망, 토지구획정리, 지역제의 세부 계획안

경성, 근대 도시의 '내실'을 갖추다

가로망의 최초 계획안과 수정안

최초 가로망 계획안의 결정 과정과 구성 원리

경성부가 시가지계획 가로망 계획 초안을 완성한 것은 1936년 6월경이었다. 총독부는 이를 검토한 뒤 8월 말 경성부회에 자문안을 송부했다. 이에 대해 경성부회는 청계천 북안 도로의 너비를 확대해달라는 요청을 부기하여 원안 찬성 답신안을 채택했다. 요청한 내용은 앞으로 경춘선, 중앙선 등이 개통하면 청량리 방면은 "경성부의 제2의 현관"이 되어 교통량이 증가할 것인데, 자문안에는 이 방면의 대로가 동대문–청량리정(대로 제1류 제4호선) 1선밖에 없으니, 청계천 서쪽 북안의 종로 6정목(현재 종로 6가)–용두정(중로 제3류 제18호선)을 대로로 확대해달라는 것이었다. 이것이 수용되면 1920년대부터 경성부의 현안인 청계천의 도심부 동쪽 말단이 복개되어 외곽 지역으로 연결될 것이었다. 즉 이 요청은 새로운 철도 개통과 시가지계획이라는 기회를 통해 경성부의 오랜 현안인 청계천 정비 문제를 해결하려는 뜻을 담은 것이기도 했다(경성시가지계획과 청계천 정비 문제에 대해서는 5장에서 상세하게 살펴보겠다). 총독부는 경성부회의 요청을 수용하여 수정한 안을 11월 초 시가지계획위원회에 제출했다. 위원회 종료 후 시가지계획 가로망은 1936년 12월 26일 최종 발표되었다.[23]

이와 같은 과정을 거쳐 결정된 경성시가지계획 가로망의 기본적인 구성 원리는 어떻게 이해할 수 있을까? 우선 시가지계획 가로망은 경성부 내의 교통만을 염두에 둔 것이 아니라 경성-인천, 경성-신의주, 경성-원산, 경성-강릉, 경성-오리진(五里津: 현재 강원도 고성군 오호항, 춘천 경유) 등 경성과 지방을 연결하는 5대 간선과 연계하여 구성되었다. 주로 경성과 한반도 북부의 주요 항구와의 연결을 염두에 둔 구성임을 알 수 있다.

다음으로 행정구역 전체를 도심부와 용산, 외곽의 청량리, 왕십리, 한강리, 마포(연희면, 용강면, 마포), 영등포(한강 이남 전역) 등 모두 7개의 교통 구역으로 구분했다. 7개의 교통 구역에는 각각 중심을 두었으며, 그 중에서도 도심부의 중심인 경성부청 앞은 시가지계획 가로망 전체의 중심이기도 했다. 나머지 6개 교통 구역의 중심은 부심이 될 것이었다. 개별 노선은 도심과 부심을 연결하는 '주간선도로'를 우선 배치하고 이것에 맞추어 부심 간 연결 및 부심 내부 도로인 '준간선도로'를 배치했다. 주간선도로는 직선 부설이 원칙이었다. 또 도심부의 시구개수 미개수선 및 재정비 노선은 '시가도로'라고 칭했다. 결국 시가지계획 가로망은 앞에서 살펴본 각 소지역별 개발 구상과 짝을 이루는 것이었다. 이를 그림으로 표시해보면 오른쪽 [그림 4-4]와 같다.

정리하면 시가지계획 가로망의 구성은 구역 전체를 도심과 몇 개의

서울의 기원, 경성의 탄생

[그림 4-4] 경성시가지계획 교통계통도

부심으로 나누어 각각의 내부는 '격자형'으로 정비하고 이를 '방사상'
으로 연결하는 것으로 요약할 수 있다. 1910~20년대 시구개수를 통해
정비한 원 도심부를 중심으로 이와 비슷한 형태의 부심을 주위에 배치
해 도시 공간의 동심원적 확장을 도모한 것이었다. 요컨대 '복제와 확
장'이라고 할 수 있을까? 이런 원리를 토대로 경성시가지계획 가로망은
전체 220선, 총연장 307.72km로 결정되었다. 가로망 전체 220선은 너비
에 따라 7종류로 나뉘는데 각각 광로(너비 50m) 1선, 대로 1류(34m) 4선,

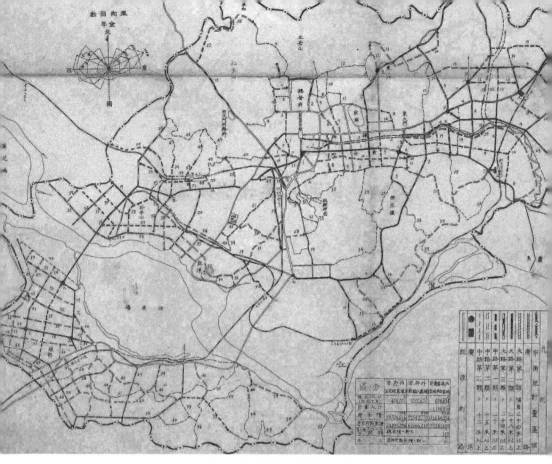

[그림 4-5] 경성시가계획 가로망도

대로 2류(28m) 18선, 대로 3류(25m) 33선, 중로 1류(20m) 35선, 중로 2류
(15m) 59선, 중로 3류(12m) 70선 등이었다. 광로인 광화문통(현재 세종대로)
1선을 제외하면 대로가 55선이고, 중로가 164선으로서 이는 각각 강(綱:
기본 간선)과 목(目: 보조 간선)으로 칭했다.[24] 가로망 부설의 전체 사업 기
간은 25년으로 예정했으며 이를 5개년씩 5기로 나누어 부설하기로 계획
했다.

서울의 기원, 경성의 탄생

1939년 가로망 수정안의 배경과 내용

1937년부터 시가지계획 가로망 부설 '제1기 5개년 사업'(이하 '1기 사업')이 시작되었다. 그런데 총독부는 1기 사업이 진행 중인 1939년 시가지계획 가로망 중 상당수 노선의 수정을 단행했다. 이에 대해서는 당대부터 회의적인 반응이 많았다. 1기 사업도 계획대로 진척되지 않는 상황에서 계획 수정이 무슨 의미가 있느냐는 것이었다. 그리고 결과적으로 큰 의미를 부여하기도 어렵다. 그러나 반대로 사업 진척이 부진함에도 불구하고 총독부가 굳이 가로망 계획을 수정한 데에는 나름의 이유와 의미가 있었을 것이다. 즉 계획의 실현 여부를 떠나 수정 내용을 통해 경성시가지계획의 성격의 일단을 생각해볼 수 있다는 뜻이다.

총독부가 검토 중인 가로망 계획 수정안은 1938년 말~1939년 초부터 시중에 흘러 나오기 시작했는데, 거기에는 남산에 터널을 뚫어 도심부와 용산을 연결하는 등의 "거창한" 내용도 포함되어 있었다. 총독부는 1939년 5월 말 공식적으로 경성부회에 시가지계획 가로망 220선 중 50선 정도를 추가, 변경, 삭제하는 내용의 자문안을 송부했다. 먼저 총독부 자문안의 내용을 보면 다음과 같다.[25]

〈계획가로의 변경 이유〉

1. 동부 방면: 정릉천 개수공사 시행 및 왕십리역의 확장, 동경성역(東京城驛: 1938년 청량리역을 개칭)–왕십리역 철도노선의 변경에 따라 일부 노선의 위치 변경

2. 사직단 방면: 총독부 방면과 독립문 부근의 연락 노선을 일부 터널(隧道)을 포함한 노선으로 변경

3. 욱정, 삼판통 방면: 경성, 용산 간의 교통 완화를 위해 터널을 포함한 노선을 신설하고 일부 노선의 위치 변경

4. 경성역 및 봉래정 부근: 중앙시장 설치에 따른 교통 완화, 장래 경성역 뒤쪽의 승강구 설치에 대비하여 노선을 신설하고 일부 노선의 노폭 확장

5. 원정−노고산정 방면: 교통의 편의를 위해 노선을 신설하고 일부 노선을 연장, 위치 변경

6. 신촌 방면: 경의선 복선화 및 신촌역 확장에 따라 노선을 폐지하고 일부 노선의 위치 변경

7. 합정정 방면: 방송국 관계로 노선 일부 폐지

8. 한강통−영등포 방면: 경성, 영등포 간에 장래 교통이 폭주할 것을 예상하여 일부 노선의 노폭 확장

9. 번대방정(番大方町: 현재 대방동) 방면: 학교 신설 등에 따라 일부 노선의 위치 변경

10. 영등포역 부근, 도림정, 양평정 방면: 인천 방면으로의 교통의 편의를 위해 일부 노선의 노폭을 확장하고 위치 변경

이와 같은 수정안의 취지는 글자 그대로 "교통상 불가피"한 것으로 볼 수도 있다. 즉 처음 시가지계획 가로망을 입안할 때 예상했던 것보다 교통량이 많은 곳의 도로 너비를 확대하고, 다른 노선과의 접속 같은 문제들 때문에 노선을 수정한 것이다. 그러나 수정안의 취지는 여기에 그친 것이 아니라, "국책상 부득이"하다는 말에서 알 수 있듯이, 교통의 편의를 넘어서는 '무언가'가 있었다. "경인일체의 이상에 따라 남부 경성의 도로를 더 늘리게" 되었다는 말에서 그 실마리를 찾을 수 있다.[26]

다음 설명은 이를 더욱 구체적으로 보여준다.

경성이 발전되고 있는 추세를 보면 시가지계획 당시의 예상 이상으로 급격히
팽창하고 있고 또 한편으로 대륙경영의 기지로서 조선의 지위가 새로 인식되
면서 경성, 인천 간에는 대규모의 공장지대 건설의 계획이 서게 되자 경성의
시가지계획도 종래의 것으로는 장래의 발전에 적당치 못한 바 많으므로 다시
남부 경영을 주로 하여 광대한 면적을 포함한 대경성의 시가지계획 확장안이
서게 되어 (중략) 이런 사정에 비추어 종래의 도로망계획도 하루 바삐 수정치
않을 수 없어서 최근 안의 결정을 보아 오늘 공포를 본 것으로 (후략)[27]

위의 기사는 1939년 시가지계획 가로망의 수정이 경성과 인천의 연
계 개발과 관련되어 있음을 보여준다. 이는 왼쪽 〈계획가로의 변경 이
유〉 중 8, 9, 10번에 반영되어 있다. 이것이야말로 가로망을 수정한 핵
심 이유였던 것이다. 한편 위 수정안에는 기술적으로 특기할 만한 것도
있다. 두 개의 터널 계획이 그것이다. 위 설명에서 알 수 있듯이, 그 하
나는 "총독부 방면과 독립문 부근의 연락 노선"이며, 다른 하나는 "경
성, 용산 간의 교통 완화"를 위해 신설하는 노선이었다. 두 개의 터널은
도로일 뿐 아니라 "공습에는 피난처로도 이용할" "방공(防空)시설" 용
도도 있는 것이었다. 경성부회의 자문안 심의에서는 1기 사업도 지연되
는 마당에 무슨 새로운 계획이냐는 원론적인 비판 외에 도심부와 용산
을 연결하는 터널이 조선신궁(현재 남산공원 안중근기념관 자리) 아래를 지
나가는 것이 논란이 되었다. 부회의 전반적인 정서는 터널 계획 반대였
다. 이유는 공사비가 너무 많이 든다는 것, 신궁 아래로 터널을 뚫는 것

구분	등급	폭원	기점	종점	주경유지	비고
신설	대로 1류 5호선	35	강기정	한강교 북단	삼각지 광장	
신설	대로 1류 6호선	35	한강교 남단	영동포출장소앞	노량진역앞	
신설	대로 1류 7호선	40	경성역앞	고시정		
당초계획	대로 2류 18호선	30	영등포정 광장	도림정 광장		노선
계획변경				양평정	도림정 광장	연장
신설	대로 2류 19호선	30	남대문 광장	중림정	화천정	
신설	대로 2류 20호선	28	봉래정3정목	공덕정	봉래정4정목	
신설	대로 2류 21호선	28	원정2정목	노고산정 광장	염리정	
신설	대로 2류 22호선	30	영등포출장소앞	영동포정 광장		
당초계획	대로 3류 17호선	25	봉래정2정목	청엽정3정목	서계정	노선
계획변경				경정	청엽정	연장
폐지	대로 3류 19호선	25	원정2정목	대흥정	도화정	
폐지	대로 3류 30호선	25	영등포출장소앞	영등포정 광장		
신설	대로 3류 34호선	25	욱정	청엽정3정목	조선신궁 아래	터널
신설	대로 3류 25호선	25	양평정	당산정		
당초계획	중로 1류 4호선	20	욱정2정목	경성역앞	어성정	
계획변경				고시정		
당초계획	중로 1류 20호선	20	한강통	미생정	원정2정목	
계획변경				용강정	도화정	
폐지	중로 1류 21호선	20	봉래정3정목	공덕정	봉래정4정목	
당초계획	중로 1류 26호선	20	신촌역앞 광장	연희정	경의선 남측	
계획변경				창천정		
폐지	중로 2류 16호선	15	안암정	제기정		
폐지	중로 2류 25호선	15	강기정	삼판통	제2고등여학교앞	
폐지	중로 2류 34호선	15	공덕정	대흥정	염리정	
폐지	중로 2류 53호선	15	도림정 광장	양평정		
당초계획	중로 2류 57호선	15	양평정	당산정	안양천 우안	
계획변경			양평정	양평정		
신설	중로 2류 60호선	15	사직단앞	교북정	행촌정	터널
폐지	중로 3류 4호선	12	사직단앞	독립문	행촌정	
당초계획	중로 3류 32호선	12	삼판통	삼판약수 서방	카마쿠라(鎌倉)보육원지부앞(현재 용산구 후암동)	노선
계획변경				카마쿠라보육원지부앞		단축
당초계획	중로 3류 33호선	12	삼판통 용산중앞	삼판통	신정대(神井台: 후암동에 위치한 주택단지)	
계획변경			삼판통 선은사택뒤	삼판통		

서울의 기원, 경성의 탄생

폐지	중로 3류 40호선	12	신공덕정	공덕정		
폐지	중로 3류 50호선	12	창천정	동교정		
폐지	중로 3류 51호선	12	대흥정	노고산정	신수정	
당초계획	중로 3류 57호선	12	본동정	신길정	노량진역 북방	
계획변경			노량진정	신길정	노량진역 북방	

[표 4-1] 1939년 경성시가계획 가로망 수정안
* 계획 변경 노선 중 기점, 종점, 주경유지가 동일한 노선은 생략

은 불경하다는 것 두 가지였다. 그러나 총독부는 터널 계획에 대한 경성부회의 반대를 수용하지 않았고, 두 개의 터널 계획까지 포함한 가로망계획 수정안을 9월 18일 정식으로 고시했다.[28]

그 내용은 신설 10선, 폐지 11선, 계획 변경 36선으로 합계 57선의 수정이었다. 계획 변경 선 중 27선은 종점, 기점, 주경유지가 수정 전과 동일하다. 교통상의 편의를 위해 노선을 약간 수정한 것이었다. 따라서 의미가 큰 수정은 30선 정도였다.

1939년 수정안 중 방공시설 확보라는 군사적 의의와 신기술 실험을 포함한 터널 굴착을 눈여겨 볼 필요가 있다. 물론 터널 계획은 식민지시기 당대에는 실현되지 않았다. 그러나 총독부가 조선신궁 아래를 통과하는 터널을 굴착하기로 결정한 것을 보면 1939년 당시 총독부 관료들에게 중요한 것은 조선신궁의 신역(神域)이 가지는 상징성이 아니라 교통의 편리와 방공이었음을 확인할 수 있다. 이와 더불어 영등포 지역, 나아가 인천으로의 교통망을 확충하여 시가지계획 가로망의 최초 입안단계에서 충분히 반영되지 못한, 경성-인천의 연계 강화를 실현한 것으로 볼 수 있다.

토지구획정리의 비공개 원칙과 전체 구상

다음으로 경성시가지계획 토지구획정리의 초기 구상을 살펴보자. 당시 도시계획에서 가로망 부설과 구획정리는 "도시의 뼈대 형성과 세포 형성"에 비유되었다.[29] 그런데 구획정리는 1930년대 시가지계획 단계에서 조선에 새롭게 소개된 사업은 아니었다. 그렇다면 구획정리란 어떤 사업이며, 조선에 처음 알려진 것은 언제일까? 원래 일본에서 토지 소유자의 자발적인 임의 사업에서 출발한 구획정리*는 1920년대 중반 경성 도시계획의 전망이 불투명하자 그 대안으로 논의되기 시작하여 1926년 《경성도시계획 구역설정서》에서부터 구체적인 방안이 제시되었다.

① 경성부 도시계획은 근본적 계획은 수립된다 하더라도 재원 문제로 돈좌(頓挫: 좌절)는 면치 못할지라. 그럼으로 이 계획 실시는 오히려 전도가 요원

• 토지구획정리는 19세기 초 프로이센에서 경지정리 개념을 도시 개량에 도입하여 비롯된 개발 방식으로 감보(減步), 환지(換地) 등의 방법을 통해 일정한 지구(구획정리지구) 내의 각 필 토지의 불규칙한 구획을 정리하고 필요한 공공시설물을 축조하여 토지의 효용성을 증진시키는 사업을 뜻한다. '감보'란 미비한 공공시설물 축조를 위한 용지를 일정한 비율(減步率)에 따라 토지 소유자들에게 기부받는 것으로, 그 의미는 사업에 따른 지가 상승분의 일부를 사업비로 환수하는 것이다. '환지'란 구획정리가 끝난 후 원소유자에게 토지를 재교부하는 것이다. 구획정리가 시작되면 지구 내의 토지 경계를 일단 말소한 후 도로 공사 등을 하게 되며 토지 소유자들은 공사가 끝난 후 새롭게 설정된 필지를 원래의 소유 비율에 따라 교부받게 된다. 이 과정에서 각 토지 소유자마다 환지에 대한 불공평이 발생할 수 있는데 이는 금전[청산금(淸算金)]으로 교부하여 정산하게 된다. 구획정리사업의 특징은 토지수용에 비해 초기 용지비가 들지 않고 사업이 끝난 후 토지 소유자가 교체되지 않는다는 점이다. 일본에서 이 사업은 20세기 초 도쿄 교외의 지주들이 "우리 고장 발전은 우리의 손으로"라는 모토로 경지와 주택지를 개량하기 시작한 데에서 비롯되었다.

서울의 기원, 경성의 탄생

한 것임으로 (중략) 지주조합을 조직하여 일정한 지역을 정리하고 도로를 신설하여 정연한 시가로 화(化)케 하는 것이 최(最)히 확실한 방법으로 (후략)[30]

② 현재의 상업지역은 장래에도 상업지역이 되어야 할 것인데 그 사이에 끼어 있는 주거지역을 철거하고 구획정리를 하여 토지의 이용에 완전을 기한 순상업지역으로 고층건축을 증설하며 (후략)[31]

앞쪽 1924년의 기사 ①은 구획정리를 직접 언급한 것은 아니나, 경성 도시계획안을 수립하더라도 재원 조달이 안 되면 실현할 수 없으므로 "지주조합을 조직하여 일정한 지역을 정리하고 도로를 신설"하는 것이 "최히 확실한 방법"이라고 했다. 관이 주관하는 도시계획의 대안으로 토지 소유자가 자율적으로 시행하는 구획정리를 염두에 둔 기사이다. 한편 인용 ②는 상업과 주거가 혼재되어 있는 도심부 일대를 구획정리하여 '순상업지역'화하겠다는 계획이다. 경성부는 구획정리가 필요한 이유로 첫째, 도시계획 법령이 없는 조선 도시계획에는 토지 소유자의 자발적인 노력, 즉 구획정리가 필요하다는 것, 둘째, 구획정리는 도시의 발전을 위해 토지 소유자가 도로 부지를 무상으로 제공하는 것이지만 이를 통해 지가가 상승할 것이기 때문에 이익이 남는다는 두 가지 점을 강조했다. 이에 관해 당시 경성부 도시계획계장 나가이(酒井謙治郎)는 "구획정리는 돈을 버는 도시계획"이라고까지 언급했다. 도시계획 법령제정 전망이 불투명하고, 따라서 재원을 조달할 분명한 방법이 없었기 때문에 구획정리가 대안으로 등장하고 있음을 알 수 있다. 실제 경성부는 1926년 6월과 10월 구획정리 대상 지역을 항공촬영하는 등 구체적인

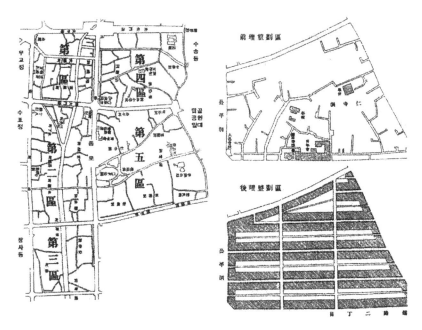

[그림 4-6] 1928년 경성부의 구획정리 계획
왼쪽은 《경성도시계획조사서》에 포함된 구획정리 계획 전체이며,
오른쪽은 그중 제5구의 일부(인사동 일대)를 사례로 구획정리 전후를 변화를 비교한 것임

준비를 진행했다.[32]

　구체적인 도심부 구획정리 계획은 1928년 《경성도시계획 조사서》에
보인다. 이것은 황토현광장에서 종로 4정목(현재 종로 4가)에 이르는 종로
양편의 지역을 다섯 구역으로 구분하고 구획정리를 시행하여 상업지역
으로 개발하는 것이었다. 위의 [그림 4-6]에서 볼 수 있듯이 각 구역 별
로 측량을 완료하여 항공사진, 구획정리 평면도, 공사 견적까지 제시한
실무적인 계획이었다.[33] 그러나 이 계획은 1920년대 도시계획 논의가 무
산됨에 따라 사장되었다.

　　　　　　　　　　　　　　　　　　　　서울의 기원, 경성의 탄생

구획정리는 1934년 조선시가지계획령 제정으로 비로소 조선에서도 법적 근거를 얻었다. 그런데 조선시가지계획령에서 구획정리는 원래의 취지와는 달리 국가 주도 사업으로 규정되었다(161쪽 〈'도시' 계획령에서 '시가지' 계획령으로〉 참조). 이런 이유 때문에라도 총독부는 구획정리에 대해 비밀주의를 원칙으로 정했으며, 전체 사업계획을 입안하더라도 전부 공개하지 않고 해당 사업지구만 차례로 공개했다. 구획정리 시행이 예고되면 반드시 그 지역의 지가가 폭등하여 사업 추진에 어려움이 생겼기 때문이다. 다음 기사는 조선시가지계획령 제정 즈음 나진 등 북부 도시들의 상황을 설명하는 것이지만, 경성에서도 벌써 이런 현상이 발생하고 있음을 짐작할 수 있다.

> 총독부 토목과에서도 이 점을 고려하여 나진, 웅기, 흥남 등지에 제일착으로 계획을 실시하려고 하나 어디다 무엇으로 실시하고 어디다 무슨 지구를 지정하고 시가토지정리는 어떻게 하는 것 등을 일체 비밀에 부치고 있다. 들리는 바 벌써 나진시가지계획도라는 것을 가지고 다니면서 토지 투매를 중개하더라는 이야기도 있다. (중략) 벌써 경성 시가에도 금광의 뿌로커들이나 미두취인원(米豆取人員) 같이 이 시가지계획 실시를 앞두고 암중비약하는 뿌로커들이 보인다고 하는데 응당 있을 일로 당국은 특별한 경계와 주의를 기울이고 있다.[34]

이런 비밀주의 방침 때문에 경성시가지계획 구획정리의 전반적인 계획이 완성되었지만 이를 최종 결정하는 시가지계획위원회 회의에서 총독부 토목과장 신바 코헤이(榛葉孝平)는 "구획정리지구는 대부분 교외지로서 시가지계획의 주안점은 구획정리로 아직 시가지가 아닌 곳을 정리하여 이상적 택지로 조성하는 것"이라는 원론적인 발언만 할 뿐 사업의 순서나 규모에 대한 구체적인 내용을 공개하지 않았나. 사성이 이랬기 때문에 시가지계획안 입안 단계에서 경성부의 구획정리 구상 전반을 알려주는 사료는 찾을 수 없다. 최종적으로 제2회 시가지계획위원회의 자문을 거쳐 결정, 발표된 시가지계획 구획정리의 내용은 총 면적이 5,228만 6,900m²(1,581만 6,800평)이라는 것, 이것은 경성에 새롭게 편입된 주거 가능 면적의 75%에 이른다는 사실, 그리고 각 지구별 착공 연도는 1937~46년으로 10년이라는 것뿐이었다. 즉, 글자 그대로 해석하면 10년 안의 어느 시점에 신편입구역 대부분에 대해 구획정리공사를 한다는 것일 뿐 구체적인 공사의 시점, 순서, 계획 내용을 모른다면 별 의미가 없는 것이었다.[35]

그러나 이미 행정구역 확장 무렵부터 "신편입구는 적어도 40여 구역으로 나누어 연차로 시구획정을 하게 될 터이고 명년에는 먼저 시설이 급한 영등포, 마포, 청량리 세 곳에 착수할 터"라는 정보가 공개된 점을 보면 총독부의 비밀주의는 큰 효과를 거두기 어려웠을 것으로 보인다. 구획정리가 어떻게 진행될 것이라는 정보가 이미 시중에 떠돌고 있었던 것이다. 그리하여 구획정리 계획을 확정할 시가지계획위원회 개최가 다가오면서 영등포나 청량리 등지에서는 "추측 투기열이 고조"되었다. 구획정리사업이 개시될 즈음인 1937년 초에는 경무국장이 토지 투기에 대한 경고 담화를 발표하기도 했다. 이런 이유로 시가지계획 구획정리의 전체 계획의 내용은 사업이 시작된 지 2년여가 지난 1938년 10월 경성에서 개최된 제6회 전국도시문제회의에서 처음 공개되었다.[36]

서울의 기원, 경성의 탄생

착공연도	지구수	시행면적(평)	세부내용
1937	3	2,790,300	영등포 1,577,900, 돈암 713,900, 대현 498,500
1938	3	1,909,500	신당정 426,300, 용두 308,400, 청량리 345,300, 한남정 829,500
1939	3	1,566,200	마장 588,800, 공덕 198,800, 영등포역 뒤 778,600
1940	5	2,060,000	제기 722,900, 답십리정 775,000, 왕십리역 231,700, 신설정 166,300, 대흥정 163,600
1941	3	1,950,000	휘경정 515,100, 동교정 507,600, 번대방정 927,300
1942	3	977,300	신촌역 뒤 237,800, 상수일정(현재: 마포구 상수동) 248,200, 번대 491,200
1943	3	1,238,700	홍제정 409,200, 흑석정 342,500, 상도정 487,000
1944	4	2,076,300	이문정 537,200, 금호정 455,800, 연희정 687,200, 상도 396,100
1945	2	1,068,700	망원정 798,500, 동작정 270,200
1946	1	180,000	동작 180,000
합계	30	15,817,000	경성 신편입 구역의 주거가능면적 20,381,498평의 77.60%

[표 4-2] 1937~46년 경성시가지계획 토지구획정리 예정 계획

이 회의에서 당시 도시계획과장 다카키 슌타로(高木春太郎)가 발표한 내용은 위의 [표 4-2]와 같다. 이에 따르면 경성부의 계획은 전체 주거 가능 면적의 77.6%에 순차적으로 구획정리공사를 시행한다는 것으로 이전에 공개된 개요와 거의 같다. 그리고 1938년 10월은 이미 계획의 일부에 해당하는 공사가 진행되고 있었고, 상당 부분이 공개된 시점이었다. 또 뒤에서 살펴볼 여러 가지 이유로 공사가 계획보다 크게 지연되어 총독부가 구획정리 완료 예정을 5년 연기하기로 결정한 시점이기도 했다.[37] 즉 경성부는 전체 계획의 실효성이 소멸한 시점에 비로소 이를 공개했던 셈이다.

지역제의 입안 과정과 내용

조선시가지계획령 제정이 기정사실이 된 1934년 들이 경성부는 다른 세획 사업과 함께 '지역제(地域制)'를 입안하기 시작했다. 상업, 공업, 주거 등 용도에 따라 도시계획 구역을 구분하고 건축과 토지 이용을 제한하여 도시계획을 단순한 도로망 정비와 구별해주는 핵심적인 안이다. 지역제는 1920년대 도시계획 논의에도 여러 차례 등장하지만 도시계획 전체가 진전을 보지 못함에 따라 구체화되지는 못했다. 주로 원 도심부는 상업지역, 마포·용산 등지는 공업지역, 외곽의 고지대는 주거지역으로 해야 한다는 정도의 내용만 언급되었을 뿐이다. 예컨대 1927년 경성부 도시계획계장 나가이는 "지역의 제정 없이 도시는 눈, 코, 발, 손의 구별이 없는 해삼(海鼠)과 같다. 경성은 과거 정치, 왕실, 군대의 도시였다가 현재는 상공업이 많이 발달했으나 지역이 따로 정해져 있지 않아 토지 이용이 비효율적"이라고 했다. 구체화되지는 못했지만 지역제 제정의 의미와 필요성은 이미 분명히 인지하고 있었음을 알 수 있다.[38] 그런데 1934년 봄경부터 보이는 다음과 같은 기사는 한 걸음 더 나아가 구체적인 내용을 알려준다.

① 입체도시로서 신례를 세울 경성부의 도시계획은 착착 기본 안이 만들어지고 있는데, 신시역을 포함하여 상업, 주택, 공업, 미지정의 4구로 구분할 예정으로 공업지대는 영등포를 중공업지대, 청량리를 경공업지대로 이분하며 상업지대는 간선도로에 면접한 곳을 지정할 것이다. 주택지는 평지보다 구릉으로 가는 경향이 있어 장래에는 표고 70m 정도의 구릉에 주택지를 설

정할 것이다.[39]

② 지세상으로 아래와 같이 그 지역이 작정되지 아니할 수가 없게 되었다. * 상업지역=현재 경성부의 중앙 저지. * 주택지역=부내 구릉 고지. * 공업지역=한강에 면한 서남부로 마포, 토정리(土亭里: 마포구 토정동), 여의도, 노량진리, 영등포. * 경공업지역=청량리 부근에서 남방 일대[40]

거의 비슷한 내용의 두 기사를 종합해보면, 지역 구분은 주거, 상업, 공업, 미지정 4지역제로 하며, 대체로 공업지역=중공업지역, 미지정지역=경공업지역으로 인식하고 있다. 이는 3~4개월 후 공포될 조선시가지계획령의 내용과 일치한다. 조선시가지계획령을 전제로 경성부가 이미 지역제 안을 입안하고 있음을 알 수 있다. 이와 더불어 공통적으로 영등포를 중공업지역으로 예정한 점이 주목된다. 앞서 살펴보았듯이 1934년 초에도 영등포가 경성부에 편입될 것이라는 점은 공식적으로 확실하지 않았다. 그럼에도 불구하고 영등포가 포함되어 있다. 이른 시기부터 경성부가 총독부의 종용 내지는 내락을 얻어 영등포를 포함한 지역제 안의 윤곽을 그리고 있었기 때문으로 보인다.

경성부는 행정구역 확장이 예정된 1936년 초 지역제 안을 세부적으로 완성하여 가로망, 구획정리와 함께 제2회 시가지계획위원회에 상정할 예정이었다. 준비의 일환으로 조선시가지계획령에 준거하여 지역제 시행으로 이전해야 할 공장의 내역을 조사했다. 그 결과 당시 구부역(경성 원 도심부)의 공장 840개 중 용산 일대에 위치한 211개를 제외한 629개의 공장은 주거 혹은 상업지역에 위치하면 안 되는 공장, 즉 이전해야 하는 공장으로 드러났다. 이전 대상이 많은 지역은 소공장 밀집 지역이었던 병목정(竝木町: 현재 중구 쌍림동), 신당정(新堂町) 등이었다.[41] 한편 경성부는 용도지역제만큼 중시하지는 않았지만 미관, 풍치, 방화, 풍기 등의 목적에 따라 고도, 건축 제한을 두는 '지구제(地區制)'도 구상하고 있었다. 다음 기사에서 개략적이나마 그 편린을 엿볼 수 있다.

> 또 공업지대나 상업지대, 주택지대에 관해서도 일부 전하는 바 있었으나 지구에 관해서는 아직 별반 전한 바도 없었다. 이에 관하여 듣건대 그 지구는 미관, 풍치, 방화, 풍기 등의 구역이 있는데 (중략) 그러면 지역이 어떤 지구로 설정되겠느냐. 첫째 거의 확정적이라고 볼 것은 총독부 앞에서 태평통 일대는 '오피쓰센터'로 건축도 3층 이상의 고층건물이어야 한다는 것은 벌써부터 이 방침에 의하여 왔음으로 미관지구로 될 것이고 (중략) 종로 일대라던가 또는 본정통이라던가 상점이 밀집하여 있는 거리는 한번 불만 나면 여러 집이 탈 염려가 있음으로 방화지구로 설정하여 (후략)[42]

이 기사를 통해서 경성부가 지역제와 함께 미관, 방화, 풍기, 풍치 등 4지구제를 구상하고 있다는 사실, 그리고 미관지구와 방화지구의 개요를 알 수 있다. 이처럼 경성부는 지역지구제의 초안을 완성하여 가로망 및 구획정리 계획과 함께 총독부에 상신했다. 그러나 총독부는 가로망, 구획정리 계획만 시가지계획위원회에 상정하고 지역지구제 안은 정밀성이 부족하다는 이유로 반려했다. 경성부는 반려된 안을 보완하여 1937년 4월 다시 총독부에 상신했다. 그런데 이에 대한 심의에 상당한 시일이 소요되어 해가 바뀌어도 지역제는 결정되지 않았다. 그러자 공

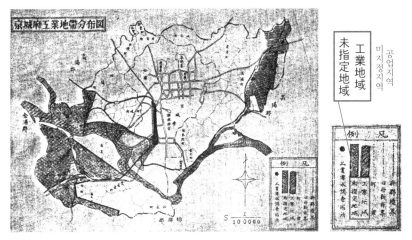

[그림 4-7] 1938년 4월 경성부 공업지대 분포도

장 유치가 시급했던 경성부는 경무국의 양해를 얻어 1938년 중반부터 "이미 공업지역으로 지정되어 있는 것과 같은" 영등포, 청량리 등지에는 지역제에 준하여 건축 허가를 하는 등 지역제를 '실질적으로' 운영하기 시작했다.[43]

　1938년 4월 현재 경성지역의 공업지역 형성 현황을 보여주는 위의 [그림 4-7]은 아직 공식적으로 지역제가 제정되기 전인데도 범례에 공업지역, 미지정지역을 표기하고 있다. 이미 이런 구분이 통용되고 있었던 것이다. 또한 정확하게 식별되지는 않지만 영등포 지역과 동부 지역에 '공업지역', '미지정지역'이 광범위하게 형성되어 있음을 알 수 있다. 총독부의 공식적인 지역제 심의는 1938년 말에야 완료되었다.[44] 총독부의 심의가 거의 완료된, 즉 실제로 실행될 지역제 안의 특징은 다음과 같다.

경성부 지역제는 심의 중이던바 대체로 결정되어 명춘에는 반도 처음으로 실시될 모양이다. (중략) 적어도 신편입구역은 기성도시화하기 전에 지역제를 실시하여 이상적 도시로 만들어야 할 것으로 이 견지에서 작년 4월 이래 조사를 해왔다. 그러나 기성도시화한 구부역은 이상주의를 버리고 적지(適地)주의로 할 예정이다. (중략) 금번 경성부 지역제 제정에 대하야 풍기지역의 특설도 고려중이나 당분간 보류키로 했으며, 경성에는 번잡한 취체제도가 설치될 터이라 무리한 지정을 할 필요가 없음으로 방화, 미관지구 등도 금번에는 설정치 않기로 되었다.[45]

위의 기사에 따르면 완성된 지역제는 그동안 논의되었던 것과 특별히 다른 점은 없으나, "구부역", 즉 원 도심부의 경우 지역제의 "이상주의"를 거의 포기하고 현상을 유지하는 방향("적지주의")으로 결정되었으며, 풍기, 방화, 미관 등 지구제 시행도 거의 보류 또는 포기했음을 알 수 있다. 총독부가 경성시가지계획 지역제 안을 확정한 것은 1939년 3월이었다. 이 안은 경성부회의 자문을 거쳐 7월 3일 개최된 제4회 시가지계획위원회에 상정되었으며, 원안대로 결정되어 9월 18일 공식 제정되었다.[46]

남대문통, 황금정통을 중심으로 동쪽으로 황금정 5정목, 서쪽으로 태평통 및 경성역, 북쪽으로 종로통, 남쪽으로 남산록에 이르는 사이는 현재 은행, 회사, 상점 등이 잇달아 즐비하여 상업이 성할 뿐 아니라 장래에도 역시 부의 중추로 극히 번화할 것이므로 상업지역으로 하는 외에 용산 미생정(彌生町: 용산구 도원동) 및 대도정(大島町: 용산구 용문동) 부근, 영등포역전 부근,

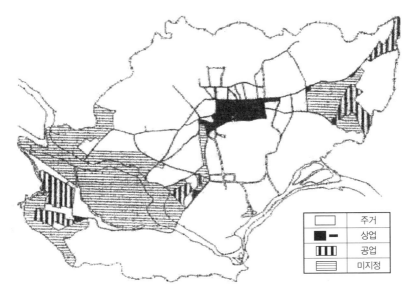

	주거
■ ―	상업
||||	공업
☰	미지정

[그림 4-8] 경성시가지계획 지역도

신설정 동부출장소 부근 및 청량리역전 부근의 각 일대는 현재는 상업이 성하지 않아도 장래 발전의 가능성이 있으므로 상업지역으로 적당하며, 용산역 뒤편 욱천(旭川: 조선시대 만초천)에 이르는 부분 및 영등포 제방내의 평탄지에는 이미 대소 공장이 현재하는 외에 전농정, 사근정의 청계천 북쪽 지구 및 이문정, 휘경정의 경춘도로 북쪽의 지대는 토지가 평탄하고 운수, 교통이 편리하며 용수, 풍향의 관계를 고려하더라도 공업의 적지로 인정되므로 이상의 각 일대를 공업지역으로 지정한다. 또 이상의 공업지역에 접하는 부분 및 마포 서쪽의 한강 연안 일대는 비교적 경미한 공업의 용지로 적당하다고 인정되므로 미지정지역으로 한다. 이상의 잔여 부분은 (후략, 주거지역으로 지정한다는 내용)[47]

앞의 인용에 따르면 상업지역, 공업지역, 미지정지역이 대략 어느 곳이며 이를 제외한 나머지가 모두 주거지역임을 알 수 있다. 그런데 지역제는 1939년 6월, 즉 가로망 부설이나 구획정리와 같은 계획 사업이 시작된 지 2년여나 지난 후에야 공식적으로 제정되었다. 따라서 경성시가지계획 지역제는 건축이나 개발의 지침이 되어야 하는 본래 취지와는 달리 이미 시행한 계획 사업을 추인하는 역할을 한 셈이다. 내용을 요약하면 도심부와 용산, 그리고 영등포와 청량리역전, 동부출장소 부근 등 부심 일대를 상업지역으로 지정했으며(전체 도시계획 구역의 4.4%), 영등포와 용산 일부 및 동부 구획정리지구 일부를 공업지역으로 지정했다(4.9%). 여기에 대략 공업지역을 에워싸는 부분 및 한강 북안 마포 일대를 미지정지역으로 지정했는데, 이곳은 중소공업지역화할 예정이었다(22.7%). 이상을 제외한 나머지 지역이 주거지역이었는데(68%), 단 주거지역 내 주간선도로 양쪽에 맞닿아 있는 도로 1필지씩을 노변 상업지역으로 지정했다.[48]

앞쪽 [그림 4-8]에서 다시 확인할 수 있듯이 시가지계획 지역제는 도심부, 용산, 영등포 등 1930년대 이전부터의 발전 추세를 계승한 부분, 동부지역과 같이 시가지계획에 따라 새로운 개발을 추인하고 더 추동하는 부분으로 나누어볼 수 있다. 또한 핵심은 공업지역을 대공업 전용지역으로 발전시키는 한편 이를 에워싸고 중소공업지역을 배치하려는 공업 재배치계획 측면, 공업지역과 연계하여 각 부심 별로 새롭게 상업지역을 형성시키려는 측면, 두 가지로 볼 수 있다. 한 기사에 따르면 이전 대상 공장은 공업지역 밖에서 공업지역으로 이전해야 할 공장 88개, 상업지역에서 상업지역 밖으로 이전해야 할 공장 146개, 주거지역에서 주거지역 밖으로 이전해야 할 공장 161개 등 합계 395개로 조사되었다.[49] 더불어 영등포 권역의 지속적인 확장을 통해 궁극적으로 경성과 인천을 연계시키려는 '지방계획'의 구상이 내재된 것이기도 했다. 이것은 지역제와 같이 발표된 시가지계획 가로망 수정안에서도 볼 수 있는 것이었다.

토지구획정리와 '투기열'

총독부 경찰 최고 책임자(경무국장)가 담화를 발표했다는 것 자체가 이른바 '개발 예정 지역'에 투기 현상이 많았음을 보여준다. 이런 세태는 문학에도 반영되었는데, 김남천의 장편소설 《사랑의 수족관》에는 경성부 행정구역 확장에 즈음하여 "돈 버는 계책"을 내보려고 동분서주하는 신일성이라는 브로커가 등장한다.[1] 그는 물론 번번이 실패한다. 예나 지금이나 투기란 소수의 성공자가 다수의 실패자를 '착취'하는 비대칭적 게임이기 때문이다. 그러나 일부 성공하는 특수한 경우도 있었다.

일례로 조선상공회의소 회두 카다 나오치(賀田直治) 가문이 소유한 조선권농주식회사(朝鮮勸農株式會社)의 경우를 들 수 있다. 조선권농은 경성시가지계획의 '핵심' 개발 지역으로서 1930년대 지가 변동이 극심했던 영등포 지역의 토지를 지속적으로 저가에 매수하고, 고가에 매각하여 큰 차익을 남겼다. 조선권농의 '성공적인' 투자는 당시 "재계의 화제"가 된 특기할 만한 것이었다.[2] 그런데 카다는 다름 아니라 단 두 명뿐인 시가지계획위원회 민간인 위원 중 한 명이었다.

확실한 증거가 있는 것은 아니지만 시가지계획위원회 위원으로 카다가 얻은 '고급 정보'가 조선권농의 '투자'와 무관하다고 할 수 있을까? 카다와 조선권농의 사례는 어떤 조건을 갖추고 있어야 투기에 성공할 수 있는지 적나라하게 보여준다.

1 《조선일보》 1939년 8월~1940년 3월 연재; 《한국근대장편소설대계》 영인본, 태학사, 1997.
2 김명수, 〈植民地期における在朝日本人の企業経営−朝鮮勧農株式会社の経営変動と賀田家を中心に〉, 《경영사학》 44, 일본경영사학회, 2009.

'도시'계획령에서 '시가지'계획령으로

1. 1920년대 초 도시계획 법령 제정 논의와 중단

1930년대 이전까지 경성시구개수 시행과 다양한 도시계획 논의는 한마디로 경성 도시계획이 '경성 내부의 문제'로 실행되거나 혹은 실행되지 못하는 과정이었다고 할 수 있다. 물론 이 과정에서 총독부가 최종 결정권을 행사하고 있었지만, 그렇다고 해서 '도시계획'이 전 조선을 아우르는 의제로 설정된 적은 없었다. 다른 각도에서 1920년대 경성 도시계획을 둘러싼 여러 시도가 성공하지 못한 최종적인 이유 역시, 단순화해서 말하자면, 결국 총독부의 정책적 관심사가 아니었기 때문이라고 할 수 있다. 그러나 1930년대 이후 경성 도시계획은 이와는 다른 차원에서 전개되었다. 그 기초가 된 것은 1934년 최초의 도시계획 법령인 '조선시가지계획령(朝鮮市街地計劃令)'의 제정이었다. 조선시가지계획령은 식민지 시기 당대 도시계획의 기반이 되는 법령이었을 뿐 아니라 5·16 군정기인 1962년 '도시계획법'이 처음 제정될 때까지 그대로 적용된 법률이기도 하다. 따라서 조선시가지계획령이 제정된 과정과 특징을 살펴보는 것은 부분적으로 8·15 전후 한국 도시계획의 '연속'을 이해하는 의미를 가진다.

시가지계획령의 초안은 1931~32년 완성되었다. 그러나 조선에서 도시계획 법령 제정 논의가 1930년대 초 갑자기 시작된 것은 아니었다. 1920년대 초부터 일본의 영향을 받은 총독부 일부 관료들의 도시계획 법령 제정 시도가 있었다. 그러나 그것은 소수 의견에 그쳤기 때문에 크게 부각되거나 가시적인 결과를 남기지 못했다. 그럼에도 불구하고 이 과정을 살펴보는 것은 10여 년 뒤 실제로 제정된 조선시가지계획령의 특징을 더 분명하게 파악하는 데 도움이 된다.

조선에서 도시계획 법령 제정과 관련하여 먼저 눈에 띄는 것은 1921년 8월 일본 6대 도시(도쿄, 요코하마, 나고야, 오사카, 교토, 코베)를 시찰하고 돌아온 총독부 토목부장 하라 시즈오(原靜雄)의 인터뷰이다. 그는 도시계획은 시가화가 진행되기 전에 시작해야 비용을 절약할 수 있으며, 그렇기 때문에 도시 발달이 아직 초기 단계에 있는 조선은 오히려 일본보다 도시계획을 시행하기에 좋은 조건이라고 했다. 그리고 자신은 개인적으로 이미 도시계획 법령의 초안을 완성하고 현재는 그 부속 법령을 기초하고 있다고 했다.[50] 사견임을 전제로 했지만 주목할 만한 언급이다. 그런데 일본에서 도시계획법을 제정할 때와 마찬가지로 총독부에서도 도시계획을 둘러싼 찬반양론이 대립한 것으로 보인다. 그 내부 논의를 보여주는 자료는 없지만, 1922년 말의 다음 기사에서 이를 어느 정도 짐작할 수 있다.

조선에 도시계획령을 발표할 필요가 유(有)한 여부에 대해서는 본부(本府)에서도 상당한 의논이 있었든 바 즉 조선에서는 지방도시가 아직 발달의 초기에 속해서 이에 이 계획에 관한 법령의 제정을 하고자 함은 당분 하등 실익이 없고 법문의 조장(條章)을 복잡케 함에 불과하다는 극단의 상조론(尙早論)도 일부에 있었는데 이에 대한 급시론(急施論)자는 현재 동경, 대판 등과 같은 데서 금일 그 도시계획을 실행코자 하면 수억의 거액 자금을 필요로 하여 (중략) 장래 30년 혹은 50년 후의 조선 각 도시로 현재 대판, 동경 등의 경험함과 같은 불편이 없게 하자면 도시계획의 상조(尙早)를 노래하는 금일에 일찍 이 근본적 준칙을 제정할 필요가 있다고 하여 (후략)[51]

이 기사는 총독부 안에서 도시계획 법령 제정 논의가 아직 때가 이르다는 "상조론"과 신속하게 제정해야 한다는 "급시론"으로 나누어져 있었음을 보여준다. 그런데 흥미롭게도 양쪽 모두가 들고 있는 근거는 조선의 도시 발달 단계가 아직 낮다는 점이다. 이를 바탕으로 상조론 쪽에서는 도시계획은 시기상조라고 하는 반면, 급시론 쪽은 오히려 도시계획을 하는 데 유리하다고 보는 셈이다. 여기서 급시론은 앞에서 본 하라의 언급과 동일하다. 총독부 토목부장이라는 지위로 볼 때, 하라는 급시론자의 대표격이었을 것이다. 한편 도계연도 1921년 말 간부 몇 명이 정무총감 미즈노를 방문하고 경성 도시계획 시행에 대한 긍정적인 대답을 듣자 곧 총독부에 정식 제출할 청원서를 작성했다. 여기에는 도시계획 법령을 속히 제정해달라는 내용이 포함되어 있었다.[52]

1922년 가을에는 총독부 내무국에서 입안한 '조선도시계획령' 초안이 공개되었다. 대략 일본 도시계획법에 준거하되 '시가지건축물법'을 하나로 통합하여 실행 과정을 간소화하고, 토지증가세(土地增價稅: 도시 개발에 의한 지가 상승분에 부과하는 세금) 등 재원 관련 조항을 포함하여 일본 도시계획법의 약점을 보완했다. 무엇보다 도시계획의 결정 기구로 민관이 같이 참여하는 도시계획위원회 대신 총독부에 조사위원회를 두기로 한 것 등이 일본과 다른 점이었다.[53] 이는 재원 관련 사항을 보완하여 법령의 집행력은 높이되, 행정 절차를 간소화하고 행정청의 권한을 크게 한 점이 특징이다. 내무국은 전문 80조의 초안을 연말까지 완성하여 총독부 각 국에 회람했다. 그런데 각 국의 반응은 대개 "조선에서 도시계획은 시기상조"라는 부정적인 것이었다.[54] 총독부 관료군의 주류도 도시계획에 대해 부정적이었던 것이다. 더구나 1922년 6월에는 도시계획에 관심이 많은 정무총감 미즈노가 퇴임하고 아리요시 주이치(有吉忠一)가 부임했는데, 그 역시 다수의 관료들과 마찬가지로 도시계획에 부정적인 입장이었다.

이리하여 1921, 22년의 도시계획 법령 제정 시도는 좌절되었다. 그리고 이후 수년간 이에 대한 논의는 중단되었던 것으로 보인다. 1922년 초안이 공식 폐기되지는 않았지만 1924년 현재 "심의 미료(未了)" 상태인 것이나, 1925년 9월 도계연 간부 코에츠카 쇼타(肥塚正太)가 "조선에서 도시계획법 제정은 벌써 예전부터의 이야기로 한때는 내일이라도 발포될 듯한 기운이 있었는데 오늘까지도 발포가 없어 유감"이라고 한 언급 등에서 미루어 짐작할 수 있다.[55]

2. 법령 제정 논의의 전환과 '조선시가지계획령'

수년 동안 중단되었던 도시계획 법령 제정 논의는 1927년 말 총독 야마나시와 정무총감 이케가미의 부임으로 새로운 전기를 맞았다. 도계연은 1928년 1월 총회에서 "새 총독과 회견하고 수야(水野) 총감 시대에 이미 결정된 도시계획법 공포 촉진 운동"을 전개하기로 결정하고, 3월 정무총감을 방문하여 일본과 같은 도시계획위원회·구획정리·지역제·수익자부담금제도 등을 모두 포함한 "완전한 도시계획령"을 조선에 시행할 것을 청원했다.[56] "수야 총감 시대"란 미즈노가 정무총감으로 재임하던 1920년대 초를 뜻한다. 도계연은 이때 좌절된 도시계획 법령 제정을 다시 들고 나왔던 것이다.

청원 내용 중 눈에 띄는 것은 도시계획위원회 설치이다. 일본과 같은 '민관' 도시계획위원회 설치에 대한 주장은 도계연과 같은 민간, 정확하게는 도시 유산층이 도시계획안 입안에 공식적으로 참여하게 해달라는 것이었다. 그러나 이는 1920년대 초 관료들 사이에서 논의되었던 법령 초안과 핵심적으로 다른 점이었다. 도계연이 이케가미의 부임을 계기로 민간 측에 유리한 도시계획 법령 제정을 기도했음을 알 수 있다. 이런 시도는 '효과'가 아주 없지는 않았던 것으로 보인다. 1929년 1월 도계연이 이케가미의 주선으로 당시 일본 도시계획의 권위자였던 전 도쿄부흥국 장관 나오키 린타로(直木倫太郎)를 초빙했는데, 나오키는 오사카 시 도시계획부장을 지내며 시구개수를 담당했던 자로서 이케가미와 교분이 깊었다. 간토 대지진 이후 도쿄부흥국 장관을 지냈으며, 1929년 당시에는 대형 토복 청부 회사인 오바시구미(大林組) 기술 부문 중역으로 재직 중이었다. 경성에 온 나오키는 경성 도시계획의 방향은 외곽 지역으로의 확장을 기조로 해야 한다는 것과 함께 조선에서도 하루 빨리 도시계획 법령을 제정해야 한다는 요지의 강연을 했다. 강연 후 도계연은 도시계획 법령을 경성에 시행해달라는 결의안을 총독과 정무총감에게 제출했는데, 특히 정무총감은 "이를 뜻있게 받았다."[57]

이런 사실들은 1928년 도시계획 법령 제정 논의가 정무총감 이케가미의 후원과 도계연의 주도로 재개되었음을 보여준다. "나오키 박사의 진언으로 총독, 정무총감의 의도가 크게 움직여" 도시계획 법령 제정 작업을 재개한 총독부는 나오키의 주선으로 도시계획 실무 권위자인 오사카 시 토목부장 보좌역 오카자키 쇼타로(岡崎庄太郎)를 초빙했다. 1929년 중 법령 초안을 완성한 총독부는 1930년 4월 오카자키를 다시 초빙하여 초안을 심의, 이듬해 7월경에는 본국으로 송부할 법령안을 거의 완성했다. 그런데 총독부는 이 법령안을 일본으로 송부하지 않고 1932년 중반까지 대대적인 수정 작업을 진행했다.[58] 총독부가 1년 이상의 심의를 거쳐 완성한 초안을 다시 수정한 이유에 주목할 필요가 있다. 1932년 새롭게 완성된 초안의 취지는 다음과 같다.

> 교통, 보안, 위생, 경제 등의 각반(各般)에 걸친 정비를 위한 조선시가계획령(朝鮮市街計劃令)은 목하 본부 토목과 당국에서 입안 완성되어 관계 국, 과에 회부 중이다. 이것은 종래 건축물취체규칙, 기타 개개의 규칙으로 도시의 취체를 행하던 것을 제령으로 통일적 취체를 기하고자 한 것으로 약 70조의 방대한 분량이다. 내용은 대체로 그 골자는 내지 도시계획령에서 취하고 더불어 조선의 특수사정을 가미했는데 그 특색의 하나는 내지의 동령은 주로 현재의 시가를 개량하는데 주목적이 있는데 대해 조선에서는 흥남(興南)과 같이 어제의 한촌(閑村: 한적한 시골)이 일약 오늘의 대도시가 되기도 하는 관계상 기성 시가의 개량과 더불어 장설 시가에 내해 동령을 적용하는데 중점을 두었다.[59]

새로운 법령안은 일본 도시계획법을 기초로 하되 이른바 "조선의 특수사정"을 고려했다는 것이다. 그런데 1920년대부터 구상된 법령안 중 일본 도시계획법을 기초로 하지 않은 안은 없었다. 그러므로 위 설명의 무게 중심은 이때에 처음 등장하는 언설, 즉 "조선의 특수사정"에 있다. 그것은 바로 "어제의 한촌이 일약 오늘의 대도시"가 되는 현상, 즉 이전까지 한적한 시골에 불과했던 흥남이 1930년대 초 일본 굴지의 대기업인 일본질소비료 흥남공장 설립과 함께 한반도 북부의 대표적 공업도시가 된 것과 같이 자연발생적 도시화가 없는 곳에 특별한 정책적 목적에 따라 신도시를 건설하는 일이었다. 여기에서 1932년 새롭게 완성한 법령안은 이전까지와 기조가 다름을 알 수 있다. 또 지금껏 주로 '도시계획령'이라고 불리던 법령 초안을 '시가계획령'이라고 칭한 점도 주목된다. 살펴본 바와 같이 1928년 재개된 도시계획 법령 제정 논의는 1931년 7월 법령안 완성으로 귀결되었으나, 이것이 어떤 힘에 의해서 중단되고 사실상 새로운 논의가 시작되었음을 알 수 있다. 이렇게 된 배경과 동력은 무엇일까?

　이와 관련해서는 1931년 6월 우가키 카즈시케(宇垣一成)가 새로운 총독으로 부임하면서 이른바 '조선공업화' 정책을 천명했음을 먼저 염두에 둘 필요가 있다. 공업화를 위해서는 일본 독점자본의 투자 환경을 조성할 필요가 있었으며, 이를 위해서는 공업도시를 조성할 필요가 있었던 것이다. 한편 1931년 만주사변으로 촉발된 대륙 침략 정책에 따라 그 '거점'으로 도시를 개발할 필요도 생겼다. 이런 정책적 필요에 따라 신도시를 건설하거나 경성과 같은 기존 도시의 경우 정책적 무관심 속에서 지속되고 있던 인접 지역의 이른바 '무질서한 도시화'를 통제하여

정책적 의도에 맞게 유도하기 위한 법령이 필요해진 것이었다.[60]

한편 한반도 내부의 요인과 더불어 일본 쪽의 환경 변화를 살펴볼 필요가 있다. 1930년대 들어 일본에서 도시계획은 단지 도시 내부의 문제가 아니라 토지나 인구와 같은 자원을 국가가 효율적으로 '동원'할 수 있도록 하는 수단이라는 인식이 정착했다. 그 결과 일본 도시계획법은 1931년 구획정리에 대한 국가의 통제를 강화하는 방향으로 일차 개정되었다. 다시 1933년에는 일종의 광역도시계획론인 '지방계획(地方計劃: regional planning, 현재는 '지역계획'이 일반적 용어)'론에 근거하여 원래 도시계획법의 적용 대상인 시(市: 조선의 부, 오늘날의 시) 지역 외에 내무대신이 지정하는 정·촌(町·村: 조선의 읍면)에도 도시계획을 확대 시행할 수 있도록 개정되었다. 이에 따라 대도시 지역은 시 전체가 아닌 일부만 도시계획 구역을 설정하거나, 여러 개의 시·정·촌을 묶어서 하나의 도시계획 구역으로 설정하는 것이 가능해졌다. 이는 도시계획의 대상이 '고유하게 발달해온 도시'에서 '(광역의) 지방계획의 한 거점(으로서 도시)'으로 전환되었음을 뜻한다.[61]

이런 일본 도시계획법 개정을 주도한 인물이 이이누마 카즈미(飯沼一省)이다. 내무성의 엘리트 관료로 1920~30년대 대신 관방(官房: 직속) 도시계획과장을 두 차례 지내고, 1945년 이후 도쿄도장관, 일본도시계획협회 회장을 지내는 등 전쟁 전후에 걸쳐 "도시계획 관계의 제일선의 지도자"로 활동했다. 이이누마는 1924년 암스테르담 '국제주택 및 도시계획 회의'에서 채택된 "도시의 팽창에 대응하기 위한 개별 도시의 범위를 넘어서는 지방계획"이라는 의제를 일본에 도입하는 데 핵심적인 역할을 했다. 그는 스스로 주도한 도시계획법 개정에 대해서도 "도시계획을 과거 오류의 시정, 인구 집중에 대한 수동적, 방관적 대책, 경비가 많이 드는 사업인 '도시의 개량인 시구개정'에서 장래의 지도의 방침, 인구 집중에 대한 능동적, 지도적 대책, 장래의 경비를 절약하는 수단인 '도시 통제 계획'으로 발전시킨" 마땅한 처치라고 자평했다.[62]

한편 1930년대 일본 도시계획의 흐름은 반드시 도시계획 전문가나 관료가 의도한 것은 아닐지라도 '도시의 확장'이라는 개념과 '확장된 도시에 대한 국가의 통제'라는 개념이 결합함으로써 같은 시기 일본 사회의 국가주의적 성향에 상응하는 것이었다. 또 식민지 조선과 관련하여 이런 흐름은 1920년대까지 주조를 이룬 도시계획 논의, 즉 도시 유산층의 자생적 요구에서 비롯된 도시계획과는 다른 의미의 "국책 수행을 위한 수단으로서 도시계획"[63], 즉 식민정책과 연동하고 복무하는 도시계획의 가능성을 열어주었다. 그렇다면 1930년대 초 도시계획에 구현되어야 할 "조선의 특수사정"이란 무엇이었을까? 다음《경성일보》사설은 이를 간명하게 보여준다.

> 조선 도시계획의 주안(主眼) 및 정신은 내지와 근본적으로 다름은 물론 도시계획 양식에서도 독자의 특색을 발휘해야 한다. (중략) 조선 독자의 도시계획으로서 종래 내지 쪽에서 행해온 것과는 달리 기성 도시의 정형(整形), 외과적 치료를 종으로 하고 신흥 도시의 건설을 주안으로 하여 창설적 도시계획에 주점을 둘 것이 절망(切望)된다. (중략) 내지의 자연발생적 도시와 조선의 창설적 도시의 형성은 상정(常情)이 다른 점이 있으므로 내지법을 답습할 수 없으며 창의가 요구된다.[64]

"조선 독자의 도시계획"이란 지역적으로는 일본과 다른 식민지 조선의 위상에 맞는 도시계획을 뜻하며, 그것은 이른바 "창설적 도시계획"이었다. 이는 도시 내부에서 기원한 도시계획과는 다른 국책 차원의 도시계획, 즉 국책의 필요에 의해 거점 도시를 건설하는 것을 뜻한다. 이런 기조로 완성된 법령안은 심의 과정을 통해 도시계획의 유일한 시행 주체는 '국(國)'이며 지방공공단체는 오직 국가의 명령에 따라 그것을 시행할 수 있다는 점, 도시계획의 구역과 내용에 대한 결정은 총독의 고유 권한이라는 점, 총독의 자문기구로 시가지계획위원회(市街地計劃委員會)를 설치한다는 점 등이 '보완'되었다. '보완'의 초점은 도시계획과 관련된 결정 권한을 식민지 권력 수뇌부에 집중시킨 것이었다. 이를 뚜렷하게 보여주는 것이 자문기구인 시가지계획위원회의 구성이다. 시가지계획위원회는 일본의 도시계획위원회에 대응하는 것이었지만 몇 가지 점에서 달랐다. 법적 의결 기구인 도시계획위원회와 달리 임의적 자문기구에 불과했으며, 구성원도 총독부 고위 관료, 도지사, 민간 경제계 유력자 몇 명으로 한정되어 다른 이해 당사자가 참여하는 길이 막혀 있었다.[65]

　　도시계획 법령의 입안과 수정 과정을 되짚어보면 1920년대 초 시작되어 1920년대 말~30년대 초 주로 일본 도시계획법을 표준으로 삼아 만들어진 초안과 "조선 독자의 도시계획"을 표방한 새로운 초안 사이에 연속보다 단절의 측면이 크다는 사실을 짐작할 수 있다. 이 '단절'이야말로 식민지 법령으로서 조선시가지계획령의 '식민지성'을 드러내는데, 아이러니하게도 당시 식민지 권력은 이를 '선진성'이라고 칭했다.

　　　　　　　　　　　　　　　　　　서울의 기원, 경성의 탄생

3. 조선시가지계획령의 특징과 '선진성'의 의미

조선시가지계획령은 이처럼 지난한 수정 과정을 거치고도 1년여의 검토 기간을 거쳐 1933년 7월 일본으로 법령안이 송부되어 이듬해 5~6월에야 법제국 심의, 각의를 통과하여 1934년 6월 20일 정식 발표되었다.[66] 적지 않은 시일이었다. 이 기간 동안 주로 검토된 사항은 무엇이었을까? 그리고 이렇게 해서 완성된 조선시가지계획령의 특징은 무엇이었을까?

> 이 법은 내지의 특별도시계획, 도시계획, 건축 각 법을 아우르고 여기에 조선의 토지개량령, 토지수용령까지 포함하여 이 하나의 법으로 도시계획사업을 완전하게 수행할 수 있도록 한 것으로 내외지(일본 본국과 식민지)를 통해 획기적인 법령으로 금명중 공포를 볼 모양이다. 내지의 도시계획사업은 사업계획을 중앙과 지방의 양위원회에서 법으로 정하도록 하여 진척력이 매우 약한데 조선의 새 법령에서는 이러한 근본적 결함을 없애 앞에 적은 각 법령의 필요 조항을 포함하여 운용이 극히 자유롭다. 법제국(총독부의 법령안을 최종 심의하는 일본 정부 법제국)에서도 이를 심의하면서 운용의 원활함에 매우 감탄하여 근래 보기 드문 좋은 법령[良令]이라고 보증했다.[67]

위의 기사에서 다시 분명하게 드러나듯 조선시가지계획령의 '독자성'이란 결국 일본 도시계획법과 비교했을 때 "운용의 원활함", 다시 말해 "사업계획을 중앙과 지방의 양 위원회에서 법으로 정하도록 하여" 여러 이해 당사자의 입장을 고려하는 일본에 비해 "이러한 근본적

결함을 없애고" 식민지 권력이 독단으로 도시계획을 시행하도록 한 것이었다. 한편 "내외지를 통해 획기적인 법령"으로 법제국에서 "근래 보기 드문 좋은 법령이라고 보증"했다는 표현에서 알 수 있듯이 조선시가지계획령의 특징은 일본 도시계획법보다 '더 좋은 것'으로 표상되었다. 후일의 한 자료는 이를 다음과 같이 간명하게 설명한다.

> 내지에서의 도시계획이 해당 도시의 발전이라는 관점에서의 계획으로서 한계에 도달했을 때, 종래 도시계획의 폐해를 시정한 조선 도시계획은 선진적으로 지방계획의 사상을 반영하여 종합적 개발계획의 일부로서 시국과 국책의 요구에 부응하고 시대에 즉응(即應)하는 신방향으로 나아갔던 것이다.[68]

위의 언급은 1942년 시점에서 조선시가지계획령이 제정된 1930년대 중반을 회고적으로 바라본 것이다. 즉 일본 사회의 국가주의화와 파시즘화가 최고조에 달한 태평양전쟁기의 시점에서 (상대적으로 자유주의적인) 일본 도시계획이 "한계에 도달"한 데 비해, 조선 도시계획은 "시국과 국책의 요구에 부응"하는 방향으로 본국보다 한발 앞서 나아갔다는 것이다. 그러면 구체적으로 조선시가지계획령은 어떤 점에서 '선진적'이었을까? 전문 3장 50조로 이루어진 조선시가지계획령은 시가지계획의 대상 및 시행주체 등을 규정한 제1장 총칙, 건축 통제와 용도지역제를 규정한 제2장, 구획정리를 규정한 제3장으로 나누어볼 수 있다.[69] 이 중 앞에서 어느 정도 언급한 내용을 제외하고 중요한 특징을 살펴보자.

먼저 총칙에서 시가지계획의 대상은 기성 도시의 개량뿐 아니라 신도시의 창설 및 기성 도시의 확장이 오히려 더 중요하다는 점이 강조되

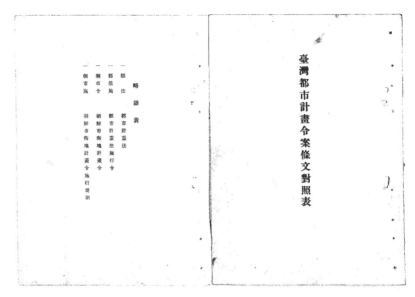

[그림 4-9] 대만도시계획령안조문대조표 표지
일본 '도시계획법', '조선시가지계획령'과 비교하여 '대만도시계획령'의 조문을 논하고 있다.

었다. 이것이 법령의 명칭에 '도시'가 아니라 '시가지'가 들어간 이유
였다. 조선시가지계획령의 대상은 그동안 일반적으로 쓰인 개념으로서
'도시'가 아니라 넓은 의미에서 정책적 필요에 따라 설정된 거점으로서
의 '시가지'였다. 이는 앞에서 언급한 1933년 일본 도시계획법 개정의
취지를 더 철저하게 반영한 것이었다.[70] 즉, '조선시가지계획령'이라는
명칭은 단지 명칭이 문제가 아니라 법령에 투영된 '식민지 도시계획'의
성격을 보여주는 중요한 상징이었던 셈이다. 일찍이 손정목은 "일본 본
토의 도시와 식민지인 한반도의 도시를 동열에서 다루기를 꺼"려서, 즉
식민지 도시를 낮춰 보았기 때문에 법령의 명칭이 '조선시가지계획령'
이 되었다고 했다.[71] 그러나 이는 조선시가지계획령이 제정된 후 1936년

같은 식민지인 대만에서 '대만도시계획령'이 제정된 점에 비춰보면 설득력이 떨어진다.[72] 따라서 '시가지'라는 표현은 식민지를 낮춰보고 어쩌고 하는 차원의 문제라고 할 수 없으며, 식민지에 구현하고자 한 국책의 내용을 포괄하는 표현인 것이다. 총칙에서 하나 더 중요한 내용은 시가지계획 재원으로서 수익자부담금이 명시된 점이다. 1920년대 지난한 경성부의 수익세 제정 시도는 끝내 좌절되었다. 이것이 조선시가지계획령을 통해 마침내 실현되었던 셈이다.

다음으로 제2장 용도지역제에서는 공업, 상업, 주거, 미지정의 4지역제를 채택했다. 각 지역을 구분하는 기본적인 기준은 공장 건축의 허가 여부였다. 주거지역은 상시 사용하는 원동기 마력수 3마력 이상, 상업지역은 15마력 이상의 공장 건축을 금지했다. 또 50마력 이상의 공장은 공업지역에만 건축할 수 있도록 했다. 미지정지역은 법문상 건축 제한이 없었는데, 대체로 주거·상업지역에는 건축할 수 없으나 반드시 공업지역에 건축할 필요가 없는 공장, 즉 15~50마력의 공장 건축을 유도할 지역이었다. 이와 같이 용도지역제에서는 공업지역과 비공업지역, 대공업지역과 중소공업지역의 공간적 분리를 중시했던 셈이다. 일차적인 목적은 물론 원활한 자본 유치를 위한 효율적인 공업 환경 조성이었다.[73]

마지막 제3장 구획정리에서 조선시가지계획령과 일본 도시계획법의 핵심적인 차이는 자율적인 지주조합에 의한 구획정리를 불허한 점이다. 물론 일본에서도 1931년 도시계획법 개정을 통해 구획정리에 대한 국가 통제를 강화했지만, 지주조합이 구획정리 시행의 일차적인 주체라는 원칙은 남아 있었다. 그러나 조선시가지계획령에서 구획정리는 해당 지구 내의 지주 전원이 합의할 경우에 시행하거나, 전원 합의가 불가능하면 국가가 시행하도록 규정했다. 실제로 지주 전원 합의는 거의 불가능하므로 구획정리는 자연스럽게 '국가사업'이 될 것이었다. 이를 통해 구획정리는 "내지에서는 조합이 시행하기 때문에 논의가 백출하여 사업이 지지부진한데 조선에서는 국가 시행이기 때문에 원활한 사업 진척이 기대"되었다.[74] 물론 일본에서도 1925년 간토대지진 복구를 위해 제정된 '특별도시계획법'에서 구획정리의 국가 시행을 규정한 선례가 있기는 했다. 그러나 특별도시계획법은 어디까지나 '특별법'이고, '임시법'이었다. 《경성일보》 사설은 조선시가지계획령이 "내지의 특별도시계획, 도시계획, 건축 각 법"을 아울렀다고 했는데, 여기에서 핵심은 국가의 강력한 권한을 규정한 특별도시계획법을 따랐던 셈이다. 요컨대 조선시가지계획령은 임시법인 일본 특별도시계획법을 일반법화하면서 사적인 토지개량사업에서 기원한 구획정리를 국가적으로 '동원'한 일본 도시계획의 흐름을 '선진적'으로 반영했던 것이다.

조선시가지계획령 제정과 함경북도 나진(羅津) 개발

일찍이 손정목은 함경북도 나진이 '북선(北鮮) 루트'의 종단 기착항으로 결정되자 총독부가 나진 개발 통제를 위해 조선시가지계획령을 제정했다고 설명했으며, 이 설명은 오랫동안 여러 연구에서 반복되어왔다. 물론 나진의 종단 기착항 결정이 총독부의 법령 제정 일정에 영향을 미친 것은 사실이다. 그러나 손정목의 주장은 1920년대 이래 도시계획 법령 제정 논의의 흐름과 방향 전환의 전 과정을 폭넓게 살피지 못한 견해이다. 함경북도 나진은 1932년 8월 일본, 조선 북부, 동북 만주를 연결하는 '북선 루트', 일본−동해−북선 3항(함경북도 나진, 청진, 웅기)−북선철도−길회(吉會: 길림−회령)철도의 조선 측 종단 기착항으로 결정되었다. 일본과 대륙을 연결하는 북선 루트는 한반도를 철도로 종관해야 하는 다른 루트보다 짧은 거리였다. 일본은 이미 1909년 청나라와 '간도협약'을 체결할 때부터 이런 교통망 구축을 꿈꾸었다고 한다. 1931년 만주사변 이후 만주에서 일본의 영향력 확대는 이를 가능하게 해주었던 것이다. 북선 루트가 현실화되면서 조선에서 종단 기착항이 정확하게 어디가 되느냐가 초미의 관심사가 되었다. 이를 두고 청진, 웅기, 나진은 지역 유력자를 중심으로 치열한 유치 경쟁을 벌였다. 결국 복잡다단한 과정을 거쳐 관동군의 의중이 결정적으로 작용해 세 곳 중 가장 발달이 없는 지역인 나진이

종단 기착항으로 결정되었다. 원래 한적한 어촌에 불과했던 나진은 종단 기착항 결정이 유력해지면서 인구와 지가가 '폭발'했다. 1931년 4,500여 명이던 인구는 이듬해 말까지 1만 5,000여 명으로 격증했으며, 평당 전답 2전, 임야 1전에 불과했던 지가는 1932년 봄 평당 최고 30원으로 폭등한 곳이 있을 정도였다. 이 같은 나진의 '이상 경기'에 당황한 총독부는 신도시 창설에 주안점을 둔 조선시가지계획령 제정을 서둘렀던 것이다(이상 북선 루트 형성과 나진의 종단 기착항 결정에 대해서는 羅津商工會, 《建設途上にある大羅津》, 1935; 손정목, 앞의 책, 1990, 179~180쪽; 정재정, 《일제침략과 한국 철도》, 서울대학교출판부, 1999, 158~161쪽; 전봉관, 〈국제철도 종단항을 둘러싼 부동산 투기 소동〉, 《럭키 경성》, 살림, 2007, 11~46쪽; 加藤圭木, 〈朝鮮東北部·咸鏡北道の社會變容−植民地期の港灣'開發'問題を中心に〉, 一橋大學 博士學位論文, 2014, 85~116쪽 참고.).

5장

전쟁이 이끌어낸 도시계획,
전쟁에 가로막히다

1

재정난, 자재난,
인력난의 악순환

시가지계획 가로망 전체의 최종 심의가 진행되는 가운데 경성부는 1937~41년 1기 사업으로 부설할 노선을 심의하여 1937년 봄 예산 부회에 제출했다. 내용을 보면 부설 예정은 모두 30개 노선으로 그중 도심부 노선, 이른바 시가도로가 9선, 새로운 편입구역의 주간선도로 및 준간선도로가 21선이었다. 이 30선의 예정 공사비는 시가도로 600만 원, 간선도로 650만 원이었다. 시가도로 예산 충당 계획은 원래 국비로 시작한 시구개수의 연장이라는 명분으로 국고보조 연액 36만 원, 총 180만 원에 나머지 420만 원을 기채할 예정이었으며, 간선도로는 기채 605만 원, 일반 재원 45만 원으로 거의 전액을 기채할 예정이었다. 그러므로 1기 사업 예산 중 압도적인 비중을 차지하는 것은 1,000만 원이 넘는 기채였다. 기채는 20년부로 하고 매년 약 70만 원씩을 시가지계획특별세와 수익자부담금으로 충당하여 상환한다는 계획이었다.[1] 먼저 1기 사업의 계획 노선을 보면 다음과 같다.

연번	종류	계획 구간	1기 사업 시공 구간	시공연장(m)
1	대로 1류 3호선	황금정6정목–동대문	황금정6정목–동대문	350
2	대로 2류 8호선	행당정광장–전곶교(箭串橋: 현재 성동구 행당동에 위치한 조선시대 석교)서방	왕십리역 전곶교	1,210
3	대로 2류 17호선	영등포역전–당산정광장	영등포정–당산정	1,980
4	대로 2류 18호선	영등포정광장–도림정광장	영등포정–수도선(영등포 구획정리지구내 수도선) 서부	1,210
5	대로 2류 3호선	숭인정–신당정	신당정내	1,200
6	대로 2류 5호선	마장정–행당정광장	청량리정–왕십리정	1,850
7	대로 2류 14호선	아현정–노고산정광장	아현정–노고산정	1,880
8	대로 2류 13호선	봉래정2정목–합정(蛤町: 현재 서대문구 합동, 충정로 부근)	봉래정2정목–합정	230
9	대로 3류 5호선	신당정–돈암정	상왕십리정–돈암정	3,040
10	대로 3류 6호선	원남정–종암정	동소문–돈암정	1,950
11	대로 3류 30호선	영등포출장소앞–영등포정 광장	영등포정–수도선 동부	610
12	대로 3류 14호선	한남정–한강리역전	한남정내	1,170
13	대로 3류 7호선	신설정–제기정	신설정–제기정	1,140
14	대로 3류 11호선	청량리역전–청량리정	청량리정–임업시험소	680
15	대로 3류 28호선	신길정내인천가도–도림정내경성부계	신길정내	1,730
16	대로 3류 29호선	신길정–도림정	도림정내	300
17	대로 3류 9호선	제기정–청량리정	제기정–청량리정	840
18	대로 3류 22호선	노고산정광장–창전정	노고산정–신정정	1,130
19	대로 3류 23호선	마포정–합정정	마포정–신정정	1,420
20	중로 1류 35호선	도림정–당산정광장	도림정–당산정	2,120
21	중로 1류 2호선	황토현광장–삼각정	다옥정–삼각정	470
22	중로 1류 6호선	욱정2정목–신당정	욱정2정목–대화정2정목	1,016
23	대로 2류 10호선	서대문정1정목–죽첨정1정목	서대문정1정목–죽첨정1정목	640
24	대로 3류 6호선	원남정–종암정	창경원–동소문	1,140
25	중로 2류 10호선	남대문통2정목–신당정광장	화원정–광희정	1,050
26	대로 1류 4호선	동대문–청량리역전	동대문–안암정	960
27	대로 2류 11호선	태평통2정목–죽첨정3정목	태평통2정목–아현정	1,460
28	중로 2류 7호선	황금정2정목–경운정	영락정2정목–탑공원	440
29	중로 1류 2호선	황토현광장–삼각정	신교광장–삼각정	300
30	대로 3류 19호선	원정2정목–대흥정	경정(현재 용산구 문배동)–도화정	1,520

간선도로: 연번 1~21
시가도로: 연번 22~30

[표 5-1] 경성시가지계획 가로망 '제1기 5개년 사업' 계획 노선

* 연번은 편의상 붙인 것이며 이하 본문과 표의 도로 연번은 이에 따른다. 시공연장 합계는 35km

서울의 기원, 경성의 탄생

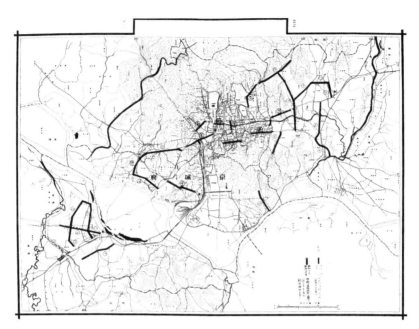

[그림 5-1] 경성시가지계획 가로망 '제1기 5개년 사업' 계획 노선도

1기 사업 30개 노선은 시가지계획의 우선 개발 계획을 알 수 있다는 점에서 의미가 크다. 전체 220개 노선 중 먼저 부설하기로 결정한 노선이기 때문이다. 위의 [그림 5-1]에서 알 수 있듯이 1기 사업 노선은 대략 경성 동(북)부-도심부-서(남)부-영등포를 연결하는 구성이었다. 그 밖에 특기할 만한 것으로는 시가도로 중 본정통과 평행한, 당시 '남부간선도로'라고 불린 도로(22번. 왼쪽 [표 5-1] 참조)가 포함된 점과 간선도로 중 남산주회도로의 양쪽 끝에 접속하는 노선 및 거기에서 분기하는 노선(5, 12, 30번)이 포함된 점이다. 남부간선도로가 1기 사업 노선에 포함된 사정은 1910년대까지 거슬러 올라간다. 앞에서 살펴봤던 내용을 상기해보면, 1910년대 시구개수에서 본정통 개수는 우선순위가 아니었으

며, 실제 공사에 착수하지도 않았다. 그러다가 1927년 경성부의 시구개수안에 다시 포함되었으나, 이 역시 수익세 제정 실패로 실현되지 못했다. 다시 10여 년이 지나 이 문제가 다시 등장한 셈이다. 그런가 하면 남산주회도로와 접속하는 노선들은 남산주회도로 자체의 부설을 전제로 한 계획이었다. 그런데 남산주회도로는 1920년대 초부터 이야기만 무성했지 실제 공사에 들어간 적이 없었다. 그럼에도 불구하고 이 도로의 존재를 전제한 공사 계획이 나온 것이다. 그것은 남산주회도로 공사가 시가지계획의 공식적인 개시에 앞서 별도로 시작되었기 때문이었다. 이 공사는 '특별 취급'되었던 셈이다. 여기에는 남산주회도로 부설이 논의된 긴 시간만큼 여러 의미망이 얽혀 있었다(남산주회도로 부설의 배경과 경과는 그 연변 주택지 개발과 관련하여 6장에서 상세하게 살펴보겠다).

1기 사업은 1937년 7월 실시 계획 인가와 함께 정식으로 시작되었다. 전개 과정을 살펴보기에 앞서 실시 계획 인가 직전 경성부가 발표한 각 노선별 공사 계획을 정리해보면 오른쪽 [표 5-2]와 같다.

표에 따르면 사업 첫해인 1937년 부지 매수, 지장물건 이전, 착공을 시작하는 노선은 간선도로 7개, 시가도로 5개, 합계 12개 노선이었다. 이 중 간선도로는 동부지역 4개, 서부지역 2개, 영등포 지역 1개 노선으로 나누어볼 수 있다. 시가도로의 첫해 착공 노선 중 특기할 것으로는 남부간선도로의 일부인 22번 구간을 들 수 있다. 남부간선도로는 1기 사업의 공식적인 시작보다 먼저 착공했으며, 이후 공사도 시가지계획의 전체 일정보다 앞서 진행되었다. 남부간선도로는 1938년 말까지 중요한 공사는 거의 완료되었으며, 늦어도 1939년 봄에는 정식 개통할 예정이었다. 이를 알리는 기사는 남부간선도로 개통의 '의의'를 "청계천의 도

시공	공사 계획				
구간	1937	1938	1939	1940	1941
1			부지매수	착공	
2	부지매수/착공	계속공사			
3	부지매수/착공	부지매수/계속공사	계속공사		
4		지장물건 이전	착공		
5		지장물건 이전	착공		
6	착공	지장물건 이전	지장물건 이전/계속공사	계속공사	
7	지장물건 이전	지장물건 이전/착공	계속공사		
8	부지매수	부지매수/착공			
9	부지매수/착공	부지매수/계속공사	부지매수/계속공사	계속공사	
10	부지매수/착공	부지매수/계속공사	계속공사		
11		지장물건 이전	착공		
12			지장물건 이전	계속공사	
13				부지매수/착공	
14					지장물건 이전/착공
15					지장물건 이전/착공
16				지장물건 이전/착공	
17					부지매수/착공
18				지장물건 이전	지장물건 이전/착공
19				지장물건 이전	지장물건 이전/착공
20		부지매수	착공		
21				착공	계속공사
22	부지매수/착공				
23	착공				
24	부지매수	부지매수/착공	계속공사		
25		부지매수	부지매수/착공	계속공사	
26		부지매수	부지매수/착공	계속공사	
27	부지매수	부지매수	부지매수/착공	부지매수/계속공사	계속공사
28			부지매수	부지매수/착공	
29	청계천 암거공사				
30				부지매수/착공	계속공사

[표 5-2] 경성시가지계획 가로망 '제1기 5개년 사업' 공사 계획

* 연번은 편의상 붙인 것이며 본문의 도로 연번은 이 표에 따른다. 시공연장 합계는 35km

로계획과 아울러 동서를 관통케 하는 간선도로인 종로통, 황금정통, 북부간선도로(종묘관통선)를 합하여 5개의 큰 도로가 생기게 되는 것"이라고 했다.[2] 이 도로는 개통 후 '소화통(昭和通: 쇼와도리)'이라고 명명되었으며, 오늘날의 퇴계로이다. 소화통은 이미 개수한 지 오래된 도심부의 다른 간선도로에 비해 상대적으로 '신도로'였으며, 그만큼 새로운 경관을 보였다. 그리고 소화통의 개통으로 오랫동안 식민지 도시로서 경성의 상징이었던 본정통은 도로의 위계상 중심 도로의 이면 도로가 되었다. 이 점은 오늘날 퇴계로와 그 이면 도로인 명동길을 떠올리면 쉽게 이해할 수 있다.

그 밖에 1기 사업의 공사에서 확인되는 바는 1937년 10월 현재 간선도로 2번, 3번, 8번, 9번, 10번 등 5개 노선의 도로 용지를 매수 중이고, 11월부터는 6번, 7번 등 2개 노선의 부지 매수에 착수할 예정이며, 시가도로 29번의 암거(暗渠: 배수로를 지하화한다는 뜻으로 여기에서는 청계천 복개를 의미함.) 공사, 24번, 27번 등 2개 노선의 부지 매수가 시작되었다는 정도이다. 전반적으로 외곽 지역의 간선도로 공사가 시가도로보다 빨리 진행되고 있으며, 시가도로 중에서는 간선도로와 연결되는 노선의 공사를 먼저 시작했다. 비교적 공사의 진척이 빠른 노선은 2번, 3번, 6번 등 3개 노선이었다(왕십리역-전곶교[현재 한양대 인근], 영등포정-당산정, 청량리정-왕십리정). 또 경성부는 도심부와 동부지역을 연결하는 핵심 노선으로 전차를 개통할 예정인 10번, 24번 구간의 공사도 서둘러 1938년 봄부터 매일 200여 명의 인부를 투입했다(원남정-종암정). 2번, 10번, 24번 노선은 1939년 봄까지 완공할 예정이었다. 여기에 6번, 9번 구간도 1940년까지 완공할 예정이었다(청량리정-왕십리정, 상왕십리정-돈암정). 동부지역의 교통망이 상대적으로 빨리 형성되고 있는 모습이다. 그러나 서부지역은 부지 매수 비용 투입에서 동부지역보다 우선순위에서 밀려 공사의 진척도 늦었다. 1937년 부지 매수에 착수한 태평통 2정목(현재 태평로 2가)에서 노고산정에 이르는 노선(7번, 27번)은 1939년까지 매수가 완료되지 않아 아직 착공조차 못한 구간이 있어, 완공은 1941년에나 기대할 수 있는 정도였다.[3]

여기에서 유의해야 할 점은 이미 사업 첫해부터 시가지계획을 둘러싼 사업 환경이 급속히 악화되었다는 사실이다. 그것은 1기 사업 개시와 거의 동시에 중일전쟁이 발발했기 때문이다. 1937년 8월 중일전쟁이 발발하자 총독부는 즉시 강력한 자금 통제를 시작하여 시중에 금융 경색이 심화되었다. 따라서 이듬해부터 바로 기채를 통한 자금 조달이 계획대로 진행되지 못했다. 주지하듯이 1기 사업 예산의 대부분은 기채에 의존한 것이었다. 여기에 총독부는 당분간 시가지계획 예산의 4할을 절감하라는 지시를 내렸다. 이렇게 자금 조달이 잘 되지 않는 데 반해 건축 자재 가격은 크게 상승하여 1937년 말 현재 1930년의 약 2배에 이를 정도였다. 그리하여 1938년 이후 1기 사업 공사는 다른 이유는 접어두고 자재 부족만으로도 곳곳에서 중단과 재개를 반복했다. 이런 상황은 시간의 흐름에 따라 악화되면 악화되었지, 호전될 성질의 것이 아니었다. 1941년 예산 부회에서 경성부 토목과장은 1기 사업의 '어려움'을 "예산을 집행하려고 하면 자재를 구할 수 없고, 자재를 구하면 인부를 구할 수 없다"고 표현했다.[4] 자금난, 자재난, 인력난이 서로 맞물려 돌아가는 형국이었던 것이다.

이런 사정을 염두에 두고 1938년 이후의 착공 노선을 살펴보자. 먼저

1938년에는 시가도로 25번, 26번 2개 노선, 간선도로 4번, 11번, 16번, 20번 등 4개 노선을 착공했다. 시가도로는 도심부와 동부지역을 연결하는 노선이었으며(하원정[현재 예관동]-광희정, 동대문-안암정), 간선도로는 모두 영등포 지역의 노선이었다(영등포정-수도선 서부, 영등포정-수도선 동부, 도림정내, 도림정-당산정). 1937년 착공이 동부지역의 교통망에 초점을 맞춘 것이라면 1938년 착공은 영등포지역에 초점을 맞춘 것이었다. 1939년, 1940년에도 각각 시가도로 28번, 간선도로 1번, 5번 등 3개 노선, 시가도로 30번, 간선도로 13번, 21번 등 3개 노선을 착공했음을 확인할 수 있다. 그러나 이 노선들의 공사가 얼마나 순조롭게 진척됐을지는 의심스럽다. 1940년 경성부는 새로운 착공 여부와 관계없이 첫해에 착공한 29번 암거 공사, 마무리 공사만 남은 6번, 9번 공사 등에 집중하고, 새로운 착공 노선 중에서는 동부지역의 13번 공사(신설정-제기정)만을 진행하기로 결정했기 때문이다. 사업 추진 역량이 제한된 가운데 우선 공사 노선을 선택할 수밖에 없었던 것이다.[5]

1기 사업의 마지막 연도인 1941년에 새롭게 착공한 노선은 확인할 수 없다. 이것으로 1기 사업의 진행 상황을 정리하면 남산주회도로, 남부 간선도로 등 재경성 일본인 유산층이 오랫동안 부설을 희망했던 노선이 사업 초기에 부설되었고, 시가지계획 본연의 취지에 따라 동부지역, 그리고 영등포 지역의 교통망이 정비되었다. 그러나 1941년 5월 현재 "예정선 30선 중 겨우 3할에 미급(未及)하여 지금같이 가면 5년을 더 연장치 않고서는 도저히 완성을 볼 수 없는 상태"라는 표현에서 알 수 있듯이 전반적인 사업 진척은 부진했다.[6] 1기 사업은 1941년 완료되어야 할 것이었으나 이런 정도에서 경성부가 사업을 완료하지는 않았을 것이며, 공식적으로 완료되었다는 자료도 찾을 수 없다. 2년 후인 1943년 2월 경성부가 2기 사업을 계획 중이라는 기사가 보이기는 한다.[7] 하지만 1943년의 상황에서 1기 사업을 '완료'했다거나, 2기 사업을 '시작'하는 것은 현실적으로 불가능했다.

한편 이렇게 실제 공사의 진척이 부진한 여파로 "시가지계획선에 걸려 있는 주민들은 적지 않게 곤란을 받을 것이어서 부회가 있을 때마다 말썽"이었다.[8] 즉, 도로 예정 부지나 그 연변 토지 소유자들의 불만이 지속적으로 제기되었던 것이다. 이들은 소유 토지를 경성부에 매각하거나 혹은 도로변 토지의 지가 상승 등 도로 부설에 따른 '개발 이익'을 기대했을 것이다. 그러나 도로 예정선이 결정되어 토지 이용이 제한되는 시점과 경성부가 부지를 매수하고 착공하는 시점 사이의 기간이 점점 멀어지고, 심지어 착공 예정 시점도 알 수 없게 됨에 따라 토지 소유자의 입장에서는 아무런 실익도 없이 소유 토지의 이용만 규제당하게 된 셈이었다. 이런 상황이 "부회가 있을 때마다 말썽"이었지만 경성부의 능력으로 취할 수 있는 실질적인 조치는 별반 없었다. 그렇다면 경성부의 대응 논리는 무엇이었을까? 1941년 부회에서의 다음과 같은 문답은 이 점을 어느 정도 보여준다.

마츠바라 토난(松原圖南) 의원: 도시계획 예정선에 의한 사유권 침해가 심하다. 이는 국가가 인정하는 바의 사유재산 옹호를 침해하는 것이다. 토지 사용의 완화책은 없는가?

경성부 공영부장: 도시계획에는 영국, 미국, 프랑스 등과 같이 관계자들의 자유를 되도록 침해하지 말자는 유파와 독일, 이탈리아 등과 같이 도시

전체의 이익을 위해 예정 계획을 미리 결정하는 유사가 있다. 계획령(조선시가지계획령)은 독일식의 과학적 도시계획에 준거한 것이다. 시가지계획령에 수반한 도로 고시에 의해 토지, 건물의 소유자는 비상히 사권(私權)을 제약받게 된다. 그로 인한 곤궁은 이해하나 비상시임을 감안해야 한다.[9]

"도시계획 예정선"이 "국가가 인정하는 바의 사유재산 옹호를 침해"하는 데 대한 경성부의 대답은 두 가지인 셈이다. 하나는 "독일식의 과학적 도시계획"이라는 말로 표현된 통제 이데올로기의 정당성 옹호였고, 다른 하나는 "비상시"라는 상황 논리였다. 여기에서 비상시란 당연히 '전시(戰時)'를 의미한다. 이 중 '통제의 정당성'은 앞에서 살펴보았던 대로 이미 조선시가지계획령의 '국책적 의제로서의 도시계획'이라는 도시계획관에 내포되어 있는 것이었다. 그리고 이런 도시계획관은 중일전쟁에서 태평양전쟁으로 전개된 1930~40년대 일제가 걸어간 길과 모순되지 않는 것이었다. 그런데 아이러니한 점은 이렇게 전시체제의 심화와 논리적으로 모순되지 않는 도시계획의 발목을 결정적으로 붙잡은 것이 전쟁 수행, 즉 '전시'의 상황이었다는 점이다. 《매일신보》의 다음 기사는 이 같은 역설을 간명하게 보여준다.

경성은 반도의 수도로서 만주사변 이래 병참기지로서의 사명상 각종 산업 발달 및 인구 증가를 당시 서울의 용체로는 도저히 감당할 수가 없던 터 36년 4월 부역을 확장하고 시가지계획을 실시하게 되었다. 그러나 지나사변(支那事變: 중일전쟁)의 발발로 시가지계획사업은 자리가 잡히자 바로 정돈(停

서울의 기원, 경성의 탄생

頓)상태에 들어가게 되었다.[10]

경성시가지계획은 "병참기지로서의 사명"과 관련하여 시작되었으나, 역설적으로 시작되자마자 '침체되어 나아가지 못하게[停頓]'되었다. 그리고 이런 상황은 토지 소유자들이 당연히 기대할 법한 도시계획에 의한 개발 이익의 획득 대신 소유권 행사의 제약만 가져다준 셈이었다. 식민 당국은 이런 기대와 현실 사이의 간극을 '전시'라는 상황 논리와 '통제의 정당성'이라는 이데올로기로 메우려 했다. 전시 통제 경제의 일반적 논리가 그렇듯이, 식민지 권력은 이것을 마치 '최선의 선택'인 것처럼 합리화했으나, 그것은 사실 어쩔 수 없는 선택, 그리고 종래에는 파국을 맞을 수밖에 없는 선택이었던 것이다.

2

토지구획정리의 전개과정과 '개발' 양상

외곽 공업지역과
주거지역 개발

영등포, 돈암, 대현지구

경성시가지계획 구획정리사업의 전체 계획은 비공개 상태에서 순차적으로 사업 지구를 공개하면서 사업을 진행했다고 앞서 설명했다. 경성부는 1937년 1월 먼저 "급속한 사업 수행의 필요가 있"는 영등포, 돈암, 대현, 신당, 용두, 청량, 한남 등 7개 구획정리지구 사업 시행의 인가 신청 기한 지정을 총독부에 신청했다. 경성부는 그중에서도 영등포와 돈암 두 지구의 구획정리를 우선 시행할 계획으로 이미 1936년 말까지 영등포지구 159만 평, 돈암지구 68만 평의 구획정리 개시를 위한 준비를 완료했다. 총독부는 경성부의 신청에 대해 1937년 2월 20일부로 영등포와 돈암지구는 3월 20일까지, 대현지구는 9월 30일까지 지구 내 토지 소유자는 구획정리 시행 인가 신청을 하라는 통지를 내렸다. 영등포와 돈암지구의 공사를 먼저 개시하고, 진척 상황을 보아 대현지구의 착공 시점을 결정하겠다는 것이었다. 영등포, 돈암, 대현 세 지구는 시가지계획 전체 구상에서 각각 공업지역, 동부와 서부 주거지역의 핵심이라는 상징적 의미가 있었다. 이 밖에 신당, 용두, 청량 등 3개 지구는 각각 지구 부근의 하천 개수계획이, 한남지구는 지구 내 육군 용지의 처리 계획이 수립될 때까지 구획정리를 보류하겠다고 통지했다.[11]

뒤이어 토지 소유자의 인가 신청이 없자 총독부는 행정청인 경성부가 영등포와 돈암지구의 구획정리를 1940년 3월 31일까지 완료하라는 공사 시행 명령을 내렸다. 이에 경성부는 1937년 3월 임시 부회를 소집하여 두 지구의 사업 예산 규모, 공사비 조달 계획 등을 상정했다.* 기본 내용은 1937~39년 두 지구의 공사비 전액을 기채하여 공사를 진행하고, 준공 예정인 1940년부터 20년 동안, 1959년까지 지구 내 수익자, 즉 토지 소유자에게 부담금을 매년 두 차례씩 징수하여 이를 상환한다는 것이었다.[12] 여기에서 영등포와 돈암지구는 경성시가지계획 구획정리사업의 출발점이라는 의미를 갖는다는 점을 상기할 필요가 있다. 즉 시가지계획 구획정리사업을 상징하는 두 개의 지구라는 의미이다. 경성부의 사업 설명 자료는 영등포와 돈암지구의 상황 및 시가지계획 전체 구상

• 당시 구획정리사업이 시작될 때까지의 절차를 간략하게 정리하면, 구획정리는 원래 구역 내 지주들이 자율적으로 하는 것이 원칙이었으나, 조선시가지계획령은 구역 내 지주 전원의 합의가 없으면 '국가'가 구획정리를 하도록 규정했다. 그리하여 구획정리사업의 행정 절차는 먼저 해당 지방 행정청이 구획정리지구의 사업 시행 인가 신청 기한 지정을 총독부에 신청하면, 총독부는 구역 내 토지 소유자에게 며칠까지 구획정리 시행 인가 신청을 하라는 통지를 내린다. 이어서 구역 내 지주 전원이 합의하여 지정된 일자까지 사업 시행 인가 신청을 하지 않으면(당연히 인가 신청은 없다) 총독부는 지방 행정청에 공사 완료 일자를 정해서 공사 시행 명령을 내린다. 그러면 행정청은 지방의회를 소집하여 사업 계획을 상정하고, 지방의회를 거친 사업 계획을 총독부에 상신한다. 마지막으로 총독부가 사업 계획을 승인하면 구획정리사업은 비로소 개시된다. 사업이 시작되면 행정청은 공사 설계를 하여 실시 계획을 수립하고 이를 총독부가 승인하면 실제 공사가 시작된다.

에서 두 지구의 의미를 다음과 같이 설명하고 있다.

영등포지구는 경성 도심부에서 서남 8km인 영등포역의 서쪽 평야 일대로 경부, 경인의 양 철도 및 1, 2등 도로의 분기점에 위치한다. 동쪽으로는 노량진에 접하며 북쪽으로는 여의도, 한강을 사이에 두고 용산, 마포와 마주 보고, 서쪽 및 남쪽으로는 한강의 지천인 안양천 및 구로천으로 경계 하는 지역으로 거액의 국비를 들여 완성한 견고한 방수제로 둘러싸어 있다. 이 지역은 경성의 공장지대를 앞장서 이끌어 이미 종연방적(鐘淵紡績), 동양방적, 대일본방적 등 우리나라 3대 방적공장을 필두로 경성방직, 조선피혁, 경기염색, 조선제분 등 다수의 대공장이 들어서 있으며 이제 구획정리에 의해 장래 이상적 공장시가지로 발전할 것이다. (중략) 돈암지구는 경성 도심부에서 동북 4km인 동소문 밖을 흐르는 성북천 양쪽 기슭 지대로 지구의 북쪽은 경성–원산 1등 도로가 통과하며 남쪽은 신설정의 춘천가도에 접하며 동서쪽은 산악으로 경계한 약 220정보의 산간지대이다. 이 지구는 사위가 산지로 공기가 맑아 주택지대로 가장 양호한 위치에 있어 장래 이상적 주택지로 발전이 기대되며 지구의 중앙을 관통하는 동서, 남북 양 간선도로의 양측지대는 상점가로 발전할 것이 예상된다.[13]

경성부는 1937년 4월 들어 두 지구 토지 소유자와의 상담회를 개최하고, 곧 정밀 측량을 시작했다. 영등포경찰서는 정밀 측량이 완료될 때까지 건축허가원 접수를 정지하기도 했다. 부족한 측량 기술자를 충원하기 위해 도시계획계장이 직접 도쿄까지 출장하여 기술자를 구한 끝에 100여 명의 인원을 투입했다. 측량과 설계를 서두른 결과 8월에는 대략

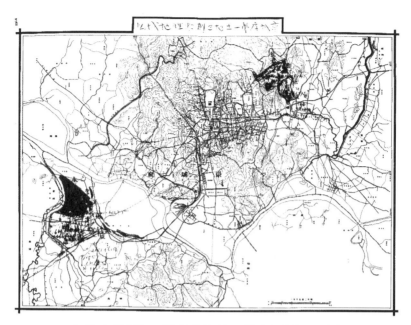

[그림 5-2] 영등포지구 및 돈암지구 구획정리 예정도 스케치

측량을 완료하고 토지 소유자의 부담률 결정을 위한 토지 평가를 진행했으며, 구획정리사무소도 개소했다. 두 지구의 공사 설계가 완료되어 실시 계획이 인가된 것은 영등포지구가 10월 25일, 돈암지구는 11월 8일이었다.[14]

두 지구의 공사 설계에서 중요한 내용을 보면, 먼저 영등포지구는 총 면적 159만 1,000평에 주요 공공시설로는 학교 2개 소, 공설시장 4개 소, 공원 10개 소 등이 계획되었다. 공사는 3개 공구로 나누어 진행하는데 특기할 사항으로는 간선도로에서 공장지대로 분기하는 보조도로를 부설하고, 지구 중앙을 관통하는 철도 인입선(引入線: 철도 본선에서 분기하는 지선)과 각 공장을 연결하는 보조선을 부설하는 등 구획정리 완료 후

공장 유치에 각별한 편의를 줄 예정이었다. 다음으로 돈암지구는 총면적 68만 3,000평에 주요 공공시설로는 학교 2개 소, 공원 10여개 소 등이 계획되었다. 공사는 2개 공구로 나누어 진행하는데, 이 지구는 주거지역이므로 대부분 택지 개발을 예정하되 지구를 관통하는 동서, 남북 간 선도로의 연도는 상업지역으로 발전하도록 유의할 예정이었다. 경성부는 1937년 12월 초 두 지구의 토지 소유자들에게 가환지(假換地) 명령과 1,000여 호의 건물 이전을 통지하고, 1938년부터 본격적인 공사에 들어갔다. 자금 통제와 금융 경색에도 불구하고 두 지구의 구획정리는 그런대로 순조롭게 진행되었다. 2월에는 돈암지구의 토지·건물 평가위원회가 개최되었으며, 3월 말에는 영등포지구 공사가 "전시체제하 재정 긴축의 영향을 하등 받지 않고" 착공했다. 이것이 가능했던 결정적인 이유는 중일전쟁 발발 이전에 초기 사업비의 기채를 인가받았기 때문이었다. 따라서 다른 지구의 사업이 "지나사변의 영향으로 모두 돈좌(頓挫: 좌절)되어버릴지도 모르는" 상황에서도 두 지구의 공사는 진척이 가능했다.[15]

두 지구 중 여기에서는 영등포지구의 진척만 살펴보겠다(돈암지구는 교외 주택지 개발 차원에서 6장에서 상세히 살펴보겠다).[16] 경성부가 영등포지구의 토지 소유자들을 소집하여 공장지 분양조합을 조직하게 한 것은 1939년 2월이었다. 경성부는 곧이어 분양조합과 지가 산정을 시작했으나 서로 견해차가 커서 공정가는 쉽게 정해지지 않았다. 결국 지가산정위원회를 몇 차례나 소집한 끝에 6월 중순에 가서야 평당 8~26원으로 결정되었다. 영등포지구의 지가 산정은 상대적으로 길고 지루한 논의 과정을 거쳤다. 이는 일본인 대토지 소유자도 많고, 꼭 일본인이 아니더

[그림 5-3] 영등포 구획정리지구에서 측량 실습 중인 직업학교 학생들(1939년)

라도 만만치 않은 "교섭력"을 가진 지역 유지가 많은 영등포지구의 특징을 반영한 것으로 보인다. 경성부는 1년 후인 1940년 5월 인근 지역의 지가 상승 추세를 반영하여 공정가를 '예외적'으로 평당 20%씩 인상했다. 당시 상황에서 상당히 이례적인, 토지 소유자의 입김이 의심되는 조치였다. 경성부는 지가 산정이 대략 마무리된 6월 초부터는 토지상담소를 통해 공장지 분양신청을 받기 시작했다. 8월 말 현재의 실적을 보면 19개 공장, 6만 9,495평의 분양계약이 체결되었으며, 계약협상 중인 공장은 조선 내 60개, 일본 19개 등이었다. 1940년에도 공장지 분양은 활발하게 이루어져 "전국적 대기업은 영등포로 쇄도하여" 6월 현재 88개

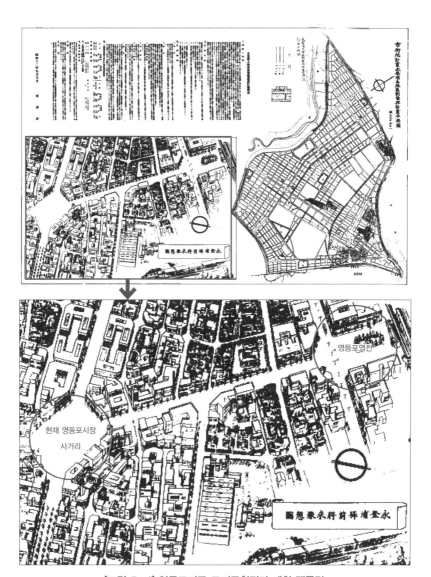

[그림 5-4] 영등포구 토지구획정리 계획 팸플릿

　　　　　　　　　　　　　　　　　서울의 기원, 경성의 탄생

공장, 20만 평의 분양계약이 체결된 상태였다. 영등포지구에서는 1941
년 9월에도 14만 평의 분양이 시작됐다.[17]

　공장지 분양을 시작할 즈음의 영등포지구 구획정리 계획을 담은 팸
플릿(왼쪽 [그림 5-4])에는 구획정리 평면도, 공사 계획, 구획정리 후 중심
가(영등포역전) 조감도까지 일목요연하게 정리한 내용이 담겨 있는데, 영
등포지구의 공사 진척 상황과 공장지 분양을 위한 경성부의 활동을 볼
수 있다. 영등포지구에 분양신청을 한 공장 중 조선 내 공장의 절반 정도
는 원래 도심부나 용산에 위치했던 터라 지역제가 시행되면 더 이상 증
축이나 생산 확대가 불가능한 공장이었다. 한편 경성부는 일본 자본을
더 적극적으로 유치하기 위해 조선상공회의소의 협조를 얻어 도쿄, 오사
카, 코베, 나고야 등지에 직원을 출장 보내는 등 공장유치 운동을 전개했
다. 그 결과 1942년 1월까지 일본에서의 공장지 분양상담은 752건, 분양
계약은 94건에 이르렀다.[18] 영등포지구의 구획정리와 공장지 분양은 경
성지역 공업의 재배치와 공간적 확대 측면에서 상당한 성과를 거두고
있었다.

　다음으로 영등포, 돈암지구로부터 6개월 후에 사업이 개시될 예정이
었던 대현지구의 공사 진행 상황을 보자. 총독부 고시에는 1937년 9월
30일까지 지구 내 토지 소유자들에게 구획정리 인가 신청을 하라고 되
어 있었다. 그러나 경성부는 이미 6월부터 "서대문에서 아현, 신촌, 서
교, 양화진을 경유하여 김포와 영등포로 통하는 추요(樞要)한"이 지구
의 측량을 개시했다. 토지 소유자에게 인가 신청을 하라는 통지는 사실
상 요식행위였음을 알 수 있다. 총독부가 대현정, 북아현정, 아현정, 염
리정, 대흥정, 노고산정, 창전정, 신촌정 등의 일부 165만m²의 대현지

구에 공사 시행 명령을 내린 것은 1937년 11월 6일이었으며, 준공 기한
은 영등포, 돈암지구보다 1년 늦은 1941년 3월 31일이었다. 대현지구에
서 특기할 것은 총독부가 공사 시행 명령과 함께 "목하 자금 통제 관계
로 거액의 사업비 기채가 어려우므로 이 사업은 구획의 정리, 공공용지
의 확보 정도에 그치고 공사비의 절감을 극력 도모"하라는 통첩을 내린
점이다.[19]

　이렇게 본다면 대현지구 공사는 중일전쟁 발발 이후 악화된 사업 환
경의 첫 적용 대상이 된 셈이었다. 이에 경성부도 공사비 절약을 위해
도로 공사를 우선 시행하고 택지 조성 등은 구획정리를 위한 건물 이전
정도에 그치기로 방침을 정했으며, 원래의 계산대로라면 200만 원에 달
할 공사비를 108만 6,000원으로 '절감'하여 총독부에 기채를 신청했다.
그러나 경성부의 공사비 절감에도 불구하고 총독부는 많은 보상비가 필
요한 가옥 밀집지구 일부를 공구에서 제외하고, 도로 이외의 정지(整地)
공사는 도로 공사의 잔토(殘土: 남은 흙)를 이용하는 등의 방법으로 공사
비를 더 줄이라고 지시했다. 구획정리 본래의 목적인 부정형한 시가 정
비는 점점 더 뒤로 밀리고 구획정리가 간선도로 용지 확보를 위한 방책
으로만 활용되는 꼴이었다. 게다가 총독부는 되도록 기채액은 50만 원
이내로 하고 이를 제외한 나머지는 토지 소유자에게 현금이나 토지로
공사비를 징수하는 "공사비 현금주의" 계획을 세우기까지 했다. '현금
주의' 방식은 대현지구에서는 구상에 그쳤지만 이후 사업에서는 상당
부분 실현되었다.[20]

　이런 계획을 인가받은 경성부는 5월 말 첫 상담회를 개최하는 등 대
현지구 구획정리를 시작했다. 공사 실시 계획이 인가된 것은 11월이었

다. 1939년에 들어서 환지 예정지를 발표하고, 지구 내 분묘 이전을 고시하는 등 공사 준비가 진행되었다. 8월 말에는 구획정리로 철거될 건물의 보상액을 심사하기 위한 토지평가위원회도 개최되었다. 공구는 둘로 나누어졌는데, 제1공구는 1939년 가을, 제2공구는 1940년 7월에 착공할 예정이었다. 이후 대현지구의 공사 진행 상황을 알려주는 자료는 거의 없으나, 1941년 말 기준 사업 보고서에 따르면 "자재 입수난, 물가의 앙등, 노동력의 부족" 등으로 제2공구의 공사는 거의 진척되지 못했다. 또한 준공 기한도 1943년 3월 31일로 원래보다 2년이나 연기되었는데, 막상 1943년이 되어서는 다시 1944년 3월 31일로 1년 연기되었다.[21] 대현지구에서부터 시가지계획 구획정리는 좌초하기 시작했던 것이다.

번대, 사근, 용두, 한남지구

영등포, 돈암, 대현지구에 이어서 경성부는 제2기 구획정리로 사업 신청이 보류된 적이 있던 번대, 사근, 용두, 한남 등 4개 지구를 1939년 봄에 착공하며, 가을에는 공덕, 신당, 청량 등 3개 지구를 착공하겠다는 계획을 발표했다.[22] 그렇다면 제2기 사업 지구들은 어떤 의미가 있는 지역이었을까? 그 의미를 알기 위해 먼저 구획정리공사가 시작된 초기의 기사를 살펴보자.

> 제2기 구역은 금후 경성 발전의 중추적 지역이 될 동대문 밖 청량리정, 행당정, 안암정, 제기정, 마장정, 사근정, 회기정, 휘경정 일대와 서부의 마포정, 현석정, 신정, 하중정, 수일정, 서교정, 동교정, 당인정, 합정정, 망원정 일대이다. 이 두 곳을 제2기 정리지구로 결정한 이유는 동부 일대에 비약적 발

전이 있을 것을 짐작함은 물론 또 현재 경성토목출장소에서 공사 중인 중링천 제방공사가 올해 안으로 끝나고 동부 청계천 개수공사도 금년부터 착수하게 되어 동부 발전은 일층 극렬화하게 되었으므로 급속히 착수하게 된 것이다. (중략) 또 마포 쪽은 영등포정의 구획정리와 대현정 일대의 구획정리가 완성되고 또 현재 현석리까지 완성한 서부 한강 연안의 제방공사도 불원 장래에 완성될 것이며 방금 영등포 출장소에서 착공중인 영등포 연안의 한강 제방공사도 금년 안에는 완성될 것이므로 그러면 자연히 전기 지역은 비약적으로 발전할 것이라 시급히 착수하게 된 것이다.[23]

영등포, 돈암지구 구획정리가 시작된 1937년 6월의 《동아일보》 기사이다. 경성부가 대략 동쪽으로는 도심부에서 돈암지구에 이르는 지역, 서쪽으로는 영등포지구와 대현지구 사이의 한강 북안 지역의 두 곳을 제2기 사업 지구로 예정했음을 알 수 있다. 그런데 실제 제2기 사업 지구는 위 기사에 등장하는 지역 중 전자에 해당하는 사근, 용두지구에 더하여 별다른 예상이 없었던 지역이 추가되었다. 그 이유를 알기 위해서는 1937년 중반에서 1939년 초까지 어떤 일들이 있었는지 추적해볼 필요가 있다. 우선 1937년 말 이태원정, 한남정, 보광정, 동빙고정 등 이른바 남산 남록 지역의 토지 소유자들이 구획정리 시행을 총독부에 청원한 사실에 주목할 수 있다. 청원서의 내용을 살펴보자.

① 우리 이태원정은 1910년 용산 병영의 창설과 동시에 내지인이 거주하기 시작하여 이제 30년이 경과되었다. 그런데 도심 간선이 한강통에 접속함에도 불구하고 방치되어[閑却] 도심과 절연된 상태를 면하지 못했다. (중략) 이

제 남산주회도로의 개통이 다가옴에 따라 주택지를 경영하려는 사람들이 증가하고 있으나, 정지(整地) 관계 등 여러 이유로 건축을 시도하기가 어려운 상태이므로 토지구획정리를 속진(速進)해줄 것을 간절히 바란다.[24]

② 대경성의 중앙공원인 남산의 남록 방면은 앞으로는 대한강에 면하고 뒤로는 울창한 삼림이 있어 경성의 대표적인 우량 주택지이다. 이 점은 굳이 설명하지 않아도 경성 주민이라면 누구라도 아는 사실이다. 우리는 주택지 개척의 사명감에서 아직 원시적인 이 지역에 들어왔다. 이제 머지않아 대망의 남산주회도로가 완공되면 이 지역은 이상적인 주택지가 될 것이나 아직 구획정리가 결정되지 않아 건축이 불가능한 상태이다. 이에 남산주회도로의 부설에 이어 이 지역에 시가지계획도로 공사 및 토지구획정리사업을 속히 실시해줄 것을 관계 유지, 지주가 연서하여 청원한다.[25]

인용한 두 건의 청원서는 이야기의 흐름이 비슷하다. 다년간 논란이 되어왔던 남산주회도로 부설이 드디어 시작되었음을 전제로 구획정리를 통한 택지 개발을 원한다는 내용이다. 이런 청원이 잇달아 제출된 것은 경성부가 이 지역을 제2기 구획정리 구상에 포함시키지 않은 데 대한 토지 소유자들의 대응이라고 볼 수 있다. 그런가 하면 1938년 2월에는 이른바 "동부 지역 주민 대표, 유지"로 구성된 성동번영회(城東繁榮會)가 "신당정, 상왕십리정, 숭인정, 신설정, 용두정 부근"의 구획정리 시행을 청원했다. 이에 대해 경성부 토목과장 이토오 후미오(伊藤文雄)가 "신당정 일대는 금후 제1후보지로 지정하고 있으므로 대현구 다음으로 실현을 보게 될 것"이라고 답했다. 또 같은 해 5월 기사에는 경성부 도시계획과에서 영등포, 돈암, 대현지구 다음으로 시행될 구획정리지구는 "신당정 방면과 마포정 방면의 두 곳"으로 정했다는 언급이 보인다.[26] 정확한 지역명은 나오지 않지만 1년 전에는 언급되지 않았던 신당정이 등장한다. 이런 일련의 과정은 경성부가 처음 예정한 구획정리지구에 다른 지역의 추가를 원하는 일종의 '사회적 압력'이 있었음을 말해준다. 압력의 주체는 해당 지역의 지주 혹은 대표, 유지 등이었다. 간단히 말하면 자기 땅의 개발을 원하는 토지 소유자들이었다.

그리하여 경성부가 7개의 제2기 구획정리지구를 공식적으로 발표한 것은 1939년 초였다. 구체적인 내역을 살펴보면 번대방정·신길정 등의 일부 약 37만 6,000평인 번대지구, 한남정·이태원정 등의 일부 약 11만 4,000평인 한남지구, 전농정·용두정·마장정·하왕십리정·행당정·신설정 등의 일부 약 41만 3,000평인 용두지구, 사근정·답십리정·전농정·마장정 등의 일부 약 48만 1,000평인 사근지구는 2월 15일, 청량리정·전농정·제기정 등의 일부 약 27만 4,000평인 청량지구, 신당정·상왕십리정·하왕십리정 등의 일부 약 42만 8,000평인 신당지구, 공덕정·신공덕정·아현정·도화정·대흥정·마포정·용강정·토정정·염리정 등의 일부 약 34만 5,000평인 공덕지구는 6월 30일까지로 구획정리 인가 신청 기한이 통지되었다.[27] 이상 7개 지구는 지금껏 살펴보았듯이 경성부의 최초 구상에 포함되었거나 토지 소유자의 청원 등에 의해 추가된 지역으로 보인다. 그런데 번대지구만은 이런 기미 없이 포함된 지역이었다. 또 사업 인가 신청 기한을 기준으로 보면 번대, 사근, 용두, 한남 4개 지구에 먼저 구획정리를 시행하고, 청량, 신당, 공덕 3개 지구는 뒤로 돌렸음을 알 수 있다. 총독부는 1939년 3월 번대, 사근, 용두, 한남지구에 대한 공사 시행 명령을 내렸다. 준공 기한은 번대, 한남, 사근지구가 1943년 3월 31일, 용두지구는 1944년 3월 31일이었다.[28]

　이렇게 개시된 제2기 구획정리사업이 제1기와 크게 다른 점은 재정 운용 방식이었다. 총독부는 중일전쟁 발발과 더불어 1938년부터 이른바 "불요불급(不要不急)"한 사업에 대해 기채를 제한하기 시작했다. 따라서 제2기 구획정리는 토지 소유자가 나중에 환지받을, 정확히 말하면 그렇게 예상되는 토지의 일정한 비율을 먼저 매각하여 공사를 진행하기로 결정했다. 대현지구에서도 검토는 되었으나 실현되지 않은 '공사비 현금주의'를 실행한 것이었다. 경성부는 이미 1938년 8월 번대방정 토지 소유자들과의 상담회에서 이후 구획정리는 기채를 하지 않고 지구 내 토지 일부를 매각하는 "자급자족의 방식"으로 사업비를 조달하겠다는 뜻을 밝힌 바 있었다.[29]

　이런 재정 운용 방식의 차이는 어떻게 보아야 할까? 원론적으로 현금주의 방식은 기채 방식과 비교하면 일장일단이 있다. 그러나 일본과 달리 거의 행정청이 주관하는 관주도 사업인 조선의 구획정리사업에서 일체 공공자금이 투입되지 않은 점은 모순이라고 볼 수 있다. 사업의 방향은 행정청의 의지대로 결정하면서도 비용은 토지 소유자가 전적으로 부담해야 하는 구조였기 때문이다. 또 현실적으로 토지 소유자의 비용 체감도 측면에서 보면, 일단 공사 완료 후 20년 동안 분할 납부하는 기채 방식과 달리 4~5년 동안 거액의 공사비를 납부해야 하는 현금주의 방식은 비교할 수 없는 큰 부담이었다. 소유 토지의 이용가치 증진, 즉 지가 상승이 있기 전에 먼저 거액의 비용을 지출해야 하기 때문이다. 그러므로 공사비 현금주의는 토지 소유자들의 반발 때문에라도 보통의 상황에서는 쉽게 택할 수 있는 사업 방식이 아니었다. 아무리 행정청이 주도권을 쥐더라도 구획정리는 어디까지나 토지 소유권을 그대로 둔 채 사유지에 시행하는 사업이었기 때문이다. 그러나 전쟁으로 인한 재정 고갈 상황에서 다른 방법은 없었다. 경성부회의 다음 문답에서 이런 정황을 엿볼 수 있다.

> 14일 개최된 경성부회에서는 번대, 한남, 사근, 용두 4개 지구의 토지구획정리에 따른 여러 의안들이 논의되었다. (중략)
>
> 키노시타(木下) 의원: 본안(4개 지구 구획정리)에는 찬성하지만 구획정리를 지주에게 전액 부담시키는 것은 문제가 있지 않은가?
>
> 나카사토(長鄉) 공영부장: 금회 4개 지구 구획정리의 이유는 장래의 발전에 대비한 것으로 부에서 나서서 충분히 알선을 하여 구획정리 후 매매가 원활히 진행되도록 할 것이다. 또 간이정리로 되도록 부담금을 경감시킬 예정이다.[30]

경성부의 답변은 사실 상당히 '유화적'이다. 구획정리 후 신속한 매매를 주선하고 되도록 공사비용을 줄여 토지 소유자들의 부담을 줄여주겠다는 것이다. 그러나 현금주의 방식이 계속되면서 토지 소유자들의 불만도 계속되자, 경성부의 태도는 점차 '강압적'이 되어갔다. 예컨대 1941년 예산 부회에서 위와 비슷한 질문에 대해 토목과장 이토오(伊藤文雄)의 답변은 다음과 같았다.

> 꼭 지가만을 수익으로 생각하는 것은 사익 우선의 감정이다. 자신이 납부하

는 부담금에 의해 도시민 전체가 얻게 될 교통상, 위생상, 도시의 번영상 얻을 수 있는 수익을 공익적 견지에서 생각해야 한다.[31]

1939년의 답변과 비교해보면 더 노골적으로 공익을 곧 사익으로 생각할 것을, 즉 공익을 위해 사익을 '기쁘게' 희생할 것을 주문하고 있다. 이런 일종의 이데올로기적 강제는 별다른 경제적 유인책이 없는 경성부가 택할 수 있는 유일한 방책이었다. 그러면 다시 4개 지구로 돌아가 각각 구획정리지구로 결정된 이유와 경성부의 공사 계획을 살펴보자. 먼저 번대지구는 다음과 같다.

본 지구는 경성부의 도심부에서 서남 약 9km 거리의 번대방정 및 신길정 내 지역으로 한강교에서 영등포에 이르는 중간에 위치하며 북쪽으로는 경인가도에 접하고 남쪽으로는 부, 군 경계로 나누어지는 장방형의 구역으로 임야가 그 대부분을 점한다. (중략) 대로 3류 27호선(번대방정 내 경인가도−경성부 경계)이 지구 중앙을 종관하여 지구 남부에서 동서를 횡단하는 대로 3류 26호선(노량진역전−신길정 내 경성부 경계)와 접속하여 그 양측은 상업지역으로 발전 가능성이 있으며 그 밖에는 주로 주거지역으로 유망하다. (중략) 본 지구는 근래 주택, 기타 건축이 증가하고 있으며 구획정리공사 시행의 결과 인구 및 주택이 증가함에 따라 인접지역인 영등포 등에도 따르는 이익이 있을 것이다.[32]

이 사업계획서에서 번대지구가 영등포 공업지역의 배후 주거지역임을 분명히 알 수 있다. 또 영등포지구의 공업지역이 확대됨에 따라 이 지역에 주택이 증가하고 있으며, 이에 따라 경성부 입상에서 시급히 정비해야 할 지역으로 떠올랐음을 알 수 있다. 아마도 이것이 그간 번대지구가 별로 언급되지 않다가 우선 구획정리지구에 포함된 이유였을 것이다.

다음으로 서로 접속해 있으며 지구 결정 이유도 비슷할 것으로 생각되는 사근지구와 용두지구 중 사업계획서를 찾을 수 있는 사근지구의 경우를 살펴보자.

> 본 지구는 경성부의 도심부에서 동쪽으로 약 5km 떨어져 청량리역과 왕십리역의 중간에 위치하며 청계천을 중심으로 사근정, 답십리정, 전농정, 마장정 등의 일부를 포함한다. 서쪽은 경원선 철도로 경계하며 동쪽은 중랑천에 이르고 북쪽과 남쪽은 각각 산록지대로 나뉘는 구역으로 지세는 대개 평탄하며 현재 대부분 농경지이다. 경성 동부의 공업지역으로 예정하여 너비 30m, 25m의 대로 3선과 20m, 15m의 중로 4선이 지구 내를 종단 혹은 횡단하며 철도 운수의 편리가 있어 장래 공업지역으로 대성이 기대된다.[33]

사근지구는 청량리역과 왕십리역이라는 교통상의 요충지를 지렛대 삼아 공업지역으로 개발할 예정이었음을 알 수 있다. 이 점은 용두지구도 마찬가지였을 것이다. 공업지역 중에서도 영등포와 구분되는 중소공업지역이었을 것으로 보인다. 실제 1940년 초 경성부는 사근, 용두지구에 30여 개의 공장을 유치하기 위해 청량리역을 확장하고 분기선을 부설하는 등 교통망을 개선할 예정이었다.[34]

마지막으로 한남지구를 보자.

서울의 기원, 경성의 탄생

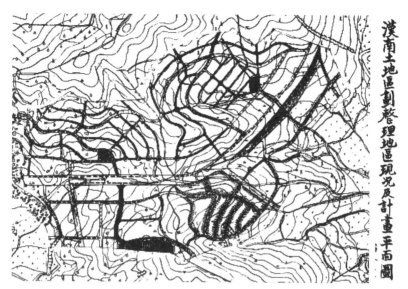

[그림 5-5] 한남지구 구획정리 계획 평면도

본 지구는 경성부의 도심부에서 남쪽 약 4km로 한남정 및 이태원정 내이며 남산주회도로 연선의 중간에 위치한다. 현재 묘지, 밭 등이 대부분이며 배수가 양호하고 경치가 좋으며 수목이 풍부하여 양호한 주택지이다. 용산 삼각지에서 분기하여 신당정을 종점으로 하는 대로 2류 9호선(남산주회도로)이 지구의 중앙을 종관하며 지구 동쪽에서 대로 3류 14호선(한남정-한강리역전)이 분기하여 한강 및 경원철도에 이른다. (중략) 사업비는 64만5천원으로 기채 18만 원, 부담금 45만3천원, 청산금 및 잡수입 1만2천원을 예정하고 있다.[35]

위의 설명은 한남지구 개발의 위상을 분명히 보여준다. 한남지구는 남산주회도로 연도의 "모범적인 고급주택지"로 계획된 지역으로서 지구 면적의 절반 정도인 6만 평은 매 호당 택지 규모 150평 이하로는 분양하지 않을 예정이기도 했다.[36] 그런데 한남지구는 30~40만 평대인 번대, 사근, 용두지구와 비교하면 협소한 11만여 평에 불과했다. 따라서 '제2기 구획정리'지구로 지정된 것 자체가 시가지계획의 전반적인 흐름에서 돌출한 감이 있었다. 경성부 공영부장조차 부회 답변에서 한남지구의 "금회 시행면적은 통상에 비해 협소"하다고 밝히기도 했다.[37] 즉, 전체 계획의 '정상적인' 흐름에서 벗어났다는 의미이다. 사업 재정에서도 거액은 아니지만 당시 엄격하게 제한된 기채가 인가된 것은 분명히 '특혜'라는 느낌을 준다. 이것이 의미하는 바는 무엇일까? 한남지구 지정이 갖는 의미는 그동안 사적으로 실현되어온 재경성 일본인 유산층의 남산 남록의 고급주택지 개발, 즉 '전원도시화'가 이제 공적인 시가지계획사업의 하나로 실현된 것으로 볼 수 있다. 한남지구의 계획 평면도(앞쪽 [그림 5-5])를 보면 이것이 곧 남산주회도로 양측 연변의 택지 개발임을 분명히 알 수 있다.

다음으로 4개 지구의 공사 전개를 살펴보자. 총독부가 공사 시행 명령을 내리자 경성부는 1939년 5월부터 각 지구 내 토지 소유자들과 구획정리 상담회를 개최하고 철거 대상을 지정하는 준비에 들어가, 11월에는 한남지구, 1940년 1월에는 번대, 사근, 용두지구에 대한 실시 계획을 인가받았다.[38] 그러나 4개 지구의 공사도 원활하게 진척되지 못했음은 물론이다. 1940년 8월 현재 번대지구가 환지 설계를 완료한 것을 제외하면 나머지 3개 지구 공사는 전혀 손도 대지 못하는 상황이었다. 계속되는 자재난과 함께 1940년 6월 첫 번째 수익자부담금의 징수 실적이 예정액의 절반밖에 되지 않았기 때문이다. 여기에는 부담금 납부가 불가능한 경우도 있었으며, 고의적인 체납도 적지 않았다. 당시 경성부 구획정리과의 실무자였던 네기시 쇼우지(根岸情治)는 1942년 초의 글에서 부담금을 고의적으로 체납하는 토지 소유자가 적지 않다고 하며, "이런 자들은 시국 인식이 부족한 자"라고 비난하고 있다.[39]

고의적인 체납과 같은 노골적인 불만 표출은 특히 사근, 용두지구에서 많이 보인다. 이 지역이 동부 중소공업지역 예정지로서 그만큼 토지 소유자들의 개발 기대가 컸기 때문이었을 것이다. 1941년 11월 이른바 "동부 유지"들이 구획정리에 대한 국고보조 청원 운동을 일으킨 것도 이런 상황의 반영이었다. 경성부도 사근, 용두지구의 구획정리를 '급무'로 생각했다. 그리하여 1941년 들어 자재 배급권을 가진 총독부 기획부가 공업지역 조성에 자재를 우선 배급하겠다는 방침을 밝히자 경성부는 먼저 이 지역의 착공 준비를 시작했다. 또 중소공장 유치를 위해 도심부와 영등포에 위치한 중소공장에 이전을 권유하는 한편 일본으로 직원을 파견하여 공장 유치 운동을 전개했다. 이런 다각도의 활동으로 경성 동부 지역에는 잡다한 소공업 공장이 1937년 145개, 1939년 238개, 1941년 366개로 증가했다.[40] 시가지계획의 '효과'가 일정하게 나타난 셈이다.

1941년 말 현재 공사 진행 상황을 보면 사근지구는 6월, 용두지구는 9월에 비로소 착공을 하여, 각각 1942년 6월, 9월까지 정지 공사를 완료할 예정이었다.[41] 한편 1941년 9월부터 일단 환지 지정이 끝난 번대지구 11만 평, 한남지구 3만 평의 분양이 시작됐는데, 연말까지도 두 지구 모두 환지 설계와 가환지 이상의 실제 공사는 착공하지 못한 상태였다. 이후의 공사 진행 상황은 거의 알 수 없다. 다만 사근, 번대, 한남지구가 1944년 3월 31일, 용두지구가 1945년 3월 31일로 준공 기한이 각각 1년

씩 연기된 것을 보면 공사 진척이 원활하지 못했음이 분명해 보인다.[42]

청량, 신당, 공덕지구

1939년 여름 들어 경성부는 그해 가을로 예정한 제2기 구획정리의 두 번째 대상인 청량, 신당, 공덕 등 3개 지구의 사업비 200여만 원을 이듬해 예산에 계상하는 등 공사 준비를 시작했다. 총독부가 공덕지구 44만 8,000평, 신당지구 45만 5,000평, 청량지구 33만 5,000평 등 3개 지구의 공사 시행 명령을 내린 것은 1940년 3월이었다.[43] 그런데 하나 특기할 것은 이 3개 지구에는 토지 소유자의 공사 인가 신청을 기다리는 절차도 생략하고 바로 시행 명령을 내린 점이다. 구획정리사업 전반이 부진한 상황에서 이런 절차의 생략이 얼마나 의미가 있는지 모르겠으나, 총독부가 사업을 서두르고 있었음은 분명하다. 경성부는 청량, 신당, 공덕지구의 특징을 다음과 같이 설명했다.

청량지구: 본 지구는 도심부에서 동북 약 6km에 위치한 청량리정, 전농정, 제기정 등을 포함하며 서쪽으로는 경춘철도, 동쪽으로는 경원선이 있어 교통운수의 요충지이다. 현재 지구 내 현황은 약간의 택지가 여기 저기 흩어져 있을 뿐 대부분 농경지로 미개발상태이다. 구획정리 후 시가지계획가로의 연선은 상점가로, 기타 지역은 주택지로 동부 발전의 관건이 될 것이다.

신당지구: 본 지구는 도심부에서 동쪽 약 3km에 위치한 신당정, 상왕십리정, 하왕십리정 내이다. 시가지계획 대로 2류 9호선, 소위 남산주회도로에 연한 지역으로 적당히 경사가 져 배수가 양호하고 사위의 산지에는 수목이 우거져 양호한 주택지대이다. 시내에 연접한 관계로 가까운 시일 내에 부세

의 팽창에 따라 무질서하게 시가화할 형세이므로 구획정리를 시행하여 미리 통제를 가해 장래의 발전에 대비할 필요가 있다.

<u>공덕지구</u>: 본 지구는 도심부에서 약 3km 서남에 위치한 공덕정, 신공덕정, 아현정, 도화정, 마포정, 용강정, 토정정, 염리정 내로 북쪽은 대현지구에 연한 주택지대로 양호하고 적당한 지역이며 남쪽은 미지정지역으로 중소공업의 발전을 기대할 수 있는 지역이다.[44]

대략 청량지구는 돈암지구와 접속한 교외 주거지역, 신당지구는 한남지구와 마찬가지로 남산주회도로 연변의 고급 주거지역, 공덕지구는 대현지구에서 연장된 주거지역 및 한강 북안의 경공업지역으로 예정되어 있었음을 알 수 있다. 전반적으로 교외 주거지역화에 초점이 맞추어져 있었는데, 이 지역의 구획정리를 서두른 것은 인구의 '이상 격증 현상'에 대한 경성부 나름의 대응이라는 의미도 있었다(이에 대해서는 6장 283쪽 〈전쟁과 주거 공공성 환기의 역설〉에서 상세하게 살펴보겠다). 그런데 하나 짚고 넘어갈 점이 있다. 지금껏 살펴보았듯이 1938년 이후는 구획정리뿐 아니라 시가지계획사업의 추진 전반이 어려워진 시점이었다. 그럼에도 불구하고 구획정리지구는 지속적으로 추가되었으며, 신규 사업은 중단 없이 개시되고 있었던 것이다. 어떻게 가능했을까? '공사비 현금주의' 덕분이었다. 사업 개시 단계에서 기채와 같은 재원 조달 계획을 고려할 필요가 없었기 때문에 행정청의 입장에서는 수익자부담금 징수를 전제로 얼마든지 새로운 사업 계획을 입안할 수 있었던 것이다. 그러나 문제는 행정절차의 진행, 즉 '페이퍼워크(paper work)'는 가능해도 실제 공사 진행은 이를 따라올 수 없었다는 사실이다. 이런 현상은 부작용을 낳았다.

경성부 토지구획정리사업은 금년도에 들어서도 지난 봄 청량, 신당, 공덕 3개 지구를 정리키로 다시 추가하여 이는 표면상으로 일약 시가지계획사업이 활발히 전개되는 모양 같으나 벌써 십지를 헤아릴 만큼(열 손가락을 움직이시 않는다는 십지부동[十指不動]에서 나온 말로 일의 진척이 없다는 뜻) 발표 사업이 정체되어 실로 이 중대한 공사는 부 당국에서 외부에 발표하는 바와 같이 예정대로 진척되지 못하고 이 우보(牛步)식의 구획정리가 최근 각 지구 내의 땅값을 등귀만 초래케 하여 (중략) 이렇게 실제 공사는 모두 착수가 1, 2년씩 지연되고 완성기가 또한 예정보다 1년 내지 2년 연장되는 동안 미구에 "살기 좋은 주택지"가 출현한다는 도취만 조장할 뿐 아니라 (중략) 제반 공사의 부진에 대해 부당국은 언필칭 '시국' 관계 운운으로 자재난을 내세우고 있으나 현재 부의 사업 수행에는 자재 획득에 대한 확호(確乎)할 어떤 심산이 서있지 않을 뿐더러 사무 처리, 사업 수행엔 어디까지 만만(漫漫)적이란 비난은 부회에서 늘 들을 수 있거니와 (후략)[45]

위의 기사는 당시 경성부 구획정리사업이 처한 딜레마를 적나라하게 보여준다. 실제로 공사가 진행되지 않고 결과가 뒷받침되지 않은 채 행정 절차만 진행됐을 때 심리적 효과에 의한 지가 상승, 일종의 '거품 경기'만 가져올 뿐이었다. 그러나 경성부로서도 이런 상황을 타개할 방법이 없었다. 다만 "'시국' 관계 운운"으로 면피할 따름이었다. 청량, 신당, 공덕지구는 1940년 10월 공사 실시 계획이 인가되고, 상대적으로 공사 진행이 빠른 편인 신당지구는 1941년 말 현재 일부 택지 조성 공사를 시작했으며, 본공사는 1942년 말 착공할 예정이었다. 공덕지구와 청량지구는 1941년 말 현재 환지 설계, 지적 측량, 철거 대상 조사 등을 진행

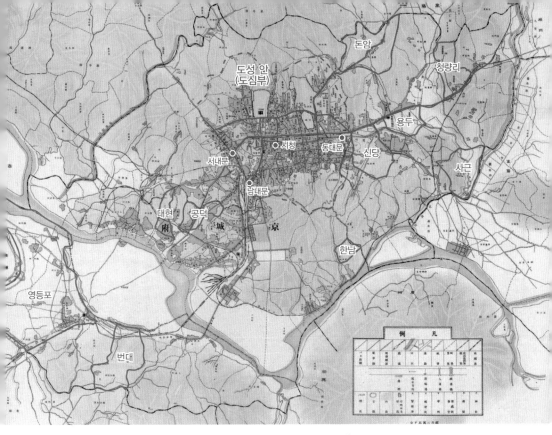

[그림 5-6] 경성시가지계획 구획정리 총괄도

하고 있었으며, 실제 착공은 1942년 이후에나 가능할 전망이었다.[46] 이후 3개 지구의 상황을 보여주는 자료는 없으나, 의미 있는 공사 진행이 가능했을지는 의심스럽다.

신길지구와 삼판지구 구획정리

지금까지 경성시가지계획 구획정리 10개 지구를 살펴보았다. 위의 [그림 5-6]과 같다. 지금까지 모든 연구에서 다룬 경성시가지계획 구획정리 지구는 이것이 전부이다. 그런데 총독부가 1942년 신길지구와 삼판지구에 대한 구획정리 절차를 진행한 사실이 추가로 발견되었다. 1942년 2월 총독부는 신길정, 영등포정, 도림정 등의 일부 57만 2,000평의 신길지구 와 삼판통(三坂通: 현재 용산구 후암동) 일부 1만 8,000평의 삼판지구 토지 소유자들에게 3월 31일까지 공사 시행 인가 신청을 하라고 통지했다. 이어서 8월에 삼판지구는 1945년 3월 31일, 신길지구는 1947년 3월 31일 까지 준공하라는 공사 시행 명령을 내렸다.[47] 두 지구에 대해 그 이상을 보여주는 사료는 현재까지 전혀 찾아볼 수 없기 때문에 이 사업의 실체 또한 알 수 없지만 행정 절차가 있었던 것만은 틀림없다. 구역의 대강으 로 보아 짐작하건대 신길지구는 번대지구와 같은 영등포 공업지역의 배 후 주거지역으로 볼 수 있다. 그러므로 신길지구가 '지정'되었다는 사 실은 영등포 공업지역이 점차 확대되어가는 현실이 반영된 것이라고 할 수 있을 것이다. 이에 반해 삼판지구는 면적으로 보아 정상적인 구획정 리지구로는 도저히 볼 수 없다.

서울의 기원, 경성의 탄생

3

'방공' 논의와 공원계획·풍치지구 지정

폭격에 대비하여
공지를 확보하라

도시계획의 기본 사업이랄 수 있는 가로망, 구획정리, 지역제 지정 외에 경성시가지계획에서는 공원계획과 풍치지구(風致地區) 지정이 진행되었다. 인위적으로 공원을 건설하는 것과 개발 제한 구역으로서 풍치지구를 지정하는 일은 엄연히 다르지만, 도시 공간의 내부 혹은 외곽에 공지대를 설정하여 과밀화를 방지하려는 취지에서 상통한다. 더욱이 경성시가지계획에서 공원계획과 풍치지구 지정은 전시에 적군의 폭격에 대비한 '방공(防空)' 문제와 결합되었다. 오히려 군사적 의제와 결합되었기 때문에 전시 상황에서도 일견 '한가해' 보일 수 있는 공원계획이나 풍치지구 지정이 지속적으로 문제시되었다. 따라서 이 두 사업은 역설적으로 '전쟁과 동시에 진행된' 경성시가지계획의 시대적 특징을 날카롭게 드러낸다.

경성부의 구체적인 활동이 먼저 시작되는 풍치지구 지정부터 살펴보자. 경성부가 풍치지구 지정을 위한 조사를 개시한 것은 가로망, 구획정리 계획을 발표한 1936년 말이었다. 이 조사는 이듬해 말까지 대략 완료되어, 경성부는 1938년 초 부 내외의 산림지대 중 "산명수려(山明秀麗)한 곳" 20개 소, 총면적 3,856만m²(1,168만 평)에 풍치지구를 지정할 것이라고 발표했다.[48] 다시 8월에는 좀 더 상세한 안이 발표되었다. 연초의 발표보다 지정 면적이 1/4 정도로 축소되어 갑종과 을종으로 나누어 건축 제한의 강도를 달리하는 등 구상이 구체화된 것이다.

> 경성부에서는 시가지 발전의 백년대계를 위하여 부내에 풍치지구를 만들려고 조사 연구 중이던 바 대체 성안(成案)을 얻었으므로 (중략) 풍치지구로 지정될 지역은 부내의 임간(林間)지대 약 300만 평으로 이것을 중앙(남산 밑 일대)과 동서남북의 5구로 나누고 (중략) 풍치지구는 다시 갑, 을 두 종류로 나누어 갑종에 속하는 곳에는 그 면적의 1할 이상, 을종은 3할 이상 주택 건축을 허가하지 않고 비워두고 식림을 하여 부민의 보건 위생에 도움이 되게 하기로 되었다.[49]

한편 1937년 봄 경성부가 공원계획을 세우고 있으며, 계획안이 완성되면 구획정리지구를 중심으로 1인당 5m²를 표준으로 공원을 건설하기로 했다는 기사가 등장한다. 그리고 1938년 2월 경성부 공원은 대, 중, 소의 세 가지로 건설하되 "아동의 유희처"가 될 소공원은 소학교와 짝을 지어 배치할 것이라는 기사도 보인다.[50] 점차 공원계획이 구체화되고 있는 것이다. 이어서 아래 《매일신보》의 5월 기사는 더욱 구체적이다.

> 경성부 도시계획과에서는 비위생도시의 누명을 벗고자 녹음지대 배치 공작

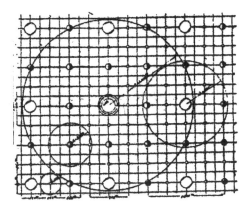

[그림 5-7] 1938년 5월 경성부 공원 배치 구상도
공원을 규모에 따라 일정한 거리를 두고 배치하려는 구상을 보여준다.

에 몰두해왔다. (중략) 구시가에만 90개 소, 37만 1,200평. 그리하여 도시계획
과에서는 면적 2만 평의 대공원 7개 소와 1만 평의 중공원 28개 소와 2,000평
의 소공원 450개 소 합하여 485개 소의 공원을 설치할 계획이다. 구획정리지
구 내에는 이상과 같은 안에 따라 착착 실현할 것이나 구시가는 여러 가지
장애되는 점이 많다.[51]

경성부가 1937~38년 공원계획을 수립했음을 짐작할 수 있다. 기사에
는 공원의 규모별 분류와 배치의 원칙을 보여주는 그림(위의 [그림 5-7])
도 실려 있다. 이에 따르면 공원을 규모에 따라 일정한 거리를 두고 배
치하여 궁극적으로 행정구역 내 어느 지점에서도 비슷한 거리 안에 공
원이 위치하도록 하는 것을 '이상'으로 하고 있다. 경성시가지계획 공
원계획은 1933년 제정된 일본 내무성의 '도시계획표준' 중 공원계획표
준에 근거한 것으로 보인다. 도시계획표준에서는 도시 공원을 대공원,

소공원으로 분류하고, 다시 소공원을 근린공원, 아동공원(소년공원+유년공원)으로 분류했다.[52] 그러나 짐작할 수 있듯이 이런 이상적 공원 배치는 격자형으로 새롭게 개발히는 구획정리지구에서나 가능한 것이었다. 위 기사에서도 이미 시가지가 과밀하게 형성되어 있는 도심부의 공원 배치에 대한 경성부의 '고민'을 엿볼 수 있다. 한편 이미 지적했듯이 풍치지구든 공원이든 이 시기 도시 과밀화 방지라는 목표는 '전시 방공'과 긴밀히 관련된 것이었다. 이와 관련 아래의 기사는 중요한 정보를 제공해준다.

> 경성부에서는 대경성의 백년대계로 방대한 예산을 세워가지고 그 계획사업을 진행하여 오던 터인데 마침 작년 7월 지나사변(支那事變: 중일전쟁)이 돌발되어 도시 방공이 목첩의 긴급사로 되었으므로 지난봄에 경성부 미산(梶山) 도시계획과장과 방공계 사교(師橋) 대좌 등이 총독부 관계관과 상해 방면에 출장하여 방공시설에 대한 시찰을 마치고 돌아와서 그동안 예의 경성부의 방공적 도시계획에 대한 연구를 거듭하고 있던 바 최근 그 구체안이 완성되었다. 즉 이 경성부 공영부에서 결정한 구체안의 중요 항목은 방화지구의 설정, 피난도로와 피난용으로 되는 소공원과 광장의 건설, 수원지, 배수지의 증설, 수도전의 설비, 지하철도의 부설, 방호방독실의 설치 등 상당히 규모가 크고 용의가 주도한 것으로 되어 있는 바 (중략) 그러나 이 계획을 수행함에는 막대한 경비가 필요하게 되어 (중략) 우선 제일 앞서는 피난도로와 공원 설치 등은 곧 명년도부터 착수하게 되리라고 한다.[53]

1938년 봄 총독부와 경성부 도시계획 관계자들이 상하이를 시찰하고 돌아와 시가지계획과 방공 대책의 결합을 다양하게 연구했으며 지하철 부설까지 고려하는 방대한 계획을 세웠으나, 우선 가능한 공원과 피난 도로 건설에 착수하려고 했음을 알 수 있다. 적어도 이 시기 공원의 중요한 의의가 방공·방화를 위한 공지 확보의 수단이었음을 알 수 있다. 그리고 이때 무엇보다 중요한 것은 건축물이 밀집해 있는 도심부에 어떻게 공원을 만들 것인가 하는 문제였다. 이는 도시계획과장 카지야마(梶山淺次郎)의 글에서도 다시 한 번 확인할 수 있다.

> 금후 도시계획에서 방공상의 고려가 매우 중요해졌다. 특히 목조가옥이 많은 우리 도시에서 소이탄(燒夷彈)*은 공포의 대상이 아닐 수 없다. 방공에는 적극적인 것과 소극적인 것의 두 가지가 있는데, (중략) 소극적인 것이 도시 방공으로 여기에는 인적 방공과 물적 방공이 있으며 후자가 바로 방공도시계획이다. 방공도시계획의 이상은 도시시설 전체를 내폭(耐爆), 내화(耐火), 내독(內毒) 구조로 하는 것이나 여기에는 거액이 필요하다. (중략) 종래 도시시설은 편리, 능률 본위였으나 현금에는 방공 본위의 분산이 필요하다. 현재 경성부 구시가지는 전연 공지가 없는 최악의 상태로 공원 등의 공지 확보가 절대적으로 필요하다.[54]

도시계획에서 방공이 중요한 변수로 등장했으며, 그와 관련하여 실

---

* 목표물에 불을 일으킬 목적으로 탄환 속에 연소제를 넣은 폭탄으로 일명 네이팜(napalm)탄. 제1차 세계대전 당시 독일군이 처음 개발했으며 제2차 세계대전에서는 미군이 광범위하게 사용했다. 일본은 전통적으로 목조 건축이 많았으므로 미군의 소이탄 공격에 대비한 방공·방화 대책을 중시했다.

질적으로 할 수 있고, 또 해야 하는 일은 "전연 공지가 없는 최악의 상태"인 구시가지에 대한 "공원 등의 공지 확보"임을 주장하고 있다. 경성부는 이를 곧 추진하여 도심부에 "평시에는 소공원, 유사시에는 피난처"가 될 소공원 30여 개를 건설하기로 결정하고 장소 선정 작업을 시작했다. 그러나 지가가 높은 도심부에서 공원 부지 확보가 쉬운 일일 리없었다. 그리하여 경성부윤이 직접 관련 토지 소유자를 소집해 양해를 구하고, 간담회를 개최해 "유사시 방공용지로 사용할 소공원"을 건설하는 데 토지를 "무보수"로 제공하라는 압박을 가하기도 했다.[55]

이런 과정을 거쳐 1939년 5월 경성부가 제출한 초안을 기초로 공원계획과 풍치지구 지정 최종안을 완성한 총독부는 7월 제4회 시가지계획위원회에 이를 상정했다. 풍치지구는 20개 소, 갑종 2,410ha, 을종 1,446ha 등 합계 3,586ha였으며, 공원계획은 대공원(2만 평) 6개, 근린공원(1만 평) 24개, 아동공원(1,500평) 76개에 운동장 4개, 자연공원 5개, 공원도로 25개 등 합계 140개, 450만 평이었다. 대공원, 근린공원, 아동공원은 그간의 논의에 등장한 대·중·소공원에 해당하며 운동공원과 자연공원은 기존 시설을 이용하는 것이었다. 정무총감 오노 로쿠이치로(大野綠一郞)는 "경성의 풍치지구 및 공원계획은 무엇보다도 조선에서 처음 시도하는 것으로 역시 시민의 보건, 위생은 물론 방공적 견지에서 긴요한 것"이라고 했다. 보건, 위생, 여기에 '방공'까지가 두 사업의 초점이었던 것이다.[56] 사업 취지에 대한 설명에서 이를 좀 더 상세하게 살펴볼 수 있다.

풍치지구 지정: 도시의 발전에 따라 근교지의 들판은 점차 개발되어 시가지화하고 지가 앙등에 따라 산림의 식목을 벌채하여 택지화됨에 따라 사유지

서울의 기원, 경성의 탄생

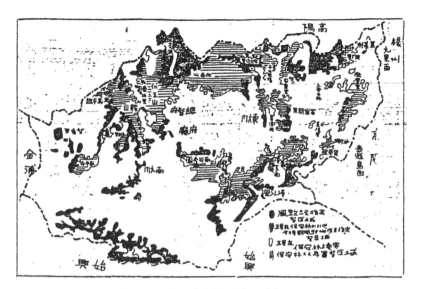
[그림 5-8] 경성시가지계획 풍치지구도

에서는 사적, 기타 경승지라도 차제에 그 흔적을 잃고 가옥의 밀집지대화되
어 도시의 풍치는 훼손되고 공기의 정화작용상 필요한 녹지는 극도로 부족
하게 되기에 이르렀다. 이에 시민의 위생상, 정서상 미치는 영향이 좋지 않
을 뿐 아니라 무통제한 산림의 개발은 호우 시 토사의 붕괴를 가져와 대홍수
의 원인이 되기도 한다. 또한 가옥의 밀집은 공습 시 피해를 증대시키는 결
과를 가져와 보안상에 미치는 영향도 중대하다.

<u>공원계획</u>: 공원은 시민의 휴양, 오락, 아동의 교화, 훈육 또는 도시의 미관에
제공되는 외에 만약 화재 시 방화선(防火線)으로 연소를 방지할 뿐 아니라 피
난 장소로도 필요 불가결한 것이다. 특히 최근 비행기의 발달로 전시에 도시
가 공습을 당하는 것이 불가피해짐에 따라 도시를 방공적으로 구성하는 것
은 시가지계획에서 가장 긴요한 사항이 되기에 이르렀다. (중략) 특히 시내

중앙부에서는 광대한 토지의 취득이 사실상 곤란하므로 가장 필요한 아동공원의 설치를 주로 하고 교외지의 아동공원 배치는 토지구획정리의 실시에 맞추어 위치를 결정하는 것이 편리하므로 이 구역에 대해서는 대공원 및 근린공원의 계획에 그쳤다.[57]

원론적인 서술을 제외하면 풍치지구 지정에서 최종적으로 이야기하려는 핵심은 "공습 시 피해"에 대한 우려이다. 공원계획에서도 중요한 대목은 말할 나위 없이 "방화선", "피난 장소" 혹은 "도시를 방공적으로 구성하는 것" 등이다. 특기할 것은 넓은 부지 확보가 불가능한 도심부는 아예 아동공원계획을 주로 했으며, 구획정리지구는 구획정리공사의 진척에 따라 아동공원의 위치를 결정하기로 하고 대공원과 근린공원만 먼저 결정했다는 점이다. 풍치지구 지정과 공원계획의 내용이 최종 결정되자 경성부는 사업을 효율적으로 추진하기 위해 도시계획과의 풍치계와 공원계를 합병하여 공원과를 신설했다. 두 사업을 사실상 하나의 사업으로 인식하고 있음을 알 수 있다. 또 일단 종로, 황금정, 병목정 등 도심부 '과밀' 지대에 아동공원 20여 개를 우선 건설하기로 결정하고 500여만 원의 예산안을 편성하는 등 신속하게 움직였다. 그러나 문제는 거액의 공사비를 실제로 조달하는 것이었다. 계획상으로 예산의 20% 정도는 국고보조를 받고 나머지는 공원 별로 인접한 토지 소유자에게 수익자부담금을 징수한다고 되어 있었다.[58] 그러나 당시 400여만 원의 거액을 수익자부담금으로 징수할 가능성은 거의 없었다. 과연 이후 사업은 어떻게 전개되었을까?

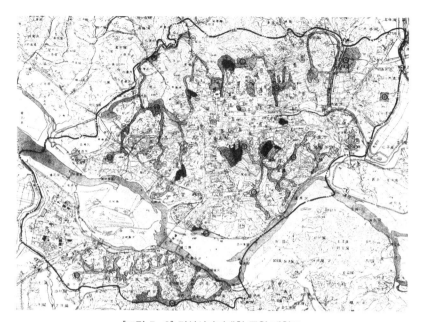

[그림 5-9] 경성시가지계획 공원 계획도
대략 자연 조건을 이용해서 큰 규모의 공원이 배치되고, 도심부와 새로 개발되는
구획정리지구에는 작은 규모의 공원들이 계획되었다는 점을 알 수 있다.

자재와 자금 관계로 도저히 실현이 박약하던 경성부의 방대한 공원계획이 시
국적 요구에 따라 시급히 필요한 공원도로 13선이 명17년(소화17년: 1942년)
에 출현 도정에 올랐다. 경성부 공원계획은 대소 및 아동공원 127개, 공원도
로 13개로 15년(소화15년: 1940년) 3월 총독부 고시로 예정지를 지정한 것인
데 전혀 손대지 못하고 (중략) 우선 공원도로를 만들기로 되었다. 이 도로는
예정 공원에서 풍치지구를 연결하게 되는데 장래 화려한 순환선 녹지지대를
건설하는 기초가 될 것이다. 현재 실지 측량을 진행 중으로 소요 경비는 구
체적 설계가 되면 명년도 예산에 계상할 예정이다.[59]

앞의 인용은 1941년 8월의 기사이다. 정식 고시 후 1년 반이 지났지만 공원계획은 "전혀 손대지 못"했음을 알 수 있다. 그리하여 우선 외곽의 풍치지구와 공원 예정지를 연결하는 공원도로를 건설하기로 하고 예산을 1942년에 계상하겠다는 것이 핵심이다. 그러나 이 계획 역시 추진된 흔적을 찾을 수 없다. 물론 도심부가 아닌 구획정리지구의 경우, 구획정리공사의 진척에 따라 공원이 건설된 사례도 있었다.[60] 그러나 앞에서 살펴보았듯이 점차 구획정리 자체의 진척이 지지부진해지면서 공원 건설도 뚜렷한 성과를 남기지 못하게 되었다. 결론적으로 경성시가지계획의 공원계획은 전시의 긴급 현안인 방공의 필요성에 의해 구체적인 내실을 얻었지만, 전쟁의 격화와 재정의 고갈 속에서 좌초했던 것이다.

서울의 기원, 경성의 탄생

청계천, 식민과 근대를 가로질러 흐르다

1. 식민지 도시 경성의 골칫거리, 청계천

청계천은 조선 초기 이래 도성의 중앙을 동서로 가로지르는 하천으로서
전통적으로 도성의 남북을 구분하는 경계선이었다. 북쪽에는 궁궐을 비
롯한 권부가 자리하고 권세가가 거주했으며, 남쪽은 권력에서 멀어진
가난하고 변변치 못한 양반 및 평민의 거주지였다. 한편 조선시대부터
청계천의 범람은 도성민의 안전을 위협하는 요소였다. 따라서 통치자에
게 청계천 정비는 늘 중요한 과제였다. 그럼에도 불구하고 조선 전기까
지는 도성 내 인구가 그렇게 많지 않았기 때문에 천변에 주택, 관아, 상
가 등이 별로 들어서지 않았고 그만큼 청계천 정비의 중요성도 크지 않
았다. 그러나 임진왜란과 병자호란이라는 양대 전란 이후 서울의 인구
는 점차 증가했으며, 새롭게 유입된 인구는 적당한 택지를 선택하기 어
려운 조건에서 위험을 무릅쓰고 천변에 주택을 짓기 시작했다. 이 때문
에 영조대부터 재정적 어려움 속에서도 주로 수표교 서쪽 지역을 대상
으로 2~3년에 한 번씩 정기적으로 준천(濬川) 사업을 시행하여 천변에
새로운 택지를 조성했다. 또 이곳에 주민을 정착시키기 위해 거주자에
게 장사할 권리를 주기도 했다.[61]

[그림 5-10] 1918년 여름 홍수로 범람한 청계천

　그런데 병합 초기 일제는 청계천 정비에 거의 신경을 쓰지 않았다. 청계천의 상태는 급속하게 악화되어 토사와 오물이 쌓여 하천 바닥이 거의 지면 높이에 근접할 지경이었다. 이 때문에 여름 홍수철만 되면 범람하던 청계천은 가히 경성의 골칫거리라고 할 만했다. 총독부 기관지마저 "근래에 와서는 다른 것은 모두 혁신이 되고 문명이 되어오지마는 한갓 간천 같은 것은 손을 대일 생각을 아니"했다고 자인할 정도였다. 식민지 권력이 비로소 청계천 정비에 나선 것은 1910년대 후반부터였다. 경성부는 1917년 제1기 하수도 개수계획을 입안하고 처음으로 청계천 정비 예산을 계상했다. 이는 청계천의 상태가 더 이상 모른 척할 수 없을 정도로 악화된 탓이기도 했거니와, 경복궁 내 총독부 신청사의 공사가 진척되면서 통치기구의 북부 이전도 임박했기 때문이다. 그러나 청계천 정비는 제1차 세계대전 이후 공황의 영향 등으로 물가는 앙등하는 반면 총독부의 국고보조는 축소되면서 계획대로 진전되지 못했다. 1920년

대 들어서도 준천 사업이 중단되지는 않았지만 예산에 맞추어 공사 계획은 자주 축소·조정되고 공기는 연장되는 상황이 계속되었다.[62]

2. 청계천 정비를 둘러싼 갈등의 구도와 전개

이렇게 근본적인 정비가 지지부진한 가운데 청계천은 두 가지 점에서 크게 문제가 됐다. 하나는 하천에 무분별하게 버려지는 오물과 배설물로 인한 위생 문제였으며, 다른 하나는 천변 양측의 길 너비가 두 사람이 동시에 지나기에도 어려울 정도로 좁아 낙상 사고가 비일비재한 교통 문제였다.[63] 1924년 4월에 있었던 사건 하나를 보자.

> 21일 오후 3시경에 광화문우편국 집배인 고영복이란 사람이 우편물을 가지고 자전차를 타고 부내 관철동 39번지 앞 청계천변길을 지나가는데 그때에 마침 부내 송현동 11번지 박희선이가 하차(荷車: 수레)에 짐을 싣고 그 반대로 옴으로 그것을 피하려 하다가 자전차를 탄 채로 청계천에 떨어져서 자전차가 부스러지고 면상과 발에 중상을 당하고 뇌진탕이 일어나서 인사불성에 이른 것을 (후략)[64]

무엇보다 좁은 도로 너비가 문제였다. 위생 문제는 청계천 외에도 문제되는 곳이 많았지만 낙상으로 인한 대형 사고는 청계천변의 특수한 상황이었기 때문이다. 이에 청계천 정비에 대한 일반 주민의 바람도 준천과 더불어 천변 도로 확장으로 요약되었다. 이런 바람은 1920~30년대 거의 매년 부(협의)회 석상에서 표출되었다. 부족하나마 이 자리가 거의 유일한 논의의 장이었기 때문이다. 그리고 늘 예산 부족을 내세우는 경성부의 대응도 별다른 진전이 없었다. 1926년 부협의회 석상에서 이 문제를 놓고 이루어진 최초의 논의 기록은 이런 구도를 전형적으로 보여준다.

> 청계천 양편 길에 대하여 다른 곳을 말하면 도로가 좀 불완전하야 교통이 불편할 뿐이지만 이곳은 전혀 한 사람도 다닐 수 없을 뿐 아니라 여러 길이나 되는 청계천가이므로 어린아이들이 작난을 하다가 개천에 떨어져 부상당하는 일도 종종 있으며 술취한 사람들이 때때로 낙상하는 일이 많은데 이에 대해 어찌하겠느냐고 함에 토목과 변외(番外: 경성부 토목과의 출석 관료)는 답하기를 그곳은 극히 위험한 곳인 줄 아나 경비가 없어서 어찌할 도리가 없으니 장래에 할 수밖에 없다고 하얏는 바 경비가 없다는 데는 다시 할말이 없어서 부득이 입을 다무리게 된 의원측으로부터는 당국이 너무도 다른 도로를 미장하기에만 몰두하고 각일각으로 위험을 느끼게 되는 이곳에 경비 없다는 당황스러운 이유만 내세우는데 대하야 불평의 기운이 충만하였다.[65]

물론 1920년대 예산 부족으로 도시 정비 사업이 부진한 것은 청계천 뿐 아니라 경성 곳곳이 그러했으며, 경성뿐 아니라 전국 도시 어디나 비슷한 상황이었다. 그러나 청계천은 공교롭게도 조선인 중심지인 북촌과 일본인 중심지인 남촌의 경계선이었으며, 천변 도로의 이용자는 주로 조선인이었다. 따라서 이 문제는 예산 부족만 내세우는 미봉책으로 대응하기에는 '위험한' 현안이기도 했다. 1920년대 말까지도 경성부의 별다른 대책이 없자 "부민간에는 '이것이 남촌에 있었으면 이미 개수하야 안전히 하얏을 것이다. 북촌에 있는 까닭으로 아직까지 방치하고 있다'

는 말까지 훤전(喧傳: 소문이 퍼짐)되는 중으로 인심까지 험악화하야 가는 형편"이었으며, 1931년에는 경성부가 "오직 비가 오면 질어서 사람이 괴로워 다닐 수 없다는 이유"로 한강통(용산 한강로) 도로 개수 예산 4만 원을 계상한 것을 구실로 "양자(한강통 도로 개수와 청계천 정비)의 경중과 그 시급을 생각하야 부당국자의 처사가 불공평한 것을 비난하는 동시에 부협의원 간에도 이에 대한 불평이 높아 이번에 열리는 협의회에서는 청계천 문제로 일대 파란"이 일어났다.[66] 도로가 질다는 이유로 한강통은 정비하면서 인사 사고까지 빈발하는 청계천은 정비하지 않는다는 이야기였다. 청계천 정비의 소홀은 곧 한강통 같은 남촌 지역의 정비와 연동하여 '남북 차별≒민족 차별'이라는 민감한 언설의 발화점이 되었던 것이다. 부협의회 석상에서 의원 한만희(韓萬熙)와 경성부 토목과장 사이의 문답, 그리고 이를 둘러싼 회의장의 분위기는 이런 점을 잘 보여준다.

한만희: 문제의 청계천도로는 추락방지 표식으로 만족하다고 생각하는가?

토목과장: 완전하다고는 생각지 아니하나 예산이 업서 대금(大金)을 드릴 수가 업다.

한만희: 도로 국부개수와 청계천도로 개수는 어떠한 것이 급하다고 생각하는가?

토목과장: 국부개수가 급하다고 생각한다.

한만희: 막대한 일시비용이 드는 것이니 할 수 업다 하니 이것도 계속공사로 하는 것이 엇더하냐? 뿐 아니라 전 부윤 관수(關水)씨가 실지답사를 하고 급하다는 것을 언명까지 한 것이 아닌가?

토목과장: 예산관계로 그리된 것이다. 매우 유감이라 생각한다.

한만희: 유감이라고만 교묘히 피하려고 하니 이런 말은 온당치 않다고 할런
지 모르나 만약 청계천이 황금정 이남 남촌에 잇다고 하면 부당국자는 엇
더케든지 이미 처단햇을 것이다.
한군의 질문이 남촌 중심의 경성부의 처사로 내선인촌의 차별문제로 흘러가
자 의장에서는 "의장정리를 해라"고 의장을 변호하며 야지가 쏟아지는 중
에도 한군은 조금도 굴하지 아니하고 (후략)[67]

그런데 사실 1931년 3월 부협의회 석상에서 청계천 문제에 관해 논란
의 수위가 높아진 데에는 또 다른 이유가 있었다. 회의 종료 두 달 후인
같은 해 5월 지방제도 개정에 따라 제1기 부회 선거가 예정되어 있었기
때문이었다. 따라서 "지방자치제 실시를 목첩"에 둔 "최종의 구제(舊制)
경성부협"은 부회 선거 출마 희망자에게는 존재감을 드러낼 수 있는 절
호의 기회였던 것이다. 한만희는 전형적인 친일 유력자였지만 선거에
당선되기 위해서는 조선인 유권자의 표를 끌어내야 했고, 이를 위해 민
족 차별이라는 민감한 언설을 통해 식민지 행정 기구인 "경성부를 맹
습"했던 것이다.
그런데 1930년대 초까지 매년 비슷한 양상으로 반복되었던 청계천
정비를 둘러싼 논란은 1930년대 중반 조금 변화하는 모습을 보인다. 이
는 조선시가지계획령 제정 및 경성시가지계획 시행과 밀접한 관련이 있
었다. '법정 도시계획'의 가능성은 도시 개발 및 정비에 그동안과는 수
준이 다른 대규모 공사 추진과 예산 투입을 예고하는 것이었기 때문이
다. 가용 자원의 증가는 자연히 그 분배를 둘러싸고 더 치열한 대립을
낳았다. 이것은 물론 경성의 큰 도시문제였던 청계천 정비에도 새로운

가능성을 열어주었다. 1935년 벽두 《매일신보》의 특집 기사에서 "경성부 구역 확장이 실현되고 대도시 건설계획이 구체화하는 때에는 이 청계천은 더 한층 문제화할 모양"인데, "대도시가 실현하는 날에는 반드시 이 청계천을 이용할 길이 잇을 것이 분명하여 부당국은 기회가 오기만을 기대하고 잇다"고 한 언급은 이런 정황을 암시한다.[68] 그렇다면 경성부는 청계천의 "이용할 길"을 어떻게 구상하고 있었을까?

> 경성부에서는 금년 가을 행정구역 확장을 기회로 종래 도시의 미관상 또는 부민의 위생상 중대문제로 그 대책을 강구하여오던 청계천의 정리에 나서기로 하얏다. (중략) 청계천의 간선으로 합류되는 부내 삼청동에서 의전(醫專)병원(현재 경복궁 옆 국립현대미술관 서울관) 앞을 거쳐서 광화문우편국(현재 광화문우체국) 앞을 지나가는 청계천의 지선을 비롯하야 다옥정(茶屋町: 현재 중구 다동) 남측을 관통하는 청계천의 지선 등등을 일괄하야 모두 그 위를 철근 '콩크리트'로 더퍼버린다는 것이다. 그리고 청계천의 좌우 양편에 역시 일부를 철근 '세멘' '콩크리트'로 덮어 양편의 길을 넓히는 동시에 장래 오물물을 버리는 암랑(巖廊: 지하 하수도)을 만들려는 것이라 한다.[69]

위의 기사는 시가지계획이 임박한 가운데 경성부가 그 일환으로 구상하고 있는 청계천 정비의 방향을 잘 보여준다. 지천을 복개하고, 본선도 상당 부분 복개하여 도로를 넓히고 하수도를 만든다는 것이다. 즉, 복개·도로화(+지하 하수도화)로 요약된다. 기실 '복개'는 이미 이전부터 시중의 여론이 원하는 바었다. 청계천 문제 해결의 주요 선택지였다고 할 수 있다. "걱정거리의 청계천이 엇더케하면 우리의 눈앞에서 배제"

되어 "청계천의 걱정이 사라지는 날에는 서울은 도시로의 한 가지 축복을 받는 것"이라는 표현은 이런 정서를 잘 보여준다.[70] 다만 문제는 상당한 규모의 예산 투입이 언제, 어떻게 가능하냐는 점이었다.*

3. 도시계획의 시행과 갈등의 폭발, 그리고 봉합

그런데 경성부가 시가지계획 시행을 계기로 청계천을 정비할 구상을 분명히 가지고 있었음에도 불구하고 이를 둘러싼 논란은 이듬해 부회에서 새로운 양상으로 전개되었다. 문제는 경성부가 우선 시행 사업으로 제출한 남산주회도로(남산주회도로 부설의 의미에 대해서는 6장에서 상세하게 살펴보겠다) 개수 및 이를 위한 공사비 75만 원의 기채 계획에서 촉발되었다. 왜 이것이 청계천 정비와 얽혀서 논란이 되었을까? 부회 의원 박준호(朴準鎬)**와 경성부 토목과장 마치다(町田久壽男)의 문답에서 그 사정을 짐작해볼 수 있다.[71]

> 박준호: 경성을 명랑도시로 만들기 위해 가장 시급히 개수해야 할 것이 청계천인데 금년도에는 하등 계획이 없다. 왜 남산주회도로 공사는 착수하면

---

* 복개가 청계천의 올바른 정비 대책이었는가라는 근본적인 질문이 있을 수 있다. 이와 관련해서는 오랜 논란이 있어왔으며, 2004년 이른바 청계천 '복원' 이후 논란은 새로운 단계로 접어들었다. 분명 현재 관점에서는 다른 평가가 이루어질 수 있다. 하지만 옳고 그름을 떠나서 식민지 시기로 거슬러 올라가면 청계천 복개는 다수의 여론이 희망하는 문제에 대한 유력한 해결책으로 인식되었다는 점은 틀림없다.

** 박준호(1884~1936)는 경성전수학교를 졸업하고, 1917~22 조선총독부 재판소 서기, 1925 남대문상업학교장 등을 역임했다.

서울의 기원, 경성의 탄생

서 청계천 개수는 안하느냐?

토목과장: 청계천 개수에 대해서는 복안을 가지고 있다. 그러나 개수공사는 4월 계획령이 적용되면 그 구체안을 작성하는 데 많은 편의를 받을 것이다. 앞으로 황토현 광장에서 동대문 오간수문까지 5,800m의 청계천 양안 도로를 개수하고 그 아래에 암거를 설치할 계획이다.

박준호의 질의는 부회에서 논란이 될 방향을 미리 보여주는 것이었다. 문제의 소재는 경성부가 청계천 정비는 시가지계획 사업의 일환으로 입안하려고 한 데 비해 남산주회도로는 별도의 사업으로 입안하여 시가지계획에 '앞서' 시행하려는 데에 있었다. 이 문제는 다음 날 회의에서 더욱 논란이 되었다. 조선인, 일본인을 막론하고 여러 의원들이 이 문제를 잇달아 제기했다. 다수가 남산주회도로를 서둘러 부설하려는 경성부의 의도에 의구심을 품고 있었다. 그중에서도 가장 열렬하게 발언을 한 한만희의 경우 남산주회도로에 대한 우선 개수의 '내막'을 건드리며 예민한 문제를 제기한 대목이 눈에 띈다.

한만희: 청계천 개수가 보건 위생상 중대한 가치를 가지고 있음은 이미 여러 의원이 말했다. 또 청계천 도로가 살인도로라는 것도 10여 년이나 된 문제이다. 그동안 얼마나 많은 희생자를 냈는지 부 당국자도 잘 알 것이다. 또 연안의 다옥정이나 무교정에서 불이 나면 소방자동차도 들어갈 수 없다. 그에 비해 남산주회도로변은 인구가 희박하고 교통량도 적다. 이런 도로를 75만 원이나 들여 공사 착수하는 반면 10여 년이나 문제가 되어온 청계천을 방임하는 것이 과연 말이나 되는가? 그것은 청계천이 북쪽

에 있는 까닭이 아닌가? 경성부 토목행정이 일부의 이면 공작에 좌우 되는 것이 아닌가?

한만희의 발언은 청계천 정비와 남산주회도로 부설의 대립에서 가장 예민한 대목인 남북 차별 문제를 직접 제기하는 것이면서 남산주회도로 우선 부설 계획의 배경으로 의심되는 "일부의 이면 공작" 여부를 건드린 것이었다. 이렇게 한만희가 "30분간이나 탄핵적으로 장광설을 토하자 장내는 긴장과 흥분으로 가득 찼"으며, 내무과장 모리(森武彦)는 "어름 어름 변명 비슷한 답변"을 할 수밖에 없었다. 그럼에도 불구하고 한만희의 공격이 계속되자 토목과장 마치다는 "이태원과 부근에 있는 부유지 10만여 평의 재원을 위함"이라는 "노골적 답변"을 할 수밖에 없었다.[72] 즉 교통 개선과 같은 도로 부설의 표면적이고 일반적 이유 외에 경성부의 입장에서 남산주회도로 부설이 시급한 '이면적' 이유를 실토한 셈이었다.

《조선일보》는 부회 제2일, 제3일차에 있었던 논란에 대해 "의원과 부 당국자 간의 논전은 과연 어떤 결말을 짓게 될런지 극히 주목을 끌고 있다"고 소개하며 청계천은 위생상, 교통과 보안상, 그리고 "이 개천을 경계로 시가는 완연히 남북으로 담을 쌓은" 문제가 있는데, 이런 문제를 근본적으로 해결할 수 있는 길은 "뚜껑을 덮어 도로를 만드는" 방법 뿐이라고 정리했다. 이와 더불어 "긴급치도 않은 남산주회도로를 신설하는 데 거대한 기채까지 하게 됨"에도 불구하고 경성부가 "북촌 시가를 위해서는 막대한 관계를 가진" 청계천 정비 문제를 게을리 하고 있다고 비판했다.[73] 논란은 회기가 막바지에 다다른 제10일차 회의에서 재연되었다. 그동안 회의에서 이 문제에 대해 발언한 적이 있는 거의 모든 의원뿐 아니라 그동안 별다른 발언이 없었던 의원까지 개입함으로써 대대적으로 전개되었다. 분위기를 파악하기 위해 논란의 대체적인 흐름을 살펴보자.

박준호: 명랑한 대경성의 실현에서 가장 긴급한 문제는 청계천 개수문제이다. 대경성이 전염병도시라는 칭호를 듣는 제일의 원인이 되는 청계천은 속히 암거화해야 한다. 그 위로 통행을 하게 되면 교통도 더욱 편의해질 것이니 당국은 속히 실현되도록 하라.

카노우(加納一米): 청계천 문제는 일반 질문에서 수차 논의된 것이다. 지금 다시 논란할 필요가 없다.

한만희: 부민에게 별로 필요하지도 않은 남산주회도로가 이야기되므로 청계천도 자연히 이야기되는 것이다. 의사를 그대로 진행하자.

경성부윤: 청계천 문제는 이미 상세히 한 것이니 간단하게 하기 바란다.

박준호: 청계천은 덮개만 하면 개수 공사가 완료되는 것 아닌가? 당국에서는 여기에 공비가 많이 든다고 하는데, 구체적으로 어떤 기초 조사를 해 보았는가?

토목과장: 청계천 개수에 대한 경성부의 안은 일찍부터 있었다. 이를 총독부 방면과 의논한 적도 있지만 아직 협의하여 통일된 안을 만들지는 못했다. 실제의 구체적 조사도 없었다. (중략)

조병상(曹秉相): 경성부의 원안에 수정 의견을 내겠다. 남산주회도로 공사를 하지 말라고 하는 것은 아니다. 그 목적이 부의 재원 염출을 위한 것이라고 하니 그 점에 대해 뭐라 할 말은 없다. 그러나 당장 긴급하지 않은 일을 하면서 긴급한 청계천 능은 왜 개수하려 하지 않는가? 남산주회도로 공사가 3개년 계획으로 되어 있으니 이를 5개년으로 연장하고 예산의 일부를 청계천 개수에 돌릴 의사는 없는가? 3년 후가 되었든 5년 후가 되었든 지가가 앙등하는 데에는 하등의 차이가 없을 것이다.

토목과장: 남산주회도로 예산의 일부를 청계천 개수에 돌린다고 해도 몇 만 원 정도밖에 안 된다. 청계천 개수에는 근 500만 원이 소요된다. 이렇게 소액의 경비로 착수할 수는 없다.

경성부윤: 청계천 개수가 절대 시급한 것은 잘 안다. 그러나 그것은 공사 범위가 방대하고 막대한 예산을 요하므로 도비나 국고의 보조가 있어야만 한다. 불원한 장래에 시가지계획령이 적용될 터이니 그때에 근본적인 계획을 세우도록 하자. 금후 부 당국도 의원 제군과 더욱 협력하여 노력할 것이니, 여러분도 이쯤에서 양해해주기 바란다.

한만희: 조 의원의 말도 있었고 부윤의 의향도 잘 알겠다. 그러나 청계천 개수에 대해서는 연전에 수립한 120만 원 계획안이 있지 않은가? 이것으로 5개년 계획을 세운다면 국고보조 1/3, 수익세 1/3을 제외하고 부비는 연액 8만 원씩만 지출하면 되지 않는가? 이 안에 대해 들은 바가 있으니 자세한 설명을 하라. 토목과는 이 안을 만들었음에도 남산주회도로의 원안을 통과시키기 위해 쓸데없이 고집을 세우고 예산 부족을 방패막이로 내세우고 있다. 변명만 하지 말고 성의 있는 태도를 보이라.

토목과장: 물론 120만 원의 계획안은 있다. 그러나 그것은 내용이 너무 박약하다. 그 후 충실한 계획안을 세우겠다.

쇼우지(庄司秀雄): 청계천 문제는 연일 충분히 이야기되어 더 이상 질문의 여지도 없다. 그런데도 계속 남산주회도로와 연결하여 대립적으로 문제를 일

서울의 기원, 경성의 탄생

으키는 것은 조선인 의원 측의 편협한 감정의 발작이라고밖에 볼 수 없다.

한만희: 감정의 발작이라는 말을 취소하라. 우리들은 모두 부민을 위한 부정을 논하는 것인데, 감정이란 무엇이냐? 조선인 의원을 모욕하는 말이다.

쇼우지: 당장 취소할 필요를 느끼지 않는다.

(휴회)

경성부윤: 의사 심의에 너무 열중한 나머지 정도에 넘치는 말들을 하는 것 같다. 주의해주기 바란다.

위의 인용에서 이 문제에 대해 늘 강경한 발언을 했던 박준호, 한만희 등과 일본인 의원 카노우, 쇼우지° 등이 정면으로 충돌하는 모습, 조선인 의원 중 일종의 온건파인 조병상°°이 나름대로 중재를 시도하나 잘 되지 않는 모습을 볼 수 있다. 양측의 대립이 그치지 않은 이유는 명목상 중립을 지켜야 할 경성부윤이 말 그대로 명목상의 중립만을 지키면서 남산주회도로 부설 예산의 일부를 청계천 정비 쪽으로 옮겨달라는 요구에 응하지 않았기 때문이다. 이에 분위기는 크게 격앙되었다. 실제 이날 회의장의 분위기를 전하는 기사들을 보면 한만희와 쇼우지의 설전이 계속되자 "조선인 의원들 사이에는 동감! 동감! 소리가 연발하며 장내의 공기는 살기가 등등하고 자못 저기압이 돌"았으며, "장내에는 파

• 카노우 이치베이(加納一米): 1890년생, 조선으로 건너와 18년간 언론계 종사, 1936년 현재 조선경제신문사 사장.
쇼우지 히데오(庄司秀雄): 1887년생, 관료 출신, 1924~32년 조선총독부 속, 도 시학관 등 역임.
•• 조병상(1891~1978): 선린상업학교 졸업, 1910년대 상업학교 교사 등을 거쳐 주식중개업에 종사, 식민지 말기까지 수많은 친일단체에 관여한 '직업적 친일파'에 가까운 인물.

의 대립이 더욱 뚜렷이 나타나 공기는 일층 험악해지며 분규에까지 미칠 정도였다." 그렇다면 이런 대립은 어떻게 결말이 났을까? 3월 23일의 대충돌 이후 경성부회는 25일부터 27일까지 청계천 문제를 다루는 비공개의 전원위원회를 개최했다. 회기 중 특별히 문제된 의안을 십중적으로 다루는 전원위원회를 개최한 것은 극에 달한 대립 구도에서 어떻게든 타협점을 찾아보려는 시도라고 볼 수 있다. 비공개이기 때문에 회의 기록은 남아 있지 않지만 전원위원회 결과 경성부회는 4월 2일부로 의원 전원 명의 조선총독, 경기도지사 등에게 제출할 의견서를 채택했다.[74]

〈청계천 개수에 관한 의견서〉

경성의 중앙을 흐르는 청계천의 현재 개거(開渠)로 방치되어 있는 광화문통 광장 및 경성부청에서 오간수교에 이르는 구간의 개수계획을 시가지계획으로 속히 결정해주기 바람. 이에 이유를 붙여 부제 제16조에 의해 의견서를 제출함. 이유. 경성의 중앙을 흐르는 청계천은 구성 내 약 30만 인구로부터 배출되는 오수(汚水)에 오염되어 불결이 극심하고 또 연안 도로는 협익하여 위험이 막심하여 위생상 혹은 교통, 보안상 우려가 큰 바로 바로 반도의 수도로서 면목상 방치할 수 없는 현상에 있다. 그런데도 아직 그 개수계획을 확립하지 못함은 유감이 지극하므로 속히 시가지계획으로 결정하여 선처할 것이 필요함.

1936년 4월 2일, 경성부회 의장 → 경성부윤, 경기도지사, 조선총독

의견서가 특별한 내용을 담고 있는 것은 아니다. 청계천 정비를 시가지계획사업에 포함시킨다는 것은 이미 결정된 것이나 다름없는 것이었

서울의 기원, 경성의 탄생

으며, 부회 석상에서 부윤도 언급한 바 있었다. 그러나 부회가 전원위원회를 개최하고, 그 결과 의견서를 채택한 것은 여론을 다시 한 번 환기시킨 효과가 있었다. 그리고 이런 분위기는 경성부의 사업 진행에도 나름의 '압력'으로 작용했다. "청계천 개수 문제는 지난번 경성부회에서도 조상(俎上: 단상)에 오른 바 있어 그 추이를 일반은 주목한 바이지만 그 후에 있어 부당국에서도 명랑한 대경성을 만들어내려면 청계천 개수 공사의 착수가 급선무라는 것을 인식하였음인지 최근에는 총독부와 협력하야 그 개수공사에 대한 구체안을 꾸미는 중"이라는 기사는 이런 분위기를 보여준다.[75] 그리고 이는 시가지계획안의 전반적인 입안을 위한 제1회 경성부도시계획조사위원회의 논의로 이어졌다.

7월 3일 개최된 도시계획조사위원회는 일반 안건들 외에 특별히 '청계천 개수계획에 관한 건'을 의제로 채택했다. 예상대로 "의론이 백출"했으나, 결론적으로 대략 광화문통-동대문 오간수교 구간을 하천의 폭에 따라 일부 암거 및 반(半) 암거화하는 안을 결정하고, 이를 "경성시가지계획에 포함시킬 것을 요망하는 정도로 의견 일치"를 보았다. 이후 한 가지 특기할 사항은 총독부 시가지계획위원회의 자문안에서 양측 합계 12m였던 청계천 연안 도로의 너비가 경성부회의 심의 과정에서 25m로 확대된 점이다. 연안 도로 너비 확대는 곧 청계천의 거의 완전한 복개를 의미하는 것이었다.[76] 또 복개 시작 구간(광화문통-삼각정)은 경성 시가지계획의 제1기 5개년 계획에 포함되었다. 요컨대 전체 25개년으로 예정된 경성시가지계획 가로망 계획에서 최우선순위 중 하나로 청계천 정비의 일부가 포함되었다는 의미이다. 물론 이런 결정의 최종 권한은 총독부에 있었다. 하지만 밑바탕에는 1920~30년대의 지속적인 여론

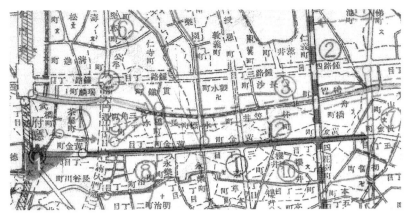

[그림 5-11] 경성시가지계획 가로망 계획도 중 청계천 복개 부분
* 푸른색 점선으로 표시된 부분이 청계천 복개 부분

의 발화를 거쳐 1936년 3월 부회 석상의 대대적 논란으로 표출된 '사회적 압력'이 있었다고 봐야 할 것이다. 단순히 물리적 환경, 복개 도로화의 대상으로서가 아니라 지역정치의 공간으로서 청계천을 바라볼 때 우리는 이런 사실을 비로소 '발견'할 수 있다.

그렇다면 1937년 가을 시작된 청계천 복개는 어떻게 진행되었을까? 이 공사도 다른 계획사업과 마찬가지로 시작부터 크게 지연되었다. 이듬해 벽두 이런 식으로 "1년에 기껏해야 7, 80미터씩 공사가 되어나간다고 하면" "3,500미터나 되는 청계천이 암거를 다 해낼 날은 40년 후의 아득한 일"이 될 것이라는 전망이 나오는 실정이었다. 물론 그 와중에도 공사 완료 이후 복개 도로는 자동차 전용도로로 하고 지하에는 지하철을 부설하여 "전차 없는 제이 종로거리"를 만들겠다는 등 '미래'의 교통 계획은 지속적으로 제출되었다.[77] 그러나 이 역시 '문서상의 계획'에 그쳤을 뿐이다. 식민지 시기 청계천 복개의 실적에 대해 1950년

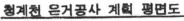

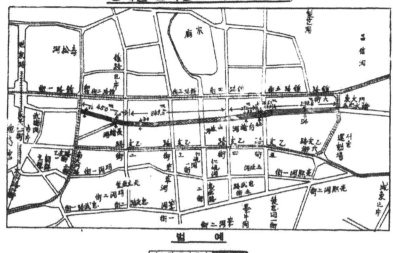

[그림 5-12] 1950년대 말 청계천 복개 계획

의 한 기사는 "다동(茶洞)까지 공사를 추진하여 □□(원문 판독 불가)까지 불과 10여 메타를 남녀논채 공사를 완성치 못하고 해방이 되었"다고 했으며, 1960년의 공사 보고는 서린동(瑞潾洞)까지 완성했다고 언급했다.[78] 이것으로 보아 8·15 당시 원래 공사 목표인 삼각정까지 이르지 못한 것은 분명해 보인다. 이후 청계천 복개 공사는 1950년대 후반 허정(許政) 시장 시기에 재착공되어 5·16 군정기인 1961년 12월 오간수교까지 복개가 완료되었다. 이후에도 복개 구간은 계속 연장되었고, 1970년대 초 마장동 부근에서 비로소 끝났다.[79]

6장

도시 유토피아,
'교외'의 탄생과 죽음

1

'전원도시'라는 꿈
혹은 신기루

1930년대 조선에서 도시계획 법령 제정과 도시계획 시행이 가능해진 것은 도시계획이 '도시의 문제'를 넘어 '국책의 문제'로 인식되었기 때문이다. 그러나 도시계획의 내용이 모두 국책적 요소에 종속될 수는 없었다. 도시계획이란 실재하는 공간을 전제하는 것이기 때문이다. 그리하여 경성시가지계획에서도 세부 계획사업을 결정하는 데 중요한 요소는 당대 경성의 도시 문제, 더 정확하게 말하면 식민지 권력이 우선 해결하고자 한 도시 문제였다. 그중 가장 중요한 것으로 주거문제를 들 수 있다. 주거대책이 도시계획의 기본 대상이라는 일반적인 사실을 굳이 상기하지 않더라도, 경성시가지계획 구획정리지구의 상당 부분이 주거지역이었음을 앞에서 보아왔다. 즉 경성시가지계획 사업에서 적어도 '양적으로' 가장 큰 부분은 경성 외곽에 새롭게 편입된 지역을 주택지로 만드는 문제였던 것이다.

그런데 외곽의 새로운 주택지는 이미 1920년대부터 '교외(suburb)'라는 명칭으로 도시계획 논의에 등장했다. 또 실현되지는 않았지만 교외의 개발을 둘러싼 다양한 논의가 분출했고, 경성시가지계획 시기에 이르러 몇 갈래로 현실화되었다. 그러므로 1930년대 '실현된' 교외 주택지가 무엇인지 이해하기 위해서 먼저 이전 도시계획 논의에 교외라는 개념이 도입된 맥락을 알아야 한다.

이 시기 교외 주택지라는 개념은 곧 고급 주택지를 의미했다. 그리고 이런 교외/고급 주택지 개념은 영국에서 연원하여 유럽과 미국 그리고 일본을 거쳐 식민지 조선에까지 수용된 '전원도시(田園都市)론'에 기반을 두고 있었다. '전원도시론'이란 영국의 도시계획가이자 사회운동가인 에벤에저 하워드(Ebenezer Howard, 1850~1920)가 제창한 '전원도시(Garden City)'에서 비롯한 개념이다. 일종의 유토피아주의에 입각한 사회개량주의 계열의 활동가인 하워드는 자본주의의 모순을 비폭력적·평화적으로 '개량'하는 방책으로서 자본주의적 개발의 폐해가 만연한 기존 대도시와 물리적·이념적으로 구분되는 이상적 소도시의 새로운 건설을 주장했다. 이것이 바로 '전원도시'였던 것이다.[1] 하워드는 단지 주장만 했던 것이 아니라 레치워스(Letchworth: 런던 북부 외곽의 소도시)와 같은 전원도시를 실제로 건설하기도 했다.

그런데 점차 시간이 흐르면서 현실 비판적이며 비자본주의적인 하워드의 사회사상적 측면은 소거되고 교외 주택지 조성의 기술적 측면만 부각되었다. 특히 미국에 수용되면서 이런 색채가 강화되었다.[2] 전원도시론은 일찍이 일본에도 수용되었다. 하워드의 저서 제2판이 간행된 것이 1902년인데, 일본 내무성은 1907년 벌써 그 내용을 소개한 책자를 간행했으며, 개인적으로 하워드가 조성한 '모델 도시' 레치워스를 방문하

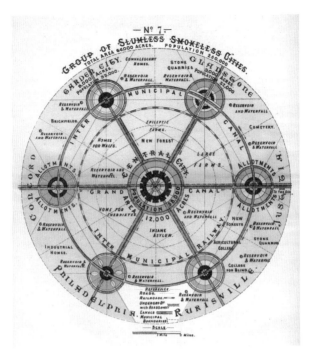

[그림 6-1] 하워드의 전원도시 모델
중심도시와 그것을 둘러싼 전원도시의 배치를 보여준다.

는 일본인이 있을 정도였다. 이 무렵 'Garden City'는 일본에서 흔히 '화원도시(花園都市)' 혹은 '화원농촌(花園農村)'으로 번역되었다. 이와 같이 일본에서 전원도시는 '도시와 농촌의 결합', '농촌 같은 도시', 결론적으로는 농촌과 도시의 장점을 두루 취한 '건강한 중산층 주택지'의 이미지로 수용, 건설되었다.[3] 그리하여 1910~20년대 대도시 도쿄나 오사카에 건설된 교외 주택지의 경우, 실상과는 상관없이 하워드 전원도시론의 이상 실현을 내세우거나, 그것을 참조했다는 언설이 두드러짐을 발견할 수 있다.

전형적인 사례로 일본 재계의 실력자 시부자와 에이치(澁澤榮一) 부자가 덴엔조후(田園調布)를 건설한 과정을 들 수 있다. 이상적 교외 주택지 건설을 목표로 1918년 전원도시주식회사를 설립한 시부지와는 이들 히데오(澁澤秀雄)와 레치워스를 견학하고 이를 모델로 덴엔조후를 건설했다. 그리하여 덴엔조후의 초기 건설 과정은 경제성을 무시한 이상주의를 표방했다. 그러나 이후 덴엔조후는 하워드의 핵심 주장을 거슬러 지가 상승분을 공공적으로 환수하지 않았고, 입주자는 쾌적한 주거를 넘어 개발이익을 획득했다. 결과적으로 이곳은 현재 도쿄 교외의 전통적인 고급 주택지로 변모하여 현재에 이르고 있다. 이런 '변질'은 비슷하게 개발된 다른 주택지에서도 나타났다. 전원도시주식회사가 '전원도시'라는 명칭을 내걸고 처음 개발한 도쿄의 센조쿠(洗足) 주택지의 경우 "전원도시의 명칭에 걸맞은" 입주자 커뮤니티 형성 등에 힘을 기울였다. 그러나 조성 후 20년이 채 지나지 않아 커뮤니티 회보(洗足會報)에 〈센조쿠 전원도시는 사라졌는가?〉와 같은 글이 실리며 고급 베드타운이 되어버린 센조쿠의 현실을 비판했다. 또 서구 유학파인 미츠비시 재벌의 3대 총수 이와사키가 "부호의 사회적 책무의 자각과 실천을 구현하기 위해 조성한 이상 도시" 야마토무라(大和鄕) 주택지도 비슷한 길을 걸었다.[4]

한편 당시 조선에서도 일본의 영향을 받아 교외 주택지란, 녹음이 우거지고 채광, 통풍이 잘 되는 쾌적한 도시 외곽의 주택지를 의미했다. 경성에서는 남산을 뒤에 두고 한강을 앞에 면한 지역(남산 동남록)이 대표적인 교외 주택지 후보로 부상했다. 이 지역에는 1920년대 초부터 여러 민간 업자들에 의해 택지 개발이 이루어지고 서양풍 고급 주택의 집거지가 형성되기 시작했다. 당시 이런 주택지는 1920년대를 풍미한 문화주의의 영향을 받아 세칭 '문화주택지'라고 불렸다.[5] 1920년대 문화주택지의 거주자는 대체로 재경성 일본인 유산층이었다. 그러나 이것은 주택지의 개발에 그치지 않고 전원도시론의 맥락에서 선전되고 또 의미를 부여받았다. 그리고 이런 과정을 통해 전원도시라는 개념은 일본인 유산층의 문제를 넘어 조선 사회 전반에 수용, 정착되어갔다. 예컨대 식민지 시기 대표적인 조선인 건축가 박길룡은 1935년에 쓴 글에서 이렇게 말한다.

> '하우와−드'라는 사람이 창조한 전원주택은 주택건물 이외에 각 호마다 상당한 공지를 보유케 하야 이 공지를 정원으로 이용케 하였는데 (중략) 현금 선진제국의 도시계획은 집단식을 피하고 분산식으로 계획한다. 전원에 공원이 있고 정원이 넓은 대주택이 산재한 것은 밀집도시에 복잡한 것은 ○○하고 공기를 청결하는 데는 큰 효과가 있는 것이다.[6]

교외 주택지 조성 이론으로 재해석된 하워드의 전원도시론이 조선인 전문가에게 별 이견 없이 통용되는 모습을 확인할 수 있다. 그리고 이것은 대규모 주택지 개발 사업이기도 했던 경성시가지계획에서 여러 흔적을 남겼다. 이제 그것을 두 갈래로 추적해보자.

2

남산주회도로의 부설 과정과 사회적 갈등

'당신들의 전원',
남산 문화주택지

식민지 시기 '교외의 탄생'과 관련하여 먼저 부각된 의제는 '남산주회도로' 부설 문제이다.* 이 도로는 당시 서울 도심부에 부설된 도로들 중 현재까지 상당한 역할을 하고 있는 대표적인 도로 중 하나이다. 용산·삼각지에서 남산 동남록을 돌아 신당동에 이르는 구간을 가리켰던 남산주회도로는 현재 대략 지하철 6호선 삼각지역에서 신당역에 이르는 구간과 일치한다.

이 도로는 식민지 시기 부설된 여러 도로들 중에서도 단연 눈에 띄는 점이 있다. 도로의 부설 과정이 상대적으로 지난했던 것이다. 1920년대 초 경성 도시계획을 둘러싼 논의가 시작되면서 주요 사업 중 하나로 언

• 남산주회도로란 공식 명칭은 아니며, 당대 사료에서 이 도로를 가리킬 때 많이 사용된 명칭이다. 사료에서 남산주회도로는 조금씩 다른 명칭으로 표기되어 있다. 남산주회도로라고 쓰더라도 '주회'의 한자가 周廻, 週廻, 周回 등으로 조금씩 다르다. 그러나 동일한 도로를 가리키는 명칭이므로 이 책에서는 사료를 그대로 인용하는 경우를 제외하고 '남산주회도로'라고 표기한다.

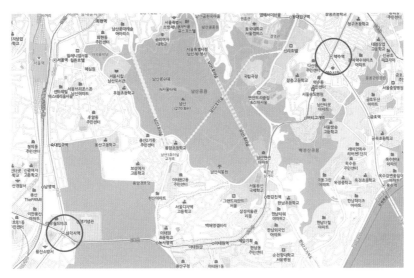

[그림 6-2] 오늘날 지도에 보이는 남산주회도로 구간

현재의 공식 도로명에 의하면 지하철 삼각지역에서 한남고가차도에 이르는 이태원로,
한남대교 북단에서 장충단로 입구에 이르는 한남대로의 일부(한남고가차도–장충단로 입구 구간),
장충단로 입구에서 청계7가 교차로에 이르는 다산로를 연결하는 구간이 남산주회도로이다.

급되기 시작한 이래 여러 차례 부침을 겪으면서도 부설 논의가 사라지지 않다가, 1930년대 중반에 가서야 실제 공사가 시작되어 1939년 비로소 완공되었다. 대략 15~20년에 걸쳐 '끈질기게' 사회적 논의의 대상이 되었던 도로라는 의미이다. 부설 논의가 매끄럽게 진행되지 못하고 많은 부침을 겪으면서도 끝내 사그라들지 않고 지속된 이유는 사실 도로 자체보다 그 연변, 남산 동남록 지역 개발과 관련이 있었다. 다시 말해서 남산주회도로 부설 문제의 본질은 도로 건설이 아니라 교외 주택지 개발에 있었던 것이다.

남산주회도로 부설 논의는 재경성 일본인 유력자 단체인 도계연의 활동에서 시작되었다. 도계연은 1922년 5월 창립 후 처음으로 총독부에 제출할 도시계획 관련 진정 사항 6개 항을 결의했는데, 그중 하나가 "경성 도시의 발전상 긴급한 사업"의 하나로 "남산록주회도로(南山麓周廻道路)를 신설할 일"이었다. 그렇다면 이때 남산주회도로가 "경성 도시의 발전상" 가지는 의미는 무엇이었을까? 몇 년 후의 설명에 따르면, 첫 번째 의미는 용산에서 도심부를 통과하지 않고 경성 동부 지역에 도달하는 것, 즉 당시 경성에서 발전 가능성이 높은 두 지역 간 거리의 획기적 단축이었다. 그러므로 남산주회도로 부설은 경성 도시계획의 주요 의제 중 하나인 행정구역의 확장과 개발 문제였으며, 한 발 더 나아가 생각해보면 용산을 중심으로 한 일본인 커뮤니티의 공간적 확장을 의미한다고 볼 수 있다. 남산주회도로 부설 문제는 해를 넘겨 더욱 구체적으로 추진되었다. 1923년 8월에는 경성부 토목과가 주관하는 도로 예정선 실지답사가 진행되었다. 답사를 기획한 토목과장 고노(河野誠)는 향후 경성 부근에서 주택지로 개발할 수 있는 유력한 지역은 이태원, 한강리 등 고지대뿐인데 그렇게 되면 자연히 남산이 경성부의 중앙 공원이 될 수밖에 없으며, 이를 위해서는 "광희문 밖으로부터 용산 17, 18연대 앞까지 약 15리"의 "회유(回遊)도로"를 부설해야 한다고 언급했다.[7] 그것이 바로 남산주회도로였다.

이 무렵 고노는 조선 내 건축·도시계획 전문가를 망라한 조선건축회 기관지에 잇달아 '전원도시'에 대한 글을 게재했다. 고노의 글은 하워드의 전원도시론과 레치워스 등 하워드의 이론에 의해 건설된 영국의 전원도시를 소개하고 도쿄, 오사카, 가나자와 등의 교외 주택지를 전원도시의 하나로 소개했다. 또 "이상향 운동"으로서 전원도시론이 도시계획의 "신기원(원문은 エポックメーキング: epoch-making)"이라는 점을 강조

하기도 했다. 이런 글들에 비춰볼 때 고노가 전원도시론의 원론에 밝은 인물이면서, 교외 주택지 건설론으로 당시 일본을 풍미한 전원도시론자임을 잘 알 수 있다.[8] 그런데 이런 논의는 당장 순탄히 실현되기 어려웠을 뿐만 아니라 외부 요인에 의해 쉽게 흔들렸다. 식민지 권력 수뇌부가 중시하는 의제가 아니었기 때문이다. 결국 이 논의는 1923년 가을 발생한 간토대지진의 영향으로 곧 중단되었다.[9] 그러나 남산주회도로 부설 문제가 공론장에서 완전히 사라진 것은 아니었다. 1925년 말에 쓰인 기사 두 편을 보자.

① 경성부는 총독부 당국과 협의한 결과 남산 일대를 중심으로 그 부근 언덕으로 된 관유지의 불하를 받아 미리 여기다 길을 만들고 입체적으로 경성발전책을 강구하리라고 한다.[10]

② 지금 남산의 남편과 동편에는 약 200만 평의 이용되지 않은 땅이 있는데 이곳은 일반이 다 아는 바와 같이 공기가 신선하고 풍광이 명미하여 생활상 적호(適好)한 지역이나 모든 도회적 시설이 없어서 그와 같이 비어 있게 되므로 이에 대해 경성부에서는 명년부터 될 수 있는 대로 전력을 다해 교통시설이라든지 도시생활에 필요한 수도와 와사(瓦斯: 가스), 전기 같은 문화생활에 필요한 시설을 하도록 힘쓰기로 했으며 (후략)[11]

①의 기사가 남산록을 개발하기 위한 전제로서 남산주회도로 부설을 언급하고 있다면, ②의 기사는 도로를 포함한 각종 시설을 설치함으로써 남산록 일대를 주택지로 개발하려는 구상에 초점을 맞추고 있다. 공통적

으로 남산주회도로의 부설은 곧 연변의 "공기가 신선하고 풍광이 명미" 한 주택지 개발과 긴밀하게 연동하는 의제임을 알 수 있다. 1925년 말 이런 기사가 잇달아 나온 것은 우연이 아니라 이듬해 간행될 《경성도시계획 구역설정서》에 따른 도시계획 준비를 반영한 것이었다. 이미 살펴보았듯이 《경성도시계획 구역설정서》의 도시계획안은 실현되지 못했다. 그렇다고 그 내용을 살펴보는 것이 무의미한 작업은 아니다. 1920년대 전반 경성 도시계획 논의의 초점이 집약되어 있기 때문이다. 《경성도시계획 구역설정서》에서 가장 독특한 부분은 이른바 '입체적 도시계획'을 주장하는 대목이다. '입체적 도시계획'이란 무엇을 뜻하는 것일까? 《경성도시계획 구역설정서》에 따르면 경성은 지세상 고지대를 개발·이용할 수밖에 없으며, 따라서 자연적 조망, 풍광, 위생상 유리한 고지대에 주택지를 형성하는 '입체적 도시계획'을 시행해야 한다는 것이다. '입체적 도시계획'이 가리키는 지역은 바로 남산주회도로의 연변, 즉 남산 동남록 지역이라고 볼 수 있다.

몇 년간 잠잠하던 남산주회도로 부설과 연변 지역 개발 문제는 1927년 말 총독 야마나시와 정무총감 이케가미의 부임을 계기로 도시계획 논의가 재개되면서 다시 수면 위로 떠올랐다. 이런 사정이 반영된 것이 1928년 경성부가 2차 도시계획안으로 간행한 《경성도시계획 조사서》이다. 《경성도시계획 조사서》에서 특기할 점은 "장래 2, 30년 후 일체의 도시가 될 지역을 미리 구획정리"하려는 계획이다. "미리 구획정리" 해야 할 대상으로 지목한 지역은 다름 아닌 한강리와 신당리였다. 이 두 지역은 남산주회도로의 연변으로서 구획정리를 실행하려면 남산주회도로가 부설되어야 할 것이었고, 반대로 이 두 지역의 구획정리를 통해 남산주회도로 용지를 염출할 수도 있었다. 《경성도시계획 조사서》에서 두 지역의 구획정리는 도면까지 있는 실행 계획은 아니다. 그러나 지역의 실태, 토지 이용 계획의 대강 등이 서술되어 있어 단시간 내에 급조된 계획은 아님을 알 수 있다. 이와 관련된 남산주회도로 부설 및 주택지 조성 문제는 같은 해 연말 경성부 토목과가 실지 측량과 가액 결정을 마치는 단계까지 진전되었다. 주택지 조성 후 매각을 통해 경성부가 30만 원 이상의 재원을 확보할 수 있다는 예상까지 나올 정도였다.[12]

1929년 벽두에는 이케가미의 주선으로 전 도쿄부흥국 장관 나오키 린타로(直木倫太郎)가 경성을 방문했다. 나오키는 앞으로 경성 도시계획은 교외 주택지 개발을 주안으로 해야 한다는 취지로 강연했으며, 더불어 경성부 및 도계연 관계자들과 남산주회도로 연변의 주택지 개발 후보지를 실지 답사하는 등의 일정을 진행했다. 나오키는 경성 도시계획은 "시구개수의 근저를 타파하고 경성의 동부, 남부에 신도시를 건설해야" 하며 이런 새로운 "교외의 아름다움과 살기 좋음을 보여주어" 도심부 거주자가 스스로 교외로 이전하도록 해야 한다고 역설했다. 더구나 흥미로운 점은 나오키가 이상적인 교외 주택지의 사례로 런던의 레치워스나 뉴욕의 포리스트 힐스와 같은 영미 '전원도시'를 들고 있다는 점이다. 이어서 4월의 한 좌담회에서 경성토목출장소 기사 혼마 토쿠오 (本間德雄)가 향후 경성은 남산을 중심으로 한 대도시로 확장되어야 하며 이를 위해 수경 전망이 좋은 한강 연안의 주택지를 개발해야 하고, 다시 이를 위해서는 남산주회도로가 반드시 필요하다고 역설한 것도 정확하게 같은 맥락이었다.[13] 외곽 개발 중심의 경성 도시계획 논의가 다시 부상하는 분위기를 느낄 수 있으며, 그 중심에 남산주회도로 부설과 남산록 교외 주택지 개발이 있음을 알 수 있다. 그런데 이런 분위기는 이케가미의 급사, 야마나시의 비리 사건과 교체로 급격하게 사그라들었다. 남산주회도로 부설이 실현되려면 또다시 얼마간의 시간이 필요하게 된 것이다.

그러나 상황 변화에도 불구하고 경성부와 도계연은 일단 탄력이 붙은 도시계획 의제를 계속 추진해나갔다. 1930년 2월 도계연 역원회의에서 남산록 국유림 불하와 도로 및 주택지 건설을 위한 조사위원회 설치를 결의한 사실이 이를 잘 보여준다. 3월 초에는 경성부와 도계연이 잇달아 간담회를 열어 이 문제를 논의했으며, 연구회 간부진이 정무총감을 방문하여 국유림 불하를 다시 청원했다. 동시에 경기도지사, 경성제대 총장 등 고위 유력자 130여 명이 참석해 실지 답사를 진행하기도 했다. 물론 이것이 순조롭게 추진된 것은 아니었다. 경성부가 제출한 불하원은 가액을 둘러싼 총독부와의 마찰 끝에 일단 반려되었다. 그러나 총독부의 반대에 쉽게 물러났던 이전과 달리 도계연은 조선식산은행 두취(頭取: 은행장) 아루가 미츠토요(有賀光豊)를 대표로 한 '거물급' 실행위원 7명이 총독을 직접 방문하여 남산록 국유림 불하에 대한 총독부의 "원칙적인 찬의"를 얻어내는 등 적극적으로 대응했다. 경성부도 이에 호응하여 "신당리에서 남산 동남 산록 일대에 신경성을 건설"하는 것은 "경성 도시계획의 제일보"라고 역설했다. 한 걸음 더 나아가 남산록에 불하받은 국유림에 대해서는 경성부가 직접 주택지로 조성, 경영하겠다는 의지를 표명하기까지 했다. 1930년 시점에서 남산 동남록이 경성부 행정구역 밖임을 감안하면, 이는 단지 경성부의 주관적인 희망에 불과했다. 그러나 이를 계기로 행정구역 확장이 전제된 도시계획으로 나아가

258 서울의 기원, 경성의 탄생

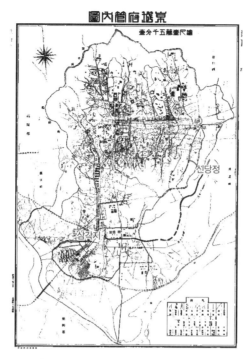

[그림 6-3] 남산주회도로 부설 예정도

려는 구상의 단면을 보인 것이었다.[14]

　그러나 이처럼 경성부와 도계연이 구상했던 사업이 본궤도에 오른 것은 다시 몇 년을 기다린 이후인 1935년이었다. 물론 경성부는 1931년 총독부와 국유림 불하 가격, 이듬해부터 궁민구제토목사업으로 남산주회도로 부설, 한강리 지역 주택지 개발을 위한 공법인 조직 합의, 남산주회도로 예정선에 있는 이태원 공동묘지 폐장 등 자체적인 행정 조치를 취하기도 했다. 그러나 1932년 이후 사업은 실질적인 진척을 보지 못했다. 이런 교착 상태는 1934년 초까지 지속되었다. 결국 조선시가지계획령이 발포되어 도시계획 시행의 법적 근거가 마련되면서 사업이 진척을 보게 되었던 것이다. 특히 1934년 말부터는 남산주회도로 부설 문제가 급진전을 보여 1935년 초 경성부는 이미 폐장된 이태원 공동묘지 이전 계획을 구체화하고 분묘 이전 공고를 냈다. 그해 연말까지는 예정선의 정밀 측량과 공사비 책정도 마무리되었다.[15] 이제 비로소 남산록 '전원도시' 건설이 목전에 다가온 것이었다.

경성부는 1936년 3월 부회에 드디어 남산주회도로 부설 계획안(연장 4,900m, 너비 25m, 3개년 계속 사업, 총예산 75만 원)을 상정했다. 경성부윤은 이 사업에 대해 "남산주회도로는 부를 위요(圍繞)하는 순환간선도로의 일부로 교통상 중요한 사명을 가지고 있"으며, "그 남쪽은 한강의 청류가 흐르는 풍광이 좋은 주택지로 호적(好適)의 곳"으로 "사방으로 광대한 부유지가 있다"고 사업의 당위성을 설명했다. 그런데 1936년 예산 부회에서 남산주회도로 부설 의안은 경성부의 오랜 현안인 청계천 정비 문제와 맞물려 파란을 일으켰다. 회기 내내 계속된 두 의안의 날카로운 충돌은 이미 앞에서 살펴본 것과 같다. 그러나 결국 남산주회도로 부설 계획안은 원안 가결되었고, 신속하게 실행에 옮겨졌다. 경성부는 5월까지 1차년도 공사 구간 측량을 마치고 10월 초 신당정의 문화주택지인 사쿠라가오카(櫻ヶ丘: 현재 신당동·청구동 일대)에서 기공식을 개최했다.[16]

사쿠라가오카는 그때까지 개발된 경성부의 문화주택지 중 가장 대규모이면서 동양척식주식회사의 자회사인 조선도시경영회사가 개발한 반관(半官)적 성격을 지닌 주택지였다. 이곳에서 기공식이 열렸다는 사실이 경성 도시계획에서 남산주회도로 부설의 위상을 상징적으로 보여준다. 기실 사쿠라가오카는 개발 초기부터 경성부 측과 밀착되어 있었

[그림 6-4] 사쿠라가오카 문화주택지 전경

다. 동양척식주식회사의 한 간부가 "동사(同社)는 관청의 시가지계획에
도 협력을 하고 있으므로 그 활동을 굉장히 감사할 뿐만 아니라 도시경
영으로서도 각종 편의를 입었다"고 언급한 점이 이를 암시해준다.[17] 이
에 남산주회도로 부설은 모범적인 문화주택지임에도 교통이 불편한 게
흠이라는 평판을 듣던 사쿠라가오카에 날개를 달아준 격이었다고 할 수
있다.

　게다가 주목할 만한 사실은 10월 기공 이후 개최된 제2회 시가지계획
위원회에서 남산주회도로 부설 계획이 더욱 확대된 점이다. 제2회 시가
지계획위원회의 의안은 경성시가지계획 가로망과 구획정리를 결정하는
것이었다. 회의에 제출된 경성부 안에 이미 공사가 시작된 남산주회도
로는 시가지계획 가로망 대로 3류 16호선 너비 25m로 포함되어 있었다.
이것이 조선상공회의소 회두(會頭) 카다 나오치(賀田直治)의 주장에 따라

대로 2류 9호선 너비 28m로 확대되었던 것이다. 카다는 남산주회도로
가 우회도로로서 기능을 충분히 발휘하여 도로변이 발전하려면 훗날 전
차서로 부설까지 고려하여 너비를 확대해야 한다고 주장했다. 실업계의
거물인 카다의 주장은 남산록 개발에 이해관계를 가진 민간 일본인 유
산층을 대변하는 것이었다. 도로 폭이 확대되면서 예산도 88만 원으로
증액되었다.[18]

　이런 전방위적 후원 속에서 남산주회도로 공사는 비교적 순조롭게 전
개되어 1938년 5월 이태원−삼각지 구간 공사가 착공됐다. 같은 해 10월
경성에서 개최된 제6회 전국도시문제회의 행사인 경성 답사 코스 중 하
나로 남산주회도로와 연변의 주택지가 들어가기도 했다.[19] 그렇다면 남
산주회도로가 준공을 앞둘 무렵 이 지역의 풍경은 어땠을까? 다시 말해
그 풍경은 어떻게 인식되었을까? 이것은 바꾸어 말하자면 짧지 않은 시
간 동안 주장된 남산주회도로 부설과 연변 주택지 조성의 명분 내지는
이론적 기반이 되었던 도시계획의 이상, '전원도시'의 실체를 묻는 것
이기도 하다. 이에 대해 다음 두 기사는 극적인 대조를 보인다.

　① 이 동리(한강리를 가리킴.)에는 백만 원으로부터 7, 80만 원의 재산을 가
　　지고 있는 부호가 40여 호나 있서 고양군으로서는 첫 손가락을 꼽는 대부촌
　　인 동시에 고양군 전체의 납세를 2/3나 부담하고 있는 곳이다. 그러나 부호
　　가 40여 호를 제한 외에는 대개가 노동자이다. 그러나 그들은 부호들이 경영
　　하고 잇는 6, 7처의 정미소가 있어 그곳에서 일하는 사람들뿐이다. 그럼으로
　　이 동리의 사람들은 빈부의 차는 비록 있을망정 모두 단체가 되어 가족적으
　　로 생활을 하고 잇다. (중략) 이리하여 수년 전부터 현안으로 내려오는 남산

주유도로가 완성이 되어 교통이 편해지면 또한 이 일대에도 주택이 늘어안게 될 것이니 앞으로 맑게 흐르는 한강을 껴안고 남으로 남산을 등져 그야말로 배산임수의 이상적 주택지가 될 것이다.[20]

② 남산주회도로의 개통을 목전에 두고 경남(京南: 경성 남부)일대의 발전상은 괄목할 것이 있는데 (중략) 이 부근은 또한 전부 풍광 명미(明媚)한 관계로 신축가옥이 나날이 늘어가고 있다. 지난 8월부터 금 11월까지의 신축가옥을 조사해보건대 이태원정의 17호를 비롯하여 삼각지와 신당정에 4개월간에 132호이다. 건축물을 보건대 대개가 2층 문화주택과 상점 건물로 그중 조선사람의 집은 이태원정에 불과 16호에 지나지 않으며 나머지는 전부가 내지인의 소유이다. 그리고 이 틈박이에 있던 세민들은 할 수 없이 집을 팔고 부외로 뚝 떨어져 속속 이주하는 정경에 있는 것이 많다 한다.[21]

조선시가지계획령 발포가 예고된 시점에서 곧 시행될 경성부 행정구역 확장과 시가지계획을 전반적으로 조망하는 ①의 기사는 남산 남록지역의 빈부 격차 실태를 묘사하면서도 남산주회도로 부설이 가져올 지역의 '발전'이 이를 해결할 것처럼 서술한다. 결론에서 제시하고 있는 이 지역의 미래, "앞으로 맑게 흐르는 한강을 껴안고 남으로 남산을 등져 그야말로 배산임수의 이상적 주택지"가 바로 '전원도시'인 것이다. 결과는 어땠을까? ②의 기사에서 언급하는 "풍광명미한 관계로 신축가옥이 나날이 늘어"간다는 것은 곧 전원도시가 완성되어 가고 있다는 말로 바꿀 수 있을 것이다. 그런데 이렇게 '해피엔딩'으로 막을 내리기에는 걸리는 점이 있다. 속속 들어서는 "문화주택"은 "내지인의 소유"가

대부분이며, "이 틈박이에 있던 세민들은" "뚝 떨어져 속속 이주하는 정경"에 있었기 때문이다. 전원도시는 완성되었지만 그것은 '모두의 전원'도, '우리들의 전원'도 아니었다. '당신들의 전원'이었던 것이다.

서울의 기원, 경성의 탄생

3

돈암지구 구획정리와 주택지 형성의 특징

근대적 도시 중산층
커뮤니티의 탄생

남산 동남록 개발은 시가지계획과 시가지계획 이전의 개발이 뒤섞인 것이었다. 반면, 순연하게 경성시가지계획에 의한 교외 주택지 형성으로 살펴볼 것은 동북 지역의 돈암지구 구획정리이다. 돈암지구는 식민지 시기 구획정리공사를 시작하여 택지 개발, 분양, 주택 건축까지 완료된 유일한 사례이다. 때문에 식민지 도시계획의 결과와 이로 인한 사회적 변화를 확인할 수 있는, 일개 구획정리지구 이상의 의미를 가진다.

먼저 돈암지구의 지리적 특징을 보자. 영등포를 거의 유일한 예외로 하고 '강남'을 염두에 두지 않는 당시 인식에서 도성의 서쪽은 강으로 가로막혀 확장성에 분명한 한계가 있었다. 그렇다면 자연히 경성 교외화의 유력한 가능성은 동쪽에 있었다. 그리고 동쪽 지역 중에서도 철도가 지나가는 다른 지구와 달리 돈암지구는 순 주거지역으로 계획되었다.

돈암지구를 포함한 동부 교외 지역은 병합 이후 오랫동안 미개발지로 남아 있었다. 조선시대 한성부에서 단묘(壇廟: 민간 신앙의 사당)가 많이 위치한 지역은 동교(東郊: 동쪽 교외)와 남교(南郊: 남쪽 교외)였는데, 식민지 시기 남교의 단묘는 일찍 사라진 반면 동교의 단묘는 상당수가 남아 있었다. 남교의 경우 용산의 일본군 기지 입지와 관련하여 이른 시기부터 도시화가 진전된 반면, 동교는 꽤 오랫동안 대규모 개발의 손길이 닿지 않았기 때문이었다. 동교 중에서도 돈암지구에 속하는 지역은 한성부의 부·방 체계에서 숭신방(崇信坊)에 속했으며, 1914년 행정 정리로 고양군 숭인면 돈암리와 안암리에 포함되었다가, 1936년 행정구역 확장으로 돈암정, 안암정, 신설정의 일부가 되었다. 이 지역은 도성과 인접하여 안암천(성북천)을 중심으로 양쪽으로 낮은 구릉이 형성되어 있었으며, 이 무렵까지도 주로 경성에 채소와 과일을 공급하는 근교 경작지로 기능했다.[22]

그렇다면 당시 시가지계획의 실무자들은 돈암지구를 어떤 주택지로 개발하려고 했을까? 그 형상은 "한 발 바깥으로 나가면 도로에 면하고 집안으로 들어서면 본래 산이 지닌 모습을 정원을 통하여 만끽할 수 있고, 밖을 바라보면 이웃들은 녹지에 둘러싸여 있고 거주자가 안주할 수 있는 지역"이었다. 다소 막연하나마 이런 표현이 가리키는 바는 도심부와 연결하는 교통망이 정비되어 있으면서도 주변에는 녹지가 확보되어 도심부의 혼잡과 격절되어 있는 전형적인 중산층의 교외 주택지였다. 도시사가 멈포드의 말을 빌면 "문명의 고질적인 결함을 극복할 수 있으면서 한편으로는 도시사회의 특권과 이익을 마음대로 누릴 수 있는 은신처"였다.[23] 다시 말하면 이 또한 '전원도시'였던 것이다.

경성부는 돈암지구 공사가 상당히 진척된 1939년 4월 토지 소유자들에게 토지분양조합을 조직하게 하고, 조합과 주택지 수요자를 연결하기

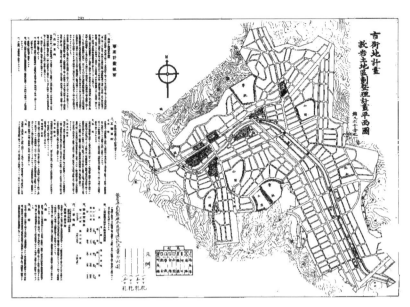

[그림 6-5] 돈암지구 토지구획정리 계획 팸플릿

위해 도시계획과 안에 토지상담소를 설치하는 등 일단 정지(整地)가 완
료된 택지를 매각하기 위해 준비에 나섰다. 거래 분위기를 조성하기 위
해 4월 22~26일 미츠코시백화점 갤러리에서 도시계획전람회를 개최하
고, 도시계획도쿄지방위원회 기사 이시카와 에이요(石川榮耀)를 초빙하
여 강연회를 개최하는 한편, 구획정리지구의 평면도와 사업 내용을 담
은 팸플릿(위의 [그림 6-5])을 제작하기도 했다. 돈암지구의 주택지분양조
합은 조성이 완료된 지구 내 주택지 15만 평을 경성부와 협의한 가격에
매각하기 시작했다. 거래를 활성화하기 위한 경성부의 종용으로 당분간
은 협의한 공정가격보다도 25% 저렴하게 매각할 예정이었다. 이런 영
향도 있었겠지만 돈암지구의 주택지는 '인기'가 많았던 것으로 보인다.

4월 한 달 동안 경성부 토지상담소를 통해 매각된 주택지가 5만 평을 넘을 정도였다. 1939년 8월 현재 동대문경찰서 건축계에 매일 접수되는 주택 신축원이 40어 건이나 되었다는 것으로 보아 매각된 토지에는 주택 건축도 비교적 순조롭게 이루어진 것으로 보인다. 이 같은 '호황'은 적어도 1940년 말까지는 유지되었다. 말 그대로 경성 동북 교외에 '신도시'가 형성된 것이다.[24]

그렇다면 비교적 성공적으로 공사를 완료하고 식민지 도시 경성의 동북 교외로 탄생한 돈암지구는 어떤 주택지였을까? 이에 대한 대답의 실마리로 미국식 '근린주구(近隣住區: neighborhood) 이론'을 응용했다고 평가되는 총독부 기사 야마오카(山岡敬介)의 글 〈도시구성의 단위구획〉에 주목해볼 필요가 있다.[25] 근린주구 이론의 창시자인 클레어런스 페리(Clarence A. Perry, 1872~1949)에 따르면, 하나의 근린주구는 "어린이가 자동차 도로(간선도로)를 건너지 않고 학교에 통학할 수 있는 규모의 물리적 주거 단위"로서 학교, 공원과 운동장, 생필품을 파는 상점, 보행자의 안전을 보장할 수 있는 도로 체계 등의 요소를 가지고 있어야 했다. 이런 조건이 충족되었을 때 비로소 근린주구 거주자는 하나의 커뮤니티의 속해 있다는 공감대를 가지게 된다는 것이다.[26]

근린주구란 요컨대 필요한 생활기반시설을 갖춘 일정한 규모 이상의 경제력을 가진 유산층의 자족적 주거 커뮤니티로서, 간단히 말하자면 급진적 이상이 소거된 전원도시라고 할 수 있다. 1938년의 글에서 야마오카는 하나의 구획정리지구가 자족적 주택지로 온전하게 기능할 수 있도록 생활기반시설을 배치하는 방식을 논하고 있다. 이 글은 근린주구의 단위를 분할하고 유기적으로 구성하는 데 집중한 것은 아니지만 단위 주택지 내에 학교, 시장, 공원 등과 같은 생활기반시설의 적절한 배치 방식을 논했다는 점에서 근린주구 이론과 상통하는 것이었다.[27] 당시 야마오카는 경성뿐 아니라 조선 내 거의 모든 도시의 시가지계획안 작성에 관여할 만큼 이 분야에서 막강한 영향력을 행사하고 있었다. 따라서 야마오카의 주장이라면 구획정리지구의 실제 설계에 중요하게 참조되거나 반영되었을 것이다. 그렇다면 돈암지구는 이런 논의에 얼마나 가깝게 계획된 것이었을까? 혹은 '식민지 도시의 근린주구'가 가지는 독특함은 없었을까?

먼저 돈암지구의 주택지와 신축된 주택의 유형을 살펴보자. 당시 일본식 가옥과 조선식 가옥은 주택지 유형부터 달랐다. 따라서 주택지의 설계 유형은 구획정리의 주체가 의도한 거주자의 구성까지도 보여줄 수 있다. 우선 주목되는 것은 처음 경성부가 구획정리지구에서 "내선인(內鮮人) 혼주(混住)"를 유도하도록 주택지를 설계하겠다는 원칙을 천명한 점이다. 이는 물론 실제 공사를 시작하기 전에 발표한 일반론에 불과했다. 하지만 이미 주거 이동의 여지가 별로 없는 구 도심부가 아닌 새로운 개발지에서 일본인과 조선인의 주거 분리를 완화하려는 목표를 보인 것이다. 당대 식민통치의 최고 강령인 '내선융화', '내선일체'와도 부합하는 중요한 포인트라고 할 수 있다. 한편 또 다른 연구에 따르면, 돈암지구의 주택지 설계는 기본적으로 장방형의 일본식 주거에 맞추어져 있었다.[28] 이렇게 보면 돈암지구는 자연발생적으로 다수일 수밖에 없는 조선인에 더하여 일본인의 유입을 의식적으로 유도함으로써 궁극적으로 내선 혼주를 의도했다고 추정할 수 있다.

실제 단위 주택지 내의 공동체적 친밀감을 강조하는 근린주구 이론의 사회적 배경 중 하나는 출신이 다양한 이민자의 사회적 통합이었다.[29] 그렇다면 미국에서 '다양한 이민자의 사회적 통합'을 의미하던 것이 식민지 조선에서 '내선일체를 위한 섞여 살기[混住]'로 번안되었을 가능성을 배제할 수 없을 것이다. 그런데 아이러니하게도 돈암지구에 실제로 신축된 주택은 일본식 장방형 주택지 유형과 완전히 어긋나는 것이었다. 돈암지구에는 당시 '집장사'라고 불린 주택회사에서 건축한 '도시한옥' 지대가 형성되었다. 도시한옥은 1930~60년대 도시 지역에 건축된 전통 한옥의 구조와 재료를 개량(단순화)한 중소규모 주택으로서 일정한 수준의 경제력을 가진 조선인(한국인)의 대표적인 주거 유형 중 하나였다. 이렇게 돈암지구는 내선 혼주를 목표로 일본식 주택지 유형으로 설계되었지만, 실제로는 조선식 가옥이 신축되었고 그에 따라 새롭게 유입된 거주자도 대부분 조선인이었다. 1942년 7월 현재 인구조사 결과를 보면 돈암지구에 속하는 돈암정, 안암정, 신설정의 조선인과 일본인 인구 합계는 6만 8,903명(98.57%)과 1,001명(1.43%)으로 조선인 비율이 압도적이었다. 같은 시기 경성 전체의 조선인:일본인 인구 비율(84.8%:15.2%)과 비교해도 돈암지구는 거의 완전한 조선인 독거지(獨居地)였던 것이다.[30]

돈암지구에 형성된 도시한옥 지대는 도심부의 가회동, 봉익동, 와룡동, 누상동 등지의 도시한옥 지대와 비교했을 때 필지와 도로 유형 등에서 근본적인 차이가 있었다. 도심부가 무정형의 필지와 막힌 골목을 특징으로 하는 반면 돈암지구는 방형 필지와 격자형 진입로로 구성되어 있었다.[31] 돈암지구는 자연발생적으로 주택지가 형성된 도심부와 달리 구획정리에 의해 인위적, 계획적으로 '만든' 주택지였기 때문이다. 위

[그림 6-6] 도시한옥 주택지의 유형 비교(왼쪽: 가회동, 오른쪽: 보문동)
같은 도시한옥 지대이지만, 대조적인 주택지 경관을 보인다.

의 [그림 6-6]의 사진이 이 점을 뚜렷하게 보여준다.

다음으로 교통 문제를 살펴보자. 남산주회도로 부설이 다년간 문제가 되었듯이, 교외 주택지는 무엇보다 교통망이 정비되어야 비로소 '완성'된다. 돈암지구 인근도 경성의 다른 외곽 지역과 마찬가지로 1930년대 전반까지는 교통망이 거의 갖추어져 있지 않은 상태였다. 행정구역 확장 식선의 답사기를 보면 "숭인면사무소를 지나 종암리를 거쳐서 안암리까지 달리는 동안 역시 느껴지는 것은 첫째에 도로문제 둘째도 도로문제"였던 것이다. 먼저 도심부와의 연결을 보면 시가지계획 가로망 부설 1기 사업으로 창경원-돈암정 노선의 도로(현재 동소문로)가 개수되었다. 1기 사업은 중일전쟁 발발 이후 물가 앙등과 기채 제한 때문에 전반적으로 지연되었지만, 이 도로만은 1938년 봄부터 매일 200여 명의 인부를 투입하여 공사를 진행, 이듬해 봄 거의 완공되었다. 또 돈암지구의 북단에서 출발하여 지구 내부를 관통, 왕십리 쪽으로 빠져나가는 간선도로(현재 보문로) 공사도 진행되어 1940년 봄 완공할 예정이었다.[32] 사실

간선도로가 지구를 관통하는 것은 교통망이 주민 생활을 방해해서는 안된다는 근린주구 이론의 원칙과 맞지 않는다. 지구 관통 도로의 부설은 돈암지구 구획정리가 자족적 주거 커뮤니티를 만드는 사업일 뿐 아니라 시가지계획 도로를 부설하는 하나의 수단이었음을 반영하는 것이다.

이와 더불어 경성부는 당시 버스가 운행 중이던 창경원-돈암정 구간에 전차 노선을 부설할 것을 경성전기와 합의했다. 전차가 무엇보다 대중적인 교통수단이었던 당시 상황에서 교통망은 단지 도로가 아니라 전차 노선의 부설로 완성될 것이었다. 도심부와 돈암지구를 연결하는 '돈암정선' 전차 노선은 두 단계를 거쳐 완성되었다. 먼저 1939년 4월 창경원-혜화정(현재 혜화 로터리) 노선이 개통했다. 경성전기가 이 노선을 돈암정까지 연장 부설하기로 결정한 것은 1941년 초였다. 실제 공사는 5월에 시작되어, 두 달여 만에 완공되었다. 이것으로 "주택가로서 동북쪽으로 눈부신 발전을 거듭하고 있는 동방면은 한층 더 약진이 기대"될 것이었다. 더불어 경성전기는 돈암지구 내 남북간선도로에서 버스를 운행했다. 이것으로 돈암지구는 도심부와의 연결은 전차, 내부 교통은 버스라는 방식으로 교통망이 '완성'되었다.[33]

주택지와 교통망에 이어 학교, 시장, 공원 등 생활기반시설의 배치를 살펴보자. 학교의 경우 돈암지구에는 두 개의 학교 설립이 계획되었다. 먼저 초등학교이다. 경성부가 초등교육 단기 확장안에 의해 삼청, 돈암, 북아현 등 세 곳에 소학교를 신설하겠다고 발표한 것은 1939년 초였다. 같은 해 가을에는 신설 학교의 위치도 결정되었는데, 돈암소학교의 위치는 돈암정 버스 정류장 부근이었다(274쪽 [그림 6-7]에서 학교A, 현재 돈암초등학교). 그러나 실상 학교 신축과 개교에는 상당한 시간이 소요되었던 것으로 보인다. 기록에 따르면 돈암소학교는 1944년 9월 개교했다.[34] 초등학교보다 더 주목할 만한 것은 중등학교의 신설이다. 1940년 들어 경기도 학무과는 4월 개교를 앞둔 신설 욱구(旭丘)중학교의 위치를 돈암정으로 결정했다(274쪽 [그림 6-7]에서 학교B, 현재 경동고등학교). 그런데 이는 단지 한 개 학교의 입지를 의미하는 것이 아니었다. 당시 경성 내 남자 공립중학교가 네 곳(경기, 경복, 경성, 용산)에 불과한 상황에서 다섯 번째 중학교의 위치를 결정하는 일이었기 때문이다. 그 위치가 돈암정으로 결정되었다는 사실은 요컨대 이 지역의 발전 전망을 상징하는 것이었다.

욱구중학교는 특별한 의미를 가지는 학교였다. 다름 아니라 경성에서 최초의 '내선공학' 중학교였다는 점이다. 총독부가 내선일체의 한 방편으로 추진한 중등학교 내선공학제는 1938년 3월 '조선교육령' 개정으로 법제화되었다. 욱구중학교는 조선 전체에서도 1936년 시범적인 내선공학으로 개교한 마산중학교에 이어 두 번째 내선공학 중학교였다. 이런 상징성이 있었으므로 총독부는 욱구중학교 신입생의 민족별 비율이 정확하게 5:5가 되도록 엄격하게 관리했으며, 각 반별 학생 비율도 5:5가 되도록 지시했다. 교사도 내선공학 운영 경험이 있는 전 마산중학교장 사카다 세이지로(坂田政次郎)를 비롯하여 전원 일본 고교 교원 면허를 가진 '우수한' 자원으로 충원했다.[35] 이렇게 "국책의 근본정신인 내선일체의 정신 아래 내선공학이 된" 욱구중학교의 위치를 돈암지구로 결정한 것은 이 지구를 내선 혼주 지역으로 조성하려고 한 것과 맞물려 식민지 권력이 새롭게 개발한 교외 주택지에 어떤 의미를 부여하려고 했는지를 여실히 보여준다.

[그림 6-7] 돈암지구의 생활기반시설 배치
* 필자가 각종 기반시설의 위치를 가필

　시장의 경우도 최소한 두 곳에 계획했음을 알 수 있다. 지금까지는
돈암지구 시장 설치 계획의 존재를 언급한 연구가 거의 없다. 왜냐하면
대부분 당시 경성부 촉탁 오카다 코우(岡田貢)의 글, 더 정확하게는 오카
다의 글을 사료로 처음 이용한 손정목 저서의 지도를 인용했기 때문이
다.[36] 거기에는 시장이 표시되어 있지 않다. 그러나 오카다 지도의 원본
이라 할 수 있는 국가기록원 소장 문서철의 지도에는 분명히 시장이 표

　　　　　　　　　　　　　　　　서울의 기원, 경성의 탄생

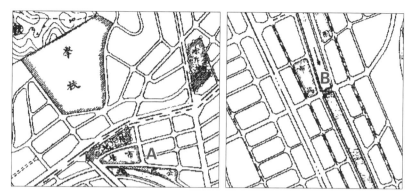

[그림 6-8] 돈암지구의 시장

* 왼쪽 [그림 6-7]에서 시장 부분(A, B)을 확대

시되어 있다. 그 밖의 다른 사료가 없어서 더 정확하게는 알 수 없지만 위치로 보건대 전차·버스 정류장 부근에 위치한 시장(왼쪽 [그림 6-7]에서 시장A: 현재 돈암제일시장, 돈암재래시장)이 다른 시장(왼쪽 [그림 6-7]에서 시장B)보다 더 규모가 컸을 것으로 짐작된다. 그렇다면 돈암지구에 시장은 실제로 언제 설치되었을까? 1941년 말 개최된 한 좌담회에서 동부 지역 전체에 공설시장은 앵구정(櫻丘町: 현재 중구 신당동) 시장 한 곳뿐으로 시급히 시장을 설치해달라는 요망이 나오는 것으로 보아 그때까지 돈암지구에 시장은 설치되지 않았음을 알 수 있다. 돈암지구 시장 설치 계획이 수립된 것은 1942년 말이었다. 원래 경성부의 계획은 1943년 내에 시장을 개소하려는 것이었으나, 실제로는 1944년 5월 개소했다.[37]

학교와 시장 외에 돈암지구에는 공원도 계획되었다. 지구 전체 중 공원 면적은 4% 정도이며, 근린공원 2개, 아동공원 9개, 합계 11개 정도의 공원이 계획되었다. 이상과 같이 돈암지구는 주택지의 형상과 환경, 교통망의 확충, 학교·시장·공원의 입지 등 여러 측면에서 도심부와 독립

되어 있으면서 다른 한편으로는 연결되어 있는 신흥 교외 주택지의 면모를 갖추어갔다. 한 회고에 따르면 1940년대 초 이 지역은 "전차길이 돈암동까지 연장되면서 큰 길이 생기면서 완전히 번화기가" 되었다.[38] 당시 돈암지구의 모습은 이랬다.

① 안암장주택 매절 근박(賣切 近迫) / 배후에 녹음이오 남경사(南傾斜) 일광과 공기 청량하며 경성부 구획정리 주택지임으로 도로와 하수가 완비하여 잇스며 부근은 소학교, 중학교, 전문학교 등이 잇서서 자제교육상 최우량지입니다. 제1-당사가 자랑할 점은 7척4방 1칸을 존중하고 실생활과 건축미를 항상 이심(禾心)하여 지은 집입니다. 제2-경성부 구획정리 주택지역임으로 도로 하수 완비하였습니다. 고급주택 희생적 염가, 교통-돈암정 정류장서 5분, 경마장 입구서 10분, 도심 종로에서 30분, 수도-시국하 물자난을 극복하고 각호에 완비하였습니다. 전선도 물론 완비하였습니다.[39]

② 문안의 혼잡과 불건강은 찾을래야 찾을 수 없는 한적하고 공기 맑은 곳이다. 지금 우리가 것고 있는 고개 넘어로 사러진 새로 닦거논 이 아스팔트 큰 길, 우리 집 대문 앞으로 다거슨 드믄드믄 소나무만이 서 있어 야외기는 했으나 올라가 놀기 좋은 낮으막한 산, 그 산 밑, 우리 집에서 몇 걸음 가지 않어 소사오르는 샘물이 곱게 맑은 우물, 살기도 좋으려니와 것기에 더 좋은 곳이다. 길의 흙까지도 깨끗한 힌 모래, 동네 전체가 햇빛을 담북이 안어 언제나 밝은 곳이다.[40]

①의 인용은 1940년 6월 조선공영주식회사의 안암정 주택 분양 광고

이다. 이곳은 자연 환경도 우수하며 "구획정리 주택지"로서 교통, 학교, 전기 등 모든 시설이 우수함을 선전하고 있다. 또 ②의 인용글 필자는 이 지역을 도심부의 "혼잡과 불건강은 찾을래야 찾을 수 없는 한적하고 공기 맑은 곳"이면서 "새로 닦거논 이 아스팔트 큰 길"이 있는 전형적인 '교외'로 묘사하고 있다. 식민지 권력은 주택지 유형이나, 내선공학 입지 등으로 보건대 돈암지구를 구 도심부에서는 불가능한 내선일체 정신의 물리적 구현체로 조성하고자 했다. 그러나 돈암지구에는 일본식 가옥에 맞춘 주택지 유형을 거슬러 도시한옥이 신축되었으며, 오히려 다른 지역보다도 조선인 독거지의 성격이 강했다. 식민지 권력의 '이상'은 도시 개발의 실제와 차질을 빚었던 것이다.

그렇다면 '조선인'이라는 점에 더하여 돈암지구로 유입된 인구의 성격은 어땠을까? 이를 계량적으로 파악할 수 있는 방법은 없으며 다만 방증 자료를 통해 추정할 수 있을 뿐이다. 예컨대 구획정리공사 초기인 1939년 4월 경성부는 도시계획전람회에서 분라쿠(文樂: 일본 전통 종이 인형극)를 상연했다. 같은 회사의 동료인 두 쌍의 신혼부부 중 한 쌍은 교외로 이사하여 쾌적한 생활을 하는 반면, 다른 한 쌍은 도심부에서 셋방살이를 하다가 부인은 병들고 남편은 주정뱅이가 된다는 내용이었다.[41] 경성부가 구획정리지구 주택지 분양에서 어떤 그림을 그리고 있었는지 짐작할 수 있다. 1943년 안암정의 풍경을 묘사한 다음 글은 돈암지구로 이주한 계층의 성격을 더 구체적으로 보여준다.

내가 현재 살고 있는 이 안암정은 모조리 집장사들이 새 재목을 드려다 우직근 뚝딱 지어논 것으로 이르고 본다면 그야말로 전통이 없는 개척촌과 같이

만 보일 수밖에 없다. 서울살림이 자꼬 불어만 가기로 작정이니까 하는 수 없이 혹은 당연한 추세로 예까지 살림이 분가한 것인데 그래서 그런지 여기서 사는 사람도 대개는 식구도 단출한 단가사리, 아들로 치면 둘째 셋째이 살림난 지차치들 (중략) 놀라운 것은 청사진 두서너 장의 설계로 지은 집단 주택이 한 번지 안에 60호 가까히나 된다. 사방에서 몰려와서 일제히 너는 40호 나는 20호로 아파-트 방 차지하듯 일제히 이사 온 집 (중략) 교원, 회사 원, 음악가, 화가, 각기 그럴듯한 직업을 가진 젊은 아버지들은 혹 전차 안에 서라도 만나면 정다웁게 인사를 하면서 (후략)[42]

새롭게 주택지로 조성된 안암정에 새집을 지어 이사 온 글의 필자는 아마도 원래 도심부의 유서 깊은 동네에 살았던 것으로 짐작된다. 그리 하여 그의 눈에는 특색 없는 새 동네가 "전통이 없는 개척촌"처럼 보인 것이다. 또 그 자신을 포함해 이 지역에 이사 온 사람들을 "청사진 두서 너 장의 설계로 지은 집단주택"에 "일제히 이사 온" "둘째 셋째의 살 림난 지차치들"이라고 묘사했다. 바꾸어 말하면 이들은 같은 넓이의 택 지에 같은 형태로 지어진 집을 같은 시기에 구입한, 즉 연령대나 경제력 이 비슷하고 분가한 핵가족인 것이다. 1940년대 초 이 지역에 살았던 신 현경 여사도 본인의 가족을 경제력이 있는 엘리트 핵가족(부친 - 보성전문 출신의 한의사, 모친 - 태화여자실업학교 졸업, 본인 - 경기여고 재학)으로 묘사 한 바 있다.[43] 이들 "교원, 회사원, 음악가, 화가, 각기 그럴듯한 직업을 가진 젊은 아버지"들은 전차를 타고 시내로 출퇴근을 한다. 이들은 그 전부터 이야기되던 "아츰밥만 먹으면 시내로 일을 하러 드러왔다가 오 후 4, 5시가 지나야 비로소 잠자리를 찾아 돌아가게"[44] 되는 도시인, 더

서울의 기원, 경성의 탄생

구체적으로 말하면 식민지 시기 성장한 새로운 세대의 근대적 도시 중산층이었다. 이렇게 돈암지구는 분명 근대 자본주의적 도시화의 산물인 전원도시 혹은 근린주구의 성격을 가지고 있었다. 그러나 돈암지구의 설계에는 '내선일체'와 같은 식민통치의 이념이 복제해 있기도 했다. 그런 의미에서 돈암지구는 '식민지형' 전원도시/근린주구라고 부를 수 있지 않을까? 물론 이런 호명은 잠정적인 것이다.

돈암지구의 '그 후', 택지·주택 거래 통제와 주택지 형성의 중단

1940년 말 구획정리지구 내 택지 분양과 주택 건축에 중요한 변수가 발생했다. 11월 총독부가 토지, 건물가의 상승을 막고자 1939년 9월 18일 제정했던 '가격통제령'을 택지, 건물에 확대 적용한 '택지건물등가격통제령'을 제정한 것이다.[45] 가격통제령은 택지, 건물을 제외한 모든 동산의 가격을 당일자로 고정한 것으로 속칭 '9·18 정지령'이라 불리기도 했다. 그런데 여기에는 아이러니한 상황이 있었다. 가격통제령 제정 이후 토지·건물가가 폭등했는데 그 이유가 가격통제령에 있었다는 사실이다. 갈 곳을 잃은 투기성 자금이 가격 정지의 예외인 토지와 건물로 모여들었기 때문이다. 게다가 실제 공사는 지연되는데도 불구하고 문서상의 사업, 페이퍼워크만 '순조롭게' 진행되는 구획정리사업은 투기를 부추기는 효과를 낳았다. 이에 대해 선택할 수 있는 정책 수단이 별로 없는 총독부는 택지와 건물의 가격도 강제로 통제함으로써 문제의 뿌리를 없애려고 했다. 다음 기사가 이 점을 잘 보여준다.

　토지, 건물은 9·18 정지령에서 제외되어 동령 시행 이래 급격히 올라갔다.

또 통제경제 아래에서 유가증권도 상당히 억제되어 유일한 투기 대상이 된 것으로 이는 상공성의 연구에서도 말하고 있다. (중략) 금회 통제령(택지건물 등가격통제령)으로써 토지, 건물두 9·18 직후 매매된 값으로 억압하려는 것으로 그 목적은 가격통제의 기초가 되는 지반의 변동을 적극적으로 누르려는 것이다.[46]

이렇듯 택지건물등가격통제령의 목적은 택지와 토지의 "투기적 매매를 엄단"하고 지가 안정과 원활한 택지 공급을 도모하여 "총후 국민생활을 안정"시키는 것이었다.[47] 하지만 그것은 역설적인 결과를 낳았다.

집 몇 번만 잘 팔면 집 한 채는 생긴다는 조흔 경기에 복덕방, 거간들의 왕래가 빈번했고, 주택회사, 집장사 등이 격증하여 특히 새로운 시가로 등장한 돈암정, 신설정을 비롯하여 도심을 떠난 각 주택지에 금년에 드러난 신축가옥만 약 7천 호에 달하는데 매매는 2할 정도에 불과하다. (중략) 업자들 입장으로 보면 아무리 집값 문제가 된다 하더라도 당장 물자 부족 속에서 근근이 지은 집을 헐하게 칠 수 없다 하야 모두 셋집을 주어놓고 시기를 엿보고 잇기 때문에 (후략)[48]

택지건물등가격통제령이 제정되자마자 주택회사가 고정된 가격에 매매하는 것을 기피하고 있음을 짐작할 수 있다. 이런 점은 주택 매매 뿐 아니라 택지 분양에서도 마찬가지였다. 1941년 1월 경성부 국민총력과에서 "아직 서로 눈치만 살피고 거래가 안 되는" 현상을 타개하기 위해 "택지분양업자, 건물업자, 가옥토지알선업자, 지주조합원" 등, 다양

서울의 기원, 경성의 탄생

한 택지와 주택의 공급 주체를 소집하여 좌담회를 개최했다. 이는 거래 기피가 여러 주체의 공통된 현상임을 보여준다. 그러면 거래 기피의 규모는 어느 정도였을까? 1941년 6월의 조사를 보면 그해 3~5월 전 조선 시가지계획구역 내 주택, 토지의 매매는 월 평균 약 200~300건이었는데, 1940년 같은 시기에 비해 10% 정도에 불과했다. 거래가 급격하게 위축되었음을 알 수 있다. 이런 상황은 1940년까지 거래 활력이 넘쳤던 돈암지구도 마찬가지였다. 한 기사는 이 무렵 돈암지구에 "택지는 있는데 건축은 이루어지지 않는 기현상"이 보인다고 했는데, 이는 구획정리로 조성된 택지 거래가 이루어지지 않는다는 뜻이었다. 그 결과 "2, 3년씩 공터로 놀고 있는 택지"가 생길 정도였다.[49]

이렇게 택지건물등가격통제령의 '부작용'이 심각하자 경성부는 이에 대처하기 위해 토지상담소의 기능을 "민간 토지분양조합 결성을 지도, 상담하는 데에서 나아가 적극적으로 토지의 공정가격을 정하고, 매각 및 분양 알선을 하는 것으로 전환"했다. 그리하여 1941년 9월 번대지구 11만 평·한남지구 3만 평, 1942년 9월 다시 돈암·영등포·번대·한남지구 등의 미분양지 30만여 평에 대해 직접 광고까지 하는 등 택지 분양에 적극적으로 개입했다.[50] 그러나 수용이나 일괄 매수한 것이 아닌 명백히 사유지인 구획정리지구의 분양에 행정청이 개입하는 데에는 한계가 분명했다. 토지 소유자들의 매매 기피를 근본적으로 막을 수는 없었다. 결론적으로 식민 당국은 토지 소유자의 입장에서 구획정리에 의한 주택지 조성의 경제적 동인이 사라진 가운데 '통제의 정당성'이라는 이데올로기적 선전, 나아가 가격을 고정하는 법령 강제를 통해 이를 강행하려고 했지만, 성공할 수 없었다. 통제가 새로운 통제를 부르는 악순환

만이 되풀이될 뿐이었다. 생산의 사회화 없는 유통 통제는 경제 전반의 동맥경화로 귀결되었다. 이 가운데 식민 당국이 새롭게 부딪친 문제는 급격히 심각해지는 도시의 주택난이었나. 그리고 기존의 구획정리사업을 계속 진행하는 정도로는 이 과제를 해결할 수 없다는 것도 명백했다. 식민 당국은 새로운 주택대책을 수립하지 않을 수 없었다.

서울의 기원, 경성의 탄생

전쟁과 주거 공공성 환기의 역설

1. 주택난의 심화와 주택대책의 방향

시가지계획 구획정리에 의한 택지 개발과 주택 공급이 벽에 부딪치면서 경성지역의 주택난은 심화되었다. 물론 '주택난'은 식민지 시기 내내 경성의 사회상을 가리키는 말로서 새삼스러운 것은 아니었다. 그러나 1930년대 후반 이후의 주택난은 일반적인 수준을 넘어선 것이었다. 이렇게 된 1차 원인은 이 시기 인구가 일반적인 정도를 넘어 '격증'했기 때문이다. 1936년 행정구역 확장 무렵 70만을 조금 넘은 경성의 인구수는 1940년 93만여 명에 이르렀고, 1942년 7월 조사에서는 약 110만 명에 달했다. 1921~33년 인구 증가 추세를 토대로 설정된 경성시가지계획의 목표 연도와 인구는 1965년, 110만이었다. 그런데 이미 1945년 이전에 목표 인구에 도달해버렸으며, 시가지계획의 전제가 된 인구 예측은 완전히 빗나갔다.

다음 쪽 [표 6-1]에서 1936년 확장된 행정구역을 기준으로 1925~42년 경성지역의 인구수 증가 추세와 연평균 인구 증가율을 살펴보면 가속도가 붙고 있음을 알 수 있다. 물론 이 통계는 1936년 이전과 이후 조사 대상 지역이 100% 정확하게 일치하는 것은 아니며, 조사 기준 일자도 다

연도	1925	1930	1935	1940	1942
인구수	467,868	565,259	706,103	935,464	1,096,199
구간		1925~30	1930~35	1935~40	1940~42
연평균 인구증가율		3.86%	4.55%	5.79%	8.25%

[표 6-1] 1925~42년 경성지역의 인구 증가 추세
* 1925, 30, 35년 인구수는 경성과 1936년 경성에 편입되는 읍·면의 인구수를 합산
* 조사기준일자는 1925, 30, 35, 40년은 10월 31일, 1942년은 7월 10일
* 연평균 인구증가율은 구간 별 인구증가율을 역산, 미분하여 구한 것이다

르기 때문에 정밀성에 문제가 있으나 추세는 분명히 확인할 수 있다. 대략의 추세만 보더라도 1930년대 후반에서 1945년 8·15에 이르는 기간 동안 경성지역의 인구가 이전과 확실하게 구분될 만큼 격증하고 있었던 것은 분명하다. 그리고 원인은 일반론만으로는 충분히 설명되지 않는다. 분명하게 설명할 길은 없으나, 당시 경기도 화성군의 농촌 청년들이 경성이나 인천 등 인근 대도시에 대해 "살기에 불안정하지만 능력에 따라 고향보다 잘 살 수 있는 곳"이라고 인식했다는 사실에 주목할 만하다. 일종의 '전시 경기'에 따른 도시 지향적 분위기가 인구의 이상 증가로 이어졌을 가능성을 읽을 수 있다.[51]

이런 인구의 격증이 각 계층과 집단에 미친 영향은 물론 달랐겠지만, 계층과 집단을 막론하고 말 그대로 '총체적인' 주택난을 가져온 측면도 분명히 있었다. 예컨대 한두 가지 통계를 보면 1940년 총독부는 경성지역의 주택 부족수를 조선인 3만 8,345호, 일본인 4,206호 등 합계 4만 2,551호로 집계했다. 이에 따르면 조선인은 물론이거니와 경성 인구의 약 15%인 일본인의 경우도 주택 사정이 좋은 편은 아니었다. 더 단적인 사례로 관공리(官公吏: 관리와 공리)의 경우를 들 수 있다. 1939년 5월의 한 기사에

따르면 총독부의 직원 총수는 2,200명가량인데 그중 관사 거주자 200여 명을 제외한 2,000여 명 중 1,500명 이상이 "집 없는 걱정"을 가진 '차가인(借家人)'이었다. 또 1941년 초 총독부 경무국에서 총독부 888명, 경기도 346명, 경성부 719명의 직원을 조사한 결과 차가인은 60% 정도였다.[52] 이런 통계는 관공리와 같이 단연 안정된 직업을 가진 사람조차 주택난에서 자유롭지 못했음을 보여준다.

이렇게 민족 구분을 넘어서 일정한 생활능력을 가진 계층까지 주택난에서 자유롭지 못하게 되자 식민지 권력은 비로소 이 문제를 중요한 정책적 의제 중 하나로 다루기 시작했다. 그 출발점은 1938년 9월 개최된 시국대책조사회에서 자문사항 중 하나인 "사회시설의 확충에 관한 건"에서 도시 주택난을 의제에 올린 것이었다. 회의록에 따르면 다른 의제에 비해 시국대책의 기준에서 후순위였기 때문인지 많이 논의되지는 않았지만 현재의 심각한 택지난, 자재난, 자금난은 통상의 방법으로는 해결할 수 없고, 어떠한 강제적인 조치를 취해야 한다는 정도의 결론은 얻은 것으로 보인다.[53] 한편 시국대책조사회가 개최된 것과 같은 시기 '조선시가지계획령 시행규칙' 제1조 제1항의 시가지계획사업으로 시행할 수 있는 사업 중 "일단지(一團地)의 주택 경영"을 "일단(一團)의 공업용지 조성 및 일단의 주택지 경영"으로 개정한 것이 주목된다. 얼핏 비슷하게 보이는 두 표현은 전혀 다르다. 전자가 실제로 주택을 건축한 단지의 경영이라면 후자는 아직 아무 것도 들어서지 않은 부지(공업용지 혹은 주택지)의 설정을 의미한다. 따라서 이 개정은 어떤 구체적인 사업의 실행이 아니라 사업 부지만 설정하는 것을 시가지계획사업의 하나로 추진할 수 있게 한 것이다. 주택문제와 관련하여 말하자면, 행정청이 구획정리보다 더 간소하고, 강제적인 방법으로 주택지를 공급할 수 있게 한 것이었다.

> 내지 도시계획법시행령 제21조 중에는 도시계획의 시설로서 일단지의 주택 경영이 있다. 이것은 그 운용 여하에 따라 도시주택정책에 심대한 효과를 줄 수 있는 것인데, 그러나 내지에서 본 사업이 실행된 예는 극히 드물다. 그 이유는 일단의 토지 매수 및 주택 건축에 상당한 다액의 경비가 필요하기 때문이다. 현하 조선에서는 도시주택문제가 가속도적으로 심각하게 되어 저렴한 택지 공급을 도모하는 것이 가장 필요하게 되었다. 이에 작년에 시가지계획령 시행규칙 제1조의 '일단지의 주택 경영'을 '일단의 주택지 경영'으로 개정하여 주택지만의 경영을 시가지계획사업으로 할 수 있도록 했다.[54]

총독부의 주택대책은 1939년 들어 가시화되었다. 6월 총독부에 주택대책위원회를 설치하기로 결정한 것이다. 주택대책위원회는 7월 12일 정무총감 오노 로쿠이치로(大野綠一郞)를 위원장으로, 총독부 각 국장 및 조선식산은행 두취, 조선상공회의소 회두 등을 위원으로 발족했다. 여기에 "가장 심각한 경성의 주택난 해결을 위해" 경기도지사와 경성부윤을 임시위원으로 임명했다.[55] 이 무렵 총독부의 주택문제 인식과 주택대책위원회의 활동 방향은 위원회 설치에 즈음한 정무총감 통첩에서 가늠해볼 수 있다.

> 시국에 입각한 자재난과 건축비 앙등으로 주택의 공급이 현저히 감소한 데다가 시국산업의 급속한 발전에 따른 종사원들의 이상 증가로 주택난은 더

서울의 기원, 경성의 탄생

욱 심각하게 되었다. 이에 각 시가지계획구역 내의 주택문제를 해결하고 대륙병참기지로서 사명에 따른 생산력 확충과 노무자들의 노동력 보존을 위한 주택난 완화 대책을 수립하기 위해 본부에 주택대책위원회를 설치하기로 결정했다.[56]

주택대책의 대전제는 (조선의 대륙병참기지화를 위한) 생산력 확충을 위한 노동자의 노동력 보존, 즉 '전쟁 동원'이었다. 바꾸어 말하면 전쟁 수행을 위한 인력 보존과 동원이 당면 과제로 대두함에 따라 비로소 그 기초가 되는 주택문제가 식민 당국의 시야에 포착되기 시작한 것이다. 이는 식민 본국과 같은 흐름이었다. 일본 정부도 중일전쟁 이후 생산력 증강이라는 관점에서 노동자주택 문제를 본격적으로 정책 의제로 다루기 시작하여 1939년 '노동자주택 공급 3개년 계획', '주택대책요강' 등을 각의에서 결정했다.[57] 또 하나 주목할 점은 주택문제의 뿌리를 주택의 절대수 부족으로 인식하고 해결책을 공급 증가에서 찾고 있는 것이다. 이는 주택문제에 대한 당시의 일반적 인식이었다. 다음 두 기사가 이를 잘 보여준다.

① 의회 출석 및 중앙정부와 정무 절충 중이던 대야(大野) 정무총감이 13일 귀임하였다. 정무총감의 귀임담을 들어보면 (중략) 주택난은 조선만의 일이 아닌데, 집을 더 지을 일이다. 차가차지법(借家借地法) 등을 시행한다고 주택난을 해결하는 것이 아니다. 이것은 집이 있고 취체할 일이지 집이 없는대야 취체를 해도 아무 소용이 없다.[58]

② 주택대책위원회 설치에 대해 한마디 하고자 한다. 무엇보다 주택을 수다하게 건축할 방도를 실천하라. 요는 주택수의 부족에 있다. 당국은 주택자금의 융통, 건축자재의 공급, 기지의 알선 등 모든 방법을 다해라. (중략) 악덕가주(家主) 취체, 가주조합 강요, 차가차지주택관계 법령 제정 등이 다 좋으나 일단 주택이 많아야 될 일이다. 통제만 한다고 될 일이 아니다. 거듭 말하거니와 주택난 완화의 구체적 방책은 오직 주택을 많이 건축하는 것뿐이라는 것을 재인식해야 하겠다.[59]

①의 기사는 정무총감으로 대표되는 총독부 수뇌부의 주택문제에 대한 인식과 두 달 후 설치될 주택대책위원회의 활동 방향을 선행적으로 보여준다. 또 ②의 《동아일보》 사설은 이런 인식이 총독부 수뇌부의 것만이 아니었음을 보여준다. 이에 따라 주택대책위원회는 "주택에 관한 자재, 자금, 기지(基地) 등을 위원장이 명령적으로 알선, 종용하는 강력적 기관"으로 규정되었다. 주택대책위원회는 조직과 함께 먼저 각 지방에 주택부족수에 대한 정확한 조사를 지시했다. 이를 토대로 주택 공급 계획을 세우려는 의도였다.[60] 경성부도 총독부의 기조에 맞추어 주택대책을 입안했다. 바로 시가지계획사업의 하나로 '일단의 주택지 경영'을 하려는 것이었다.

2. 경성부 택지경영사업의 전개와 실패

경성부는 조선시가지계획령 시행규칙 개정에 즈음하여 일단 5,000호 신축분의 주택지 확보를 목표로 합계 60만여 평의 '일단의 주택지 경영'

서울의 기원, 경성의 탄생

[그림 6-9] 1939년 10월 경성부 택지경영사업 예정도
* 돈암, 영등포는 구획정리지구임

사업(이하 '택지경영사업')안을 입안했다. 사업지구는 금호(金湖), 상도(上道), 신촌(新村), 전농(典農) 등 4개 지구였다. 이 4개 지구는 1938년 공개되었던 경성시가지계획 토지구획정리 예정 계획에서 대략 1940~44년 구획정리 착공을 예정했던 지역이었다. 경성부의 택지경영사업은 구획정리의 대체 사업이었던 셈이다. 아직 공사를 시작하지 않은 지역 중 이 4개 지구를 선택한 이유는 이 지구들에 경성부 소유 부유지(府有地)가 많이 포함되어 있기 때문이었다.[61]

총독부의 승인과 경성부회의 자문을 거쳐 사업안을 확정한 경성부는 즉시 사업 예정지에 대한 측량과 예산안 입안을 진행했다. 이듬해 4월

금호정 일부인 금호지구 20만 평, 신촌정·대현정·봉원정 일부인 신촌지구 13만 평, 상도정 일부인 상도지구 23만 평, 답십리정·휘경정 일부인 전농지구 14만 평 등 4개 지구의 사업안이 결정 고시되었다. 그런데 이에 앞서 3월 경성부가 예산 부회에 제출한 택지경영사업안에는 전농지구가 누락되어 있었다. 나머지 3개 지구는 일반 주택지이므로 사업비는 기채로 충당하고, 주택지를 분양하여 이를 상환하는 방식의 계획을 세울 수 있었다. 그러나 전농지구는 사회사업, 즉 빈민주거대책 차원의 '세민(細民)지구'로 일반 분양에 의해 사업비를 회수할 수 없으므로 "투자액의 거의 전부는 버릴 셈"의 국고보조가 필요한데 그것이 불가능했기 때문이다. 경성부는 전농지구 사업안은 예산 조달 방법이 세워질 때까지는 결정 고시만 해두고 "당분간 그대로 둘 계획"이라고 했다.[62]

당장 추진하기로 결정한 금호, 상도, 신촌지구 사업안은 5개년 예정으로 1940년 4월부터 토지 매수 및 택지 조성에 착수하여 1940년 500호, 1941년 1,500호, 1942~44년 각 1,000호분의 택지를 공급하기로 했다. 특기할 것은 건축한 주택의 배분 계획으로 5,000호 중 은행·회사 사택 2,000호, 관공리 사택 1,000호, 교통회사 사택 1,000호, 일반 분양 1,000호로 배분했으며, 민족별로도 일본인 1,200호, 조선인 3,800호로 배분하도록 정했다. 또 은행·회사 분양분 2,000호의 경우 세부적으로 군수 공업과 관련된 이른바 "시국 관계 회사"는 사원의 40%, 직공의 80%까지, 일반 회사는 사원의 15%, 직공의 30%까지로 분양을 제한하도록 했다. 사업안의 핵심은 택지 공급을 행정청이 직접 통제할 수 있도록 한 것이며, 그 우선순위는 '시국 관계', 즉 전쟁 수행과 관련이 깊은 순으로 정한 것이었다. 여기에서 택지경영사업의 초점이 어디에 맞춰져 있었는지

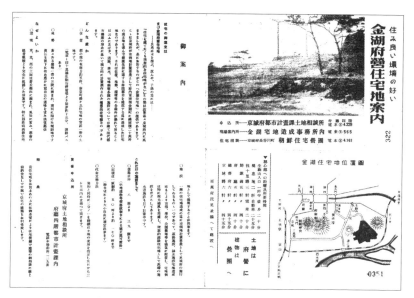

[그림 6-10] 금호택지경영지구 분양 안내 팸플릿

분명히 알 수 있다. 경성부는 택지분양조례도 준비했다. 주요 내용은 첫째, 분양 대상은 회사·관공서·주택회사·상당한 보증인이 있는 개인일 것, 둘째, 분양 후 3년 이내에 의무적으로 주택을 건축할 것, 셋째, 분양 계약이 체결되면 보증금을 선납하고 나머지 대금은 5개년부로 상환할 것, 넷째, 주택 건축 및 대금 선납 전까지는 명의 이전(전매)을 금지한다는 것 등이었다.[63] 경성부가 택지경영사업이 투기 대상이 될 위험에 대비해 나름대로 상당한 주의를 기울인 것이다.

경성부는 4월부터 평당 6원에 택지경영사업지구의 토지 매수를 시작했다. 그런데 순조롭게 진행되지 않았다. "뿌로ㅡ커ㅡ들이 교묘한 방법으로 지주들을 움직여서" 토지 소유자들이 쉽게 매수 교섭에 응하지 않았기 때문이다. 6월까지도 매수 실적이 전체의 20% 정도에 불과하자,

경성부는 매수 교섭이 순조롭지 않으면 '토지수용령'을 적용하겠다는 의사를 천명했다. 11월 중순 전체 사업 예정지의 토지 매수 실적이 60% 정도에 이른 시점에 3개 지구 토지 일부가 수용되었다. 택지경영지구 분양에 대한 수요자들의 기대도 상당히 높은 편이었다. 1940년 6월 현재 분양 예약 신청 건수와 면적은 금호지구 34건, 상도지구 17건, 신촌지구 61건 등 합계 112건에 32만여 평이었으며, 겨우 토지 매수와 수용을 완료한 연말에는 이미 분양신청 면적이 사업 예정 면적을 초과할 정도였다.[64]

1941년 들어 경성부는 관내 관공서, 공장, 은행, 회사 등에 사택 수요를 조사, 보고하라는 통첩을 내리는 한편 경기도 주택대책위원회와 자재 확보를 협의하는 등 택지 분양 준비를 시작했다. "철재 및 시멘트의 입수가 용이하지 않아 공사 진척이 저해"되는 등 고질적인 자재난은 여전했지만, 사업은 진척되어 평당 20~70원으로 정해진 택지의 분양조례가 연말에 고시되었고, 1942년 5월부터는 분양이 공식 개시되었다. 분양 개시에 즈음하여 경성부는 분양 안내 팸플릿 등을 준비하여 택지경영지구를 대대적으로 선전했다. 그 내용은 3개 지구가 대동소이한데 "경성부가 시가지계획사업으로 풍광이 아름답고 공기가 맑은 부내 처녀지에 건강생활에 알맞은 임간(林間)도시를 건설하기 위해 조성한 주택지"라는 '선전'과 함께 지구의 위치, 지세, 교통(전차 노선·시내 주요 지점에서의 도착 소요 시간), 시설, 가격과 대금 지불방법 등을 안내하고 있다.[65] 택지경영사업 역시 교외 주택지 개발 시도의 연장선에 있었던 것이다.

그런데 정작 정식 분양이 시작되자 신청은 초기의 열기와는 달리 부진을 면치 못했다. 관건은 주택의 건축 가능성이었다. 자재, 인력, 자금

등 모든 면이 어려운 가운데 엄격한 분양조례에 따라 즉시 주택을 건축할 수 있는 여력을 가진 개인은 거의 없었기 때문이다. 택지경영사업은 한 발 늦은 사업이라는 점, 그것으로는 주택난 해결이라는 목표에 다가갈 수 없다는 점이 다시 한 번 드러났다. 이제 식민 당국은 "부분적인 대책만으로는 해결 불가능한 총체적인 문제"인 주택문제 해결을 위해 "최후의 통제적인 수단"을 사용할 수밖에 없었다. 그것은 "택지 공급과 자재 배급을 넘어서 주택의 건설과 분양까지 담당하는 공영기구"의 설립이었다.[66]

3. 택지 공급에서 주택 공급으로 – 조선주택영단 사업

총독부는 택지경영사업 등 부분적인 대책으로 주택문제 해결이 불가능하다는 사실이 드러나자 다음 단계로 주택 건설을 위한 공영회사 설립 구상을 실천에 옮겼다. 이는 일본에서의 움직임에 발맞춘 것이었다. 당시 일본에는 1923년 간토대지진 복구를 위해 설립한 동윤회(同潤會)라는 공영주택건설기구가 일찍부터 있었지만 정책 부재와 재정난 속에서 활동은 미미했다. 그러던 중 전쟁 시기 본격적인 주택대책 수립에 나선 일본정부는 새로운 기구 설립을 계획하여 1941년 5월 동윤회를 흡수한 일본주택영단(日本住宅營團)을 설립했다.[67] 총독부도 1941년 초 일본 대장성 예금부에서 차입한 8,000만 원을 자본금으로 조선주택영단을 설립하여 10~20평형의 "생산력 확충을 위해 노력하고 있는 노무자 및 중류 이하 봉급생활자를 위한 중소주택" 2만 호를 건설하겠다는 계획을 발표했다.[68] 일본과 거의 같은 시기에 같은 기구 설립이 추진된 셈이다. 주택영단의 권한은 역할에 걸맞게 강력하게 규정되었다. 강력한 권한의 근거는 전쟁 동원이라는 목적에 따라 역설적으로 환기된 '주거의 사회적 공공성'이었다.

> 주택영단의 사업정신은 주택은 개인의 살림집으로서 각개의 책임으로서만 장만될 것이 아니고 실로 국가적 공익성질을 가지고 있는 것이라. 각 개인이 자기가 들어가 있을 집을 각자가 마련하는 것보다 국가적 견지에서 정부가 인민에게 공급해야 할 것으로 (중략) 영단은 사업을 위해 토지, 자금, 자재에 있는 대로 특권을 받을 것 (후략)[69]

위의 기사는 일제의 침략 전쟁이 절정을 향해 치닫고 있던 1941년 초 주택은 "국가적 공익성질"을 가지고 있다는 것, 그리하여 "국가적 견지에서 정부가 인민에게 공급해야 할 것"이라는 인식이 대두한 역설적 상황을 잘 보여준다. 1941년 3월 말 일본에서 주택영단법이 정식 제정되자 총독부도 영단 설립에 속도를 냈다. 먼저 대표적인 건축, 토목 분야 관료들로 기술위원회를 구성하여 영단 주택의 설계를 논의했다. 기술위원회는 영단 주택을 "내선절충식"으로 한다는 원칙을 정하고, 몇 가지 평형으로 "신시대의 국민주택" 표준 설계를 시작했다. 오늘날의 아파트처럼 미리 몇 가지 형의 표준 설계를 하고 주택을 건축하는 '형(型)건축'이 조선에서 최초로 대규모로 시도된 것이다. 이와 함께 각 지역의 주택 부족수를 조사하여 우선 5,000호를 주택난이 가장 심각한 경성, 청진, 평양에 건축하기로 결정했다. 경성에서는 번대구획정리지구와 상도택지경영지구 등 "남경성역을 중심한 7만여 평", 즉 영등포 공업지역의 배후 주거지역에 2,700호를 우선 건축하기로 결정했다. 영단 설립 자금은 총독부가 매년 200만 원씩, 4개년 동안 800만 원을 출자하여 그 10배인 8,000만 원어치의 주택채권을 발행한 것을 일본의 대장성 예금부에서 소화하기로 결정했다. 주택영단은 1943년 3월까지 2,976만 9,807원의 자금을 조달한 것이 확인되는데, 채권 매입에는 대장성뿐 아니라 조선 내 은행들로 구성된 금융단과 조선간이생명보험주식회사 등도 참여했다.[70]

6월 '조선주택영단령'이 정식 제정되고, 제1차 주택영단 설립위원회가 개최되었다. 주택형은 갑(20평), 을(15평), 병(10평), 정(8평), 무(6평)의 다섯 가지로 설계되었다. 이 중 갑·을·병형은 '일반 국민주택', 정·무형은 '노무자 주택'으로 규정되었다. 또 '내선절충' 원칙에 따라 방 중 1개는 반드시 조선식 온돌방을 포함하도록 했다. 이 밖에 대지를 건평의 3배 이상으로 하고, 하루에 햇볕이 4시간 이상 들어오도록 했다. 갑·을·병형에는 욕실을 두었으며, 정·무형은 연립주택으로 건축할 수 있도록 하는 등 '근대적 공동주택' 설계의 발전적 내용을 수용했다. 총독부가 상당한 기술력을 투입했음을 느낄 수 있다.[71] 주택 공급 방식은 갑·을형은 건축비의 20% 계약금에 잔금은 20년부 상환하는 조건으로 분양하고, 그 이하는 임대하기로 결정했다.[72]

7월 1일 정식 설립된 주택영단은 먼저 영단 주택의 건축 가능 부지를 조사했다. 그 결과 전국에서 80만여 평의 주택 건축 가능지가 있는 것으로 조사되었다. 대부분은 경성에 집중되어 있었다. 경성의 구획정리 및 택지경영지구 중 돈암지구 10만여 평, 영등포지구 8만여 평, 대현지구 5만여 평, 번대지구 11만여 평, 한남지구 5만여 평, 금호지구 13만여 평, 상도지구 13만여 평, 신촌지구 7만여 평 등 합계 72만여 평이 주택

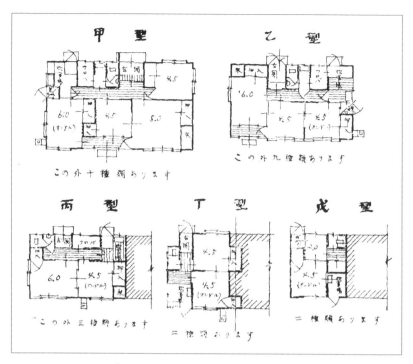

[그림 6-11] 조선주택영단의 주택 설계도
* 'おんどる'라고 표기된 방이 온돌방임

건축 가능지로 조사되었다. 경성의 경우 시가지계획에 의한 택지 조성 규모가 다른 도시보다 훨씬 컸는데, 이렇게 조성된 택지에 주택이 건축되지 못했음을 반영한 결과였다. 경성에 건축할 예정인 2,700호는 갑형 540호, 을형 810호, 병형 540호, 정형 405호, 무형 405호로 배분했다.[73] 이 비율로 보면 영단 주택 중 규모가 큰 편인 갑·을형/병형 이하, 공급 방식으로는 분양/임대가 각각 절반씩이었다. 영단 주택 입주자의 직업이나 계층을 알 수 있는 자료가 거의 없는 상황에서 이 비율은 하나의 단서가 된다. 즉, 주택영단이 주택을 공급하려고 계획한 주요 대상은 어

서울의 기원, 경성의 탄생

[그림 6-12] 현재 문래동(과거 도림정) 영단주택지 전경

느 정도 경제력을 가진 고급 기술자급과 하층 노동자급이 절반씩이었던 셈이다.

주택영단은 8월 중에 준비를 마치고 9월부터는 사업에 착수할 예정 이었으나, 자재와 기술자 부족으로 실제 사업은 10월 말이 되어서야 착 수할 수 있었다. 그리하여 11월에는 도림정 553호(갑형 22호, 을형 137호, 병형 394호), 번대방정 195호(갑형 99호, 을형 96호), 상도정 292호(갑형 69호, 을형 223호) 등 합계 1,040호, 부지 합계 6만 5,000평의 청부 입찰을 완료 하고 1942년 5월 완공을 목표로 건축에 착수했다. 또 6월 현재 예정을 보면 경성 2,150호를 포함하여 전국적으로 6,300여 호를 연내 착공할 계 획이었다. 1942년 초부터는 1941년 착공분의 분양신청 접수도 시작했으 며, 8월에는 도림정에서 첫 준공식도 개최할 예정이었다. 내외의 악조건 속에서 주택영단의 사업이 일정하게 진척을 보였던 것이다. 주택영단은 1943년 전반까지 이 지역에 주택 건축을 계속하여 6월 30일 현재 합계 1,809호를 준공했다.[74] 1980년대 이후 이루어진 실측 연구들에 의하면 도림정 같은 경우 규모가 작은 편인 병형이 많이 남아 있는데 반해 상도정은 상대적으로 고급주택지로 지구 설계도 양호한 편이었고 주택도 갑·을형이 많이 남아 있다.[75] 건축된 주택형에 따라 입주자의 구성도 달랐을 것으로 짐작할 수 있다.

주택영단은 1944년 5월에도 "도시 노무자 주택 확보를 위해" 5,000호 건축 계획을 수립한 적이 있었다. 이때 경성에는 절반인 2,500호가 배분되었다. 5,000호의 형별 배분은 갑형 157호, 을형 671호, 병형 1,118호, 정형 1,283호, 무형 1,771호 등으로 병형 이하의 비율이 이전보다 훨씬 높은 것이 특징이었다. 그러나 이 계획의 실행 정도를 보여주는 자료는 찾을 수 없으며, 전황이 파국으로 치닫던 1944년 중반 이것이 계획대로 실행되었으리라고는 생각하기 어렵다. 이미 총독부는 1943년 9월 민간의 철재 사용 건축을 거의 완전히 불허하고 목조 건축도 "전력 증강에 요급(要急)하지 않은 신축은 일체 불허"하겠다는 방침을 통첩했다. "불편함을 인내함이 결전하 임무다. 대동아전쟁을 싸워 이기기 위해서는 주택에 있어서도 기와가 없으면 골과 밀집으로 지붕을 이으며 모든 괴로움을 참고 최저한도의 생활을 해야 한다"는 정무총감 다나카 다케오(田中武雄)의 언급은 이 무렵 주거문제에 대한 총독부 수뇌부의 인식을 상징적으로 보여준다.[76]

주택영단은 전쟁으로 인해 경성부의 건물, 인원 소개(疏開)가 시작된 1945년 4월 영등포, 번대방, 신촌, 회기, 휘경 지역에 "소개 후에도 최후까지 남아야 할 사람을 위한" 주택 500호를 9월까지 완공하겠다는 계획을 발표했다. 그러나 이것은 원래 취지와는 무관한 "6, 7평 규모의 간이 주택", 일종의 군대 막사와 같은 주택에 불과했다.[77] 일정한 생산력 증강에 기반을 둔 '증산의 동원'이 한계에 부딪친 태평양전쟁 말기, 가진 자원을 다 소진하는 '내핍의 동원'으로 전환되는 가운데 주택영단의 사업도 침몰의 운명을 피하지 못하고 있었다.

7장

도시계획의 두 얼굴,
빈민의 구제와 배제

1

경성지역 빈민주거의 실태

'토지의 불법 점유자', 토막민

경성에서 시가지계획의 시행이 주거문제의 여러 측면에 영향을 미쳤음은 이미 살펴보았다. 그러나 시가지계획은 일반적인 의미의 주거문제와 상대적으로 구분되는 '빈민주거' 문제에도 많은 영향을 미쳤다. 일반적인 주거문제와 빈민주거문제를 다소 도식적으로 구분하면, 전자는 주거를 마련할 여력이 있음에도 불구하고 주거 공급의 절대량이나 경로에 문제가 발생한 것을, 후자는 개인의 힘으로 주거를 마련할 힘 자체가 부족한 차원을 가리킨다.

식민지 시기 경성지역의 도시빈민층을 대표하는 명칭은 '토막민(土幕民)'이다. '토막에 사는 사람'이라는 명칭이 보여주듯이 토막민은 그 주거 형태를 특정한 지칭이다. 식민 당국은 도시빈민층의 주택을 "지면을 파서 그 단면을 벽으로 삼거나 혹은 땅 위에 기둥을 세우고 거적 등으로 벽을 삼고 양철이나 판자로 지붕을 만든 원시주택"인 '토막'과 그것을 개조하여 어느 정도 주택의 형태를 갖춘 '불량주택'으로 구분했지만,

[그림 7-1] 토막 및 불량주택의 유형
주거형태를 조사한 경성제국대학 학생들은 토막을 세 가지 형태로
분류했는데, 대략 ①, ②가 토막이라면, ③이 불량주택에 해당한다.

토막이나 불량주택에 거주하는 사람들을 대략 토막민으로 통칭했다.[1]
토막은 대부분 국유지나 타인의 사유지에 지어졌으므로 사회적으로 토
막민은 남의 땅에 집을 지은 사람, 즉 '토지의 불법 점유자'로 인식되기
도 했다. 이들은 대개 농촌 경제의 몰락으로 이촌향도한 사람들이거나
원래 도심부에 거주하다가 경제적으로 어려워져 외곽으로 밀려난 사람
들로 형성 배경이 어떠하든 도시 주변부의 불법 거주자였다. 그러므로
외곽 지역의 (재)개발에 초점을 맞춘 시가지계획 시행은 이들의 주거에
결정적인 영향을 미칠 수밖에 없었다. 다음 두 기사는 토막민의 형성 배
경과 존재 양태를 잘 보여준다.

① 토막민 발생의 원인을 역사적으로 보면 과거 조선의 도시에는 토막민이라는 명칭의 주민은 존재하지 않았다. 따라서 그 명칭은 일한병합 이후의 것인데, 사실은 다이쇼 초기(1910년대 초)에 행해진 조선의 토지조사 무렵에 소유권의 확립과 함께 발생하기 시작했다.[2]

② 토막민은 소위 도덕의 범위를 넘는 일도 모험이라고 생각지 않은 사람들이 많으니 땅만 비었으면 내 땅 같이 집을 짓고 (중략) 그러나 그들 중에서도 여러 가지 사람들이 있다. 시내에서 살 수 없어 쫓겨나온 사람도 있고 시내에서 이러저럭 살 수는 있되 이 사람, 저 사람의 귀찮은 하대나 간섭이 싫어 자유천리를 찾아 나온 사람도 있고 또 지방에서 벌어먹겠다고 서울을 찾아는 왔으나 몸을 붙일 곳이 없어 모인 사람 (후략)[3]

①의 기사가 토지조사사업 시행으로 토지 소유권이 확립되고, 이에 따라 '불법 점유'라는 범주가 비로소 생겨난 사정에 초점을 맞추었다면, ②의 기사는 토막민이 도심부에서 밀려났거나 지방에서 상경한 가난한 사람들임을 말해준다. 그렇다면 식민 당국이 토막민에 대한 대책을 세우기 시작한 것은 언제부터일까? 경성부는 1920년대 말부터 토막민 통계를 내기 시작했다. 통계를 낸다는 것은 '토막민은 무엇이다'라는 정의를 내리기 시작했다는 뜻인데, 그것은 '토지의 불법 점유자', 그리고 '도시 미관을 해치는 자'라는 두 가지로 볼 수 있다. 여기에서 좀 더 나아가면 토막민은 "사회에 대한 반항적 감정이 있는 무식한 빈민이 주이며 일부 좌경적 사상을 가진 자", 즉 일종의 '위험 분자'로 인식되었다.[4] 그러나 이런 인식에도 불구하고 경성부나 총독부는 1930년대 초

까지 토막민에 대해 어떠한 적극적인 대책도 시행하지 않았다. 오히려 토막민의 존재는 어느 정도 묵인되어 '불법 주거'일망정 상대적으로 안 정성을 가지고 유지되었다. 다음은 1930년대 중후반 현재 토막의 존재 가 어떻게 '안정'되어 있었는지 잘 보여준다.

① 토막민은 가옥이라고는 국유지나 사유지에 허락도 없이 지은 보잘 것 없 는 주택이라고는 하나 그중에는 4, 5년 내지 십수 년씩 장구한 시일을 두고 생활의 근거를 잡아오던 곳들이라 그들 토막민으로서는 다시없는 재산이 되 어 있는 만큼 그들을 일시에 이천호나 시외 먼 곳으로 이주시킴에는 여러 가 지로 문제가 일어날 모양이다. 그들은 토지 소유자의 허락도 없이 집을 짓고 있었다고 하나 그동안 지주로서는 한 말도 없었던 만큼 그중에는 지주와의 사이에 평온리에 일종의 점유형태를 짓게 되었고 (중략) 그뿐 아니고 주택으 로서 토막민 간에 임대관계가 엄연히 있는 이상 (후략)[5]

② 쇼와 3년(1938년)말 현재 경성부의 순수 토막은 3,316호 중 442호 정도 에 불과하며 보존등기가 된 것이 848호, 가옥세 납부가 863호, 전등 설비가 1,901호, 상수도 사용이 77호, 우물 사용이 3,215호, 하수도 사용이 24호 등 이다. (중략) 보존등기가 되어 있고 가옥세를 납부하는 토막은 주로 관유지 에 건설된 것으로 그중에는 백 원에서 수백 원까지 서낭권이 설정된 것도 있 다.[6]

①의 인용은 행정구역 확장과 시가지계획의 시행을 앞둔 1936년 3월 의 기사이다. 그동안 사유지를 점유한 불법 주거에 대해 토지 소유자 측

이 별다른 문제 제기를 하지 않아왔음을 보여준다. 소유지의 이용 가치가 별로 없었기 때문이었다. ②의 인용은 1938년 말 현재 이루어진 경성부의 토막민 조사 결과이다. 이에 따르면 전등 사용 호수가 전체의 60%에 가까우며, 극소수이지만 상하수도를 사용하는 가구까지 있다. 이쯤 되면 말로는 토막민이라지만 중류층 이상의 생활을 하는 사람인 셈이다. 또 보존등기 호수와 가옥세 납부 호수가 전체의 25% 전후이다. 특히 후자는 주로 관유지의 토막이었는데, 그렇다면 이는 경성부 스스로 토막민의 불법 주거를 묵인하고 징세를 했다는 뜻이 된다. 그 결과 토막은 수백 원 단위의 저당권의 대상, ①의 인용 표현을 쓰면 "다시없는 재산"이 되기에 이르렀던 것이다. 이렇게 외곽 지역으로의 확장과 개발을 지향하는 시가지계획이 시작되기 전까지 토막민은 식민 당국에게서 어떠한 "구제적 시혜도 받지 못했지만 반대로 적극적 취체도 당하지 않는", 이중적 의미에서 권력의 무관심 혹은 무통제 상태에 놓여 있었던 것이다.[7]

그러나 식민 당국도 점차 증가하는 토막민에 대해 아무런 대책도 세우지 않을 수 없었다. 경성부는 1930년대 들어 대략 두 차례 토막민 대책을 시행했다. 먼저 1933년 2월 고양군 연희면 아현리의 면유림 2만여 평을 매입하여 곳곳에 산재한 토막민을 이주시키려고 했다. 이주한 토막민 관리는 일본 불교 계열의 사회복지단체 화광교원(和光敎園)에 맡길 예정이었다. 1935년에는 불교 계통에서 운영하는 향상회관(向上會館)이 고양군 은평면 홍제리의 국유임야를 대부받아 토막민 1,000여 호, 5,500여 명을 이주시킨 향상대(向上臺) 사업이 추진되기도 했다.[8] 당시 일본 불교 계열의 사회복지단체는 재정이 풍부할 뿐더러 총독부에도 일정한 영향력을 가지고 있었다. 그러나 두 대책은 재정적 여력이 없는 경성부가 종교단체를 동원한 것으로 대책 시행의 체계성과 지속성, 그리고 장기적 성과를 기대하기 어려운 일회성 사업이었다.

게다가 두 대책의 초점은 행정구역 밖, 되도록 도심부에서 먼 곳에 집단 수용지를 만들어 토막민을 경성부에서 몰아내는 것에 맞추어져 있었다. 이는 더욱 실효를 거두기 어려운 것이었다. 도시 안에서 직업을 찾을 수밖에 없는 빈민의 특성상 토막민은 일단 강제 이주를 당하더라도 곧 수용지를 이탈하여 원래 거주지로 모여들었기 때문이다. 여러 자료와 연구에 따르면 토막민의 직업은 짐꾼, 공사장 인부, 공장 직공, 상점 점원, 관공서 고용인, 행상, 노점상, 인력거꾼 등 대개 일용 노동자로 매일 조선은행 앞을 비롯하여 도심부 몇 군데의 노동시장에서 일거리를 구했다. 따라서 토막민은 아직 개발의 손길이 미치지 않은 지역 중에서도 되도록 도심부와 교통 연결이 잘 되는 지역에 거주하려고 했다. "현재 그들 중에는 일정한 직업을 가진 것도 있으니 그 직업 처소는 모두 부근 시내인 만큼 이것을 시내에서 멀리 내쫓는다면 직업을 잃게 하는 결과를 맺게도 될 터이라" 또는 "그들은 대부분이 그날그날 품을 팔아서 먹고 살아가는 이들이라 정릉리나 돈암리의 산중 허리로 옮겨가면 그들이 품팔이하기에 불편할 뿐 아니라 일을 얻을 기회가 없어지므로 생도가 없는 것" 같은 기사들은 토막민의 생활상을 특징적으로 보여준다.[9]

한편 1936년 행정구역이 확장되면서 고양군 연희면 아현리나 은평면 홍제리의 일부는 경성으로 편입되었다. '부외 수용지'라는 의미도 없어지게 된 것이다. 행정구역 확장은 시가지계획의 첫 단계였다. 그리고 시가지계획의 시행으로 더 이상 빈민주거문제를 임시방편적으로 처리할

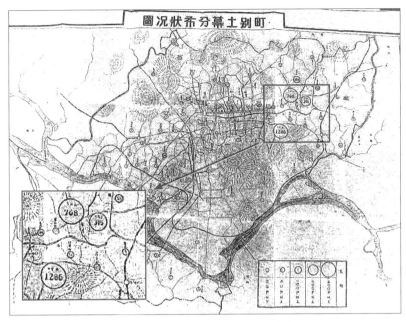

[그림 7-2] 1936년 행정구역 확장 이후 경성지역의 토막민 분포
* 조사 시점은 정확히 알 수 없음

수 없게 되었다. 경성시가지계획의 주요 개발 대상이 외곽의 신편입지역, 즉 토막민의 주요 분포지였기 때문이다. 특히 문제는 동부 지역이었다. 1935년 초 경찰서 관내 경성부 내외 토막 2,000여 호의 분포를 보면 종로경찰서 8호, 동대문경찰서 1,653호, 용산경찰서 130호, 서대문경찰서 236호로 동대문경찰서 관내가 압도적이었다.[10] 위의 [그림 7-2]는 이런 상황을 단적으로 보여준다. 토막은 경성 내 곳곳에 산재해 있으나, 대부분 몇 호 내지는 몇 십호 단위인데 반해 동부 지역에는 몇백 호 혹은 1,000호 이상의 집중 분포지가 있음을 볼 수 있다. 이처럼 시가지계획사업으로 개발해야 할 지역의 "무질서한 발전"은 식민 당국의 입장

에서 "도시계획상 발전으로 본다면 괴로운 문제"였다. 그리고 이런 국면에서 그동안 유지되어왔던 빈민주거의 '상대적 안정성'은 더 이상 기대하기 어려운 것이었다. 경성 편입을 앞둔 돈암리와 신설리의 상태를 묘사한 1933년의 한 기사는 이 점을 생생하게 보여준다.

주택지로서의 발전은 돈 많은 시민을 상대할 때에는 이상적 발전을 하지마는 그렇지 못한 세민계급들에게는 지역과 장소를 가리지 않고 무질서하게 늘어나가 도시계획상 발전으로 본다면 괴로운 문제의 근거가 되는 때가 많다. 그러나 어떠하랴. 그 무질서한 발전이 당국자로서는 괴로운 문제일 것이나 시내에서 살기 힘들어 만부득이 시외로 간편한 살림을 하기 위하야 몰려나오는 사람들을 어떻게 막을 수 있으랴.[11]

2
경성시가지계획의 시행과 빈민주거의 박탈

철거와 저항

그렇다면 시가지계획의 시행은 구체적으로 빈민주거에 어떤 영향을 미쳤을까? 시가지계획이 시행될 것이라는 예정은 지가 상승을 가져왔고, 이 것은 토지 소유자들이 그동안 소홀히 했던 소유권을 환기하게 만들었다. 시가지계획 시행이 빈민주거 박탈을 가져온 첫 번째 국면이었다. 이런 가능성은 조선시가지계획령 제정 당시부터 제기된 바 있었다.

> 현재의 컴컴한 뒷거리와 기타의 빈민굴은 점차 정리되고 명랑한 편리한 근대도시가 건설될 것이라는 데 경제적으로 아무 실력 없는 조선인 세민(細民)들은 결국 시가지계획령의 실시구역 외에 점점 쫓겨 가게 될 염려가 없지 않다.[12]

> 동령(조선시가지계획령)을 실시하는 구역은 상업지대, 공업지대, 주택지대 등으로 구별되고 또는 가옥, 건축물에 대한 제한 또는 제재가 있을 터이므로

빈궁한 세민들이 동령 실시구역 이외로 자연히 구축될 것 (후략)[13]

실제로 행정구역 확장이 가시권에 들어온 1935년경부터 "지가가 등귀되는 눈치를 차린 지주들은 토지 명도를 토막민들에게 독촉하여 쟁의가 날로 심해지"기 시작했다.[14] 해가 바뀌면서 이런 현상은 더욱 뚜렷하게 빈발했다. 아래는 둘 다 1936년 초의 기사이다.

오는 4월로써 경성의 행정구역이 대확장되어 무엇보다도 주목되는 것은 각 방면이 각기 지가가 뛰어오르고 있다. (중략) 이와 같이 지가 폭등됨에 따라 문제되는 것은 부 인접지에 거주하는 다수의 빈민계급이다. 부내에서 생애를 붙이지 못하고 부외로 나가서 대개는 땅을 빌리던가 국유지, 공지 기타에 빠락식으로 간략한 주택을 장만하고 살던 터에 그처럼 지가가 올라서 매매가 빈번하게 되며 새로운 방면으로 이용되게 되면 당연히 이들 빈민계급의 거주 철훼 문제가 처처에 생길 것으로 관측되고 있다. 아직은 토지의 매매에 그치고 있으나 봄에 나가면 토지가 이용될 곳이 많을 터이므로 문제가 표면화할 것이다. 현재 경성부 주위에는 동대문외며 광희문외를 비롯하여 사위의 인접지에 있는 빈민주택이 년년히 증가되어가던 것이 극히 다수여서 문제는 극히 곤란한 사회문제로 주목을 끌고 있다.[15]

대경성 실현 전에 도회미관과 위생시설의 필요상 토막민 정리는 계속 실행해 왔으나 이와는 정반대로 늘어가는 경향으로 당국의 대책도 하등 주효가 없는 데 요즈음 와서는 경성부 편입과 함께 지가가 폭등하여 지주들이 가옥을 헐어버리랴 하므로 자연히 주민과 지주 사이에 분쟁이 빈발하고 있는 현상이다.[16]

서울의 기원, 경성의 탄생

1936년 5월 삼판통에서 일어난 사건은 우려가 현실로 나타난 전형적인 사건이다. 이 사건은 토막 60여 호에 대한 철거 과정에서 토지 소유자와 토막민 500여 명이 충돌하여 양측 모두 다수가 부상당한 것으로서 "앞으로 시가지계획이 곧 시행될 텐데 더 이상 토막을 방치해둘 수 없다"는 토지 소유자 측 의견과 "우선 얼마간의 지료를 지불할 테니 무조건 철거만은 말아달라"는 토막민 측 의견이 대립하고 있다. 제시한 지료 액수가 너무 적다는 이유로 토지 소유자 측이 인부들을 동원하여 철거를 시도한 사건이었다.[17] 이 무렵 비슷한 사건들이 간헐적으로 일어났다. 그러나 일종의 '개발 붐'에 편승한 토지 소유자의 철거 규모가 그렇게 크지는 않았다. 철거 주체가 개인이었기 때문에 철거 범위는 대개 자기 소유지 안의 몇 십호를 넘지 않았다. 그러나 1937년부터 시작된 가로망 부설과 구획정리공사는 이제 철거 주체가 경성부가 될 것이며, 그 범위도 이전과는 달라질 것임을 알리는 신호탄이었다. 시가지계획이 어느 정도 진행된 1938년 11월의 한 기사는 시가지계획사업의 진척에 따른 철거의 정황과 향후 전망을 잘 보여준다.

경성의 근대적 시설 건설이 활발하여 시가도로, 남산주회도로, 돈암정, 영등포의 구획정리 등 진척에 따라 장안의 샛길은 광로로 바뀌고, 길 없는 거리에 큰 길이 가로 세로로 놓이는 반면에 경성 세민의 우울이 또한 적지 않다. (중략) 최근 3년간 이상 제사업에 의해 멸실된 주택만 709동, 1,102호로 경성부는 사업 수행상 멸실되는 토지 및 가옥에 상당한 보상을 지불하고 있으나 이 보상이란 지주와 가주에 몰려가는 바 세민들에게는 집이 헐릴 때마다 갑자기 살던 집을 잃게 되어 근대적 도시를 점차 형성해가는 경성에 희비명암의 양색이 교차하고 있다. (중략) 시가지계획은 아직 제일단계로 구획정리도 장애물이 희박한 곳부터 착수했다. 그러나 점차 사업 진척에 따라 주택 멸실은 더욱 심해져 시가지계획사업 완성까지는 수천 호가 철거될 것으로 거주자의 방황은 명약관화한 현상이다.[18]

특히 1938년 들어 그동안 지연되었던 구획정리공사가 본격화되면서 토막 철거도 두드러졌다. 경성부의 철거는 개인 소유자에 비해 대규모로, 조직적으로 이루어졌다. 따라서 토막민의 저항도 이전보다 거세게 일어났다. 먼저 이 무렵 발생한 큰 사건 두 가지를 살펴보자.

1938년 4월 경성부는 신설정 부유지의 토막 500여 호, 2,000여 명을 "시가지계획상 철퇴(鐵槌)하기로 결정"하고 토막민들에게는 부유지 일부를 대부받은 대가업자(貸家業者) 함학진의 임대주택에 입주할 것을 지시했다. 그러자 토막민들은 토지를 대부한다면 함학진보다 원래 연고가 있는 자신들에게 직접 대부해달라고 진정했다. 그러나 경성부는 "국유지에 아무 허락 없이 집을 세운" 토막민들에게 토지를 대부할 수는 없다고 회답했다. 토막민들은 다시 수천 원을 들여 지은 집을 몇 십 원의 보상비를 받고 헐 수는 없다고 항의했다. 경성부는 토막민들의 저항이 의외로 거세지자 간담회를 개최했다. 그러나 "기정 방침을 방패로 일보도 양보치 않고 영세한 보상금을 지불하겠다는 부당국"과 "기분지일도 못되는 대가와 갈 곳 없이 주택을 잃게 되는 주민" 사이의 간담회는 성과 없이 무산되었다. 간담회가 무산되고 토지를 대부받기로 한 함학진의 철거 독촉이 심해지자 토막민 수백 명이 "경성부로 쇄도하여" 요구 조건을 진정하고, 대표를 선정하여 부윤과 직접 면담하는 등 철거에 대한 저항이 만만치 않아 이 문제는 교착 상태에 빠졌다.[19] 6월 초 임시 부회가 개최되어 "신설정 토막문제는 드디어 부회에까지 오르게" 되었는데, 부윤이 "이 문제는 미루자고" 하는 것으로 보아 아직도 해결이 나지 않았음을 알 수 있다. 그러나 사건의 해결 여부와 관계없이 이후 계속될 시가지계획 시행에 따른 토막 철거의 논리·양태와 이에 대한 저항·분쟁을 예고해주는 것이었다. 이를테면 사건 발생 직후 "금후 계속하여 시외로 확충계획을 실시할 때마다 이러한 문제에 봉착케 될 경성부"가 "강경한 태도"를 취한다고 한 표현은 이 사건의 '선행적' 의미를 잘 보여준다.[20]

한편 1938년 12월 종암정의 사례는 실제 철거가 진행된 현장을 실감나게 보여준다. 이 사건은 돈암지구 구획정리로 종암정 모래강변으로 밀려난 토막을 경성부가 다시 철거하려고 한 사건이었다. 먼저 사건의 경과와 의미를 잘 보여주는 아래의 기사를 살펴보자.

> 대경성의 시가계획은 30년의 대계하(大計下)에서 도심지대를 중심으로 그 정리공사는 축년(逐年: 매년 거르지 않고) 신장되어가고 있는데 이로 인하여 택지를 정리당한 토막민 부대는 한걸음 밀려다가 다음 지대에 거지(居地)를 정하고 있다가 거듭하는 경성부의 정리공사에 휩쓸려 집을 헐리고 퇴치를 당한 것인데 (중략) 작년부터 착공하여 3개년 계속공사로 목하 진행 중인 돈암지구 정리구역 내에 700호가 또 문제의 조상(俎上)에 올라 돈암정, 신설정, 안암정 등지에서 공사 개시 이래 토막촌 때문에 수다한 문제를 거듭해 왔는데 이제는 여기에서 퇴치당한 그들이 종암정 모래강변에서 말썽이 되게 되었다. 전기(前記) 돈암지구 정리구내에서 밀려나간 토막민들이 금년 5월경부

터 종암정 하천 방축에 집거하여 지금은 벌써 230여 호의 부락을 구성하고 있다. 경성부 토목과에서는 다시금 이들을 철거하고자 20일 오후 과원이 인부를 데리고 나가서 흰기가 영하 10도를 오르고 내리는 이즈음에 13호를 제일착으로 강제 철훼를 개시하여 당시 현장에는 이상한 인생극이 연출되어 일시 정신상실자까지 생겨나고 졸연 집을 잃은 그들의 참경은 너무나 신경이 마비된 도시인의 안공(眼孔)에는 무심히 간파될 것이나 명일부터 문제될 나머지 100여 호도 목전에 당한 운명이라고 한다.[21]

이 사건은 규모도 작지 않을 뿐더러 "한기가 영하 10도를 오르고 내리는" 한겨울에 실행하는 등 경성부가 강력한 철거 의지를 관철한 사건이었다. 또 구획정리공사 때문에 원래 거주지에서 밀려난 토막을 다시 철거한 것이었다. 이 사건을 통해 시가지계획 구획정리가 진전됨에 따라 빈민주거가 지속적으로 밀려나는 현상을 읽을 수 있다. 1939년 들어 철거는 더 강력하게 진행되어, "구획정리사업으로 돈암정, 영등포를 비롯하여 대현지구 등 각 토지정리에 따라 일거에 일천호씩 철훼되는 형편"이었다. 7월 돈암정에서는 돈암지구 구획정리 예정지에 마지막까지 남아 있던 토막 200여 호에 대한 철거가 시작되었다. 마지막 철거이니만큼 저항이 거셀 것에 대비하여 동대문경찰서의 경관 30여 명이 현장을 지키는 가운데 인부 수십 명이 200여 호를 일시에 철거했다. 그러지 "갑자기 집을 잃게 된 주민들은 하루 밤을 찬비를 맞으며 새고 5일 오전에는 주민 약 80명이 떼를 지어 동부출장소와 부청을 찾아와 억울한 사정을 호소"하기도 했다. 또 돈암지구에 이어 구획정리가 진행된 대현지구에서도 9월 "부당국이 아현정 200호에 11월 말까지 이전을 요구하고

[그림 7-3] 돈암지구 토막 철거 현장(위)과 부청(아래)을 찾은 토막민

철훼를 예고하자" 토막민들은 "대현구획정리출장소 및 부청 도시계획과를 찾고 '집터'가 없어서 도저히 이전치 못하겠다고 호소"했다.[22]

1940년 이후에도 '철거와 저항'은 계속되었다. 7월 용두정에서는 800여 호의 불량주택을 철거하는 과정에서 주민들이 며칠씩 현장을 점거하고 철거를 지연시키자 경성부는 경찰을 동원하여 주민을 다 몰아내고 철거를 시작했다. 몰려난 주민 "백여 명이 부 사회과에 쇄도하여 눈물의 호소"를 하자 부에서는 "함북지방의 광산노동자를 알선할 바를 말할 뿐

냉대"했다. 1941년 7월에는 "동경성(東京城) 신설정, 안암정, 신당정, 충신정, 돈암정의 토막 3천여 호에 대해 경성부 도시계획과에서 누차 이전 권고를 해도 전혀 하지 않자 부 도시계획과원이 현장에 출동하여 매일 토막민의 집을 철거"했다. 이 과정에서 토막민을 설득하기 위해 현장에 나온 경성부 사회과장이 "봉변"을 당하기도 했다.[23]

이렇게 토막 철거는 행정구역 확장과 함께 토지 소유자의 개인적 철거에서 출발하여 시가지계획사업의 진척에 따라 경성부의 공식적 철거로 전개되었다. 토막민들은 이에 대해 진정, 시위, 철거 방해 등 할 수 있는 여러 가지 방식으로 저항했지만 철거를 막을 수는 없었다. 철거는 소유자 혹은 국가권력에 의해 '적법 vs 불법'의 구도 안에서 이루어지고 있었으며, 물리적으로나 이데올로기적으로 토막민은 상대가 될 수 없었다.

서울의 기원, 경성의 탄생

3

도시계획과 빈민의 '포섭', 예정된 실패

구획정리지구 내 '분산적 세민지구' 설정 계획

시가지계획의 시행으로 토막민은 지속적이고 체계적으로 주거를 박탈당했다. 사실 여기까지는 새로운 이야기라고 할 수 없다. 지금껏 여러 연구에서 반복된 이야기이며, 상식적으로 알려진 내용이기도 하다. 그러나 시가지계획이 그런 작용을 한 것만은 아니었다. 경성부는 '시가지계획의 진척을 위해' 토막을 철거하면서도 다른 한편으로는 '시가지계획의 일부'로 빈민주거대책을 입안했다. 이율배반적이지만 실제로 그러했다. 이는 어쩌면 일물일권의 소유권 지상주의를 넘어서지 못하면서도 공공의 이익을 위한 사익의 억제 내지는 양보를 전제로 하는 근대 도시계획의 '이중성'이라고 할 수 있을지 모른다. 조선시가지계획령 제정 당시 《조선일보》 사설은 시가지계획령은 "행정관청 또는 공공단체의 의지에 따라 얼마든지 사회사업을 집행"하여 조선 도시의 "외과적 수

술 및 화장만이 아닌 내과적 시술"을 할 수 있다고 했다.[24] 행정구역 확장을 앞둔 1936년 3월 《동아일보》 사설도 시가지계획 시행에 따른 빈민주거 박탈을 우려하면서 "불량주택 철훼 문제는 불량주택을 도시에서 구축하는 것이 목적이 아니라 좋은 주택을 지어 살도록 해야 하며 그 책임의 반분은 지방당국에 있으니" "먼저 빈민문제의 해결방침을 연구"하고 "그것이 효과적일 경우에 철훼 수단을 강구"하라고 주장했다.[25] 주관적 희망일지 모르겠으나, 이런 주장이 맥락 없이 나온 것은 아니었다.

경성부도 시가지계획의 시작 단계에서 이 문제를 나름대로 연구한 것으로 보인다. 예컨대 1937년부터 "구획정리비 가운데서 조금 에위어 내어 국유지나 국유림에다가 '모던' 가옥을 건축하고 세민층으로 하여금 거주하도록 할 방침"이나, "각 구획정리구역 내에 1간 내지 2간의 사글세집을 건축하여 그들을 수용해보자는 이론이 대두"한 것 등은 경성부가 구획정리사업의 일환으로 토막민 문제를 해결할 길을 모색했음을 보여준다. 이런 구상의 원칙은 그동안 "토막민의 부외 집결정책이 실패한 데 비추어 부당국에서는 현지중심주의로 전환하여 동지역 내에 공동주택을 세워 수용"하는 것이었다.[26] 경성부의 토막민 대책은 1938년 10월 경성부 주관으로 개최된 제6회 전국도시문제회의 석상에서 완성된 형태로 발표되었다. 회의 의제 중에는 "도시 세민에 대한 시설"이 있었는데, 경성부는 "도시계획상 일대 암종인 토막, 불량주택 정리 문제에 대한 제반 재료를 수집, 연구"한 결과 "구획정리와 병행하여 산지를 피하고 평지에 '세민지구'를 설정하여 도시계획의 새로운 표준을 제공"하려는 계획을 완성했다. 이것은 전국도시문제회의 석상에서

"세민대책의 신방향, 도시계획적 대책"으로 발표되었다.[27] 그 내용은
다음과 같다.

① 토막가의 개선 대책은 먼저 그것을 사회개량사업으로 취급함과 동시에
도시계획사업으로 그 대책을 수립해야 한다. (중략) 지정 세민지구(細民地區)
내에 저가로 토지를 분양하거나 저렴한 가임으로 임대하되, 이들을 토지 불
법 점거의 악습으로부터 탈각시키기 위한 교화가 필요하다. 이상의 세민지
구는 산정(山頂), 산복(山腹)보다 평지에서 풍치를 훼손하지 않는 지점으로
하되 노동시장 가까운 곳에 분산적으로 설정하며 지구 내에 불요(不要)의 국
유지가 있으면 그로 충당하고, 그렇지 않으면 구획정리사업에 따른 각 지주
의 감보 등으로 염출한다.[28]

② 도시에 있어 세민가의 개선은 도시계획의 기본문제로서 가장 중요한 문
제이다. 현재 조선 각 도시에는 토막민이라 칭하는 특수한 세민이 있다. 이
들은 마음대로 타인의 토지를 점거하고 불법 침해하여 소위 토막을 짓고 생
활한다. 이는 도시의 보안, 위생, 풍기, 체면, 풍치상, 또한 소유의 관점상 방
치할 수 없는 문제이다. 그러나 이들은 저렴한 노동 공급자로서 대도시에서
필연적으로 발생하는 존재이다. 경성부 내의 토막민은 해마다 증가하는 경
향이 있으며, 특히 경성부의 약진적 발전과 더불어 격증했다. 이들에 대해
경성부는 과거 구제적 조치로 일관했으나, 근본대책의 수립이 필요하여 되
도록 노동시장 가까운 곳에 분산적으로 세민지구를 설정할 계획이다.[29]

위의 설명들은 공통적으로 빈민주거대책이 도시계획의 중요한 부분

임을 전제로 하고 있다. 논리적으로는 시가지계획의 시행이 빈민주거대책 구상을 강제한 셈이다. 또 그동안 잘 볼 수 없었던 토막민에 대한 '긍정적' 인식이 눈에 띤다. 물론 불법을 행하는 자라는 기존의 부정적 인식은 여전했으나, ②의 내용에서 토막민은 도시의 저렴한 노동력, 즉 도시 구성상 필요한 존재라는 인식이 두드러진다. 이런 발상 전환의 배경은 전시라는 상황, 전쟁 동원의 필요성이 큰 몫을 차지했을 것이다. 이 점은 역설적으로 새로운 세민지구 대책에 대해 "이러한 시설은 전시하에 더욱 중대한 의의를 가지므로 국고보조를 부활하고, 물자배급도 특별히 고려하여 장기전하 국민체위 향상, 생활안정 등의 목적 달성에 장애가 없도록 하는 것이 지당할 줄로 믿는다"고 한 《동아일보》 사설의 '총후 안정론'에서도 엿볼 수 있다.[30]

이런 논리에 따르자면 토막민은 쫓아낼 대상이 아니라 도시의 구성원으로 포섭해야 할 것이었다. 그리하여 그동안 토막민 대책의 문제점으로 지적된 외곽 추방의 대안으로 도시 내부에 일정한 세민지구를 설정해야 한다는 결론을 내린 것이다. 1930년대 초까지의 토막민 대책과 비교하면 상당한 인식의 전환이 아닐 수 없다. 그런데 이것이 현실화되기 위해서는 재정적 부담을 해결해야 하는데, 이는 국유지 혹은 토지 소유자의 감보(減步: 공공시설의 축조를 위해 토지 소유자들이 일정한 비율로 소유지의 일부를 내놓는 것)로 해결할 계획이었다. 더욱이 오른쪽 인용에서 보이는 것처럼 노동시장 가까운 곳에 토막민을 수용하는 것이 원칙이었기 때문에 처음부터 사유지의 감보는 피할 수 없는 것이었다. 전국도시문제회의에서 경성부 실무 관료가 발표한 돈암지구 세민지구 설정 계획을 보자.

서울의 기원, 경성의 탄생

도시계획 특히 구획정리사업의 수행상 그 최대의 지장물건인 토막민의 처치에 대한 근본적 대책의 연구가 필요하다. 이들을 섣불리 취체할 경우 사산할 위험성이 많으므로 되도록 현재의 땅 부근에 묶어두어야 한다. 환지설계 시 적당한 곳에 약 5,200여 평의 토지를 공공용 광장 명의로 존치시켜(이는 토막민들이 불법 점거하고 사는 하천부지 7,000여 평에 상응함) 대부장옥을 지어 토막민들에게 대부하도록 하며, 토막민 중 자력 있는 자들은 잘 추려 합법적으로 토지를 취득하도록 유도할 계획이다.[31]

토막민의 불법 점거지에 상응하는 대부장옥(貸付長屋: 길게 지어 칸을 나누어 여러 가구가 살 수 있게 한 일본식 임대용 주택) 부지를 "공공용 광장 명의"라고 한 것이 주목된다. 조선시가지계획령 시행규칙에서는 구획정리사업으로 감보할 수 있는 대상을 도로, 광장, 공원 등과 같은 '공공용물(公共用物)'이라고 규정했는데, 이것이 토막민을 수용할 세민지구 감보의 법적 근거인 셈이다. 그러나 세민지구를 광장이라고 하는 것은 말 그대로 '명의'일 뿐 법령의 자의적 해석으로 볼 수 있다. 그럼에도 경성부는 세민지구를 설정하여 토막민을 수용할 수 있게 되면 토지 소유자들은 토지를 불법 점유당하는 고통에서 벗어날 수 있고, 토막민을 방치하면 나중에 주택지가 형성되더라도 가치가 떨어져 토지 매각에도 문제가 생기고 지가 산정에서도 불리할 것이기 때문에 세민지구를 공공용물로 보아 토지를 감보하는 방침에 대해 찬성할 것이라고 설명했다.[32] 경성부의 새로운 토막민 대책, 즉 구획정리지구 내 세민지구 설정 계획은 우선 한계가 뚜렷한 기존의 부외 추방 일변도 대책에 비해 한 단계 진전한 것이었다. 나아가 도시빈민층의 주거지를 도시 내부에 분산해 마련한다는 점에서 '포섭'이었으며, 다른 한편으로는 주거지를 세민지구라는 이름으로 일정하게 구분함으로써 일반 주거지와 분리시키려 했다는 점에서 '구별'하는 것이었다. 즉, 도시빈민층을 국가의 통제하에 두고 차별적으로 관리하겠다는 것이 이른바 "도시계획적 대책"의 근본 정신이었던 것이다.

경성부는 1938년 말 이듬해 구획정리를 시작할 예정인 사근, 용두, 신당지구에도 돈암지구와 같은 방식으로 세민지구를 설정하여 토막민 1,000여 호를 수용하겠다고 발표하는 등 새로운 토막민 대책을 확산시키려고 했다. 그러나 결론적으로 돈암지구에서조차 계획대로 실행되지 못했다. 현실적으로 구획정리공사가 지연되었기 때문이다. 공사가 진척되어야 감보를 하고 세민지구를 설정할 텐데 사정은 그렇지 못했다. 구획정리사업의 재정적 압박도 문제가 되었다. 이를테면 경성부는 돈암지구의 토막민 주거용 대부장옥을 일부 국고보조를 받아 독지가에게 위탁하여 건축하고 호당 2원 50전 정도의 가임(家賃: 집세)을 받을 계획이었는데, 이 무렵 국고보조의 가능성은 거의 없었다.[33] 이렇게 구획정리사업과 연동한 세민지구 설정 계획은 구획정리공사 자체가 지연되면서 말 그대로 '탁상공론' 이상이 될 수 없었던 것이다.

세민지구 설정 계획의 수정과 좌절

구획정리지구별로 사유지 감보를 통해 세민지구를 설정하려는 계획이 거의 무산되자 경성부는 택지경영사업의 하나로 세민지구를 설정하여 토막민 전체를 수용하는 대안을 구상했다. 이 방안은 세민지구를 분산

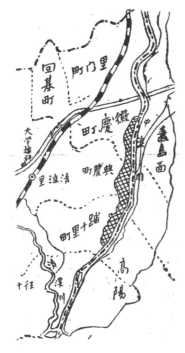

[그림 7-4] 경성부의 전농지구 예정도

적으로 설정하려는 계획에서 후퇴한 것이나 경성부 나름대로 현실적으로 가능한 방안을 찾은 것이기도 했다. 그러나 1939년 하반기 금호, 상도, 신촌 등 3개 택지경영지구와 함께 전농지구를 세민지구로 조성하려고 한 경성부의 구상은 1940년 초 사업의 개시 단계에서 예산 문제로 무산되었다. 하지만 경성부가 전농지구의 조성을 포기한 것은 아니었다. 1940년 6월부터 전농지구에 대한 실지 조사에 착수한 경성부는 이듬해부터 3개년 사업으로 전농지구를 조성하기로 결정하고 예산 100만 원 중 30만 원에 대해 각각 국고보조와 도보조(경기도 보조)를 신청했다. 위치는 중랑천변의 이문정, 회기정, 휘경정, 전농정, 청량리정, 답십리정 일대 14만 평이었다. 세부 운영의 경우 3만 평은 어느 정도 경제력이 있는 자에게 분양, 3만 평은 사회사업단체에 기부하여 위탁 운영, 6만 평은 분양받을 능력이 없는 자에게 임대, 나머지 2만 평에는 공원, 시장, 학교 등 각종 시설을 설치할 계획이었다.[34]

그러나 국고보조와 도보조 신청이 모두 인가되지 못함에 따라 난항에 부딪혔다. 경성부는 대안으로 일단 부 예산을 투입하여 세민지구 조성을 시작하고자 예산안을 1941년 예산부회에 제출했으나 이번에는

"토막민은 원래 재래의 선량한 부민이 아니라, 각 지방에서 유입된 부랑자들이 토막민으로 변형된 것이다. 따라서 그 대책을 세우고 자금을 대는 것은 우리 부(경성부)민의 일이 아니며, 본부(총독부)의 보조가 꼭 있어야 한다"는 다수 의원의 반발에 부딪쳤다.[35] 토막민 문제의 발생 원인이 '전국적'이기 때문에 문제 해결을 위한 세민지구 설정에 있어서 총독부의 보조 없이 경성부의 자금만으로 해서는 안 된다는 것이었다. 일종의 '지역이기주의'적인 발상이라고도 볼 수 있는데, 논리적으로 보면 부회 의원의 선거권자인 경성부의 주 납세자(유산층)의 입장을 대변한 것이라고 할 수 있다.

경성부는 1941년에도 전농지구 조성 계획을 계속 추진했다. 오히려 규모를 더욱 확장하여 "사회정책의 의미에서 행하는 구제사업으로서가 아니라 생업보국 노력 확보의 의미에서 토막민을 정리 유도"하기 위해 "즉, 토막민의 노력 동원이라는 새로운 목표 밑에 수용지를 급속 실현하지 않으면 안 되겠다는" 취지 아래, 1942년 예산에 200만 원을 계상하여 80만 원의 국고보조를 신청했다. 규모도 규모지만 세민지구 설정의 '의의'에 '생업보국', '노력동원'이라는 전쟁 동원 슬로건을 표 나게 내세웠다는 점이 눈길을 끈다. 그러나 실제 예산안에는 3개년 총사업비 21만 원, 1942년 11만 원으로 크게 축소되었으며, 그나마 총독부가 사업비 보조금 신청을 "결전재정상 요급(要急)히지 않은 사업"이라는 이유로 거부하면서 무산되었다. 이듬해에도 경성부는 "이미 3년 전에 휘경, 전농정 일대 12만 평을 시가지계획의 일단의 주택지조성지구로 설정했고, 금년도에는 주택건설비 150만여 원을 기채하여 3개년 사업으로 토막민을 집단적으로 수용 보호할 노무자 주택지구를 건설"하겠다고 발표했

서울의 기원, 경성의 탄생

다.[36] 그러나 이 발표도 후속 조치의 어떤 흔적도 찾을 수 없다.

1943년까지의 과정을 되짚어보면 경성부의 세민지구 설정 계획은 도시계획의 부침에 따라 최초의 구상에서 후퇴를 거듭하다가 최종적으로 좌절되었다. 그리고 직접적인 원인은 재정의 키를 쥐고 있는 총독부의 일관된 예산 보조 거부 방침이었다. 그렇다면 전시기에 들어와 토막민에 대해 (전쟁 동원을 위한) 노동력이라는 '역설적인' 긍정적 인식이 대두했음에도 불구하고 끝내 총독부가 세민지구 설정에 대한 보조를 거부한 배경은 무엇일까? 물론 직접적으로는 재정 궁핍이 이유였겠지만 더 근본적으로는 토막민을 "집 앞을 청소해도 위에서 자꾸만 흘러오는 하수", 즉 특별히 보호하지 않아도 사라지지 않는 존재인 '과잉 노동력'으로 보는 인식이 깔려 있었다.[37] 그런 만큼 세민지구 설정 계획과 같은 것은 일관되게 후순위로 밀려났으며, 언제나 쉽게 포기되었던 것이다.

그렇다면 마지막으로 드는 의문은 토막 철거는 지속적으로 이루어지고 세민지구 설정 계획은 좌절되는 과정에서 철거당한 토막민들은 과연 어디로 갔을까 하는 점이다. 1940년 토막민 '전(前) 거주지'와 '거주 기간' 조사는 해답의 실마리를 준다. 전 거주지 조사에서 조사 대상 호수 533호의 47%인 253호가 전 거주지가 경성의 토막지라고 대답했으며 17%인 88호는 경성의 비토막지, 36%인 192호는 경성 이외의 지역이라고 대답했다. 거주 연한 조사에서는 대부분 현거주지에서의 거주 기간이 3년 미만이라고 대답했다. 토막민의 절반가량이 토막지에서 토막지로 거주지를 옮겼으며, 한 곳에서 거주한 기간도 그렇게 길지 않음을 알 수 있다. 이는 "심지어 한 자리에 10년씩이나 눌러 사는 토막민들이 있었"던 1930년대 초중반과는 사뭇 대조적이다.[38]

연도	호수	인구수
1928	1,143	4,803
1931	1,538	5,093
1932	2,870	12,378
1933	2,902	14,179
1934	3,596	15,894
1935	3,290	–
1936	3,248	14,993
1937	3,897	17,415
1938	4,160	20,136
1939	4,292	20,911
1940	7,303	34,316
1941	6,460	32,684
1942	7,426	37,026

[표 7-1] 1928~42년 경성지역의 토막 및 불량주택 증가 추이
* 원 조사의 토막과 불량주택을 합산. 조사기준일은 대체로 매년 10월 1일
조사주체는 모두 경성부 사회과

　이런 상황을 해석해보자. 대부분 도심부에서 직업을 가지고 있었던 토막민으로서는 토막이 철거되었다고 해서 어딘가 먼 곳으로 옮겨갈 의지도 여력도 없었다. 따라서 대부분 토막의 주 분포지, 즉 원래의 거주지 근방에서 당장의 철거를 피해 근거리 이동을 반복하고 있었던 것이다. 이와 비슷한 사례로 1938년 10월 전국도시문제회의 일정 중 하나였던 돈암지구 토막촌 시찰에서 안내를 담당한 경성부 직원은 토막의 실태를 설명하면서, 공사를 위해 토막을 철거하면 토막민들은 아직 공사가 시작되지 않은 바로 옆 지대에 다시 토막을 짓고 사는 것이 문제라고 했다.[39] 이렇게 1930년대 후반 이후 경성지역의 토막민들은 시가지계획 시행에 따른 주거 박탈이라는 사태에 직면했다. 이전까지 일정하게

서울의 기원, 경성의 탄생

[그림 7-5] 1938년 전국도시문제회의 참석자의 돈암지구 토막촌 시찰

유지하고 있었던 생활의 '안정성'을 잃고 아무런 생활 개선을 수반하지 않는 이동을 반복하면서 오히려 그 수가 증가하고 있었다. 이와 관련하여 흥미로운 비교 대상이 있다. 1850년 프랑스에서는 도시 하층 노동자의 주거 개선을 모토로 슬럼가 재개발 법안이 제정되었다. 그러나 법안은 일부 노동자들에게 당장의 주거를 박탈하는 결과를 낳았다. 슬럼가 재개발에 호응할 최소한의 경제적 여력도 없는 노동자들은 경찰의 눈을 피해 슬럼가를 전전할 수밖에 없었다.[40] 이것은 19세기 중반 프랑스, 그리고 1930년대 후반 식민지 조선이라는 시공간의 차이를 넘어 '도시계획적 빈민주거대책'의 근본적인 한계를 말해주는 것이다.

식민 당국이 생각한 토지 불법 점유의 '역사적 요인'

토막민에 대한 부정적 인식의 기본은 '토지의 불법 점유자=소유권을 침해한 자'라는 것이다. 이에 대해 식민 당국은 당대의 사회적 요인 외에 조선의 독특한 역사적 요인을 제시했다. 예컨대 나가사토(長鄕衛二)는 "조선 고래의 관습상 토지, 가옥의 매매에서 토지를 경시하여 가옥의 종물(從物)로 인식하는 경향이 있다. 시정(施政: 강제병합) 이래 제도를 확립하여 점차 토지와 가옥을 별개의 것으로 생각하게 되었다. 그러나 아직도 옛 관습이 강하게 남아 있어 가옥을 매수하면 토지를 당연히 따라오는 것으로 생각"하여 "이러한 잘못된 관념 때문에 토막민들은 자기가 타인의 토지에 가옥을 지었다는 사실은 망각하고 토막에 대한 권리만을 중히 여기게 된다. 그 결과 지주가 퇴거를 요구하면 거액의 이전 보상비를 지급하지 않으면 나갈 수 없다거나 혹은 다른 사람에게 샀다는 이유로 듣지 않는다"고 했다.

실제 통감부 시기의 조사에 따르면 당시 조선에는 토지와 건물의 관계에서 건물을 주(主)로 하고 토지를 종(從)으로 하는 관행이 있어 양쪽의 소유권자가 다를 경우에도 일단 건물의 소유권이 이전되면 자연히 토지의 차지권도 같이 이전되어 건물의 사용권이 확보되었다. 이는 농지의 경우 소유권 외에 농업생산과 관련된 다양한 권리들이 인정되는 관행과도 상통하는 것이었다. 대한

제국기에는 외국인의 한성부 토지 침탈을 막기 위해 가옥의 매매 행위는 토지소유권의 이전까지 포함한다는 내용의 법제화를 시도하기도 했다.

그러나 일제는 토지조사사업을 통해 소유권을 제외하고 토지에 대한 다양한 권리들을 모두 부정했다. 따라서 식민 당국이 세민지구에 가옥을 건축하여 임대하려고 한 데에는 토막민에게 주거의 대가를 징수하여 그들을 일제의 입장에서 '합법적 권리자'로 전신시키려는 교화의 목적도 있었던 것이다. 이런 논리는 역사적 사실을 얼마나 정확하게 반영한 것인가와는 별개로 관행의 차이를 '조선의 관행=그른 것=사라져야 할 것/일제가 정립한 규칙=옳은 것=정착해야 할 것'으로 치환하여 '차등'을 만들어내는 전형적인 식민자의 논리라고 할 수 있다(나가사토, 앞의 글, 1939; 왕현종, 〈대한제국기 한성부의 토지·가옥 조사와 외국인 토지침탈 대책〉, 《서울학연구》 10, 1998; 하명화, 〈일제하(1920~30년대 초) 도시주거문제와 주거권 확보운동〉, 부산대 사학과 석사학위논문, 2000).

8장

'경성'에서 '경인'으로

1

대륙 침략과
병참기지 '경인'

지금까지 경성시구개수에서 출발하여 경성시가지계획에 이르는 역사적 과정을 따라왔다. 이것으로 식민지 시기 '공식적인' 경성 도시계획은 모두 거쳐 온 셈이다. 이번 장에서는 넓은 의미에서 경성 도시계획의 마지막 단계로서 경인시가지계획(京仁市街地計劃)을 살펴볼 것이다. 경인시가지계획은 경성과 인천 사이 지역, 오늘날의 인천 부평과 부천 권역, 그리고 서울 강서, 구로, 양천구 등의 일부가 주된 대상으로, 대부분 당시 행정구역상 경성에 포함되지 않는다. 그러나 경인시가지계획은 "경성 중심의 신계획"[1]으로 이해되었다. 또 8·15 이후 '서울권'의 팽창까지 시야에 포함하면 넓은 의미의 서울 도시계획으로 볼 여지가 충분하다. 한편 경성시가지계획과 경인시가지계획이 시행된 식민지 말기 공식적으로 결정된 도시계획의 범위를 넘어서는 경성 중심 '광역도시권' 구상이 곳곳에서 보인다는 점도 주목할 만하다. 오늘날의 수도권과 유사한 형태인 '광역도시권' 구상은 공식적으로 결정된 것은 없지만 지속적으로 검토되고 있었다. 또 경인시가지계획의 전개 과정에도 희미하지만 실체가 있는 흔적을 남겼다.

이런 차원에서 경인시가지계획과 '광역도시권' 구상을 살펴보면 8·15 전후 서울의 도시 발달과 개발 방향의 '연속성'을 확인해볼 수 있을 것이다. 경인시가지계획과 이론적 배경인 지방·국토계획론은 조금 거창하게 말하자면, 일본을 경유한 서구 근대 도시계획을 수용하는 과정이 '대륙전진병참기지' 역할을 할당받아 도시계획과 별개인 전쟁 동원의 소용돌이에 빨려 들어간 조선 도시계획의 '운명'을 극명하게 보여준다.

이미 서구에서 연원한 지방계획론에 영향 받은 1930년대 일본 도시계획법의 개정 및 조선시가지계획령의 제정 과정을 살펴보았다. 그런데 지방계획론은 중일전쟁에서 태평양전쟁으로 침략 전쟁이 확대되는 가운데 전 국토를 대상으로 국토계획론으로 전개되었다. 일본의 국토계획론은 1940년 9월 기획원(企劃院)*이 기초한 "시국하의 금일 특히 긴급한 과제"로 "일만지(日滿支: 일본, 만주, 중국)를 통한 종합 국력의 발전을 목표로 국토개발계획을 확립"하기 위한 '국토계획설정요강'에서 처음 공식적으로 결정되었다. 국토계획설정요강에서 일본 '국토계획'은 일본 본토와 식민지뿐 아니라 만주, 중국 등 일제의 판도 전역을 대상으

• 기획원은 중일전쟁 발발 직후인 1937년 10월 "전시기 종합 국력의 확충, 운용"을 목적으로 설치되었으며 1943년 군수성이 신설되면서 이에 흡수, 폐지되었다. 당시 기획원은 무엇보다 각종 물자 동원과 배급의 최종 통제권을 가지고 있었기 때문에 전황이 격화될수록 더 강력한 기관이 되어갔다. 총독부도 이를 본 따 1939년 11월 "국가총동원계획의 설정 및 수행에 관한 종합 사무와 시국에 긴요한 물자의 배급의 조정에 관한 사무를 관장하기 위해" 총독부 각국의 상위에 기획부를 임시 설치했다(〈칙령 제93호〉,《조선총독부관보》 1939년 12월 2일).

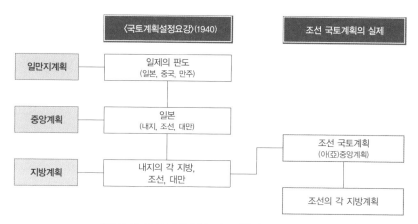

[표 8-1] 1940년대 일본 국토계획의 공간적 위계

로 하는 '일만지계획', 그 아래에 일본의 내·외지, 즉 일본과 식민지 조선, 대만 등을 포괄하는 '중앙계획', 그리고 각 단위별 '지방계획'의 위계로 구성되었다.[2] 물론 이것이 고정된 것은 아니었다. 1940년 일본 국토계획의 공간적 범위는 최대 '일만지'였지만, 그것은 조만간 태평양전쟁이 발발하고 일제가 동남아로 침략해 들어감에 따라 이른바 "대동아(大東亞)"로 확장되었다.[3] 그리고 여기에서 조선은 원론적으로 일본의 한 지방이지만, '대륙전진병참기지'라는 특수한 지위 때문에 현실적으로는 "중앙계획과 내지 지방계획의 중간", 이른바 "아(亞)중앙계획"의 단위가 될 것이었다.[4] 여러 사료를 종합하여 이를 도식화해보면 위의 [표 8-1]과 같다.

이 시기 국토계획론은 '국토계획설정요강'의 표현에서 드러나듯이 "순수한" 도시계획론이라기보다 전쟁 수행을 위해 최대한의 물자와 인력 동원 수단으로서의 성격을 노골적으로 드러낸 것이었다. 그럼에도 불구하고 국토계획론의 입안을 주도한 일본 기획원의 '이론가'들은 국토계획론이 단순히 전쟁 동원을 위한 논리가 아니라 '도시계획→지방계획→국토계획'의 순서를 밟은 '도시계획론의 발전과정'에서 나온 것처럼 이론적으로 합리화했다. 당시 전시 경제의 소장 이론가로서 대동아국토계획 입안에 상당한 역할을 한 것으로 알려진 기획원 조사관 쿠사카 토고(日下藤吾)[5]의 설명을 들어보자.

> 국토계획은 지방계획의 자기부정적 발전이며, 지방계획은 도시계획의 자기부정적 발전이다. 도시계획이란 도시의 공간적 질서를 일정한 이념에 기초해 합목적적으로 구성하려는 것으로 도시공간의 합리적 구성에의 노력은 결국 도시 자체의 협익(協翼)한 지역적 한계를 돌파하게 된다. 여기에서 도시계획의 자기모순이 생겨나며 지방계획, 국토계획으로의 발전의 내면적 계기가 있다. 국토계획은 시간적으로는 최후의 것이나, 논리적으로는 최고의 경지에 있는 것이다.[6]

그러나 이렇게 '전쟁 동원론'을 '도시계획론'으로 포장하는 것에 논리적 문제가 없을 수 없었다. 도시계획 전문가인 이시카와 에이요(石川榮耀)가 "국토계획은 전원도시론에서 출발하여 지방계획으로 발전하고, 이는 국토계획의 토대가 되었다"고 하면서도 "그러나 이렇게 평화운동으로 조용히 흘러가고 있던 지방계획의 저류에는 이미 심각한 재군비적 급속도의 국토계획이 숨어 있었"다고 표현한 것은 일본 국토계획론의 이론적 딜레마를 잘 보여준다.[7]

다시 조선으로 돌아와 보자. 앞에서 살펴보았듯이 조선시가지계획령

서울의 기원, 경성의 탄생

은 제정 당시부터 지방계획론의 요소를 포함하고 있었다. 그러나 경성 시가지계획을 비롯한 초기 시가지계획은 지방계획론의 '이상'을 완진히 구현한 것이라기보다 기존 도시계획의 관행과 지방계획론을 절충한 것이었다. 조선 도시계획이 명실공히 지방계획으로 전환되는 최초의 계기는 1938년 9월 조선시가지계획령 시행규칙 제1조 제1항의 개정이었다. 이 중 지방·국토계획론과 더 관련이 깊은 것은 '일단의 공업용지 조성'이었는데, 이에 대한 실무자의 설명을 보면 다음과 같다.

> 작년에 시가지계획령 시행규칙 제1조의 '일단지의 주택 경영'을 '일단의 주택지 경영'으로 개정하여 주택지만의 경영을 시가지계획 사업으로서 할 수 있도록 했다. 그와 동시에 공업의 진흥에 용이하도록 '일단의 공업용지 조성'을 추가하여 사업에 필요한 토지와 물건은 시가지계획령 제6조 제1항에 의해 수용할 수 있도록 했다. 이 사업지구로 지정되면 토지의 투기적 매매를 할 수 없도록 하여 부당한 지가의 앙등을 억제할 것이다. 또 광대한 토지를 일시에 매수하는 것은 재정상 곤란하므로 일단 시가지계획의 시설로 결정해 두고 필요에 따라 상당한 면적을 수차 매수하여 실비로 기업자들에게 분양할 예정이다. (중략) 현재 조선에는 지방계획 또는 국토계획의 제도가 확립되어 있지는 않으나 그 정신을 취하여 계획을 수립하고 분산적 도시 실현을 도모할 것이다.[8]

조선에서 지방계획론의 "정신을 취하여 계획을 수립하고 분산적 도시 실현을 도모"하는 것의 실제는, 당장 매수하지 않더라도 '일단의 공업용지'를 일단 지정해두고 필요에 따라 매수하는, 국가의 입장에서 편리한 공업용지 확보책이었던 셈이다. 그리고 이것이 "국책수행상 대국적 견지"의 군수공업 육성책의 차원이었음은 두말할 필요가 없다.[9] 이렇게 식민지 조선에서 지방계획론은 처음부터 '전쟁 동원론'에 긴박되었기 때문에 일본에서와 같이 '도시계획→지방계획→국토계획'이라는 논리적 순서를 따를 필요도 없이 국토계획론으로 직격했다.

조선의 국토계획은 황국(皇國) 지방계획에서 유일하게 대륙적 성격을 띤 것으로 일단 만주국 및 지나의 그것과 같이 내지에 대해 병립적 입장에 서게 된다. (중략) '대륙전진병참기지론'이 조선 국토계획의 내용을 규정하게 된다. 따라서 조선은 단순한 외지가 아니라 '제2의 내지', '내지의 대륙적 분신'인 것이다. 반도의 동해, 즉 일본해는 만주국 성립 이후 호수화되어 최단 루트의 시대를 열게 되었다. 여기에 다시 반도의 서해, 즉 황해가 지나사변(支那事變: 중일전쟁) 후 호수화되어 다사도(多獅島: 신의주 부근), 진남포, 해주, 인천, 군산, 목포 등의 서선(西鮮), 중선(中鮮) 혹은 호남의 항구들이 만주 및 북지(北支)의 항구와 연락하는 황해 루트가 열렸다. 조선의 도시계획은 이를 범위로 한 공업입지계획과 떨어져서는 전연 무의미하다. (중략) 제2의 내지로서 처음부터 국토계획의 운명을 띠고 있었던 조선의 도시계획은 쇼와 13년(1938년) 시행규칙을 개정하여 젊은 조선의 도시를 대상으로 한 젊은 도시계획으로서 내지보다 훨씬 무리 없이 자연스럽게 국토계획의 일환이 되었던 것이다.[10]

위의 글은 태평양전쟁기 총독부의 경제부문 핵심 브레인이자 이른바 대륙전진병참기지론의 창안자로 알려진 경성제대 교수 스즈키 다케오

(鈴木武雄)가 '국토계획설정요강'에 제시된 국토계획론의 얼개를 조선을 단위로 전개한 것이다. '총독부의 이데올로그'로서 스즈키는 본토의 이론가들과 달리 조선을 국토계획의 독자적인 단위로 보고 그 특징과 그것을 구성하는 지방계획을 논하는 성향이 강했다. 물론 여기에서 중요한 것은 이론적 차원이 아니라 스즈키의 논의가 '동해 호수화'에서 '서해 호수화'로의 진전, 바꾸어 말하면 만주사변에서 중일전쟁으로 전선의 확장이라는 일제의 대륙 침략 단계에 규정되어 있다는 사실이다. 이것을 1930년대 이후 조선 도시계획의 전개에 비추어보면, 조선시가지계획령 제정 단계는 만주사변 이후 '동해 호수화' 단계, 1938년 개정 이후 단계는 중일전쟁 이후 '서해 호수화' 단계인 셈이다. 그런데 여기에서 하나 짚고 넘어갈 점이 있다. 스즈키는 도시계획 전문가가 아니라 경제학자이며 일종의 관변 이데올로그이다. 그 자신도 "문외한적 입장에서 전체로서 조선 도시계획이 나아가야 할 방향을 산업경제정책적 견지에서 설명하고자"한다고 썼다. 이 때문에 오히려 스즈키의 언설은 역설적으로 조선 도시계획의 '내면'을 잘 드러내준다. 그가 말하는 "젊은 조선의 도시", "젊은 도시계획"이란 제국의 국책을 본토보다 '한발 앞서' '더 강력하게' 관철하는 혹은 관철하고자 하는 식민지의 차원에서 이해할 수 있다.

다시 돌아와서, 그렇다면 조선 전체에서 경인지역의 위상은 무엇이라고 할 수 있을까? 스즈키에 따르자면 경인지역은 중선(中鮮) 지방계획의 일부일 것이며, "북지(北支)와 연락하는 황해 루트"의 하나가 될 것이었다. 1941년 일본군의 한 보고서를 보더라도 경인지역은 전력, 공업용수, 교통, 노동력 등 공업 입지상의 여러 가지 조건이 훌륭하여 "국방의 견지에서 대기계공업을 일으켜야 할" 지역이었다.[11] 이렇게 중국 대륙으로의 침략을 위한 병참선의 한복판에 놓여 있다는 것은 경인지역을 둘러싼 도시계획, 즉 경인시가지계획의 운명을 일차적으로 결정짓는 것이었다.

서울의 기원, 경성의 탄생

2

경인시가지계획의 배경과 전개

경인 메트로폴리스 환상곡

앞에서 지방·국토계획의 '논리적' 차원을 주로 살펴보았다. 이번에는 구체적으로 경인시가지계획이 입안되는 과정을 따라가 볼 것이다. 그런 데 이에 앞서 꽤 이른 시기부터 일제의 대륙 침략 움직임에 따라 대륙을 향한 교통로로서 인천의 중요성이 부각되고, 경성과 인천을 연계하여 개발하자는 논의가 고조되기 시작했음에 주목해볼 필요가 있다. 이 문제는 1937년 1월 제3회 시가지계획위원회에서 인천시가지계획이 공식 결정되면서 현실적인 과제로 부상했다. 이에 "내지의 경빈간(京浜間: 도쿄[東京], 요코하마[橫浜] 사이)과 판신간(阪神間: 오사카[大阪], 코베[神戶] 사이)의 실황을 본 떠" "경인일체론(京仁一體論)을 제창하는 자가 나날이 증가"했으며, 같은 해 5월 경기도는 경인일여조사회(京仁一如調査會)라는 상설 조사 기구까지 설치했다.[12] 이렇게 '경인일체' 혹은 '경인일여'로 표현되는 경성과 인천의 연계 개발 논의가 가시화되면서 관련된 몇 가지 사업들이 논의되거나 전개되었다. 실체 내용은 모두 경인 간 교통을 개선하려는 계획이었는데, 세 가지 정도로 나누어볼 수 있다.

첫째, 경인선의 수송량을 증대하기 위한 복선·전철화 계획이다. 원래 1937년 총독부 예산에는 경인선 복선화 비용 80만 원이 포함되어 있었다. 또 같은 해 6월 총독부 철도국에 전기과가 신설되면서 경인선의 전철화 계획도 수립되었다. 복선·전철화가 실현되면 경인선의 수송량은 2배로 증가할 것이었다. 둘째, 경인운하 건설이 이야기되기 시작했다. 이것은 한강을 굴착하여 경성에서 인천항까지 수로를 연결함으로써 고질적인 홍수 문제를 해결하고, 운하의 양편에 용수를 공급하여 공업지역을 개발한다는 두 가지 차원의 계획이었다. 경인운하는 총독부 등 식민 당국보다 민간 측에서 목소리를 높인 사안이었다. 1937년 초 개최된 경기도회에서는 경성과 인천 대표가 연합하여 〈경인운하 굴착 의견서〉를 채택하기도 했으며, 인천부는 독자적인 운하 건설 기성회를 조직하는가 하면, 인천부윤 명의로 "경인운하 구현으로 경인 중간지대에 대도시를 계획"하자는 의견서를 내기도 했다.* 셋째, 1931년 시작된 경인도로 개수 공사가 확대되었다. 궁민구제토목사업의 경성 교외 4대 간선 공사 중 하나였던 경성−영등포 구간 공사가 다시 영등포−인천 구간까지 연장되었으며, 경성−영등포 구간에만 배정되었던 아스팔트 포장 비용이 영등포−인천 구간에도 "경인일체 분위기의 영향"으로 배정되었던 것이다.[13]

이와 같은 계획들은 모두 구체적으로 경인 간 교통 개선 계획이었지만, 더 나아가 교통 개선을 통한 경인 사이 지역의 공업지역 개발, 신도

• 경인운하 계획은 자료상 적어도 1939년까지는 꾸준히 논의되었던 것으로 확인되지만 실제로 추진된 흔적은 찾을 수 없으며, 물론 경인시가지계획에도 포함되지 않았다. 그러나 이 계획은 8·15 이후에도 단속적으로 꾸준히 검토되었으며, 2011년 '경인아라뱃길'로 마침내 '실현'되었다.

서울의 기원, 경성의 탄생

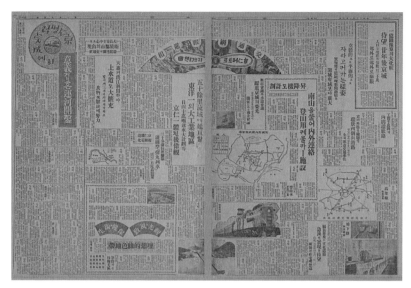

[그림 8-1] 〈경인(京仁) 메트로포리쓰 환상곡(幻想曲)〉 특집 기사

시 건설이라는 구상을 담고 있었다. 1938년 벽두 《매일신보》 2면에 걸친 특집기사(위의 [그림 8-1])를 보면, 이러한 구상이 적어도 1937년에 꾸준히 진전되었던 것으로 보인다.[14] 이 기사에서는 "대경성의 장래의 불안을 해소시킴에는 '새로운 땅'을 기대하게 되는 것이니 여기에 여유 있는 토지는 경성의 서쪽이오, 이 땅이 인천에 다아서 경성과 인천의 두 지방을 연결시키는" "동양 대도시의 큰 뿌럭의 하나로서 경인지방도시"를 건설하자고 했다. 그동안 논의된 경인일체론과 지방계획론 그리고 전시 블럭경제의 논리가 연결되고 있음을 볼 수 있다. 또한 기사에서 눈길을 끄는 것은 이러한 구상의 핵심적인 매개체로 경인 간 '신도로'가 등장한다는 점이다. 사실 1937년 경인도로 개수의 실제는 1910년대에 완성된 경인 신작로의 개량에 불과한 것이었다. 물론 개량 공사가 경인일체 분

위기의 영향을 받아 전 구간 포장으로 확대되긴 했지만, 이 공사는 몇 달 안 되어 크게 파손되는 등 많은 한계를 보였다.[15] 따라서 경인일체의 획기적인 진전을 위해서는 기존 도로의 개량이 아니라 신도로가 필요할 것이었다.

특집 기사에 따르면 경인 간에 "폭원(幅員) 30m로 훌륭하게 부설될" 신도로는 "경인산업경제 개발의 의용대, 군용도로, 경인지방의 새로운 이상향적 새 주택지를 만드는 데에도 유용한" 도로로서 "직선코스"로 "아스팔트로 포장하고 인도, 차도를 구별"하여 "장래의 경인운하와 현재의 경인선과의 사이에 부설"할 것이었다. 또 이 도로는 경인 간을 "유선형의 초스피—드적인 자동차로 25, 30분 드라이브"로 달릴 수 있어 "더운 날 저녁 이루미네슌이 번뜩이는 이 신작로를 달려서 인천 송도유원지나 해수욕장에 목욕을 갓다가 한 두 시간 만에 도라오는 것도 통쾌한 경인지방이 자랑하는 새로운 위관"이 될 것이었다. 자동차 교통의 발달과 더불어 경인을 '1일 생활권'으로 통합한다는 '미래 구상'까지 엿볼 수 있다. 기사 자체는 신년 특집으로 다소 공상적인 면이 보이지만 실제로 이 문제에 대한 구체적인 조사도 시작되었다. 2월 경기도에서는 경인일체가 "조만간 실현될 것이 확실임으로" 기초적인 토목조사를 위해 조사비를 계상했다. 이런 경기도의 움직임은 "사변(중일전쟁)을 계기로 뿔럭 구성의 필요성이 절실"해짐에 따라 "관념적 경인일체로부터 실제적 방침으로 전환한" 것이었다.[16] 이렇게 전쟁 동원의 필요는 경인시가지계획의 시행을 강제하고 있었다.

경성과 인천 사이 지역 개발의 가장 큰 장애물을 제거한 것은 앞에서 여러 차례 언급한 조선시가지계획령 시행규칙의 개정이었다. 개정을 통해 상대적으로 비용에 구애받지 않고 광역의 면적에 시가지계획을 시행할 수 있는, 더 정확하게 말하자면 시가지계획구역으로 지정하여 지가와 토지 이용을 통제할 수 있는 법적 기초가 마련되었다. 개정 직후인 1939년 들어 경인 사이 지역에 대규모 공업지역을 조성하려는 가시적인 움직임이 시작되었다. 처음 이런 움직임의 중심은 경기도였다. 1939년 2월 경기도는 직접 경성과 인천 사이 지역 약 200만 평을 원가로 매수하여 기업에 원가로 매도하는 방식으로 공업지역을 조성할 것이며, "토지 뿌로커의 암약"에 의한 지가 상승은 인정하지 않겠다는 계획을 발표했다.[17]

경기도는 얼마 후 계획 규모를 크게 확장하여 1939년 7월로 예정된 제4회 시가지계획위원회에 1,400만 평의 공업지역 조성안을 제출하겠다고 발표했다. 이에 대해 총독부는 한걸음 더 나아가 경기도가 신청한 것보다 넓은 약 2,000만 평을 공업지역으로 지정할 가능성까지 내비치고 있었다. 그런데 경기도가 시가지계획위원회에 제출하기로 최종 결정한 것은 공업지역 115만 평, 주거지역 85만 평의 조성 및 장래를 예측한 700만 평의 측량안이었다.[18] 경기도의 계획을 총독부가 '확대'하는 방향으로 나아가고 있음을 짐작할 수 있다. 경기도는 현실적으로 도가 매수하여 공장용지나 주택지로 불하할 수 있는 범위를 상정하는 데 반해 총독부는 말 그대로 장래의 언젠가 예측할 지정에 초점을 맞추고 있었던 것으로 보인다.

그런데 실제로 경인시가지계획안이 제출된 1939년 10월 제5회 시가지계획위원회에서는 이전까지 공개되었던 어떤 계획안보다도 훨씬 넓은 약 1억 평(1억 605만 3,000평)이 계획 구역으로 결정되었다. 경인시가지

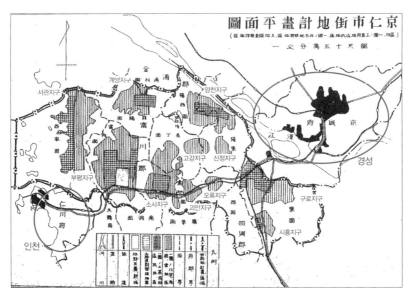

[그림 8-2] 경인시가지계획 평면도

계획의 경우 시가지계획위원회 제출안의 결정 과정이나 부회·도회 등의
자문 과정을 알 수 없어, 제출안 결정을 주도한 주체를 특정하기 어렵다.
다만 광범위한 계획 구역으로 보아 결정을 처음부터 주도한 것은 총독부
라고 짐작된다. 계획 구역에 포함된 지역은 경기도 시흥군 동면과 서면
의 각 일부, 부천군 소사면(素砂面), 부내면(富內面), 오정면(吾丁面), 계양
면(桂陽面)의 전부 및 서관면(西串面)과 문학면(文鶴面)의 각 일부, 김포군
양동면(陽東面)과 양서면(陽西面)의 전부, 고촌면(高村面)의 일부 등이었
다. 계획 사업으로는 경인선 부평역 부근(부천군 부내면)의 구획정리지구
83만 2,000평 외에는 전부 공업용지 조성 및 주택지 경영이었다. 위의 [그
림 8-2]와 오른쪽 [표 8-2]를 통해 그 대강을 살펴보면 다음과 같다.

[표 8-2]를 보면 공업용지 조성과 택지 경영이 모두 지정된 지구가 7개

서울의 기원, 경성의 탄생

지구명	공업용지		주택지	
	구역	면적(평)	구역	면적(평)
구로(九老)지구	시흥군 동면, 부천군 소사면 일부	237만 8천	시흥군 동면 일부	272만 2천
시흥(始興)지구	시흥군 동면 일부	19만	시흥군 동면 일부	82만
오류(梧柳)지구			부천군 소사면 일부	60만 5천
괴안(槐安)지구			부천군 소사면 일부	94만 5천
소사(素砂)지구	부천군 소사면 일부	94만 7천	부천군 소사면, 오정면 일부	418만 1천
고강(古康)지구			부천군 오정면, 김포군 양동면 일부	124만 8천
부평(富平)지구	부천군 부내면, 소사면, 문학면 일부	294만 9천	부천군 부내면, 소사면, 계양면, 문학면 일부	436만 2천
서관(西串)지구	부천군 서관면 일부	239만 5천	부천군 서관면 일부	378만 1천
계양(桂陽)지구	부천군 계양면 일부	94만 1천	부천군 계양면, 김포군 고촌면 일부	198만 1천
양천(陽川)지구	김포군 양동면, 양서면 일부	73만 5천	김포군 양동면, 양서면 일부	314만 6천
신정(新亭)지구			김포군 양동면 일부	75만 6천
합계	1,053만 1천		2,454만 7천	

[표 8-2] 경인시가지계획 공업용지 조성지구 및 주택지 경영지구

이며, 택지 경영만 지정된 지구가 4개이다. 각 지구의 입지를 살펴보면 먼저 경인선과 경인도로를 축으로 인천에서 영등포까지 부평지구, 소사지구, 괴안지구, 오류지구, 구로지구가 위치해 있다. 여기에 경부선을 축으로 구로지구의 바로 남쪽에 시흥지구가 위치해 있다. 다음 괴안지구와 오류지구의 북쪽에 소규모 택지경영지구로 고강지구와 신정지구가 위치해 있다. 마지막으로 시가지계획구역의 북쪽 동서축에 서관

지구, 계양지구, 양천지구가 위치해 있다. 특기할 것으로 시가지계획위원회 회의 과정에서 총독부가 제시한 부평지구의 택지경영지구 중 일부가 육군 측이 이미 주병창 용지로 결정했다는 이유 때문에 공업용지 조성 지구로 변경되었으며, 부평송신소 부근이 택지경영지구에서 제외되었다. 1936년 설치된 부평송신소는 당시에는 부근에 공지가 많아서 무선 송신에 큰 장애가 없었으나, 택지경영지구가 되어 주택이 들어서면 송신 능률이 떨어진다는 것이었다. 중일전쟁 발발 이후 부평은 조선, 만주, 중국을 연결하는 항공로의 교차지점으로 중요시되어 1939년 당시 부평송신소에는 항공로 무선표식소 설치 계획도 극비리에 추진 중이었다. 이와 같이 구체적인 시가지계획의 내용에 전쟁 수행이 깊이 연관되어 있었던 것이다.[19]

경인시가지계획의 계획 구역은 경성과 인천 사이의 1억 평이 넘는 면적으로 다른 지방계획들과 비교해도 단연 넓은 면적이었다. 그런데 그중 '계획 사업'이 수립된 지역은 약 3,500만여 평, 즉 계획구역 전체의 1/3 정도였다. 반대로 2/3 정도는 어떠한 계획 사업도 수립하지 않고, 다만 계획구역으로 지정했을 뿐이었다. 그렇다면 당시까지 거의 도시화가 되어 있지 않고, 행정구역도 서로 다른 광활한 지역을 하나의 시가지계획구역으로 지정하고 또 상당한 면적에 계획 사업을 수립하지 않은 지역으로 남겨둔 것은 왜일까? 시가지계획위원회 회의에서 경인시가지계획안이 결정된 이튿날 총독부 내무국장과 경무국장 공동 명의로 발표한 '특별 담화'가 이 질문에 답을 하고 있다. 담화문에서는 "이 두 지구(공업용지 조성과 택지경영지구) 외에 하등의 지정이 없는 지역은 농업지역 혹은 녹지지역으로 장래 생산녹지 또는 보통녹지로 존치시켜 시가화를 방지하고 또한 시가지의 불합리한 팽창을 저지하여 위생상, 보안상, 방공상으로 이상적인 시가지를 구성"하겠다고 했다.[20] 당대를 풍미한 아우타르키(autarchy: 자급자족 블럭경제)의 논리와 도시 분산의 지방계획론이 결합되어 있는 이 담화문은 경인시가지계획이 '개발' 계획인 동시에 '개발 통제' 계획임을 잘 보여준다.

한편 경인시가지계획안이 발표될 즈음 제기된 의문은 이 계획의 시행이 행정적으로 어떻게 될 것인가 하는 점이었다. 이 의문은 단지 행정 처리에 대한 의문이 아니라 경인시가지계획의 성격에 대한 민간의 이해를 반영하는 것이었다. 당시 민간에서는 경인시가지계획을 경성의 확장으로 이해하는 경향이 주류였던 것으로 보인다. 예컨대 경인시가지계획은 "대경성부역 확장계획"이라거나, 경인시가지계획이 시행되면 "소부분이 인천부에 포함되는 외에 대부분은 대경성부역에 편입될 것으로 보인다"는 말은 이런 이해를 잘 보여준다. 당시까지 조선에서 시행된 도시계획의 선례나 이에 대한 민간의 이해 수준에 따르면 당연한 것이었다고 할 수 있지만, 기본적으로 기존 도시의 팽창을 견제하는 지방계획의 취지와는 맞지 않는 것이었다. 이 무렵 총독부도 지방계획으로서 "경인은 오히려 소규모이며 앞으로는 '서선(西鮮) 지방계획' 혹은 '남선(南鮮) 지방계획'을 실시할 것"이라고 밝혔다. 그렇다면 경인시가지계획이 다시 경성부 행정구역 확장으로 귀결되는 것은 곤란한 일이었다. 그럼에도 불구하고 계획안을 결정할 때까지도 이 문제의 처리 기준이 마련되지 않았던 것으로 보인다. 주무 관료인 총독부 지방과장마저 이에 대해 여러 가지 가능성이 있으며 "앞으로 사람이 들어차 살아가고 따라서 문제가 일어나지 안코서는 무어라 말하기 어렵다"고 모호한 말을 하고 있다.[21] 이것은 조선 지방계획이 여러 가지 이론적 '포장'에도 불구하고 실제 충분한 검토나 준비 없이 전쟁 동원의 필요에 의해 '급히' 시작되었다는 사정을 암시해준다.

경인시가지계획이 정식으로 고시된 것은 계획안이 결정되고 몇 달이 지난 1940년 1월 19일이었다. 첫 사업으로 부평지구 약 90만 평의 공업용지 조성과 60만 평의 택지 경영이 결정되었다. 예산은 1939년에 계상한 220만 원에 100만 원을 증액하기로 했으며, 이듬해까지 사업을 완료하기로 예정했다. 공업용지 조성과 더불어 대공장 유치를 위해 일본의 각 도시 상공회의소에도 공장 진출 알선을 의뢰하기 시작했다. 용지의 가격은 평당 2원 50전에서 4원 정도로 책정되었다. 이 가격으로 경기도가 용지를 일괄 매수하여 진출하는 공장에 불하한다는 계획이었다. 이러한 계획은 1939년 초부터 이야기되었던 경기도의 구상과 대략 일치하는 것이었다.[22]

부평지구가 첫 사업지구가 된 것은 예상할 수 있는 일이었다. 1938년 철도차량 제작을 하는 홍중(弘中)상공주식회사 부평공장이 들어선 이래 도쿄자동차공업주식회사, 국산자동차주식회사 부품공장 등이 건설되면서 1930년대 후반 부평은 이미 자동차와 철도차량의 제작기지가 되어가고 있었다. 여기에 일본 굴지의 중공업 기업인 일본고주파공업주식회사 경인공장의 입지까지 결정되어 있었다.[23] 결정적인 것은 일본 육군 조병창 건설이 예정되어 있었다는 점이다. 따라서 부평지구는 다른 어느 지구보다 계획 사업 시행이 시급한 지구였다. 부평지구의 사업 결정과 더불어 주목할 점은 세간에 많은 이야기가 떠돌고 있었지만, 공식 계획안에는 포함되지 않은 경인 간 자동차 전용도로 계획이 공개된 점이다.

《매일신보》에 따르면 총독부는 "경성과 인천을 20분에 달리는 자동차 전용도로"를 1940년부터 3개년 계속사업으로 건설하기로 했으며, 이 도로는 "영등포 출장소(현재 영등포 로터리 부근) 앞에 있는 다리를 기점으로 인천까지 20km의 직선도로"라는 것이었다.[24] 물론 1940년 초 시점에서 어떤 구체적인 계획이 있었던 흔적은 찾을 수 없다. 그러나 부평지구의 중요성이나 이 지구의 사업 결정과 연결해서 생각하면 기존의 경인선, 경인도로 외에 경성과 인천을 연결하는 새로운 교통로 계획의 수립은 필연적인 것이었다.

부평지구 사업은 1940년 중반 개시되었다. 7월 9일에는 부평지구 공업용지 조성과 택지 경영의 집행 행정청으로 경기도지사가 지정 고시되었으며, 8월 12일부로 이 지구 일부에 대한 공업용지 조성과 택지 경영 실시 계획이 인가되었다. 실시 계획의 규모는 연초에 공개되었던 것과 비슷하게 공업용지 90만 평, 택지 50만 평에 사업비는 413만 원으로 1942년까지 사업을 완료한다는 것이었다. 인천부 작전정(鵲田町), 서정(曙町), 길야정(吉野町), 삼립정(三笠町), 천상정(川上町), 백마정(白馬町), 소화정(昭和町) 등(현재 인천광역시 계양구 작전동, 효성동, 부평구 갈산동, 삼산동, 청천동, 산곡동, 부평동 일대)에서 구체적으로 수용해야 할 토지의 세목이 고시된 것은 10월말이었다. 1942년 초에는 다시 서정과 천상정에서 소규모로 수용 토지 세목이 고시되었다.[25]

이를 통해 토지 수용 조치가 어느 정도 진척된 것을 알 수 있다. 그러나 수용된 토지가 얼마나, 어떻게 공업용지나 택지로 매각, 전환되었는지는 거의 알 수 없다. 물론 육군 조병창은 예정대로 건설되었다. 조병창의 월 생산 능력은 소총 4,000정, 총검 2만 정, 탄환 70만 발, 포탄 3만

발, 군도 2,000정, 차량 200량 정도였으며, 태평양전쟁 말기에는 배와 무전기까지 생산했다. 또 조병창 건설은 다른 공장들의 진출을 촉진하는 계기가 되었다.[26] 한편 1944년에는 백마정의 택지경영지구의 일부인 3만 3,253평을 주택영단이 매입하여 1944년 7월~1945년 6월 육군 조병창의 사택과 합숙소 1,000여 호를 건설했다. 이 지역에는 노동자 사택이라는 주택의 성격에 따라 규모가 작은 정형, 무형 주택이 주로 건축되었으며, 때로는 미리 정해져 있는 영단주택의 형태와 무관한 ㄱ자형 한옥식 주택도 다수 건축되었다.[27] 당시 군수공장의 노동자 대부분이 조선인이라는 당연한 사실을 반영하는 것이었다.

공업용지 조성, 택지경영 사업과 더불어 1941년 3월 21일부로 부평역전 일대인 인천부 길야정, 소화정, 명치정(明治町) 등(현재 부평구 갈산동, 산곡동, 부개동 일대)의 일부 약 62만 평의 '소화(昭和)지구' 구획정리사업을 1946년 3월 21일까지 완료하라는 명령이 인천부윤에게 내려졌다. 이 지구는 이후 측량과 공사 계획 수립을 거쳐 10월 28일부로 실시 계획이 인가되었다. 이 사업의 진척을 알려주는 자료는 찾을 수 없으나, 이 시기의 일반적인 사정으로 보아 구획 정리가 순조롭게 진척되었을 것으로 생각되지 않는다. 이어서 1945년 4월 1일부로 인천부 소화정, 백마정, 천상정, 서정, 작전정, 삼립정, 길야정의 일부 약 196만 평에 대한 구획 정리 시행이 인가되었다. 이 지역은 애초 공업용지 조성 및 택지경영지구로 예정된 곳이었는데, 구획정리로 전환한 것으로 보인다.[28] 그러나 상식적으로 1945년 4월은 이런 사업을 진척시킬 수 있는 시점이 아니었다.

3

'광역도시권' 구상과 경인시가지계획의 수정

'수도권' 구상의
기원과 궤적

경성 중심 '광역도시권' 구상의 배경과 내용

경인시가지계획의 최초 계획은 지방계획의 취지를 충분히 살린 계획이었다고 보기는 힘들다. 사실상 지방계획의 '이상'이 군수공업 확장이라는 현실적 필요에 압도된 계획이었다고 할 수 있다. 그러나 '현실'과는 별개로 1930년대 후반 지방계획론의 원론적 이상에 입각한 구상이 꾸준히 등장하고 있었다는 사실에 주목할 필요가 있다. 그런 의미에서 1937년 초의 다음 기사는 흥미로운 내용을 담고 있다.

> 도시계획의 이상안으로 보더라도 한 개 도시에 인구를 집중시킨다는 것은 여러 가지 조치 못한 현상을 초래하여 드디어 지방계획 혹은 국토계획 같은 입장으로 위성도시, 속칭 전원도시를 계획하게 되얏다는 바 이것은 한 개 도시의 팽창을 제어하는 동시에 각 도시의 할거를 주체로 생각하는 입안으로

백년대계의 대경성을 주안으로 전기 전원도시를 그려본다면 경성으로 대도시의 중심으로 잡고 경부선의 수원, 인천, 김포, 경의선의 개성, 동소문으로부터 원산으로 통하는 이정부, 동대문으로부터 춘천, 광희문으로부터 강원도 강릉으로 가는 도중의 이천, 충청북도 충주로 가는 도중의 김량장(金良場: 현재 용인시 처인구 김량장동) 등 8개 소로 방사선 도로가 간선으로 느러잇고 수원, 인천, 김포, 개성, 의정부, 춘천, 이천, 김량장 등 8개 소로 환상선의 도로가 개설되는 동시에 동경의 성선(省線: 도쿄 야마노테선과 같은 도시순환 철도) 가튼 전차 혹은 궤도차가 왕래하여 이 8개 소는 도시의 중심 즉 도심을 통하지 안코서 서로 연락이 되야서 대경성을 중심으로 위성도시가 계획되고 잇다는데 이것은 경성부 도시계획계에서 성안 중에 잇다고 한다.[29]

위의 기사는 경성을 중심으로 8개 지점을 지정하고, 이를 방사상·환상(고리처럼 둥근)으로 연결하는 구상을 제시하고 있다. 경성을 중심으로한 "위성도시" 혹은 "전원도시"의 건설과 연결을 통한 '광역도시권'의 형성은 일단 규모 면에서 거의 경기도 전역을 포함하고 강원도 춘천까지 이를 정도로 대규모이다. 그리고 당시 상황에 비춰볼 때, 실질적인 추진 가능성은 없는 허황한 계획임에 틀림 없다. 그러나 이 허황함에도 불구하고 상당히 구체적인 내용이 담겨 있다. 게다가 "경성부 도시계획계에서 성안 중에 잇다"는 언급은 사실 여부를 확인할 수 없는 전언이지만, 기사가 작성자의 단순한 공상이 아님을 짐작하게 한다.

그런데 막연하게라도 이런 계획을 구상하고 있었다면 그것은 경성부보다 상위 차원, 요컨대 총독부에서 관여하고 있었을 것이다. 경성부의 행정구역 범위를 훨씬 넘어서는 계획을 경성부 도시계획계에서 단독으

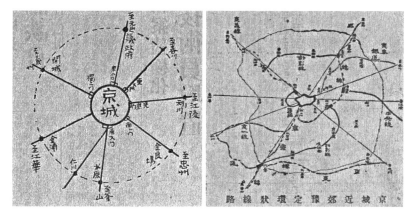

[그림 8-3] 경성 중심 '광역도시권' 구상도　　　　**[그림 8-4] 경성근교예정환상선로**
[그림 8-4]에서 방사상 도로가 지나는 지점은 [그림 8-3]과 동일하다. 경성을 중심으로
북쪽 의정부에서 시계방향으로 춘천─이천─김량장(용인)─수원─인천─김포─개성으로 연결되어 있다.

로 세울 리 없기 때문이다. 게다가 동일한 내용이 약 1년 뒤인 1938년 1월
〈경인 메트로포리쓰 환상곡〉 특집 기사에 "경성근교예정환상선로"라는
이름으로 다시 등장하는 점을 주목할 만하다. 최소한 1937~38년 단계에
서 이런 계획이 '일회성'은 아니었다는 점, 나름대로 식민지 권력 일각
에서 진지하게 검토하고 있었을 가능성을 보여준다. 1937년 2월 그리고
1938년 1월, 근 1년여의 시차를 둔 두 기사가 동일한 내용을 담고 있는
것이 단지 우연은 아닐 것이다.

　　그런가 하면 이보다 규모가 작은, 위성도시 계획도 검토되고 있었다.
1937년 말 총독부 철도국에서는 경성의 "주택난과 도시인구의 분산계
획을 세우고자 연구를 거듭하여" "전원도시의 실현과 함께 철도 전화
(電化: 전철화)를" 한다는 방침을 세우고 "금촌─창동(金村─倉洞: 파주시 금
촌동과 도봉구 창동)의 북부 환상선"과 "서빙고─안양의 남부 환상선"의
"양대 환상 전철"을 계획했다.[30] 이 계획은 분명히 경성의 북부와 남부

외곽의 위성도시 건설이 전제가 되는 것이었다. 그리고 1939년 제5회 시가지계획위원회를 전후한 시점에서도 비슷한 류의 계획은 지속적으로 검토되고 있었다. 정확하게는 알 수 없지만 다음 기사들은 '누군가의 입에서' 이런 계획이 발설되고 있음을 보여준다.

① 50년 후의 대경성에 대한 경성부 도시계획과의 그림을 보면 지구는 도심에서 30km 이내 범위로 하고 인구는 600만을 목표로 한다. (중략) 그중 시가 중앙도시는 인구 300만, 중앙도시를 태양으로 그를 에워싼 위성도시는 각각 30만 이상으로 할 것인데, 북방 금촌 50만, 동북 의정부 40만, 동방 금곡(남양주) 30만, 동남 송파 30만, 남방 안양 40만, 서방 부평 150만, 서북 김포 60만으로 하여 위성도시의 인구만 300만 이상이 된다. 운수망 계획으로는 고속도 궤도, 외곽내부 순환선, 중앙-위성 연락선 궤도가 있으며, 중앙도시 외곽을 폭원 2km의 대환상 녹지대로 에워싸고, 위성도시 주변은 폭원 500m의 소환상 녹지대로 에워쌀 계획이다. (중략) 이 모든 계획이 지방계획 실시 때는 쉽게 실현될 수 있다.[31]

② 경인시가지계획에 이어 총독부는 또다시 경성 근교의 여러 곳에 이러한 형식으로 주택경영지를 지정하고자 준비에 착수했다. 경인과 같은 방식으로 경성 중심의 사방에 이를 지정하여 땅값을 억제할 계획이다. (중략) 도시 팽창에 대해 시급히 분산적 교외 건설을 하지 않으면 안 되어 이번에는 경성에서 20km 되는 지점에 웬만한 조건이 되는 곳이면 모조리 주택경영지로 지정하려는 것이다. 20km의 기준은 장래 고속도 전차가 시속 40km가 되므로 통근에 삼십 분, 왕복 출퇴근에 1시간 기준이다.[32]

서울의 기원, 경성의 탄생

①의 기사는 50년 후라는 시점으로 보거나 내용으로 볼 때 '먼 미래'
의 일이라는 느낌이 크다. 또 중앙도시와 위성도시의 주변을 둘러싸는
녹지대 설정, 중앙−위성 연결 교통 계획 등에서 하워드류의 전원도시론
(녹지대로 분리된 전원도시 건설과 연결을 통한 다핵 도시권 구상)을 교과서적으
로 반영한 느낌이 있다. 그러나 경성을 중심으로 위성도시 후보지의 구
체적인 위치와 규모를 적시한 점에서 구체적인 측면도 없지 않다. ②의
기사는 "경인시가지계획에 이어 총독부는"이라는 표현에서 짐작할 수
있듯이 ①의 기사보다 현실에 근접한 구상이다. 여기에서는 구체적인
후보지를 언급하지는 않았지만, 역시 시속 40km의 전차 도입을 전제로
반경 20km의 지점을 "왕복 출퇴근에 1시간"인 주거 중심 신도시로 적
시했다. 두 기사는 공통적으로 경성과 경성을 둘러싼 위성도시들을 설
정하고 고속도 교통기관 도입을 전제로 하나의 광역도시권으로 묶는 구
상을 그리고 있다. 그런데 더 주목되는 점은 이런 류의 계획이 출처 불
명의 기사뿐 아니라 총독부의 공식 회의석상에서도 언급되고 있었다는
사실이다. 제5회 시가지계획위원회에서 총독부 기사 야마오카 케이스케
(山岡敬介)는 경인시가지계획의 취지에 대해 다음과 같이 설명하고 있다.

경인 간의 공장 남설(濫設)과 인구 증가를 방치하여 과대도시가 된다면 산업
능률의 저하, 지가의 등귀, 가옥의 밀집, 기타 보안·위생·풍치·도덕상의 폐
해 등 현재의 도쿄 혹은 오사카의 폐를 반복하게 될 것이다. 또한 최근에는
방공(防空) 문제가 중요해져서 각국에서는 도시 분산 운동이 일어나고 있다.
이미 다이쇼 12년(1924년) 암스테르담 만국도시계획회의에서도 대도시의 무
제한적인 팽창은 좋지 않다는 의견이 나온 바 있다. (중략) 과대도시의 발생

을 방지하기 위한 하나의 방법은 대도시 주위에 위성도시를 건설하고 가옥의 무제한적인 팽창을 방지하기 위해 농업·원예·축산의 용도에 제공할 녹지대로 도시를 위요(圍繞)하게 하는 것이다. 이 위성도시는 대도시와 더불어 하나의 유기적 전체를 이루게 된다. (중략) 대체로 도시계획 구역은 1시간의 교통시간대로 결정하는데 현재 경성 전차로 1시간 시간대는 반경 13km의 범위이며, 고속도 차를 이용한다면 반경 40km의 범위이다. 반경 13km와 40km는 약 9.6배의 차이가 있다. 따라서 고속도 기관이 완성되면 지금보다 넓게 분산되어도 하나의 도시로서 완전한 기능을 할 수 있다. 나의 사견으로는 출퇴근 2시간을 전차에서 허비하게 되면 가정생활에도 문제가 생기는 등 좋지 않으며, 30분이 좋을 듯하다. (중략) 현재 경성시가지계획의 목표 인구는 110만이며, 인천은 20만이다. 여기에 이번에 결정한 구역(경인시가지계획구역) 목표 인구 약 100만, 경성 북부와 동부 방면에 신설할 주택도시에 목표 인구를 약 70만으로 하여, 합계 300만을 수용할 계획이다.[33]

지방계획론의 출발점으로 일컬어지는 1924년 암스테르담 회의에서부터 전시 현안인 도시 방공 문제까지 두루 건드리는 야마오카의 설명 핵심은 경성과 인천 사이에 위성도시를 건설하고 그것을 고속 교통기관을 통해 양쪽의 대도시, 즉 경성·인천과 연결시킨다는 것이다. 그런데 경인시가지계획에 그치지 않고, 다시 경성 북부와 동부에 주택도시를 건설할 것이라고 언급하고 있다. 경성시가지계획구역, 인천시가지계획구역, 경인시가지계획구역, 경성 북부와 동부의 주택도시까지 포괄하는 그의 언급에서 쉽게 '광역도시권' 구상을 발견할 수 있다. 당시 조선 도시계획에서 중요한 역할을 하던 야마오카가 시가지계획위원회 석상에서 한 발언이라는 점을 염두에 둘 필요가 있다. 또한 1940년 6월 일본 내무성 계획국의 글에서도 위의 구상과 비슷한 '광역도시권' 구상을 찾아볼 수 있다.

경성부의 최근의 발전속도로 보면 현재의 부역내만의 정비를 목적으로 하는 계획으로는 장래 대경성의 완성을 기대하기 어려운 상태이다. 그러므로 인천, 수원, 의정부, 개성 등 장래 대경성의 위성도시로서의 사명을 다할 각 도시 및 이 써클(원문은 サークル)에 있어서 대소공장지대의 발달은 각각 단독 발달에 방임하지 않고 경성을 중심으로 유기적, 조직적인 진전을 기도하지 않으면 안 된다.[34]

교통계획 등을 언급하지는 않았지만, 경성을 중심으로 한 위성도시의 건설 구상을 분명히 볼 수 있다. 조선과 '내지'를 막론하고 경성 중심 '광역도시권' 구상에 대해 상당한 공감대가 있었음을 짐작할 수 있다. 이런 구상은 이후에도 간헐적이지만, 지속적으로 보인다. 1941년 초 경성부 도시계획과에서는 "부민의 건강과 일조유사시(一朝有事時) 국방적 견지에서" "대경성도시계획을 재검토하여 신체제하 전원도시 건설, 분산도시를 준비"하기 위해 "제1후보지로 고양군 신도면(神道面: 현재 경기도 고양시, 서울 은평구 일부), 제2로 광주군 송파면"을 지정하여 "고속도전차를 배치하여 30분에 왕복할 수 있게 할" 계획을 검토하고 있었다. 이는 분명 야마오카가 언급한 "경성 북부와 동부 방면에 신설할 주택도시"를 연상케 한다. 1942년 초에도 경성부는 "시가지 도로 정리, 공장지대, 주택지대 획정, 녹지대 설정 및 그것의 시외 분산 등은 지금 경성

도시계획의 기본 숙제로 남아잇슴에 비추어 경성을 중심으로 그 부근에 소위 위성도시를 만들어 절정 상태에 잇는 인구증가를 완화하며 주택, 공장, 회사 등을 분산시켜 시국하 두시방공의 완벽을 꾀하고자 도시계획 기본조사와 측량사업에 만전을 기키로 되었다."[35]

이처럼 위성도시 건설을 통한 도시 분산 구상은 끈질기게 계속되고 있었다. 그런데 이러한 구상은 하나같이 "국방적 견지", "시국하 도시 방공" 등의 언사를 앞세우고 있다. '도시계획론'을 '전쟁 동원론'으로 '포장'하고 있는 모습이다. 이런 언설의 구조는 "반도 국토계획 설정의 견지에서 도시계획의 수립에 대해 검토를 더한 총독부는 획기적인 보건 위생, 국토방위, 국토의 합리적 이용개발, 과대도시 분산, 폐해 방지 등 새로운 결전 태세에 대응한 이상적 국토계획의 각도"에서 새롭게 시가지계획을 결정한, 1943년 제6회 시가지계획위원회에서 절정에 달했다.[36]

대동아전쟁이 결전 단계에 이르면서 틈만 있으면 공습을 엿보고 있는 적기가 어느 때 돌연히 우리 대도시의 하늘에 날러와 소이탄과 무서운 파괴력을 가진 폭탄을 함부로 떨어뜨릴지도 알 수 없는 현상이다. 이에 총독부에서는 각 중요도시의 가장 철저한 고도 국방태세를 갖추는 한편 도시의 무제한적 발전과 팽창을 방지하기 위해 가장 종합적인 계획 아래 건전 명랑한 발전을 꾀하고자 지난 12일 제6회 시가지계획위원회를 개최하고 신중히 연구한 결과 전선(全鮮)에서 경인을 비롯한 14개 중요도시에 대규모 고도 국방도시계획을 실시키로 결정했다. 이 계획은 첫째로는 방공, 둘째로는 현대도시의 무제한 발전을 억제, 소위 위성도시 건설과 인구의 소개(疏開)에 주안점을 둔 것이다. 이에 따라 각 도시마다 녹지지역, 풍치지구, 공원을 새로히 설치하

고, 이미 설치된 것은 더욱 확충키로 되었다.[37]

　"철저한 고도 국방태세를 갖추는" 것과 "도시의 무제한적 발전과 팽창을 방지"하는 것이 "고도 국방도시계획"의 모토 아래 하나로 수렴되고 있다. 그리고 이런 취지에서 새로운 계획 사업을 지정한 지역 중에는 경인지역도 포함되었다. 제6회 시가지계획위원회의 모토는 경인시가지계획에서는 어떻게 구체화되었을까?

경인시가지계획의 수정과 '광역도시권' 구상의 유산

제6회 시가지계획위원회에서 결정된 내용은 1944년 1월 8일 정식으로 고시되었다. 그중 경인시가지계획과 관련된 부분을 보면 먼저 계획구역의 상당 부분이 인천시가지계획구역으로 편입되었다. 이 지역은 1940년 4월 인천부 행정구역을 확장할 때 편입된 지역(부천군 부내면, 문학면, 서관면 등)으로서 뒤늦게 행정구역과 시가지계획구역을 다시 일치시킨 것이다. 이를 통해 경인시가지계획에서 뚜렷하게 사업이 진행되고 있었던 부평지구를 포함한 약 3,900만 평이 인천시가지계획구역으로 편입되고 경인시가지계획구역은 원래 넓이의 약 63%인 6,700만 평 정도가 남게 되었다. 계획구역 변경과 더불어 경인시가지계획 '소사지구'의 도로망, 구획정리지구, 녹지지역, 풍치지구, 공원계획이 발표되었다. 한편 인천시가지계획의 내용도 변경되어 '인천지구'와 '부평지구'로 나누어 각각 도로망, 녹지지역, 풍치지구 공원계획이 발표되었다.[38] 이렇게 볼 때, 원래 경인시가지계획에 속했던 부분은 경인시가지계획 소사지구와

지구명			소사지구	부평지구
도로망	고속도차 전용		2선 삼정리(三井里)−오정리(吾丁里) 지구계 50 내리(內里)−내리 30	1선 동운정(東雲町)−서정(曙町) 50
	대로	제1류(35, 40)	5선	8선
		제2류(30)	11선	15선
		제3류(25)	8선	13선
	중로	제1류(20)	5선	21선
		제2류(15)	39선	12선
		제3류(12)	4선	5선
	교통 광장		35개	32개
토지구획정리지구			550만 평	−
녹지지역			400만 평	780만 평
풍치지구			230만 평	290만 평
공원			11개, 총 50만 평	23개, 총 56만 평

[표 8-3] 1944년 1월 소사지구와 부평지구의 계획 사업

* 괄호 안의 숫자는 도로의 너비 (단위 m).
* 평수는 원 자료의 넓이를 10만 평 단위로 반올림한 것임.
* 삼정리·오정리·내리는 현재 부천시 오정구 삼정동·오정동·내동이며,
동운정·서정은 각각 현재 인천광역시 부평구 서운동·계양구 효성동임

인천시가지계획 부평지구의 사업인 셈인데, 내용을 살펴보면 위의 [표 8-3]과 같다.

소사지구와 부평지구 계획 사업의 내용을 알려주는 자료는 이상이 전부이다. 이후 어떤 후속 조치가 취해졌는지, 사업이 어떻게 진척되었는지 혹은 진척되지 못했는지는 확인하기 어려운 실정이다. 짐작하거대 시기상 두 지구에서 의미 있는 계획 사업이 진척되었을 가능성은 희박하다. 그러나 실현 가능성과는 별개로 총독부가 아무런 구체안도 없이 위와 같이 고시를 내리지는 않았을 터이며, 따라서 이 계획의 특징을 최소한 짚어보는 것도 무의미한 작업은 아닐 것이다.

먼저 소사지구와 부평지구는 풍치지구 지정, 공원계획과 더불어 녹지지역까지 상당한 넓이로 지정된 것이 특징이다. 총독부는 이에 대해 "녹지지역의 설정은 단지 종래 농경지, 임야의 상태를 그대로 지속시키는 것이 아니라 도시 발전을 합리적으로 계획화하여 녹지대로서 남겨두는 것이며, 풍치지구도 지정하여 보호하는 것으로 소극성에서 벗어나는 것"이며 "녹지지역, 풍치지구, 공원의 종합녹지계획"이라고 설명했다. 녹지지역은 1940년 12월 조선시가지계획령 개정 때 시가지계획의 목적으로 '방공'이 추가된 것과 짝을 이루어 정규 용도지역에 포함되었다. 그러나 "도시의 보건, 방공상의 견지와 최근의 시가지계획이 국토계획에 즉응하여 지방계획적 경향을 가미할 필요상 새로 용도지역 중에 더한" 것이라는 설명에서 드러나듯이 단순한 방공 목적만은 아니었다. 일개 도시를 넘어서는 도시권을 전제로 '개발 통제 지역' 내지는 '개발 예정 지역'이란 의미를 갖는 것이었다.[39] 비록 실질적 의의는 크지 않았지만 경인시가지계획안을 수정하면서 굳이 녹지지역을 포함했음은 기억해둘 만하다.

다음으로 비로소 개발 계획이 수립된 소사지구에 상당한 넓이의 구획정리지구가 지정된 점을 들 수 있다. 이 지구의 용도는 무엇이었을까? 1939년 최초 계획안에서 소사지구에는 94만여 평의 공업용지 조성 외에 400만 평 이상이 택지 경영지구로 지정된 바 있었다. 이것으로 보아 소사지구의 구획정리는 주로 원래의 택지 경영지구를 대상으로 한 것 같다. 이것은 현실성과는 별개로 여러 곳에서 산견되었던 경성과 인천 사이 위성도시 구상이 공식 계획안에 등장한 유일한 사례라는 점에서 의미를 찾을 수 있다.

구획정리와 더불어 도로망 계획이 고시된 것에 주목할 필요가 있다. 노선도가 없어서 계획의 구체적인 내용은 알 수 없지만, 계획이 존재했음은 확인할 수 있다. 특히 사료에 "고속도차 전용" 도로라는 표현이 직접 등장했다. 일찍부터 이야기되어왔던 경인 간 신도로 계획이 처음 공식적으로 발표된 것이었다. 물론 [표 8-3]의 정보만으로는 노선을 정확히 알 수 없다. 그러나 표의 몇몇 정보와 1940년 초 경인시가지계획의 최초 고시 단계에서 나왔던 언급을 결부해 생각하면, 대체로 영등포에서 출발하여 소사지구 안의 부천군 오정면 지역을 관통, 부평지구에 이르는 도로라고 짐작할 수 있다. 이 도로 계획은 일본 본토와 식민지를 통털어 최초로 등장한 자동차 전용도로 계획이라는 점에서 큰 의미가 있다. 그리고 실현 여부를 잠시 미루어둔다면, 공상적 차원에서 이야기되던 경인 1일 생활권 구상이 현실 계획에 처음 등장한 것이기도 했다. 1939년 7월의 한 기사를 보면 "산업, 군사상 기차보다도 자동차가 오히려 빠르고 편리함에 비추어 총독부에서는 독일의 '히틀러' 자동차 전용도로를 본받아서 조선에도 금후 각 공업지대와 대륙으로 통하는 간선에 자동차 전용도로(아우토반: Autobahn)를 만들 대계획을 세우고 있는데 이에 따라 도로 인접지대에 건축 제한을 할 수 있도록 현행 도로령의 대수정을 하고자 예의 연구하고 있다"는 언급이 보인다.[40] 결과적으로 이 기사는 공어이 된 셈이지만 1944년 경인시가지계획의 고속도차 전용도로 계획에 그 흔적을 남겨두었다.

이와 같이 1944년 1월 고시된 경인시가지계획의 수정 내용(소사지구와 부평지구의 새로운 계획 사업)의 의미를 살펴보았다. 사료가 절대적으로 부족하기 때문에 많은 부분 추정에 의존했으며, 그다지 명확한 그림을 그리지도 못했다. 그러나 그 대강은 이미 1939년 제5회 시가지계획위원회에서 야마오카가 한 발언, 그리고 전후 시기의 여러 문헌들 속에서 표현되었던 것들임을 알 수 있다. 즉 1944년의 수정은 1939년 경인시가지계획의 최초 결정 당시 어느 정도 구상이 존재했으나, 충분히 구체화되지 못했던 '광역도시권' 구상의 일부가 반영된 것이라고 할 수 있다. 결론적으로 경인시가지계획의 입안과 수정, 그리고 다양한 형태로 발화된 경성 중심 '광역도시권' 구상에서는 분명 대도시의 팽창 방지와 위성도시 건설, 도시 간의 녹지 경계 분리와 고속 교통기관을 통한 연결 등과 같은 지방계획의 원론적 이상을 발견할 수 있다.

이것은 무엇을 의미할까? 도시계획이 전반적으로 순조로울 수 없었던 전쟁 동원 시기였으나, 바로 그것이 이상주의적 도시계획론을 대두하게 만든 역설적인 상황이었던 것이다. 즉 경성의 도시화에서부터 더 길게는 오늘날까지도 연장되는 서울의 미래에 관한 중요한 의제는 식민 본국의 침략 전쟁을 계기로 급부상했지만, 동시에 의제의 현실화는 어렵거나 왜곡될 수밖에 없는 시기였다. 이와 같이 역설적이면서도 모순적인 측면은 경인시가지계획뿐 아니라 경성시가지계획, 나아가 일제 말기 조선 도시계획 전반에서 나타나는 것이었다. 이 점이야말로 '식민지 도시계획'으로서 조선 도시계획의 '운명'이었던 게 아닐까?

에필로그

지금도 거리는

수(數)만흔 사람들을 맛(迎)고 보내며

전차(電車)도 자동차(自動車)도

이루 어듸를 가고 어듸서 오는지

심(甚)히 분주하다

네거리 복판 문명(文明)의 신식(新式) 긔계가

붉고 푸른 예전 기(旗)ㅅ발 대신에

이리 저리 고개를 돌린다

스텁― 주의(注意)― 꼬―

사람 차(車) 동물(動物)이 똑 기예(敎鍊) 배듯 한다

거리엔 이것 박게 변(變)함이 업는가

― 임화(林和), 〈다시 네거리에서〉 (1935.7.27.)

큰길에서 작은 길이 그때그때 갈라져 나와 자연스럽게 형성되는 삼거리 혹은 오거리와 달리 네거리는 어디에서 어디로든 막힘없이 최단 거리로 이동하기 위한 목적으로 인공적으로 만들어진다. 그래서 네거리에는 막힌 골목이 없으며, 흐름은 언제나 매끈하다. 그렇기 때문에 마음대로 몸을 숨길 수도, 숨이 차도 신호 없이 멈출 수도 없다. 당대 누구보다 예민한 모더니스트였던 임화는 "네거리 복판"에서 '그의 시대', 합리와 효율이 지배하는 비정한 근대를 발견했다. "거리엔 이것 박게 변함이 업는가"라는 물음은 '모든 것이 변했다'는 확신의 다른 표현이 아닐까.

경성 도시공간에 대한 연구는 말하자면 임화가 느낀 '그 시대의 본질을 어떻게 잘 설명할 수 있는 있을까' 하는 질문에서 출발했다. 그것은 전통과 근대, 식민과 반식민, 부자와 빈민, 공익과 사익 등 여러 대립항의 다면적이고 복합적인 작용으로 형성되었다. 따라서 그것을 오늘날 연구에서 재현하는 일도 매우 복잡다단한 과정이다. 부끄럽지만 그 과정의 중간보고로 이 책을 내놓는다. 물론 원래 목표로 한 '재현'에 얼마나 도달했는지 판단하는 것은 독자의 몫일 터이다.

제목에 대해 약간의 설명을 덧붙인다. 이미 1970년대부터 당시 서울시사편찬위원회(현재 서울역사편찬원)는 《서울 600년사》를 간행한 바 있다. 그리고 최근에는 방대한 규모의 《서울 2000년사》를 간행하고 있다. '600년사' 혹은 '2000년사'는 그냥 붙인 제목이 아니다. 거기에는 특정한 시각이 전제되어 있다. 조선 건국기 한양의 정도 혹은 더 시원으로 거슬러 올라가 한성 백제 시기를 '서울의 기원'으로 보는 것이다. 이런 시각들은 모두 일리가 있다고 생각한다. 오늘날 서울이라고 부르는 공간이 생겨난 것이 얼마나 오래전의 일인데, 그 역사적 기원을 하나로만 이야기할 수 있겠는가. 그러나 현대 메트로폴리스 서울의 기원은 단연 식민지 시기 경성에서 '먼저' 찾아야 한다. 이 책에서는 중세 성곽도시 한양이 오늘날 초거대 세속 도시 서울이 된 무한대에 가까운 팽창 과정의 출발점으로서 식민지 시기 경성의 변화를 세밀하게 그리고 싶었다. 때로는 지루할 만큼 묘사하고 설명했던 이유는 바로 이것이다.

서울 연구자 혹은 도시사 전공자로 알려져 있으므로 가끔 이런 걸 왜 공부하게 되었느냐는 질문을 받는다. 여기에서 '이런'이란 '이 시기의 연구 주제 중 왜 이렇게 중요해 보이지 않는걸' 혹은 '이런 이상한 관점으로' 등의 의미가 담겨 있다고 이해한다. 이 자리를 빌려 처음 역사를 전공하여 20여 년 이상이 지난 현재 '이런' 연구자가 되기까지의 여정을 간략하게라도 소묘하고 싶다. 2012년 《역사비평》 통권 100호 기념 설문에서 아래와 같이 답한 바 있다.

한국 근현대사 연구를 업으로 선택하고, 지금과 같은 공부를 하게 되기까지 대략 세 단계의 과정을 거쳤던 것 같다. 십대 어간 역사라는 데에 눈을 떴을 때부터 주된 관심사는 한국 근현대사, 그중에서도 식민지 시기였다. 많은 책을 읽고 영향을 받았지만 하나의 사례로 문고본으로 접한 《백범일지》를 들 수 있다. 국모 시해의 복수에서 시작하여 망명, 중국대륙의 역정, 광복, 분단, 죽음으로 이어지는 《백범일지》의 강렬한 서사에 금방 사로잡혔다. 민족이라는 뜨거운 공동체를 발견했던 것이다. 한국 근현대사를 공부하겠다는 결심은 여기에서 출발했다.

그러나 막상 역사를 전공한 대학 시절을 보내며 민족은 점점 의심스러운 대상이 되었다. 그를 대신한 것은 계급이었다. 지금 생각하면 설익은 치기의 측면이 강하지만, 어쨌든 그 시기를 지배했던 생각은 모든 현실의 모순의 근원은 자본주의에서 비롯된 것이다, 한국에서 자본주의는 식민지 시기에 성립되었다, 그러므로 식민지 시기는 계급의 관점에서 바라보아야 한다는 것이었다. 사실 이런 식의 식민지 자본주의론과 정확하게 맞는 것도 아니지만, 김용섭 선생의 이른바 두 가지 길 이론을 접하고 그 간명한 정연함에 큰 감명을 받았던 것도 이런 생각과 무관하지는 않았다.

그런데 대학원에 진학하여 본격적으로 연구의 장에 들어서면서 다시금 고민을 시작할 수밖에 없었다. 소련을 비롯한 동구 사회주의권의 잇따른 몰락, 마르크스주의적 인식론의 현실정합성에 대한 뒤늦은 의심. 그 시기 많은 이들이 겪은 고민에서 나 역시 자유롭지 못했다. 민족을 대신한 계급이라는 프리즘으로 한국에서 근대의 성립기로서 식민지 시기를 바라보겠다는 생각은 스스로도 확신하기 어려운 것이었다. 그런 생각이 틀렸다는 게 아니라, 그렇게 보는 게 얼마나 의미가 있을까에 대한 회의가 들었다는 뜻이다.

이때 발견한 것이 도시라는 익명의 공간, 그리고 그 속에 던져진 개인의 존재였다. 민족 혹은 계급이라는 호명 이전의 개인. 당시에도 명확하게 논리적으로 설명할 수 없었고, 사실 지금도 그렇지만 어쨌든 그런 게 있다는 생각이 들었고, 거기에서 공부를 시작하겠다고 결심했다. 그 무렵 접했던 책이 《서울에 딴스홀을 허하라》였다. 그 후에는 이런 류의 책이 많이 나왔지만 당시 이 책은 매우 선구적이었다. 지금 다시 읽어봐도 높지 않은 목소리로 그러나 단호하게 전해지는, 민족과 계급 너머를 가리키는 저자의 문제제기가 인상적이다.

돌이켜보면 처음 역사학도를 꿈꿨을 때부터 지금까지 나의 역사인식은 점점 중심에서 주변으로 옮겨온 것 같다. 앞으로도 계속 그럴 것이다. 대부분의 의미 있는 변화는 주변에서 시작될 것이라고 믿기 때문이다.(〈14인의 역사학자가 보낸 답변들〉, 《역사비평》 100, 2012.)

1980~90년대 '격변기'를 나름의 방식으로 통과하며 '이런' 연구자의 길을 결심하기까지의 과정 정도로 보아주시기 바란다. 사실 위에 쓴 것과 지금의 생각도 많이 다르다. 그러나 생각은 세월의 흐름에 따라 변하더라도, 연구자의 길을 선택할 때의 초심만은 잃지 않겠다고 다짐한다.

아직 턱없이 부족하지만 이만큼이라도 오기까지 많은 은혜를 입었다. 먼저 한국 도시사 연구의 태두인 손정목 선생님께는 직접 배운 적은 없지만, 나의 공부는 어떤 의미에서는 선생님의 방대한 선행 연구에 주석을 다는 작업이었다고 할 것이다. 작년 가을 선생님 생전 마지막 저서 간행 행사의 사회를 맡아 처음이자 마지막 인사를 드릴 수 있었던 것은 큰 행운이었다. 다시 한 번 선생님의 명복을 빈다.

지도교수 권태억 선생님께서는 십수년간 여러 모로 부족한 제자를 이끌어주셨다. 늘 당신을 앞세우기보다 자기 목소리를 내라고 독려하신 선생님 덕분에 거리낌 없이 공부할 수 있었다. 선생님께서 자주 하신 '가르치고 배우며 함께 성장한다(敎學相長)'는 말씀의 뜻을 다시 한 번 새겨본다. 김태웅, 이상찬, 전봉희, 정재정 선생님께서는 이 책의 저본인 학위논문 심사 과정에서 귀중한 조언과 질정을 보내주셨다. 열아홉 철부지 시절부터 오랜 세월 가르침을 주신 여러 은사님들, 대선배들의 말석에 끼어 앉은 대학원 세미나 팀에서 시작하여 오늘에 이르기까지 셀 수 없이 많은 자리에서 일깨워주신 학교 안팎의 선배, 동학들께도 진심으로 감사드린다.

삼십 대 중반에서 사십 대 중반 국사편찬위원회에 근무하며 한 사람의 연구자이자 생활인으로 성장했다. 바쁜 업무 중에도 정진하는 모범을 보여주신 여러 선생님들께 지면으로나마 인사 전한다. 새로운 직장에서 이제 만 3년이 되어간다. 초보의 어설픔을 항상 너그럽게 이해해주시는 서울시립대학교 국사학과의 여러 선생님들, 언제나 새로운 활력과 자극을 주는 우리 학생들에게도 감사할 따름이다. 작년 이데아 출판사 한성근 대표의 제안을 받지 않았다면 책을 내는 것은 또 기약 없는 일이 되었을 것 같다. 때로는 무리할 수도 있는 저자의 요구를 수용해주고, 원고 작업에 많은 배려를 해준 한 대표와 책 만드느라 수고하신 모든 분께도 감사드린다.

아주 어렸을 때부터 언제나 바른 삶의 준거이신 부모님, 재주 없는 사위를 늘 아껴주시는 처부모님을 비롯한 양가의 가족들, 그리고 고단한 일상의 동반 성희, 동선에게도 말로 다하기 어려운 마음을 전하고 싶다.

2016년 11월
염복규

주

1장

1) 《매일신보》 1910.9.15., 1911.6.23.;《경성일보》 1911.6.29.

2) 조선총독부, 《조선토목사업지》, 1937, 108~115, 1,024쪽.

3) 〈조선총독부고시 제87호〉,《조선총독부관보》 1912.11.6.

4) 《매일신보》 1912.11.8.

5) 김광우, 〈대한제국시대의 도시계획-한성부 도시개조사업〉,《향토서울》 50, 1990; 이태진, 〈1896~1904 서울 도시개조사업의 주체와 지향성〉,《한국사론》 37, 1997; 김광우, 이태진의 연구 이래 이들의 견해에 비판적인 연구조차 이 해석을 전제로 하는 경우가 많다.

6) 전우용, 〈대한제국기~일제초기 서울 공간의 변화와 권력의 지향〉,《전농사론》 5, 1999, 62쪽.

7) 김대호, 〈일제강점 이후 경복궁의 훼철과 '활용'〉,《서울학연구》 29, 2007, 92쪽.

8) 김기호, 〈일제시대 초기의 도시계획에 관한 연구-경성부 시구개정을 중심으로〉, 《서울학연구》 6, 1995, 55쪽.

9) 〈사설: 시구개정〉,《매일신보》 1912.11.7.

10) 이경수, 〈일제시기 경성부의 가로정비계획에 의한 가로변화에 관한 연구〉 연세대 건축공학과 석사학위논문, 1991, 69~70쪽.

11) D. Harvey, *Paris, Capital of Modernity*, Routledge, 2003 (김병화 옮김, 《모더니티의 수도 파리》, 생각의나무, 2005), 164~169쪽.

12) 《매일신보》 1910.9.18.

13) 〈南門路 交涉 圓滑〉, 《매일신보》 1911.5.14.

14) 《매일신보》 1911.6.3., 7.5., 7.20., 8.11.

15) 〈1911.12.11., 土地收用ニ關スル濱岡良槌ニ對スル裁決〉, 《경기도보》 1911.12.22.

16) 《매일신보》 1911.12.20.

17) 《매일신보》 1911.12.3., 12.5., 1912.4.27., 6.26.; 《경성일보》 1911.12.3.

18) 《매일신보》 1911.12.9., 1912.3.16.

19) 〈末森富良土地收用裁決書〉, 《경기도보》 1912.6.28.

20) 《경성일보》 1912.12.19.; 《매일신보》 1913.2.25.

21) 《매일신보》 1912.5.27., 6.16., 1913.1.17., 5.8, 8.22.

22) 《매일신보》 1913.1.19., 5.23.

23) 전우용, 〈종로와 본정-식민도시 경성의 두 얼굴〉, 《역사와 현실》 40, 2001, 168~170쪽.

24) 《매일신보》 1911.5.19.

25) 《매일신보》 1913.6.8, 6.12., 8.26., 9.17., 10.2., 10.19., 11.16.; 《경성일보》 1914.6.4.

26) 《매일신보》 1914.7.10.

27) 《매일신보》 1915.4.13.; 〈1915.6.11., 道路用地收用年月日ノ件, 京城府→土木局長〉, 《京城市區改正道路用地關係(CJA0013080)》.

28) 〈남대문통 시구개정〉, 《매일신보》 1915.8.12.

29) 〈1914.4.2., 市區改正路線幅枕設置ノ件〉, 《京城市區改正關係(CJA0012926)》; 《매일신보》 1914.6.19., 1915.7.20., 1916.5.14., 9.12., 1917.5.11.; 〈토지수용공고(숭사동, 혜화동)〉, 《조선총독부관보》 1915.9.1., 〈토지수용공고(인의동, 원남동)〉, 《조선총독부관보》 1915.10.14.

30) 《매일신보》 1914.7.10., 1915.2.7, 2.9., 5.25.; 〈1914.12.19., 市區改正路線選定並幅枕設置ノ件〉, 《京城市區改正關係(CJA0012926)》

31) 〈1914.12.22., 市區改正圖面送付ノ件, 土木局長→京畿道長官, 警務總長, 遞信局長,京城府尹, 西大門署長〉,《京城市區改正關係(CJA0012926)》.

32)《매일신보》 1915.6.11.

33) 碧鐘居士,〈경성유람기〉,《신문계》 1917.2.;《민족문학사연구》 16, 2000 재수록.

34)《매일신보》 1911.3.4., 1913.6.22.; 경성부, 1936《경성부사》 3, 884쪽.

35)《매일신보》 1911.9.10.

36)〈경성시가의 정리〉,《매일신보》 1912.2.14.

37) http://db.history.go.kr/id/im_215_00492; 국사편찬위원회 한국사데이터베이스(이하 '국편DB').

38) 木村健二,《在朝日本人の社會史》, 未來社, 1989; 高崎宗司,《植民地朝鮮の日本人》, 岩波書店, 2002 (이규수 옮김,《식민지 조선의 일본인들》, 역사비평사, 2006) 참고.

39)〈남문외 토지수용〉,《매일신보》 1911.10.25.

40)〈사설: 시구개정과 오해〉,《매일신보》 1912.11.17.

41)〈사설: 시구개정과 공공심〉,《매일신보》 1913.8.24.

42)〈사설: 시구개정과 진화〉,《매일신보》 1913.9.14;〈사설: 공공심과 사업〉,《매일신보》 1913.10.28.;〈사설: 공덕심〉,《매일신보》 1913.11.19.

43)〈사설: 시가지계획령〉,《경성일보》 1934.6.20.

2장

1)〈경성부의 신계획, 동북을 관통할 도로〉,《매일신보》 1921.6.14.

2)〈조선총독부고시 제173호〉,《조선총독부관보》 1919.6.25.

3)〈1923.3.3., 京城市區改正工事路線決定ノ件〉,《京城市區改正關係(CJA0012926)》;《매일신보》 1922.9.21.

4)〈종묘 존엄을 훼손할가 하야 리왕뎐하께옵서 크게 진념〉,《동아일보》 1922.9.21.

5) 국사편찬위원회 조선왕조실록; http://sillok.history.go.kr; 權藤四郎介, 1926《李王宮秘史》 조선신문社(이언숙 옮김,《대한제국 황실비사》, 이마고, 2008); 김명길,《樂善齋周邊》, 中央日報·東洋放送, 1977.

6) 〈원만히 연구하야 좋도록 하겠다고〉, 《동아일보》 1922.9.21.

7) 〈종묘경내 작로는 도로선상에도 불리〉, 《조선일보》 1926.6.2.

8) 〈종묘봉천설과 현이왕직간부의 죄상〉, 《시대일보》 1926.5.31.

9) 〈문제되는 종묘 이전설〉, 《매일신보》 1926.5.28.

10) 《동아일보》 1926.5.30.; 《시대일보》 1926.5.31.; 《매일신보》 1926.6.1.

11) 〈종묘경내 작로문제〉, 《조선일보》 1926.5.31.

12) 《동아일보》 1923.2.27., 1924.5.11.

13) 김대호, 〈일제하 종묘를 둘러싼 세력 갈등과 공간 변형〉, 《서울학연구》 43, 2011.

14) 《동아일보》 1926.5.30.

15) 〈견아착잡한 금일의 경성이 삼십년후에는 일대 이상원 (십사)−공원 유보지 증설
과 화재 대예방 계획〉, 《매일신보》 1926.4.29.

16) 경성부 《경성도시계획구역설정서》, 1926. 1920년대 경성 도시계획 논의의 내용
과 의미는 뒤에서 상세하게 살펴보겠다.

17) 《동아일보》 1926.5.28.

18) 《조선일보》 1926.6.1., 6.3.

19) 〈1926.9.1., 京城市區改正工事實施計劃變更ノ件, 내무국장→경성토목출장소장〉,
《京城市區改正道路用地關係(CJA0013080)》.

20) 〈여러 해를 두고 결말이 안나, 북간선신작로문제〉, 《동아일보》 1928.6.17.

21) 〈1928.6.26., 宗廟內道路敷地二關スル件, 창덕궁경찰서장→조선총독부 경무국
장〉, 《京城市區改正道路用地關係(CJA0013080)》.

22) 本間德雄 〈朝鮮の土木事業について〉, 《朝鮮の國土開發事業》 友邦協會, 1967.

23) 《동아일보》 1928.8.30.

24) 《경성일보》 1928.12.24., 1932.6.10.; 《조선신문》 1930.2.11.; 〈昭和十四年京城市
區改正費實施計劃書〉, 《京城市區改正道路用地關係(CJA0013080)》; 〈1930.3.27., 昭
和四年度京城市區改修工事施行並國庫補助ノ件〉, 〈1930.7.21., 京城市區改修國庫
補助工事着手報告, 京城府尹→朝鮮總督〉, 《昭和四年度京城市區改修國庫補助工事

(CJA0013404)); 《조선일보》 1931.5.24.; 《동아일보》 1932.4.22.

25) 〈위원회 찬동으로 수익세 통과〉, 《조선일보》 1927.4.1.

26) 《동아일보》 1928.8.19.

27) 《동아일보》 1928.8.18.

28) 〈사설: 대경성의 도시계획-시정에 공평을 기하라〉, 《동아일보》 1929.3.5.

29) 〈예정선대로 진공방침〉, 《동아일보》 1929.4.7.

30) 《조선일보》 1931.4.23.; 《동아일보》 1931.5.23.

31) 〈이왕직 조전차관담〉, 《동아일보》 1928.6.17.

32) 〈반대의 전위 종약소 태도〉, 《매일신보》 1929.3.13.

33) 《동아일보》 1931.4.15.; 《조선일보》 1931.8.2.

34) 〈사설: 종묘지대를 개방함이 여하-안식소 없이 헤매는 북부민을 보고〉, 《동아일
    보》 1929.6.28.

3장

1) 〈경성 도시계획에 대하여, 근본적 기초계획이 긴급〉, 《매일신보》 1921.2.23.

2) 石田賴房, 《日本近現代都市計劃の展開》, 柏書房, 2004; 靑山佾, 〈後藤新平-都市論の
   系譜〉, 《都市デザイン》, 藤原書店, 2010.

3) 《동아일보》 1921.5.8.; 경성부, 《경성부토목사업개요》, 1938, 78쪽.

4) 손정목, 《日帝强占期都市計劃硏究》, 一志社, 1990; 박세훈, 〈1920년대 경성도시계
   획의 성격〉, 《서울학연구》 15, 2000 참고.

5) 조선연구회 편, 《대경성》, 1925, 14~20쪽.

6) 酒井謙治郎, 〈大京城の將來と地域の如何〉, 《朝鮮と建築》 1926.3.; 경성부, 1940
   《(昭和十五年)京城府都市計劃要覽》; 《경성도시계획구역설정서》는 경성부 명의로
   간행된 책자임에도 불구하고 현재 국회도서관과 연세대학교 학술정보원에만 소
   장되어 있으며, 간행 연월일도 표기되어 있지 않다. 여기에서 이 자료가 실행을
   전제로 널리 배포된 책자가 아니라 그간의 작업 결과를 편찬한 반공식 내지는 비

공식적 보고서임을 짐작할 수 있다.

7) 《조선일보》 1926.8.19.

8) 〈京城の都市計劃〉, 《朝鮮と建築》 1925.6.;《동아일보》 1926.6.16.

9) 岩城信太郎 〈必要已むを得ざる二十五路線, 千七百五十萬圓〉, 《朝鮮と建築》 1926.7.

10) 《동아일보》 1925.5.28.

11) 〈문제되는 도로수익세, 북부의 여론과 경성부 의견〉, 《동아일보》 1925.6.2.

12) 〈종로통 노변의 지면, 처분이 곤난해 걱정〉, 《매일신보》 1926.5.12.

13) 〈확립된 도시계획으로 참운이 절박한 조선인〉, 《동아일보》 1926.6.24.

14) 《매일신보》 1926.9.23.; 〈大京城建設と受益者負擔〉, 《朝鮮と建築》 1926.10.;《조선일보》 1927.1.19.;《동아일보》 1927.2.26.

15) 〈도시계획개론〉, 《경성일보》 1927.2.1.

16) 〈북촌일대 조선인촌 조락 촉진에 불과, 조상에 오른 수익세안〉, 《조선일보》 1927.2.25.

17) 〈大京城建設の大方針〉, 《朝鮮と建築》 1926.7.

18) 〈냉대밧든 북촌에 수익세는 불공평, 도시계획연구회기〉, 《매일신보》 1927.2.28.

19) 《조선일보》 1927.2.28., 3.5.

20) 〈사설: 수익자부담세안〉, 《매일신보》 1927.3.1.

21) 〈내지인은 대찬성, 조선인은 대반대, 문제의 경성부 수익세〉, 《매일신보》 1927.3.5.

22) 〈북부일대 조선인촌 조락 촉진에 불과, 조상에 오른 수익세안〉, 《조선일보》 1927.2.25.

23) 《동아일보》 1927.3.7.;《매일신보》 1927.3.7.

24) 《조선일보》 1927.4.1.;《매일신보》 1927.4.1.

25) 《경성신문》 1927.7.1.;《조선일보》 1927.7.9.

26) 《동아일보》 1927.8.18.

27) 〈1927.8.19., 경성부협의회회의록〉, 《昭和二年度京城府豫算書類(CJA0002587)》;

《조선일보》 1927.9.9.

28) 《매일신보》 1928.8.17.

29) 〈사설: 간선도로개수에 대하여〉, 《매일신보》 1928.8.18.

30) 《동아일보》 1928.8.19.; 〈明年度土木費補助增加〉, 《朝鮮と建築》 1928.9.

31) 《동아일보》 1928.11.21.; 《매일신보》 1928.11.26.; 《경성일보》 1928.11.30.; 《조선일보》 1928.12.27.; 〈京城と大邱の市區改正費〉, 《朝鮮と建築》 1929.1.

32) 《조선일보》 1929.3.26., 8.11.; 《동아일보》 1929.3.31., 5.9.

33) 原田敬一, 《日本近代都市史研究》, 思文閣出版, 1997, 131~142쪽.

34) 《매일신보》 1929.8.13., 1930.6.3., 11.10.; 《경성일보》 1929.10.31.; 《조선일보》 1930.8.8.

35) 《동아일보》 1929.10.20.; 《조선신문》 1930.2.11.

4장

1) 〈경성부의 신계획〉, 《매일신보》 1921.6.14.

2) 《동아일보》 1922.7.12.

3) 〈경성시가의 발면은 남방으로, 좌야박사의 강연한 포부 대강〉, 《동아일보》 1921.9.8.

4) 齋藤音作, 〈現代 都市計劃의 理想(7)〉, 《매일신보》 1921.9.22.

5) 〈사설: 대경성의 계획─시외전차구역을 철폐하라〉, 《동아일보》 1922.10.15.

6) 《동아일보》 1922.10.14., 1923.4.13.; 《매일신보》 1922.11.8.; 《조선일보》 1923.3.13.

7) 〈京城府の都市計劃〉, 《朝鮮と建築》 1925.7.

8) 酒井謙治郎, 〈大京城の將來と地域の如何〉, 《朝鮮と建築》 1926.3.

9) 《조선일보》 1931.1.30.; 《매일신보》 1931.2.14., 12.18.; 〈大京城の編入區域擴大〉, 《朝鮮と建築》 1931.5.; 《동아일보》 1931.9.30., 1932.7.30.

10) 《동아일보》 1933.5.13.; 《경성일보》 1933.8.4.; 〈도시계획조사위원회〉, 《경성휘

보》1933.8.;〈경성부도시구역안〉,《朝鮮と建築》1933.8.;《조선일보》1933.9.29.

11) 경성부,《경성부행정구역확장조사서》, 1934;《동아일보》1934.8.29., 10.10.;《조선신문》1934.10.9.;《조선일보》1935.2.8.; 경성부 내무과 田中朝太郞,〈京城府會抄史〉,《경성휘보》1942.11.

12) 梶山淺次郞,〈京城府の都市計劃に就て〉,《경성휘보》1935.4.;《매일신보》1935.6.27.;《경성일보》1935.6.28.

13)《매일신보》1935.8.28., 9.7.;《동아일보》1935.9.5.;《경성일보》1935.9.11.;〈1935.9.23., 京城市街地計劃區域決定二關スル件, 京畿道知事→朝鮮總督〉,《京城新市街地計劃及土地區劃整理決定關係綴(CJA0022534)》.

14)《경성일보》1935.9.11.;《매일신보》1935.9.11.

15) 친일반민족행위진상규명위원회, 2009《친일반민족행위진상규명보고서》IV-4, 443~454쪽.

16)《조선신문》1935.9.13., 9.14.;《경성일보》1935.9.13.;《매일신보》1935.9.13.;〈1935.9.23., 京城市街地計劃區域決定二關スル件, 京畿道知事→朝鮮總督〉,《京城新市街地計劃及土地區劃整理決定關係綴(CJA0022534)》.

17)《매일신보》1935.10.26.;《동아일보》1935.12.9.;〈大京城への擴張四月には出現す〉,《朝鮮と建築》1936.2.

18)〈제일회경성부도시계획조사위원회〉,《경성휘보》1936.7.;《매일신보》1936.7.4.;《조선일보》1936.8.2.

19) 조선총독부,《京城市街地計劃決定理由書》, 1937, 3~5쪽.

20)〈대경성후보지순례 (6)~(8)〉,《조선일보》1933.10.5, 6, 10.

21)〈자라나는 명일의 경성대도시계획과 그 이상 (11)〉,《매일신보》1934.4.7.

22)〈자라나는 명일의 경성대도시계획과 그 이상 (13), (14)〉,《매일신보》1934.4.10, 11.

23)〈1936.6.27., 京城市街地計劃街路網及同土地區劃整理施行地區決定二關スル件〉,《京城新市街地計劃及土地區劃整理決定關係綴(CJA0022534)》;〈1936.8.22., 京城市街地計劃街路網及土地區劃整理施行地區決定二關スル件〉,〈1936.11.5., 第二回市街

地計劃委員會會議錄〉,《第二回市街地計劃委員會關係書綴(CJA0015032)》;〈경성부회〉,《경성휘보》1936.9.;《조선일보》1936.9.6.;〈조선총독부고시 제722호〉,《조선총독부관보》1936.12.26.

24) 《조선일보》1936.8.29.;《경성일보》1936.9.11., 9.15.; 경성부, 1937, 앞의 책, 62∼65쪽;〈大京城の道路整備計劃〉,《京城土木建築業協會報》1938.10.

25) 《매일신보》1939.4.8.;《조선일보》1939.5.12.;〈1939.7.3., 第四回市街地計劃委員會議事速記錄〉,《第四回市街地計劃委員會關係書綴(二冊ノ中二)(CJA0015674)》.

26) 《동아일보》1939.6.3.;《매일신보》1939.6.6., 9.19.

27) 《조선일보》1939.9.19.

28) 《매일신보》1939.6.6., 6.20.;〈조선총독부고시 제757호〉,《조선총독부관보》1939.9.18.

29) 松村光磨,〈創刊辭〉,《區劃整理》1935.10.

30) 《매일신보》1924.5.22.

31) 경성부, 1926, 앞의 책, 299쪽.

32) 《매일신보》1926.4.26., 10.21.; 酒井謙治郎,〈金の要らない都市計劃と金の儲かる都市計劃〉,《朝鮮と建築》1926.7.

33) 경성부,《경성도시계획조사서》, 1928.

34) 〈시가지령과 그 미치는 영향 (5)〉,《동아일보》1934.7.3.

35) 〈1936.11.5., 第二回市街地計劃委員會會議錄〉,〈1936.12.23., 京城市街地計劃街路網及同土地區劃整理決定ニ關スル件, 朝鮮總督→市街地計劃委員會 委員〉,《第二回市街地計劃委員會關係書綴(CJA0015032)》;《조선일보》1936.10.6.;〈조선총독부고시 제722호〉,《조선총독부관보》1936.12.26.

36) 《조선일보》1936.4.2., 10.6.;《매일신보》1937.1.17.;《동아일보》1938.10.13.

37) 《조선일보》1938.11.1.

38) 酒井謙治郎,〈地域の制定は都市計劃の基礎工事〉,《조선경제잡지》1927.7.

39) 〈京城市中央立體都市計劃〉,《朝鮮と建築》1934.3.

서울의 기원, 경성의 탄생

40) 〈자라나는 명일의 경성대도시계획과 그 이상 (三)〉, 《매일신보》 1934.3.27.

41) 《동아일보》 1936.3.11., 6.5.; 《조선일보》 1936.4.2.

42) 〈굉장한 도로망과 삼지역, 사지구로 분할〉, 《조선일보》 1936.7.18.

43) 《매일신보》 1937.1.17.; 《조선일보》 1937.5.16., 1938.5.4.

44) 《조선일보》 1938.12.3.

45) 《매일신보》 1938.12.10.

46) 〈1939.3., 京城市街地計劃地域決定資料〉, 〈1939.8.3., 京城府外八府邑面ノ市街地計劃決定ニ關スル件〉, 《第四回市街地計劃委員會關係綴(二册ノ中二)(CJA0015674)》; 〈조선총독부고시 제756호〉, 《조선총독부관보》 1939.9.18.

47) 〈1939년 6월 15일, 第四回市街地計劃委員會開催ノ件〉, 《第四回市街地計劃委員會關係綴(二册ノ中二)(CJA0015674)》의 첨부문서 〈경성시가지계획지역결정이유서〉.

48) 경성부, 1939 《경성시가지계획지역답신안》.

49) 〈이전될 공장 근 사백〉, 《매일신보》 1939.9.20.

50) 〈도시계획령, 원 토목부장담〉, 《매일신보》 1921.8.27.

51) 《동아일보》 1922.12.23.

52) 《매일신보》 1921.12.12.; 《동아일보》 1921.12.24.

53) 時實秋穗, 〈現在都市の使命と改善〉, 《朝鮮と建築》 1922.8.

54) 《매일신보》 1922.12.23.; 〈조선도시계획령〉, 《朝鮮と建築》 1923.2.

55) 《동아일보》 1924.8.30.; 肥塚正太, 〈都市計劃に就て〉, 《朝鮮と建築》 1925.9.

56) 〈시가지건축물령 실시 종용〉, 《朝鮮と建築》 1928.1.

57) 《매일신보》 1928.12.28.;, 1929.1.18.; 〈直木博士講演要項〉, 《경성휘보》 1929.1.

58) 〈都計令と建築法實施期〉, 《朝鮮と建築》 1929.3., 〈朝鮮都市計劃令の廻付〉, 《朝鮮と建築》 1931.8.; 《조선일보》 1930.4.3.; 《경성일보》 1932.5.14.

59) 〈市街計劃令, 朝鮮の特殊事情を加味して今年中には是非發布〉, 《경성일보》 1932.6.4.

60) 橫山正德, 〈朝鮮に於ける市街地計劃の經過〉, 《朝鮮土木會報》, 1942, 14-3.

61) 飯沼一省, 《都市計劃》, 1934, 468쪽.

62) 飯沼一省, 《地方計劃論》, 1933, 93~94쪽.

63) 榛葉孝平, 〈朝鮮に於ける都市計劃の特異性〉, 《第六會總會要錄》, 1939, 66쪽.

64) 〈社說: 都市計劃の急を促す-朝鮮獨自の事情に主點を〉, 《경성일보》 1932.10.21.

65) 이송순, 〈조선총독부 도시계획 관련 정책 심의기구 연구〉, 《한국사연구》 134, 2006a, 148~149쪽.

66) 《동아일보》 1934.5.27.; 《매일신보》 1934.6.14.; 〈制令 제18호 朝鮮市街地計劃令〉, 《조선총독부관보》 1934.6.20.

67) 〈市街地の計劃に關し劃期的制令成る〉, 《경성일보》 1934.6.19.

68) 전국경제조사기관연합회조선지부, 〈조선경제연보 소화십오·십육년판〉, 1942, 99쪽.

69) 小中勇作 편, 《조선시가지계획관계법규집》, 1935.

70) 鈴木武雄, 〈朝鮮の都市に就て〉, 《第六回總會要錄》, 1939, 186쪽.

71) 손정목, 1990, 앞의 책, 186쪽.

72) 〈臺灣都市計劃令案條文對照表〉, 《本邦都市關係雜件-台灣ノ部》 外務省 外交史料館 소장; 아시아역사자료센터 http://www.jacar.go.jp/

73) 坂本嘉一, 《朝鮮土木行政法》, 1939, 111쪽; 高橋登一, 〈工業を基調とする都市計劃の再檢討〉, 《第六回總會要錄》, 1939 179쪽.

74) 榛葉孝平, 1939, 앞의 글, 64쪽.

5장

1) 《조선신문》 1937.3.29.; 〈경성부통상부회〉, 《경성휘보》 1937.4.; 〈1937.7.14., 京城府市街道路改修費充當起債ノ件〉, 《京城府一般經濟關係書綴(CJA0003256)》; 경성부, 1938, 앞의 책, 26쪽.

2) 〈종횡으로 달릴 대경성의 도로망〉, 《매일신보》 1938.12.4.

3) 《매일신보》 1937.10.30., 1938.7.31., 1939.8.27.; 《조선일보》 1938.2.8.; 《동아일

서울의 기원, 경성의 탄생

보》1939.1.9.

4) 《매일신보》1938.7.20.;《조선일보》1938.11.18.; 경성부, 1941《昭和十六年度京城府通常府會及各敎育府會會議錄》61쪽;〈京城に於ける物價騰貴の現狀〉,《경제월보》1943.8.

5) 《조선일보》1938.3.20.;《매일신보》1939.1.29.; 1940.5.22.;《동아일보》1940.3.9.

6) 〈부내의 가로망계획은 예정의 삼할을 완성〉,《매일신보》1941.5.4.

7) 〈대경성 설계도 착착 성안〉,《매일신보》1943.2.6.

8) 《경성일보》1939.3.30.

9) 경성부, 1941, 앞의 책, 219쪽.

10) 〈부정 십년의 회고〉,《매일신보》1941.6.7.

11) 〈昭和十一年度京城府一般會計事業報告書〉,《昭和十一年度京城府一般會計歲入出決算書(CJA0003226)》;〈1937.1.13., 京城市街地計劃土地區劃整理事業施行ニ關スル件 內申, 京城府尹→朝鮮總督〉,〈1937.2.20., 京城市街地計劃土地區劃整理事業施行ニ關スル件, 內務局長→京畿道知事〉,《京城新市街地計劃及土地區劃整理決定關係綴(CJA0022534)》;〈조선총독부고시 제96호〉,《조선총독부관보》1937.2.20.;《매일신보》1937.2.24., 3.31.

12) 〈1937.3.22., 京城市街地計劃土地區劃整理ノ施行ニ關スル件〉,《京城新市街地計劃及土地區劃整理決定關係綴(CJA0022534)》;《경성일보》1937.3.30.;〈1937.4.21., 京城府第一土地整理事業費起債ノ件〉,《京城府一般經濟關係書綴(CJA0003255)》.

13) 〈1937.3.31., 京城府第一土地整理事業費充當起債認可ノ件申請, 京城府尹→朝鮮總督〉,《京城府一般經濟關係書綴(CJA0003255)》의 첨부문서〈土地區劃整理事業說明〉.

14) 《경성일보》1937.4.20.;《매일신보》1937.4.23., 5.5., 6.20., 8.14., 8.19.;〈조선총독부고시 제756호〉,《조선총독부관보》1937.10.28.,〈조선총독부고시 제795호〉,《조선총독부관보》1937.11.12.

15) 《매일신보》1937.11.25., 11.26., 12.4., 1938.2.20., 3.24.;《조선일보》1938.5.5.

16) 돈암지구는 6장에서 교외 주택지 형성의 차원으로 상세하게 살펴보겠다.

17) 《조선일보》 1939.2.25., 5.11., 6.11.; 《매일신보》 1939.6.12., 1940.5.20., 6.22., 1941 9 3

18) 根岸情治, 〈京城の土地區劃整理と土地の處分〉, 《區劃整理》 1940.12.

19) 《매일신보》 1937.6.8.; 〈1937.11.6., 京城市街地計劃土地區劃整理ノ施行ニ關スル件, 內務局長→京城府尹〉, 《京城新市街地計劃及土地區劃整理決定關係綴(CJA0022534)》; 〈조선총독부고시 제787호〉, 《조선총독부관보》 1937.11.10.; 〈1937.11.22., 大峴土地區劃整理事業費起債ニ關スル件, 京城府尹→朝鮮總督〉, 《昭和十三年度京城府一般經濟關係書類(其ノ一)(CJA0003365)》의 첨부문서 〈京城市街地計劃大峴土地區劃整理事業計劃書〉.

20) 《동아일보》 1937.7.1., 2.2.; 〈1938.1.13., 京城府大峴土地區劃整理費起債承認ノ件〉, 《京城新市街地計劃及土地區劃整理決定關係綴(CJA0022534)》.

21) 《매일신보》 1938.5.24., 1939.1.5., 5.28.; 〈조선총독부고시 제903호〉, 《조선총독부관보》 1938.11.18., 〈조선총독부고시 제785호〉, 《조선총독부관보》 1941.5.31., 〈조선총독부고시 제485호〉, 《조선총독부관보》 1943.4.14.; 《동아일보》 1939.2.15.; 《조선일보》 1939.8.18.; 〈昭和十六年度京城府第二土地區劃整理事業報告書〉, 《京城府一般會計歲入出決算(CJA0003779)》.

22) 《조선일보》 1938.12.9.

23) 〈제2기 구획정리 내정〉, 《동아일보》 1937.6.8.

24) 〈1937.11.11., 請願書(梨泰院町ニ市街地區劃整理實施方ノ件請願), 梨泰院町 地主→朝鮮總督〉, 《京城新市街地計劃及土地區劃整理決定關係綴(CJA0022534)》.

25) 〈1937.12.10., 請願書(市街地計劃道路及土地區劃整理實施速進ニ就テノ請願, 漢南町·普光町·凍氷庫町·梨泰院町 地主→朝鮮總督〉 위의 문서철.

26) 《동아일보》 1938.2.3.; 《조선일보》 1938.5.11.

27) 〈조선총독부고시 제22호〉, 《조선총독부관보》 1939.1.19.

28) 〈조선총독부고시 제236호〉, 《조선총독부관보》 1939.3.22.

29) 《동아일보》 1938.8.13.; 《조선일보》 1939.1.19.

30) 〈土地區劃整理に伴ふ諸議案其他討議〉, 《조선신문》 1939.4.15.

31) 경성부, 1941, 앞의 책, 120쪽.

32) 〈1939.3.31., 京城市街地計劃事業番大土地區劃整理實施計劃認可申請, 京城府尹→朝鮮總督〉, 《昭和十四年度京城府一般經濟關係綴(三冊ノ三(CJA0003435))》의 첨부문서 〈京城市街地計劃番大土地區劃整理事業計劃書〉.

33) 〈1939.4.18., 京城府沙斤土地區劃整理費負擔金條例設定ノ件, 京城府尹→朝鮮總督〉 위의 문서철의 첨부문서 〈京城市街地計劃沙斤土地區劃整理事業計劃書〉.

34) 《매일신보》 1939.5.5., 1940.1.17.

35) 〈1939.5.8., 京城府漢南土地區劃整理費充當起債ノ件, 京城府尹→朝鮮總督〉, 《昭和十四年度京城府一般經濟關係綴(其ノ一)(CJA0003670)》의 첨부문서 〈京城市街地計劃漢南土地區劃整理事業計劃書〉.

36) 〈한남정 구획정리지구 고급주택지로 조성〉, 《조선일보》 1940년 4월 6일.

37) 〈1939년 4월 18일, 京城府番大土地區劃整理費負擔金條例設定ノ件, 京城府尹→朝鮮總督〉, 《昭和十四年度京城府一般經濟關係綴(三冊ノ三(CJA0003435))》의 첨부문서 〈1939년 4월 14일, 경성부회회의록〉.

38) 《조선일보》 1939.5.7.; 〈조선총독부고시 제981호〉, 《조선총독부관보》 1939.11.27., 〈조선총독부고시 제12호〉, 《조선총독부관보》 1940.1.12., 〈조선총독부고시 제14호〉, 《조선총독부관보》 1940.1.15., 〈조선총독부고시 제15호〉, 《조선총독부관보》 1940.1.15.

39) 〈번대지구상담회〉, 《경성휘보》 1940.8., 根岸情治, 〈土地と世上〉, 《경성휘보》 1942.1.; 《동아일보》 1940.8.6.

40) 《매일신보》 1941.1.8., 3.28., 11.30.

41) 《경성부일반회계결산(CJA0003779)》 중 각 지구별 1941년 사업보고서; 경성부, 《昭和十七年度京城府通常府會及各敎育府會會議錄》, 1942, 30쪽.

42) 《매일신보》 1941.9.3.; 《경성부일반회계결산(CJA0003779)》 중 각 지구별 1941년

사업보고서; 〈조선총독부고시 제347호〉, 《조선총독부관보》 1943.3.26., 〈조선총 독부고시 제353호〉, 《조선총독부관보》 1943.3.27., 〈조선총독부고시 제486호〉, 《조선총독부관보》 1943.4.14., 〈조선총독부고시 제487호〉, 《조선총독부관보》 1943.4.14.

43) 《조선일보》 1939.8.18.; 〈조선총독부고시 제221호〉, 《조선총독부관보》 1940. 3.14.

44) 桃田喜, 〈土地區劃整理事業に就て〉, 《경성휘보》 1940.5.

45) 〈우보의 "새살림 설계", 구획정리의 지지로 땅값만 급속 등귀〉, 《동아일보》 1940.6.18.

46) 〈조선총독부고시 제1,098호〉, 《조선총독부관보》 1940.10.21., 〈조선총독부고시 제1,103호〉, 《조선총독부관보》 1940.10.22., 〈조선총독부고시 제1,114호〉, 《조선 총독부관보》 1940.10.24.; 《경성부일반회계결산(CJA0003779)》 중 각 지구별 1941 년 사업보고서.

47) 〈조선총독부고시 제199호〉, 《조선총독부관보》 1942.2.9., 〈조선총독부고시 제 219호〉, 《조선총독부관보》 1942.2.13., 〈조선총독부고시 제1,113호〉, 《조선총독 부관보》 1942.8.17., 〈조선총독부고시 제1,199호〉, 《조선총독부관보》 1942.9.7.

48) 《매일신보》 1936.12.20., 1938.1.20.

49) 〈경성부에서 성안한 풍치지구〉, 《조선일보》 1938.8.25.

50) 《매일신보》 1937.4.11., 1938.2.28.

51) 〈대경성 정화공작에 몰두〉, 《매일신보》 1938.5.23.

52) 안상민·石田潤一郎, 〈일제 식민지기 서울의 도시계획을 통한 아동공원(소공원) 계획과 변천에 관한 고찰〉, 《서울학연구》 54, 2014, 138쪽.

53) 〈방공도시될 대경성, 명년 중엔 위선 피난도로와 공원 설치〉, 《조선일보》 1938.6.15.

54) 梶山淺次郎, 〈非常時と都市計劃〉, 《朝鮮行政》 1938.7.

55) 《조선일보》 1938.8.25., 10.2.; 《매일신보》 1939.4.10.

56) 《조선일보》 1939.5.10.; 《매일신보》 1939.5.27.; 〈1939.6.28., 市街地計劃委員會二
於ケル政務總監ノ挨拶二關スル件〉, 《第四回市街地計劃委員會關係綴(二册ノ中二)
(CJA0015674)》.

57) 〈1939.6.15., 第四回市街地計劃委員會開催ノ件〉, 《第四回市街地計劃委員會關係綴
(二册ノ中一)(CJA0015672)》 중 〈경성시가지계획풍치지구지정설명서〉 및 〈경성공
원계획설명서〉.

58) 《매일신보》 1939.8.9.; 《조선일보》 1939.8.15.; 〈조선총독부고시 제208호〉,
《조선총독부관보》 1940.3.12., 〈조선총독부고시 제337호〉, 《조선총독부관보》
1940.3.25.

59) 〈공원도로 13선 명년에 실현 예정〉, 《매일신보》 1941.8.25.

60) 각 구획정리지구 별 공원 계획의 수립 과정과 내용, 그리고 공원 예정지의 8·15 이
후 변화 과정은 현재로서는 안상민의 연구(〈韓國ソウルにおける近代都市計劃公
園形成過程に關する硏究〉, 京都工藝纖維大學 造形科學博士學位論文, 2014, 제3장)
가 상세하다.

61) 전우용, 〈역사 속의 청계천과 그 이미지〉, 《청계천, 청계고가를 기억하며》, 마
티, 2009 참고.

62) 《매일신보》 1916.11.29., 1918.12.26., 1919.5.17., 1922.1.1.; 《동아일보》
1921.9.22.

63) 전우용, 2009, 앞의 글; 손정목, 〈청개천 복개공사와 고가도로 건설〉, 《서울도시
계획이야기》 5, 2003, 한울 참고.

64) 《매일신보》 1924.4.23.

65) 《매일신보》 1926.3.5.

66) 《매일신보》 1929.11.25., 1931.3.12.

67) 《매일신보》 1931.3.14.

68) 《매일신보》 1935.1.17.

69) 《동아일보》 1935.5.30.

70) 《매일신보》 1932.6.17., 1935.9.4.

71) 〈1936.3.12, 경성부회회의록〉, 《昭和十一年度京城府一般會計像算綴(CJA0003143)》; 이하 부회 회의 내용의 인용문은 모두 이 사료에 근거함.

72) 《매일신보》 1936.3.14.; 《동아일보》 1936.3.14.

73) 《조선일보》 1936.3.16.

74) 《매일신보》 1936.3.24.; 《조선일보》 1936.3.24.; 《조선신문》 1936.3.29.; 〈淸溪川 改修ニ關スル意見書〉, 《경성휘보》 1936.4.

75) 《동아일보》 1936.6.3.

76) 〈제1회 경성부도시계획조사위원회〉, 《경성휘보》 1936.7.; 《매일신보》 1936.10. 9., 10.30.

77) 《조선일보》 1938.1.29., 1939.8.21.; 《동아일보》 1938.5.31.

78) 《자유신문》 1950.3.22.; 〈청계천암거공사보고〉, 《대한토목학회지》 8-2, 1960.9.

79) 염복규, 〈청계천 복개와 '1960년대적 공간'의 탄생〉, 《역사비평》 113, 2015 참고.

6장

1) Howard, E, *Garden Cities of To-Morrow*, 1902 (조재성·권원용 옮김, 《내일의 전원도 시》, 한울아카데미, 2006) 참고.

2) 박진빈, 〈백색도시 환타지−미국의 도시계획과 정원도시운동〉, 《백색국가 만들 기》, 앨피, 2006, 86~97쪽.

3) 片木篤, 〈近代日本の郊外住宅地〉, 片木篤·藤谷陽悅·角野幸博 편, 《近代日本の郊外 住宅地》, 鹿島出版會, 2000 참고.

4) 藤森照信, 〈田園調布誕生記〉, 大坂彰, 〈洗足田園都市は消えたか〉, 藤谷陽悅, 〈大和 鄕住宅地の開發〉, 이상 山口廣 편, 《郊外住宅地の系譜−東京のユートピア》, 鹿島出 版會, 1987 참고.

5) 이경아, 〈일제강점기 문화주택 개념의 수용과 전개〉, 서울대 건축학과 박사학위 논문, 2006, 144~154쪽.

6) 박길룡, 〈주택 건축의 기형적 동향〉, 《조광》, 1935.10.; 김미정, 〈1920~30년대 대
중매체를 통해 본 근대 주거문화의 수용양상에 관한 연구〉 서울시립대 건축학과
석사학위논문, 2009, 17쪽에서 재인용.

7) 《동아일보》 1922.5.12.; 《매일신보》 1923.8.23., 8.27.; 〈南山裏京城府營住宅地〉,
《朝鮮と建築》 1928.11.

8) 河野誠 〈田園都市に就て(上)〉 《朝鮮と建築》 1922.9., 〈田園都市に就て(承前)〉 《朝
鮮と建築》 1922.11., 河野誠 〈都市計劃の一面觀〉, 《朝鮮と建築》 1923.6.

9) 《조선일보》 1923.10.29.

10) 〈도시계획은 남부 중심으로〉, 《동아일보》 1925.11.11.

11) 〈문화적 시설로 인구 분산을 계획〉, 《매일신보》 1925.12.26.

12) 경성부, 《京城都市計劃調査書》, 1928; 〈南山裏京城府營住宅地〉, 《朝鮮と建
築》 1928.11., 〈南山麓の新京城建設協議〉, 《朝鮮と建築》 1929.1.; 《매일신보》
1928.12.16.

13) 直木倫太郎, 〈將來の京城〉, 《朝鮮と建築》 1929.2., 〈大京城計劃と直木博士〉, 《朝鮮
と建築》 1929.2., 〈座談會 京城都市計劃(1929.4.15)〉, 《朝鮮と建築》 1929.4.; 直木倫
太郎, 〈京城の土地區劃整理〉, 《경성휘보》 1929.2.

14) 〈南山南麓に住宅地建設〉, 《朝鮮と建築》 1930.3., 〈南山周廻住宅地の踏査〉, 《朝
鮮と建築》 1930.4., 〈南山麓住宅地計劃陳情〉, 《朝鮮と建築》 1930.5., 酒井謙治郎
〈京城都市計劃と地域〉, 《朝鮮と建築》 1930.6.; 《中外日報》 1930.3.5.; 《매일신보》
1930.3.13., 1930.3.29.; 《조선일보》 1930.4.3; 《동아일보》 1930.9.28.

15) 《동아일보》 1931.2.7., 1933.1.28., 1935.10.23.; 〈大京城實現の研究問題〉, 《朝鮮と
建築》 1931.3., 〈京城南山の大環狀住宅〉, 《朝鮮と建築》 1931.6., 〈京城都市研究會南
山麓視察〉, 《朝鮮と建築》 1935.11.; 《매일신보》 1932.10.20., 1934.3.3., 1935.1.31.

16) 〈1936.3.11., 경성부회회의록〉, 《昭和十一年度京城府一般會計豫算綴(CJA0003143)》
중 의안 제16호 南山周廻道路改修費年期及支出方設定ノ件, 議案 제18호 起債ノ件(南
山周廻道路改修費充當債); 《조선일보》 1936.5.27., 9.16.; 《매일신보》 1936.10.11.

17) 김주야, 〈조선도시경영회사의 주거지계획과 문화주택에 관한 연구〉, 《한국주거환경학회지》 6-1, 2008, 93~96쪽.

18) 〈1936.11.5., 第二回市街地計劃委員會會議錄〉, 〈1937.1.6., 京城市街地計劃街路網及同土地區劃整理決定ニ關スル件, 朝鮮總督→京城府會〉, 《第二回市街地計劃委員會關係書綴(CJA0015032)》, 〈1937.4.20., 南山周回道路改修費充當起債方法變更認可ノ件, 京城府尹→朝鮮總督〉, 《京城府一般經濟關係書綴(CJA0003255)》.

19) 《매일신보》 1937.3.16., 1938.5.28.; 〈제6회 전국도시문제회의 개최〉, 《경성휘보》 1938년 10월호.

20) 〈자라나는 명일의 경성대도시계획과 그 이상(19)〉, 《매일신보》 1934.4.18.

21) 〈세궁민은 쫓겨나고 문화주택만 격증〉, 《조선일보》 1938.11.29.

22) 장지연 〈권력관계의 변화에 따른 동교의 단묘의 의미 변화〉, 《서울학연구》 36, 2009, 41~55쪽; 김영수, 2009, 앞의 글, 1~9쪽.

23) 椎名實, 〈京城土地區劃整理事業の體驗〉, 《區劃整理》 1938.10.; 김영기 옮김 《역사 속의 도시》 명보문화사, 1990, 541쪽.

24) 《동아일보》 1939.4.11.; 《조선일보》 1939.4.11., 4.12.; 《매일신보》 1939.5.14.

25) 山岡敬介, 〈都市構成と區劃單位〉, 《都市計劃の基本問題》 下, 1938.

26) 조재성, 〈현대 근린주구이론의 개척자 페리·스타인·라이트〉, 《국토》 176, 1996 참고.

27) 이런 판단은 건축학계의 최근 연구 경향에 따른 것이다.: 김주야·石田潤一郎, 〈경성부 토지구획정리사업에 있어서 식민도시성에 관한 연구〉, 《대한건축학회논문집-계획계》 25-4, 2009; 정인하, 〈일제강점기 시가지계획 결정이유서에 나타난 '市街割標準圖'에 관한 연구〉, 《대한건축학회논문집 - 계획계》 25-12, 2010; 권용찬·전봉희, 〈근린주구론이 일제강점기 서울의 주거지 계획에 영향을 준 시점〉, 《대한건축학회논문집-계획계》, 2011, 27-12 참고.

28) 梶山淺次郎, 〈土地區劃整理に就て〉, 《경성휘보》 1937.1.; 김영수, 2004, 앞의 글, 176~179쪽.

29) 대한국토·도시계획학회 편, 2004, 앞의 책, 389쪽.

30) 경성부, 《경성부인구통계》, 1942, 7쪽.

31) 이 점은 송인호의 연구(〈도시형 한옥의 유형연구〉, 서울대 건축학과 박사학논 문, 1990)에서 최초로 지적된 바 있다.

32) 《조선중앙일보》 1936.3.10.; 《조선일보》 1938.2.8; 《동아일보》 1939.1.9.

33) 《매일신보》 1941.7.8.; 김영수, 2009, 앞의 글, 21쪽.; 최인영, 〈서울지역 전차교 통의 변화양상과 의미(1899~1968)〉, 서울시립대 국사학과 박사논문, 2014 참고.

34) 《동아일보》 1939.1.9.; 돈암초등학교 홈페이지(www.donam.es.kr) 참고.

35) 《매일신보》 1940.3.12., 3.23.; 京東高等學校同窓會 편, 1990 《京東五十年史》 31~67쪽, 1·2회 졸업생 등의 회고.

36) 岡田貢, 〈敦岩町新區劃整理地と其の今昔〉, 《京城土木建築業協會報》 1937.10.; 손 정목, 1990, 앞의 책, 288쪽.

37) 《매일신보》 1941.11.30. 1942.11.13, 1944.5.8.

38) 서울학연구소 편, 〈신현경 할머니의 생애사〉, 《주민 생애사를 통해 본 20세기 서 울 현대사》, 2000, 209쪽.

39) 김영수, 2009, 앞의 글, 18쪽에서 재인용.

40) 박기채, 〈신랑신부 신혼일기〉, 《삼천리》, 1941.3.

41) 손정목, 1990, 앞의 책, 285쪽.

42) 八甫, 〈서울雜記帳〉, 《朝光》 1943.1.

43) 서울학연구소 편, 2000, 앞의 글 참고.

44) 〈자라나는 명일의 경성대도시계획과 그 이상 (6)〉, 《매일신보》 1934.3.30.

45) 靑山信介, 〈宅地建物等價格統制令解說〉, 《朝鮮行政》 1941.1.

46) 〈토지, 건물도 통제〉, 《매일신보》 1940.11.22.

47) 〈택지건물가격통제－정무총감 통첩의 내용〉, 《매일신보》 1941.2.14.

48) 〈신축가옥은 많으나 주택난은 여전 심각〉, 《매일신보》 1940.11.23.

49) 《매일신보》 1941.1.21., 5.15., 6.12.; 〈跛者·京城〉, 《朝鮮行政》 1943.11.

50) 〈新體制の京城府土地相談所〉, 《경성휘보》1941.5., 矢野眞鄕, 〈京城府住宅地分讓
開始について〉, 《경성휘보》1942.9.; 《매일신보》1941.9.3.

51) 이기봉, 〈일제시대 말기 도시화, 공업화에 대한 농촌주민의 적응과정에 관한 연
구〉 서울대 지리학과 석사학위논문, 1996, 62~66쪽.

52) 《조선일보》1939.5.19.; 《매일신보》1941.2.6.

53) 조선총독부, 《朝鮮總督府時局對策調查會會議錄》, 1938, 2쪽.; 《동아일보》
1938.9.11.

54) 榛葉孝平, 〈朝鮮に於ける都市計劃の新傾向〉, 《조선행정》1939.9.

55) 《조선총독부관보》1939.7.13.; 《동아일보》1939.7.13.

56) 〈住宅難緩和の對策方針決る〉, 《경성일보》1939.6.6.

57) 本間義人, 《住宅-産業の昭和社會史 5》, 日本經濟評論社, 1987, 88~90쪽.

58) 〈대야 정무총감 금일 귀임담〉, 《동아일보》1939.4.14.

59) 〈사설: 주택난의 완화〉, 《동아일보》1939.7.12.

60) 《조선일보》1939.6.24.; 경성부, 《경성부도시계획요람》, 1940, 40쪽.

61) 《조선일보》1939.10.3.

62) 《매일신보》1939.12.10., 1940.4.20.; 《동아일보》1940.3.6., 3.12.; 〈조선총독부고
시 제390호〉, 《조선총독부관보》1940.4.17.; 전농지구의 '세민지구' 조성 계획은
7장에서 다시 상세하게 살펴보겠다.

63) 〈1940.4.20., 昭和十五年度京城府宅地造成事業費特別會計歲入出豫算報告 ノ
件, 京畿道知事→朝鮮總督〉, 《昭和十五年度京城府一般經濟特別會計豫算綴
(CJA0003522)》; 《조선일보》1940.5.1.; 《동아일보》1940.5.31.

64) 《매일신보》1940.6.7., 11.17., 12.17.; 《조선일보》1940.6.19.; 〈조선총독부고시
제1,234호〉; 〈조선총독부고시 제1,235호〉, 《조선총독부관보》1940.11.15., 〈조선
총독부고시 제1,246호〉, 《조선총독부관보》1940.11.17.

65) 〈昭和十六年度京城府宅地造成事業報告書〉, 《京城府一般會計歲入出決算(CJA0003779)》;
《매일신보》1941.1.9., 8.22., 12.30.; 〈1942.5.14., 京城府宅地造成事業費起債要項變

更ノ件〉,《京城府關係綴(CJA0003654)》; 矢野眞鄕,〈京城府營宅地造成地分讓開始について〉,《경성휘보》1942.9.

66) 朝鮮總督府 社會課 住宅係,〈住宅問題〉,《朝鮮社會事業》1941.11., 大賀郁夫,〈朝鮮に於ける住宅問題槪觀〉,《朝鮮社會事業》1943.1.;《매일신보》1942.7.7.

67) 本間義人, 앞 책, 1987, 103~119쪽.

68)〈대망의 주택영단령 실현〉,《매일신보》1941.1.8.

69)〈노무자와 서민에 표준〉,《매일신보》1941.1.16.

70)《매일신보》1941.3.3., 4.8., 6.3.; 조선총독부,〈住宅營團設立の經緯〉,《第79回帝國議會說明資料》4권, 1941.12., 342쪽; 조선주택영단,《朝鮮住宅營團の槪要》, 1943.

71) 전남일·손세관·양세화·홍형옥,《한국 주거의 사회사》, 돌베개, 2008, 142쪽.

72)《매일신보》1941.6.15., 6.17.; 조선총독부,〈朝鮮住宅營團事業計劃要綱〉,《第79回帝國議會說明資料》4권, 1941.12, 344쪽; 조선주택영단, 1943, 앞의 책 .

73)《매일신보》1941.7.25., 8·15.

74)《매일신보》1941.8.26., 10.12., 11.12., 12.22., 1942.1.13., 6.26., 7.10.; 조선주택영단, 1943, 위 책, 9쪽.

75) 川端貢,〈朝鮮住宅營團의 住宅에 關한 硏究〉, 서울대 건축학과 석사학위논문, 1990; 鈴木信弘·富井正憲·吉田忠史·吉田達史,〈ソウル文來洞舊營團[住宅地·住宅]の計劃と變容について〉,《日本建築學會大會學術講演梗槪集》, 1990; 이완철,〈일제강점기에 형성된 영단주택의 변화 및 그 원인에 관한 연구〉, 한양대 건축학과 석사학위논문, 2000.

76)《매일신보》1943.7.1., 9.28., 1944.5.17.

77)《매일신보》1945.4.25., 5.7.

7장
1) 京城帝國大學 衛生調査部 편, 1942《土幕民の生活·衛生》참고.

2) 長鄕衛二,〈土幕民の話〉,《조선신문》1939.5.11.

3) 〈대경성후보지 엿보기 순례(6)〉, 《조선일보》 1933.10.5.

4) 越趣瑞生, 〈土幕生活者(七)〉, 《朝鮮每日新聞》 1928.9.10.

5) 〈이천호 토막민을 금춘에 강제이전〉, 《조선일보》 1936.3.11.

6) 長鄕衛二, 〈土幕民の話(六)〉, 《조선신문》 1939.5.30.

7) 〈朝鮮人貧民の生活狀態〉, 《朝鮮及滿州》 1936.12.

8) 손정목, 1996, 앞의 책, 268~272쪽; 椛山哲宏, 〈日帝下 社會福祉館事業의 展開와 性格〉 서울시립대 국사학과 석사학위논문, 2000 참고.

9) 《조선일보》 1936.3.11., 1938.5.4.

10) 《동아일보》 1935.2.14.

11) 〈대경성후보지 엿보기 순례(8)-돈암리, 신설리〉, 《조선일보》 1933.10.10.

12) 〈도시 명랑화 반면에 지향 못잡을 세민가〉, 《조선일보》 1934.3.4.

13) 〈계획령 실시와 그 중요한 영향〉, 《동아일보》 1934.6.20.

14) 〈문화도시 경성의 암영〉, 《매일신보》 1935.2.18.

15) 〈확장 경성의 새 걱정〉, 《조선일보》 1936.1.22.

16) 〈토막민은 점증, 대경성 실현에 일난제〉, 《동아일보》 1936.2.7.

17) 《조선일보》 1936.5.13., 5.14.

18) 〈도시미화에 희생되는 세궁민 주택〉, 《동아일보》 1938.11.14.

19) 《매일신보》 1938.4.19., 4.22.; 《동아일보》 1938.4.25., 5.7.

20) 《동아일보》 1938.4.22.; 《조선일보》 1938.6.12.

21) 〈대경성 건설에 이 희생! 종암정의 토막촌을 경성부가 강제철훼〉, 《동아일보》 1938.12.21.

22) 《동아일보》 1939.6.11., 7.6., 9.10.; 《조선일보》 1939.7.6.

23) 《동아일보》 1940.7.30.; 《매일신보》 1941.7.18.

24) 〈사설: 시가지계획령의 발포를 보며〉, 《조선일보》 1934.6.22.

25) 〈사설: 불량주택의 철훼문제, 주민문제를 선결하라〉, 《동아일보》 1936.3.3.

26) 《매일신보》 1937.2.18.; 《동아일보》 1937.8.27., 1938.3.4.

27) 《매일신보》 1937.5.5.; 《동아일보》 1938.9.18., 10.5., 10.12.

28) 長鄕衛二, 〈朝鮮都市特殊細民の處置に就て〉, 《都市計劃の基本問題》 下, 1939, 251~252쪽.

29) 경성부, 1940, 앞의 책, 34~35쪽.

30) 〈사설: 도시계획시설의 긴급성〉, 《동아일보》 1938.10.14.

31) 高木春太郎, 〈京城府に於ける土地區劃整理の狀況〉, 《都市計劃の基本問題》 上, 1939, 364쪽.

32) 木島榮, 〈京城府に於ける土地區劃整理事業のある〉, 《區劃整理》 1938.10.

33) 《조선일보》 1938.12.28.; 《조선신문》 1939.6.2.

34) 《매일신보》 1940.6.4.; 《조선일보》 1940.7.26.; 《동아일보》 1940.7.26.

35) 경성부, 1941, 앞의 책, 129쪽.

36) 《매일신보》 1941.8.30., 1942.1.23., 1943.2.18.; 경성부, 1942, 앞의 책, 187쪽.

37) 京城帝國大學 衛生調査部, 1942, 앞의 책, 47쪽.

38) 高木春太郎, 〈朝鮮に於ける土幕民に就て(一)〉, 《區劃整理》 1938.10.; 京城帝國大學 衛生調査部, 1942, 앞의 책, 78~82쪽.

39) 全國都市問題會議 事務局 편, 〈實地視察〉, 《第六會總會要錄》, 1939, 41쪽.

40) Leonardo Benevolo, *Le Origini dell' urbanistica moderna*, 1963; 장성수·윤혜영 옮김, 《근대도시계획의 기원과 유토피아》, 태림문화사, 1996, 160쪽.

8장

1) 《매일신보》 1939.10.3.

2) 日本 企劃院, 〈國土計劃について〉, 朝鮮總督府 企劃部 편 《國土計劃に關する論文集》, 1940, 1~8쪽.

3) 工政會 企劃部 편, 《大東亞國土計劃の硏究》, 平凡社, 1943 참고.

4) 石川榮耀, 《國土計劃の實際化》 誠文堂新光社, 1942, 99~100쪽.

5) 安達宏昭, 〈日下藤吾の'大東亜国土計画'構想〉, 《大東亜共栄圏の経済構想》, 吉川弘

文館, 2013 참고.

6) 日下藤吾, 《國土計劃の理論》, 大鵬社, 1942, 195쪽.

7) 石川榮耀, 《都市計劃及國土計劃》, 工學圖書株式會社, 1941, 399쪽.

8) 榛葉孝平, 〈朝鮮に於ける都市計劃の新傾向〉, 《朝鮮行政》 1939.9.

9) 《동아일보》 1938.9.28.

10) 鈴木武雄, 〈國土計劃と朝鮮都市〉, 《都市問題》 1941.1.

11) 《朝鮮視察報告》, 1941 일본 防衛硏究所 森川史料, 1~2쪽.

12) 〈1937.1.19., 第三回市街地計劃委員會會議錄〉, 《第三回市街地計劃委員會關係書綴
    (CJA0014430)》; 《매일신보》 1937.5.13.; 賀田直治 〈京仁一體の具現化に就て〉, 《경
    제월보》 1937.9.

13) 《매일신보》 1937.1.13., 2.14., 3.7., 3.26., 8.17.; 《동아일보》 1937.2.6., 6.26.;
    鮮交會, 1986 《朝鮮交通史》 482~483쪽; 철도청, 《한국철도 100년사》, 1999,
    589~610쪽.

14) 〈경인 메트로포리쓰 환상곡〉, 《매일신보》 1938.1.6.

15) 《매일신보》 1938.3.9.

16) 《매일신보》 1938.2.19., 3.24.

17) 《매일신보》 1939.2.25., 2.26.

18) 《매일신보》 1939.5.7., 6.28.

19) 〈1939.10.21., 市街地計劃委員會速記錄〉, 〈京仁市街地計劃二對スル遞信局意見〉,
    《第五回市街地計劃委員會關係綴(CJA0015675)》.

20) 〈1939.10.4., 京仁市街地計劃諮問二關スル談話發表ノ件〉, 《第五回市街地計劃委員
    會關係綴(CJA0015675)》.

21) 《동아일보》 1939.10.2., 10.6.; 《매일신보》 1939.10.3.

22) 〈조선총독부고시 제25호〉, 《조선총독부관보》 1940.1.19.; 《동아일보》
    1940.1.23., 1.26.

23) 배성준, 〈전시(1937~45) 통제하 경인공업지대의 형성〉, 《기술과 역사》 1-1,

2000, 163쪽.

24) 《매일신보》 1940.2.5.

25) 《매일신보》 1940.6.13.; 〈조선총독부고시 제716호〉, 《조선총독부관보》 1940.7. 9., 〈조선총독부고시 제845호〉, 《조선총독부관보》 1940.8.15., 〈조선총독부고시 제1,135호〉, 《조선총독부관보》 1940.10.29., 〈조선총독부고시 제18호〉, 《조선총 독부관보》 1942.1.8.

26) 朝鮮軍殘務處理部, 《朝鮮軍概要史》 54쪽.

27) 노상주, 〈조선주택영단의 주택지 형성 및 변화에 관한 연구—인천시내 5개 주택 지를 중심으로〉 인하대 건축공학과 석사학위논문, 1992, 52~58쪽.

28) 〈조선총독부고시 제144호〉, 《조선총독부관보》 1941.4.4., 〈조선총독부고시 제1,741호〉, 《조선총독부관보》 1941.11.5., 〈조선총독부고시 제189호〉, 《조선총독부관보》 1945.4.4.

29) 〈국토계획의 입장에서 위성도시 건설 입안, 방사선·환상 도로로 연락, 8개 도 균형 발달 기도〉, 《매일신보》 1937.2.10.

30) 〈대경성을 이상도시로 철도국 대규모 설계, 교통망 완비로써 주택난 해소〉, 《매일신보》 1937.11.5.

31) 〈삼십천미의 도심을 위요, 칠개의 위성도시, 꿈 아닌 오십년후의 경성도〉, 《매일신보》 1939.8.28.

32) 〈경성 근교 이십천미 지역을 또 주택지구로 지정, 고속도전차 출현과 동시 실현〉, 《매일신보》 1939.10.30.

33) 〈1939.10.21., 市街地計劃委員會速記錄〉, 《第五回市街地計劃委員會關係綴(CJA0015675)》.

34) 內務省 計劃局, 〈地方計劃の確立〉, 《경성휘보》 1940.6.

35) 《매일신보》 1941.1.29., 1942.3.9.

36) 〈市街地計劃委員會開催さる〉, 《朝鮮》 1943.7.

37) 〈경인외 전선 14도시에 고택국방도시계획〉, 《매일신보》 1943.6.23.

38) 〈조선총독부고시 제12호〉, 〈조선총독부고시 제13호〉, 《조선총독부관보》 1944.1.8.

39) 《매일신보》 1940.12.19.; 〈市街地計劃委員會開催さる〉, 《朝鮮》 1943.7.

40) 〈自動車專用道路 計劃, 道路令의 大修正 考究〉, 《조선일보》 1939.7.29.; 손정목은
   이 신도로 계획이 독일의 아우토반을 본 뜬 것이라고 지적했지만 근거를 제시하
   지는 않았다(손정목, 1990, 앞의 책, 248~249쪽).

그림 출처

[그림 1-1] 《조선총독부관보》 1912.11.6.

[그림 1-2] 왼쪽: 〈경성부시가도(1:5,000)〉, 경무총감부, 1910년 측량; 오른쪽: 〈경성
   시가전도〉, 大阪十字屋, 1913.7.

[그림 1-3] 위쪽: 〈경성용산시가도〉, 조선주차헌병대사령부, 1911.4.; 아래쪽: 〈경
   성시가전도〉, 大阪十字屋, 1913.7.

[그림 1-4] 조선총독부, 《경성시구개정회고이십년》, 1930.

[그림 1-5] 식민지 시기 사진 엽서.

[그림 1-6] 왼쪽: 〈경성용산시가도〉, 조선주차헌병대사령부, 1911.4.; 오른쪽: 〈경성
   지형도(1:1만)〉, 조선총독부 육지측량부, 1921.

[그림 1-7] 왼쪽: 〈경성용산시가도〉, 조선주차헌병대사령부, 1911.4.; 오른쪽: 〈경성
   지형도(1:1만)〉, 조선총독부 육지측량부, 1921.

[그림 1-8] 조선총독부, 《경성시구개정회고이십년》, 1930.

[그림 1-9] 〈경성지형도(1:1만)〉 조선총독부 육지측량부, 1921.

[그림 2-1] 《조선총독부관보》 1919.6.25.

[그림 2-2] 《조선총독부관보》 1912.11.6.

[그림 2-3] 위쪽: 〈경성시가전도〉, 大阪十字屋, 1913.7.; 아래쪽: 〈경성부명세신지
   도〉, 경성일보사, 1914.

[그림 2-4] 《조선총독부관보》 1919.6.25.

[그림 2-5] 경성부, 《京城都市計劃區域設定書》, 1926, 부록 (위쪽: 〈경성부급부근현재지역도〉, 아래쪽: 〈경성도시계획지역예정도〉)

[그림 2-6] 조선총독부, 《경성시구개정회고이십년》, 1930.

[그림 2-7] 《경성일보》 1928.11.30.

[그림 2-8] 《경성일보》 1932.6.10.

[그림 3-1] 조선총독부, 《경성시구개정회고이십년》, 1930.

[그림 4-1] 경성부, 《경성도시계획구역설정서》, 1926, 17쪽.

[그림 4-2] gis.seoul.go.kr.

[그림 4-3] gis.seoul.go.kr.

[그림 4-4] gis.seoul.go.kr(원 출전은 조선총독부, 《도시계획개요》, 1938).

[그림 4-5] 서울특별시, 《서울 도시계획도집》, 1965, 11쪽.

[그림 4-6] 경성부, 《경성도시계획조사서》, 1928.

[그림 4-7] 《경성일보》 1938.4.10.

[그림 4-8] 경성부, 《경성시가지계획 지역답신안》, 1939; 서울특별시, 《서울 도시계획연혁》, 1991, 123쪽에서 재인용.

[그림 5-1] 〈1937.7.22., 京城府市街道路改修費充當起債の件〉, 《京城府一般經濟關係書綴(CJA0003256)》.

[그림 5-2] 〈1937.6.9., 京城府第一十地整理事業費起債ノ件〉, 《京城府一般經濟關係書綴(CJA0003255)》.

[그림 5-3] 김건중, 《승암종적》, 2007.

[그림 5-4] 〈1939.4.27., 京城府永登浦及敦岩土地區劃整理費起債ノ件〉, 《昭和十三年度京城府一般經濟關係書類(其ノ二)(CJA0003366)》.

[그림 5-5] 〈1939.9.9., 京城府漢南土地區劃整理費充當起債ノ件〉, 《昭和十四年度京城府一般經濟關係綴(其ノ一)(CJA0003670)》.

[그림 5-6] 서울특별시, 《서울 토지구획정리연혁》, 1991; 김영수, 〈돈암지구 도시한

옥주거지의 도시조직〉, 《서울학연구》 22, 2004, 174쪽에서 재인용.

[그림 5-7] 《매일신보》 1938.5.23.

[그림 5-8] 《매일신보》 1939.6.9.

[그림 5-9] 서울특별시, 《서울도시계획도집》, 1965.

[그림 5-10] 《매일신보》 1918.8.17.

[그림 5-11] 경성부 《경성부토목사업개요》, 1938.

[그림 5-12] 〈청계천암거공사보고〉, 《대한토목학회지》 8-2, 1960.9.

[그림 6-1] Howard, E, *Garden Cities of To-Morrow*, 1902.

[그림 6-2] 네이버 지도 검색.

[그림 6-3] 〈1936.4.27., 京城府南山周回道路改修費起債認可申請ノ件, 京畿道知事→朝鮮總督〉, 《昭和十一年度京城府關係綴(CJA0003182)》

[그림 6-4] 서울시정개발연구원·서울학연구소 편, 《서울, 20세기》, 2000.

[그림 6-5] 〈1939.4.27., 京城府永登浦及敦岩土地區劃整理費起債ノ件〉, 《昭和十三年度京城府一般經濟關係書類(其ノ二)(CJA0003366)》.

[그림 6-6] 서울시정개발연구원·서울학연구소 편, 《서울, 20세기》, 2000, 104~105쪽.

[그림 6-7], [그림 6-8] 〈1939.4.27, 京城府永登浦及敦岩土地區劃整理費起債ノ件〉 《昭和十三年度京城府一般經濟關係書類(其ノ二)(CJA0003366)》

[그림 6-9] 《동아일보》 1939.10.14.

[그림 6-10] 〈1942.5.14., 京城府宅地造成事業費起債要項變更ノ件〉 《京城府關係綴(CJA0003654)》.

[그림 6-11] 조선주택영단, 《朝鮮住宅營團の概要》, 1943, 7쪽.

[그림 6-12] 서울시립대 대학원 고준성 촬영, 영등포 메가벤처타워 옥상에서 본 풍경, 2016.8.11.

[그림 7-1] 京城帝國大學 衛生調査部 편, 《土幕民の生活·衛生》, 1942.

[그림 7-2] 〈町別土幕民分布狀況圖〉.

[그림 7-3] 위쪽: 《동아일보》 1939.7.6.; 아래쪽: 《조선일보》 1939.7.6.

[그림 7-4] 《동아일보》 1940.1.17.

[그림 7-5] 전국도시문제회의 사무국 편, 《제6회총회요록》, 1939.

[그림 8-1] 《매일신보》 1938.1.6.

[그림 8-2] 〈京仁市街地計劃に就て〉, 《朝鮮》 1939.11.

[그림 8-3] 《매일신보》 1937.2.10.

[그림 8-4] 《매일신보》 1938.1.6.

표 출처

[표 1-1] 《조선총독부관보》 1912.11.6.

[표 2-1] 《朝鮮と建築》 1926년 7월호

[표 3-1] 조선연구회 편, 1925 《대경성》; 손정목, 《한국지방제택·자치사연구(상)》 일
지사, 1992; 친일인명사전편찬위원회 편, 《친일인명사전》, 2010; 국편DB.

[표 3-2] 馬野精一, 〈京城の道路網に就て〉, 《경성휘보》 1927.7.

[표 4-1] 〈조선총독부고시 제757호〉《조선총독부관보》 1939.9.18.

[표 4-2] 高木春太郎, 〈京城府に於ける土地區劃整理の狀況〉, 全國都市問題會議 편,
《都市計劃の基本問題》 상, 1939, 356쪽.

[표 5-1] 《조선총독부관보》 1936.12.26., 1937.7.26.

[표 5-2] 《매일신보》 1937.6.6.

[표 6-1] 《조선국세조사보고》 각년도판 및 경성부, 《경성부인구통계》, 1942.

[표 7-1] 《경성휘보》 1931.12, 1943.2.; 《朝鮮及滿州》 1936. 12.; 京城帝國大學衛生調査
部 편, 1942 《土幕民の生活·衛生》 62쪽.

[표 8-2] 〈1939.11.6., 京仁及仁川市街地計劃 決定ニ關スル件〉《第五回市街地計劃委員
會關係綴(CJA0015675)》.

[표 8-3] 〈조선총독부고시 제13호〉《조선총독부관보》 1944.1.8.

참고문헌

1. 자료

1) 연속간행물

《京畿道報》、《京城日報》、《東亞日報》、《每日申報(新報)》、《新聞絶拔》、《朝鮮日報》、《朝鮮總督府官報》、《京城土木建築業協會報》、《京城彙報》、《區劃整理》、《三千里》、《新文界》、《朝光》、《朝鮮と建築》、《朝鮮公論》、《朝鮮社會事業》、《朝鮮》、《朝鮮總督府統計年報》、《朝鮮經濟雜誌》、《經濟月報》、《朝鮮土木會報》、《朝鮮行政》、《朝鮮及滿洲》、《春秋》

2) 공문서

《京城市區改正關係》(CJA0012926, 1914~23년).

《京城市區改正道路用地關係》(CJA0013080, 1927~29년).

《京城新市街地計劃及經土地區劃整理決定關係綴》(CJA0022534, 1935~37년).

《昭和四年度京城市區改修國庫補助工事》(CJA0013404, 1929~33년).

《昭和二·三年度京城市區改修用地關係》(CJA0013228, 1914~29년).

《第四回市街地計劃委員會關係綴(二冊ノ中二)》(CJA0015674, 1939년).

《第四回市街地計劃委員會關係綴(二冊ノ中一)》(CJA0015672, 1939년).

《第三回市街地計劃委員會關係書綴》(CJA0014430, 1936~37년).

《第五回市街地計劃委員會關係綴》(CJA0015675, 1939년).

《第二回市街地計劃委員會關係書綴》(CJA0015032, 1936년).

《昭和二年度京城府豫算書類》(CJA0002587, 1927년).

《昭和十一年度京城府一般會計歲入出決算書》(CJA0003226, 1936년).

《京城府一般經濟關係書綴》(CJA0003255, 1937년).

《京城府一般經濟關係書綴》(CJA0003256, 1937년).

《昭和十二年度府一般經濟歲入出決算書(京城仁川開城)》(CJA0003305, 1937년).

《昭和十三年度京城府一般經濟關係書類(其ノ一)》(CJA0003365, 1937~38년).

《昭和十三年度京城府一般經濟關係書類(其ノ二)》(CJA0003366, 1938~39년).

《昭和十四年度京城府一般經濟關係綴(三冊ノ三)》(CJA0003435, 1939~40년).

《昭和十五年度京城府一般經特別會計像算綴》(CJA0003522, 1940년).

《昭和十四年度京城府一般經濟關係綴(其ノ一)》(CJA0003670, 1939년).

《昭和十四年度京城府一般經濟關係綴(其ノ二)》(CJA0003671, 1939년).

《京城府一般會計歲入出決算》(CJA0003779) (이상 국가기록원 소장).

〈臺灣都市計劃令案條文對照表〉,《本邦都市關係雜件-台灣ノ部》(일본 외무성 외교사
료관 소장).

3) 단행본

岡田貢,《京城史話》, 1936.

京畿道,《(京畿道)教育と宗敎要覽》, 1941.

京城居留民團役所,《京城發達史》, 1912.

京城都市計劃硏究會,《朝鮮都市問題會議錄》, 1936.

京城府,《京城都市計劃區域設定書》, 1926.

京城府,《京城都市計劃調査書》, 1928.

京城府,《京城府史》제2권 1936.

京城府,《京城府土木事業槪要》, 1938.

京城府,《京城市街地計劃地域答申案》, 1939.

京城府,《京城府都市計劃要覽》, 1938·1940.

京城府,《京城府交通量調査書》, 1939.

京城府,《京城府産業要覽》, 1941.

京城府,《昭和十六年度京城府通常府會及各敎育府會會議錄》, 1941.

京城府,《昭和十七年度京城府通常府會及各敎育府會會議錄》, 1942.

京城府,《京城府人口統計》, 1942.

京城府,《京城歲入出豫算書》, 1943·1944.

京城帝國大學 衛生調査部 편,《土幕民の生活・衛生》, 1942.

工政會 企劃部 편,《大東亞國土計劃の研究》, 1943.

今津重藏,《建築法規解說朝鮮市街地計劃令》, 1941.

김남천,《사랑의 수족관》(《조선일보》, 1938년 8월~1940년 3월 연재; 권영민·이주
    형·정호웅 공편,《한국근대장편소설대계》영인본, 태학사, 1997).

羅津商工會,《建設途上にある大羅津》, 1935.

內務省 地方局 편,《田園都市》, 1910.

東京市政調査會,《受益者負擔制總覽》, 1931.

飯沼一省,《都市計劃の理論と法制》, 1927.

飯沼一省,《地方計劃論》, 1933.

飯沼一省,《都市計劃》, 1934.

石川榮耀,《都市計劃及國土計劃》, 1941.

石川榮耀,《國土計劃の實際化》, 1942.

小中勇作 편,《朝鮮市街地計劃關係法規集》, 1935.

鈴木武雄,《朝鮮經濟の新構想》, 1942.

日下藤吾,《國土計劃の理論》, 1942.

全國經濟調査機關聯合會朝鮮支部 편,《朝鮮經濟年報》, 昭和十五·十六年板.

全國都市問題會議 편,《都市計劃の基本問題》上, 1939.

全國都市問題會議 편,《都市計劃の基本問題》下, 1939.

全國都市問題會議 편,《第六回總會要錄》, 1939.

整備課 近藤 少佐,《朝鮮視察報告》, 1941.

朝鮮硏究會 편,《大京城》, 1925.

朝鮮住宅營團,《朝鮮住宅營團の槪要》, 1943.

朝鮮總督官房地方課 편,《朝鮮行政區劃便覽》, 1944.

朝鮮總督府,《朝鮮國勢調査報告》, 1925~40.

朝鮮總督府,《京城市街地計劃決定理由書》, 1937.

朝鮮總督府,《朝鮮土木事業誌》, 1937.

朝鮮總督府,《仁川市街地計劃決定理由書》, 1937.

朝鮮總督府,《都市計劃槪要》, 1938.

朝鮮總督府,《朝鮮總督府時局對策調査會會議錄》, 1938.

朝鮮總督府,《帝國議會說明資料》, 1941·1943.

朝鮮總督府 企劃部 편,《國土計劃に關する論文集》.

中井錦城,《朝鮮回顧錄》, 1915.

坂本嘉一,《朝鮮土木行政法》, 1939.

京東高等學校總同窓會 편,《京東五十年史》, 1990.

서울시정개발연구원·서울시립대학교 서울학연구소 편,《서울, 20세기》, 서울시정개
    발연구원, 2000.

서울특별시,《서울도시계획》, 1965.

서울특별시,《서울도시계획연혁》, 1991.

서울특별시,《서울토지구획정리연혁》, 1991.

서울시립대학교 서울학연구소 편,《주민 생애사를 통해 본 20세기 서울 현대사》, 서
    울시립대학교 서울학연구소, 2000.

鮮交會,《朝鮮交通史》, 1986.

友邦協會 편,《朝鮮の國土開發事業》, 1967.

日本 大藏省 管理局,《日本人の海外活動に關する歷史的調査》 제8분책, 朝鮮編, 1947.

4) 지도

〈韓國京城全圖〉, 京釜鐵道株式會社, 1903년.

〈京城府市街圖(1:5,000)〉, 警務總監部, 1910년 측량.

〈京城龍山市街圖〉, 朝鮮駐箚憲兵隊司令部, 1911년 4월.

〈京城市街全圖(市區改正豫定線入)〉, 大阪十字屋, 1913년 7월.

〈京城府明細新地圖〉, 京城日報社, 1914년.

〈京城地形圖(1:1만)〉, 朝鮮總督府 陸地測量部, 1921년.

〈京城精密地圖(1:4,000)〉, 1933년 4월.

〈町別土幕民分布狀況圖〉, 1936년 4월 이후.

《서울都市計劃圖集》, 서울특별시, 1965.

5) 웹사이트

국사편찬위원회 한국사데이터베이스 http://db.history.go.kr/

아시아역사자료센터 http://www.jacar.go.jp/

2. 선행연구

1) 저서

강만길, 《일제시대 빈민생활사 연구》, 창작사, 1987.

강신용, 《한국근대도시공원사》, 대왕사, 2004.

고동환, 《조선시대 서울도시사》, 태학사, 2007.

권태억, 《일제의 한국 식민지화와 문명화: 1904~1919》, 서울대학교출판문화원, 2014.

김백영, 《지배와 공간-식민지 도시 경성과 제국 일본》, 문학과지성사, 2009.

김영미, 《동원과 저항-해방 전후 서울의 주민사회사》, 푸른역사, 2009.

김의원, 《한국국토개발사연구》, 대학도서, 1982.

대한국토·도시계획학회, 《4정판 도시계획론》, 보성각, 2003.

대한국토·도시계획학회, 《서양도시계획사》, 보성각, 2004.

대한주택공사, 《대한주택공사삼십년사》, 1992.

민유기, 《도시이론과 프랑스 도시사 연구》, 심산, 2007.

박진빈, 《백색국가 건설사》, 앨피, 2006.

서울시립대학교 서울학연구소 편, 《청계천》, 서울시립대학교 서울학연구소, 2001.

서울시립대학교 서울학연구소 편, 《서울 남촌》, 서울시립대학교 서울학연구소, 2003.

서울시정개발연구원 편, 《동양 도시사 속의 서울》, 서울시정개발연구원, 1994.

서울시정개발연구원 편, 《서울 20세기 공간변천사》, 서울시정개발연구원, 2001.

손정목, 《일제강점기도시계획연구》, 일지사, 1990.

손정목, 《한국지방제도자치사연구》 上, 일지사, 1992.

손정목, 《일제강점기도시사회상연구》, 일지사, 1996.

손정목, 《일제강점기도시화과정연구》, 일지사, 1996.

이안, 《인천의 근대도시 형성과 건축》, 다인아트, 2005.

인천광역시, 《인천광역시사》, 2002.

전남일·손세관·양세화·홍형옥, 《한국 주거의 사회사》, 돌베개, 2008.

전우용, 《서울은 깊다》, 돌베개, 2008.

정재정, 《일제침략과 한국철도》, 서울대학교출판부, 1999.

철도청, 《한국철도 100년사》, 1999.

친일반민족행위진상규명위원회 편, 《친일반민족행위진상규명보고서》, 친일반민족
    행위진상규명위원회, 2009.

친일인명사전편찬위원회 편, 《친일인명사전》, 민족문제연구소, 2009.

한국건축가협회, 《한국의 현대건축》, 1994.

한국국가기록연구원 편, 《조선총독부 공문서 종합목록집》, 한울, 2005.

한국국가기록연구원 편, 《조선총독부 도시계획 공문서와 기록평가론》, 진리탐구,
    2008.

岡本眞希子, 《植民地官僚の政治史−朝鮮·臺灣總督府と帝國日本》, 三元社, 2008.

高崎宗司, 《植民地朝鮮の日本人》, 岩波書店 2002 (이규수 옮김, 《식민지 조선의 일본
　　인들》, 역사비평사, 2006).

橋谷弘, 《帝國日本と植民地都市》, 吉川弘文館 2004 (김제정 옮김, 《일본 제국주의, 식
　　민지 도시를 건설하다》, 모티프, 2005).

渡辺俊一, 《都市計劃の誕生》, 柏書房, 1993.

木村健二, 《在朝日本人の社會史》, 未來社, 1989.

本間義人, 《住宅−産業の昭和社會史 5》, 日本經濟評論社, 1987.

山口廣 편, 《郊外住宅地の系譜−東京のユートピア》, 鹿島出版會, 1987.

石田賴房, 《日本近代都市計劃の百年》, 自治體研究社, 1987.

石田賴房, 《日本近代都市計劃史研究》, 柏書房, 1992.

石田賴房, 《日本近現代都市計劃の展開》, 柏書房, 2004.

安達宏昭, 《大東亜共栄圏の経済構想》, 吉川弘文館, 2013.

原田敬一, 《日本近代都市史研究》, 思文閣出版, 1997.

越澤明, 《植民地滿洲の都市計劃》, アジア經濟研究所, 1978 (장준호 옮김, 《중국의 도
　　시계획》, 태림문화사, 2000).

越澤明, 《東京の都市計劃》, 岩波書店, 1991 (윤백영 옮김, 《동경의 도시계획》, 한국경
　　제신문사, 1998).

越澤明, 《東京都市計劃物語》, ちくま学芸文庫, 2001.

戰前期官僚制研究會 편, 《戰前期日本官僚制の制度·組織·人事》, 東京大學出版會, 1981.

秦郁彦 편, 《日本近現代人物履歴事典》, 東京大學出版會, 2002.

靑山佾, 《都市ヂザイン》, 藤原書店, 2010.

片木篤·藤谷陽悦·角野幸博 편, 《近代日本の郊外住宅地》, 鹿島出版會, 2000.

Benevolo, Leonardo, *Le Origini dell'urbanistica moderna*, 1963 (장성수·윤혜영 옮김, 《근대
　　도시계획의 기원과 유토피아》, 태림문화사, 1996).

Hall, Peter, *Cities of Tomorrow*, Blackwell Publishers, 1996 (임창호 옮김, 《내일의 도시》,

한울아카데미, 2000).

Harvey, David, *Paris, Capital of Modernity*, Routledge, 2003 (김병화 옮김, 《모더니티의 수도 파리》, 생각의나무, 2005).

Howard, Ebenezer, *Garden Cities of To-Morrow*, Faber and Faber Ltd., 1902 (조재성·권원용 옮김, 《내일의 전원도시》, 한울아카데미, 2006).

2) 논문

고태우, 〈식민지 산림 보호와 개발의 불협화음 – 사이토 오토사쿠(齋藤音作)를 중심으로〉, 《역사와 현실》 102, 2016 게재 예정.

권보드래, 〈1910년대 '新文'의 구상과 경성유람기〉, 《서울학연구》 18, 2002.

기유정, 〈1920년대 京城의 '有志政治'와 京城府協議會〉, 《서울학연구》 28, 2007.

김경일, 〈일제하 도시빈민층의 형성〉, 《한국의 사회신분과 사회계층》, 문학과지성사, 1986.

김기호, 〈일제시대 초기의 도시계획에 관한 연구–경성부 시구개정을 중심으로〉, 《서울학연구》 6, 1995.

김대호, 〈일제강점 이후 경복궁의 毁撤과 '活用'(1910~현재)〉, 《서울학연구》 29, 2007.

김동명, 〈식민지 조선에서의 부협의회의 정치적 전개–1929년 경성부 '신당리 토지 문제'를 중심으로〉, 《한일관계사연구》 43, 2012.

김영수, 〈돈암지구 도시한옥주거지의 도시조직〉, 《서울학연구》 22, 2004.

김제정, 〈일제 식민지기 경성지역 전기사업과 부영화 운동〉, 서울대 국사학과 석사학위논문, 1999.

김제정, 〈일제 식민지기 경성부 교외 지역의 전차 문제와 지역 운동〉, 《서울학연구》 29, 2007.

김종근, 〈식민도시 경성의 이중도시론에 대한 비판적 고찰〉, 《서울학연구》 39, 2010.

김주야, 〈조선도시경영회사의 주거지계획과 문화주택에 관한 연구〉, 《한국주거환경학회지》 6-1(9), 2008.

김주야·石田潤一郎, 〈경성부 토지구획정리사업에 있어서 식민도시성에 관한 연구〉, 《대한건축학회논문집-계획계》 25-4(246), 2009.

김태웅, 〈1915년 경성부 물산공진회와 일제의 정치선전〉, 《서울학연구》 18, 2002.

나미키 마사히토, 〈식민지기 조선에서의 '공공성' 검토〉, 《식민지 공공성, 실체와 은유의 거리》, 책과함께, 2010.

남영우, 〈일제하 경성부의 토막촌 형성〉, 《문화역사지리》 1, 1989.

노상주, 〈조선주택영단의 주택지 형성 및 변화에 관한 연구-인천시내 5개 주택지를 중심으로〉 인하대 건축공학과 석사학위논문, 1992.

민유기, 〈한국 근현대 도시사 연구에 대한 비평과 전망〉, 《공간 속의 시간》, 심산, 2007.

박세훈, 〈1920년대 경성도시계획의 성격〉, 《서울학연구》 15, 2000.

박형용, 〈한국의 근대도시계획 형성〉, 《공간과사회》 9, 1997.

배성준, 〈전시(1937-45) 통제하 경인공업지대의 형성〉, 《기술과 역사》 1-1, 2000.

砂本文彦, 〈경성부의 교외주택지에 관한 연구-명수대주택지를 둘러싼 언설과 공간을 중심으로〉, 《서울학연구》 35, 2009.

서현주, 〈경성지역의 민족별 거주지 분리의 추이-1927~1942년〉, 《국사관논총》 94, 2000.

서현주, 〈조선말 일제하 서울의 하부행정제도 연구〉 서울대 국사학과 박사학위논문, 2002.

손기찬, 〈1920년대 경성부의 도시계획에 관한 연구〉 서울시립대 도시공학과 석사학위논문, 1995.

송병권, 〈1940년대 스즈키 타케오의 식민지조선 정치경제 인식〉, 《민족문화연구》 37, 2002.

송인호, 〈도시형 한옥의 유형연구〉 서울대 건축학과 박사학위논문, 1990.

염복규, 〈1933~43년 일제의 '경성시가지계획'〉, 《한국사론》 46, 2001.

염복규, 〈일제말 경성지역의 빈민주거문제와 '시가지계획'〉, 《역사문제연구》 8, 2002.

염복규, 〈1930~40년대 인천지역의 행정구역 확장과 시가지계획의 전개〉, 《인천학연구》 6, 2007.

염복규, 〈일제말기 지방·국토계획론과 경인시가지계획〉, 《서울학연구》 32, 2008.

염복규, 〈1910년대 전반 경성 도심부 간선도로망의 형성 과정과 의미〉, 《사학연구》 96, 2009.

염복규, 〈식민지 도시계획의 유산과 그에 대한 인식〉, 《한국사연구》 149, 2010.

염복규, 〈식민지 권력의 도시 개발과 전통적 상징공간의 훼손을 둘러싼 갈등의 양상 및 의미〉, 《동방학지》 152, 2010.

염복규, 〈일제하 도시지역정치의 구도와 양상〉, 《한국민족운동사연구》 67, 2011.

염복규, 〈식민지 도시계획과 '교외'의 형성〉, 《역사문화연구》 46, 2013.

염복규, 〈식민지 시기 도시문제를 둘러싼 갈등과 '민족적 대립의 정치'〉, 《역사와 현실》 88, 2013.

염복규, 〈전원 도시로 가는 길?〉, 《도시연구: 역사·사회·문화》 13, 2015.

염복규, 〈청계천 복개와 '1960년대적 공간'의 탄생〉, 《역사비평》 113, 2015.

오진석, 〈한국근대 전력산업의 발전과 경성전기(주)〉, 연세대 경제학과 박사학위논문, 2006.

왕현종, 〈대한제국기 한성부의 토지·가옥조사와 외국인 토지침탈 대책〉, 《서울학연구》 10, 1998.

이경수, 〈일제시기 경성부의 가로정비계획에 의한 가로변화에 관한 연구〉 연세대 건축공학과 석사학위논문, 1991.

이경아, 〈일제강점기 문화주택 개념의 수용과 전개〉, 서울대 건축학과 박사학위논문, 2006.

이기봉, 〈일제시대 말기 도시화, 공업화에 대한 농촌주민들의 적응과정에 관한 연구〉, 서울대 지리학과 석사학위논문, 1996.

이상구, 〈서울의 도시 형성〉, 《동양 도시사 속의 서울》, 서울시정개발연구원, 1994.

이선민, 〈1930년대 도시 노동자의 주거난과 주거양태의 변화〉, 가톨릭대 국사학과 석사학위논문, 2001.

이송순, 〈조선총독부 도시계획 관련 정책 심의기구 연구〉, 《한국사연구》 134, 2006a.

이송순, 〈조선총독부 시가지계획 관련 공문서의 분류와 평가〉, 《기록학연구》 14, 2006b.

이승렬, 〈1930년대 전반기 일본군부의 대륙침략관과 '조선공업화' 정책〉, 《국사관논총》 67, 1996.

이승일, 〈조선총독부 공문서의 기록학적 평가—조선총독부 도시계획 관련 공문서군을 중심으로〉, 《기록학연구》 12, 2005.

이완철, 〈일제강점기에 형성된 영단주택의 변화 및 그 원인에 관한 연구〉, 한양대 건축학과 석사학위논문, 2000.

이종범, 〈1930년대 초 궁민구제토목사업의 성격〉, 《전남사학》 2, 1988.

이현진, 〈종묘 제례〉, 《조선의 국가제사》, 한국학중앙연구원, 2009.

장지연, 〈개경과 한양의 도성구성 비교〉, 《서울학연구》 15, 2000.

장지연, 〈권력관계의 변화에 따른 동교의 단묘의 의미 변화〉, 《서울학연구》 36, 2009.

전봉관, 〈국제철도 종단항을 둘러싼 부동산 투기 소동〉, 《럭키 경성》, 살림, 2007.

전상숙, 〈러일전쟁 전후 일본의 대륙정책과 테라우치(寺内正毅)〉, 《사회와 역사》 71, 2006.

전우용, 〈대한제국기~일제초기 서울 공간의 변화와 권력의 지향〉, 《전농사론》 5, 1999a.

전우용, 〈대한제국기~일제초기 선혜청 창내장의 형성과 전개—서울 남대문 시장의 성립 경위〉, 《서울학연구》 12, 1999b.

전우용, 〈종로와 본정—식민도시 경성의 두 얼굴〉, 《역사와 현실》 40, 2001a.

전우용, 〈손정목—한국 도시 개발과 도시사 연구의 개척자〉, 《역사비평》 겨울호,

2002.

정연태, 〈조선총독 사내정의의 한국관과 식민통치〉, 《한국사연구》 124, 2005.

정재정, 〈역사적 관점에서 본 남북한 철도 연결의 국제적 성격〉, 《동방학지》 129, 2005.

川端貢, 〈조선주택영단의 주택에 관한 연구〉, 서울대 건축학과 석사학위논문, 1990.

최선주, 〈근대도시 오사카를 만든 세키 하지메〉, 《국토정보》 177, 1996.

최인영, 〈1928~33년 경성부의 부영버스 도입과 그 영향〉, 《서울학연구》 29, 2007.

최인영, 〈서울지역 전차교통의 변화양상과 의미(1899~1958)〉, 서울시립대 국사학과 박사학위논문, 2014

하명화, 〈일제하(1920~30년대 초) 도시주거문제와 주거권 확보운동〉, 부산대 사학과 석사학위논문, 2000.

椛山哲宏, 〈일제하 사회복지관사업의 전개와 성격〉, 서울시립대 국사학과 석사학위논문.

廣瀬貞三, 〈朝鮮総督府の土木官僚〉, 《日本の朝鮮·台湾支配と植民地官僚》, 思文閣出版, 2009.

金明洙, 〈植民地期における在朝日本人の企業経営－朝鮮勧農株式会社の経営変動と賀田家を中心に〉, 《經營史學》 44, 日本 經營史學會, 2009.

並木眞人, 〈植民地後半期朝鮮における民衆統合の一斷面－ソウルの事例中心に〉, 《朝鮮社會の史的展開と東アジア》, 山川出版社, 1997.

石田潤一郎 외 3인, 〈近現代韓國における郊外住宅地の變容〉, 《住宅總合研究財團研究論文集》 34, 2007.

安箱敏, 〈韓國ソウルにおける近代都市計劃公園形成過程に關する硏究〉, 京都工藝纖維大學 造形科學博士學位論文, 2014

鈴木信弘·富井正憲·吉田忠史·吉田達史, 〈ソウル文來洞舊營團[住宅地·住宅]の計劃と變容について〉, 《日本建築學會大會學術講演梗概集》, 1990.

五島寧, 〈日本統治下‘京城’の都市計劃に關する歷史的硏究〉, 東京工業大學 博士學位論文, 1999.

李昇燁, 〈全鮮公職者大會−1924~30〉, 《二十世紀研究》 4, 2003.

越澤明, 〈臺灣·中國·滿洲の都市計劃〉, 《近代日本と植民地》 3, 岩波書店, 1993.

由井正臣, 〈1940年代の日本−世界制覇の挫折〉, 《岩波講座 日本歷史》 19, 岩波書店,
   1994.